钟泰 著

钟泰著作集

1

上海古籍出版社

图书在版编目(CIP)数据

钟泰著作集 / 钟泰著. —上海：上海古籍出版社，
2021.11
ISBN 978-7-5732-0097-6
Ⅰ. ①钟… Ⅱ. ①钟… Ⅲ. ①哲学—中国—文集
Ⅳ. ①B2-53

中国版本图书馆 CIP 数据核字(2021)第 224006 号

钟泰著作集(全八册)
(附赠一册)
钟 泰 著

出版发行 上海古籍出版社
地　　址 上海市闵行区号景路 159 弄 A 座 5F
邮政编码 201101
网　　址 www.guji.com.cn
E-mail guji1@guji.com.cn
印　　刷 常熟市新骅印刷有限公司印刷
开　　本 635×965 1/16
印　　张 202
插　　页 459
字　　数 2,531,000
版　　次 2021 年 11 月第 1 版 2021 年 11 月第 1 次印刷
印　　数 1—800
书　　号 ISBN 978-7-5732-0097-6/B·1230
定　　价 1480.00 元

本书为上海市新闻出版专项资金资助项目

钟泰先生

钟泰先生

钟泰先生

家族合影

（后排左一至左四分别为钟泰、钟叔进、钟朗渠、钟福康四兄弟）

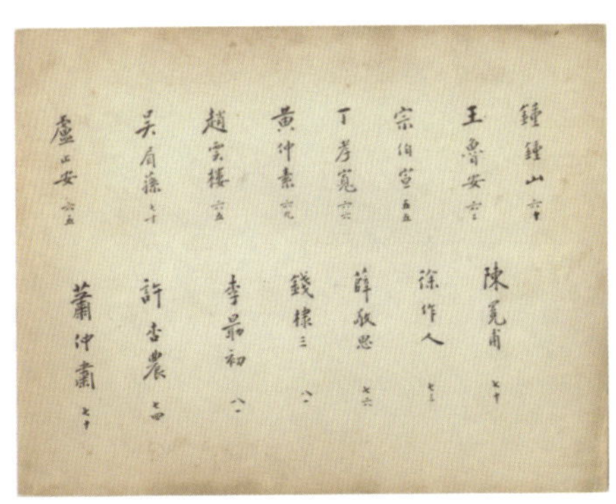

1947 年 11 月 13 日，太谷学派归群弟子于泰州远香书屋合影

（二排左一为钟泰）

1951 年院系合并，光华大学教职员工合影留念

（一排左六为钟泰）

1963 年 7 月 5 日，东北文史研究所（长春）建所周年合影留念

（二排居中为钟泰）

钟泰与东北文史研究所学员

自何時起		至何時止		在何地	何機関	何職務
年	月	年	月			
1913	8	1922	7	南京	江蘇公立法政專門学校	日文心理論理学教員
1922	8	1923	7	南京	江蘇公立法政大学	國文兼論理教員
1923	8	1928	7	杭州	私立之江大学	中文系主任兼教授
1930	2	1937	10	仝上	仝上	仝上
1938	11	1943	7	湖南藍田	國立師範学院	中文系教授
1943	8	1945	1	贵陽	大夏大学	文学院長兼中文系主任教授
1948	2	1951	8	上海	光華大学	中文系教授
1948	8	1949	7	上海	市立師範專科学校	中文教授

钟泰自书简历

《诗词讲义》手稿（一）

《诗词讲义》手稿（二）

《春秋通义》手稿（一）

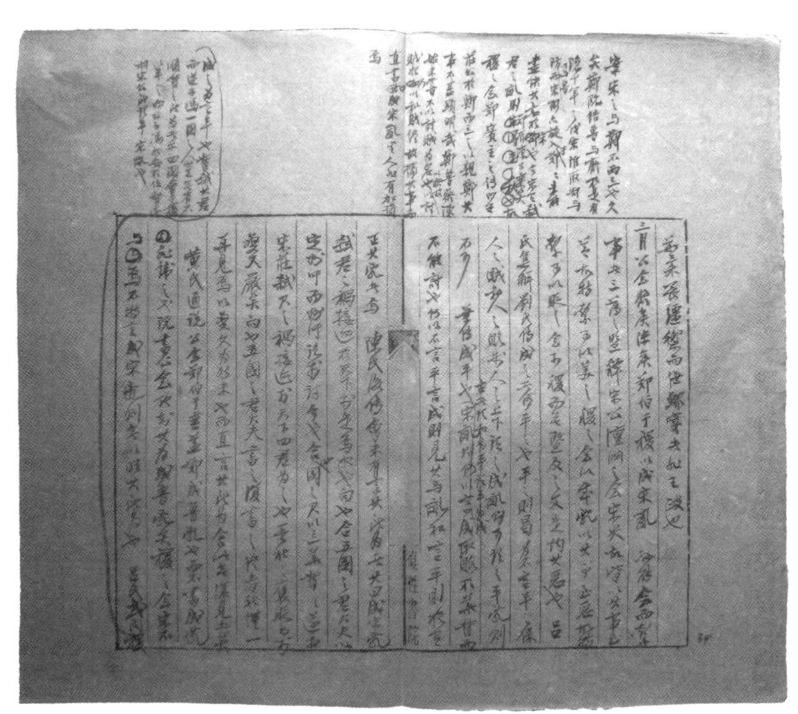

《春秋通义》手稿（二）

《理学纲领》手稿（一）

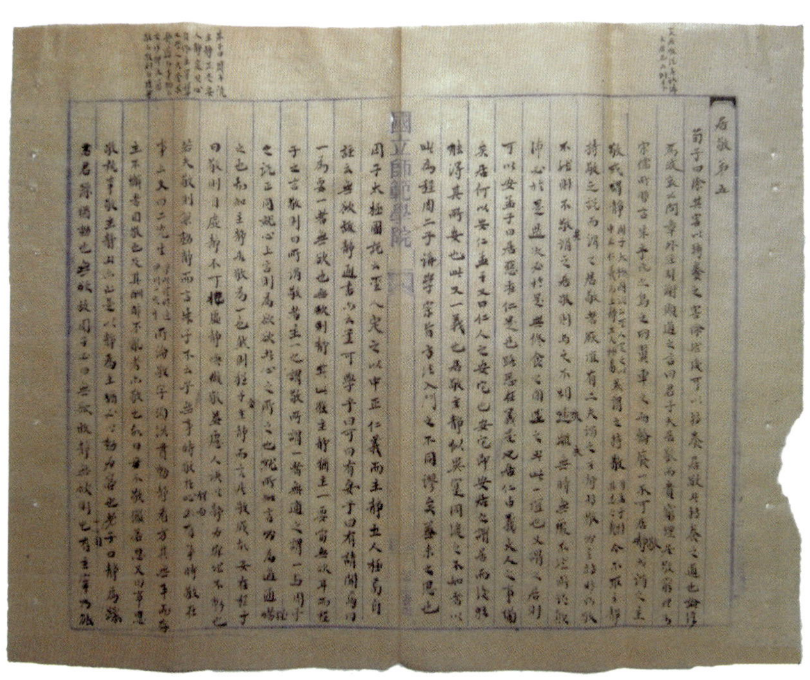

《理学纲领》手稿（二）

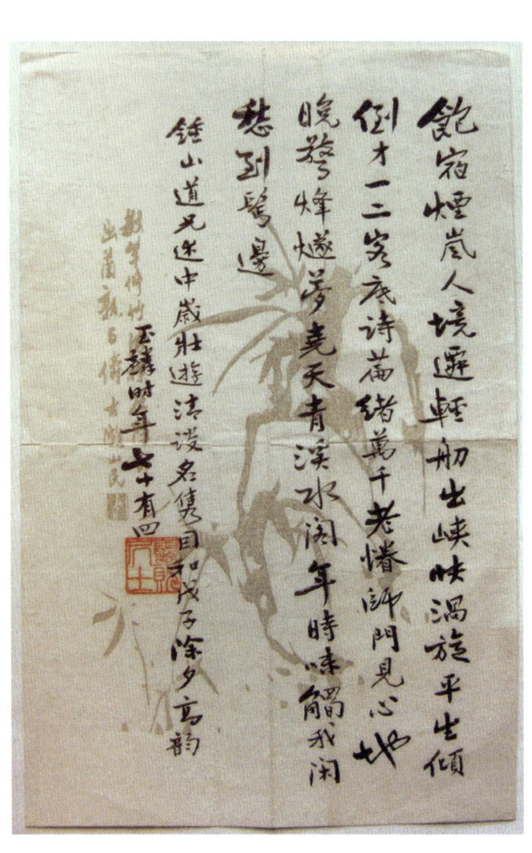

钟泰诗（一）

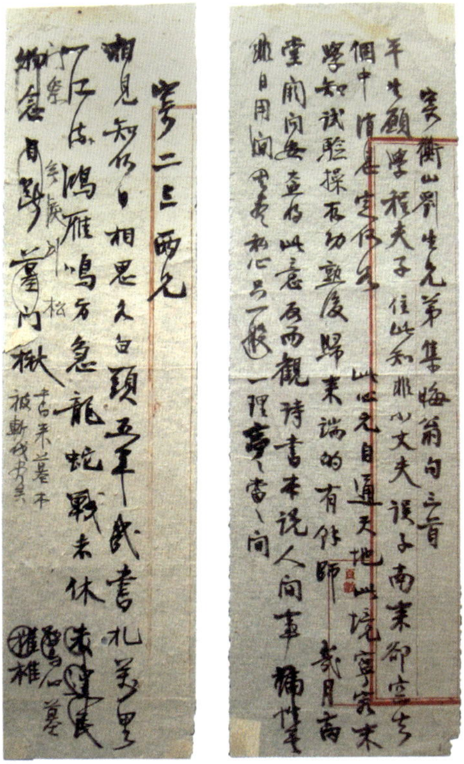

钟泰诗（二）

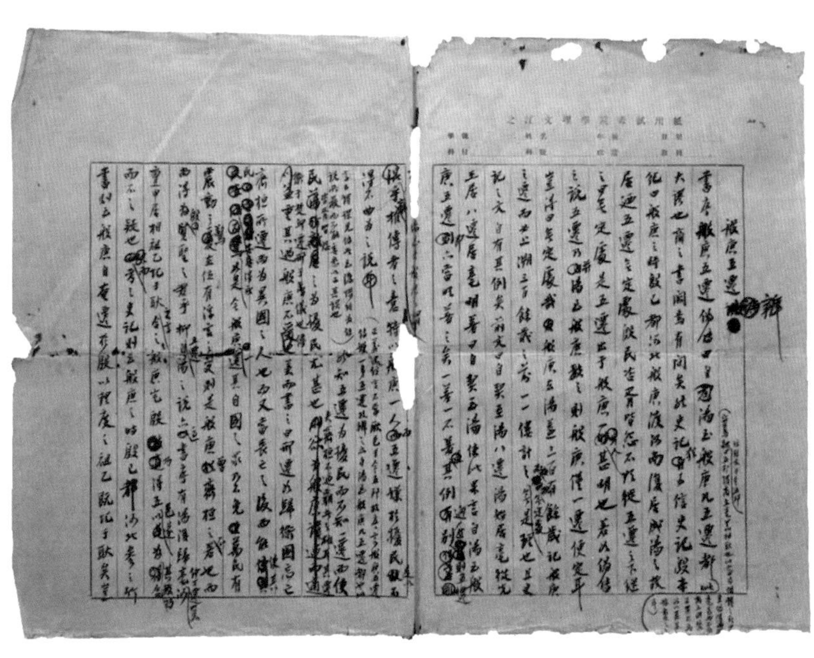

钟泰文《殷唐五迁辨》（一）

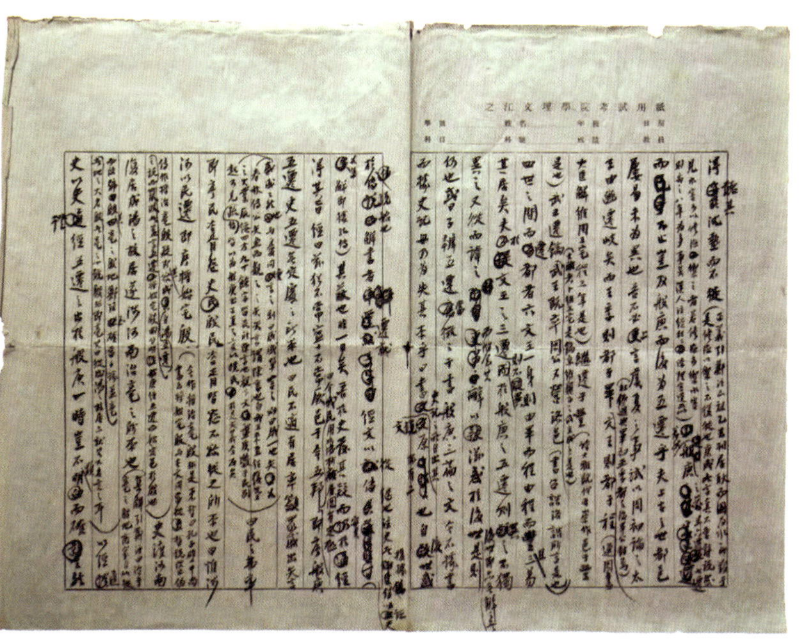

钟泰文《殷唐五迁辨》（二）

钟泰书信

《钟泰日录》手稿（一）

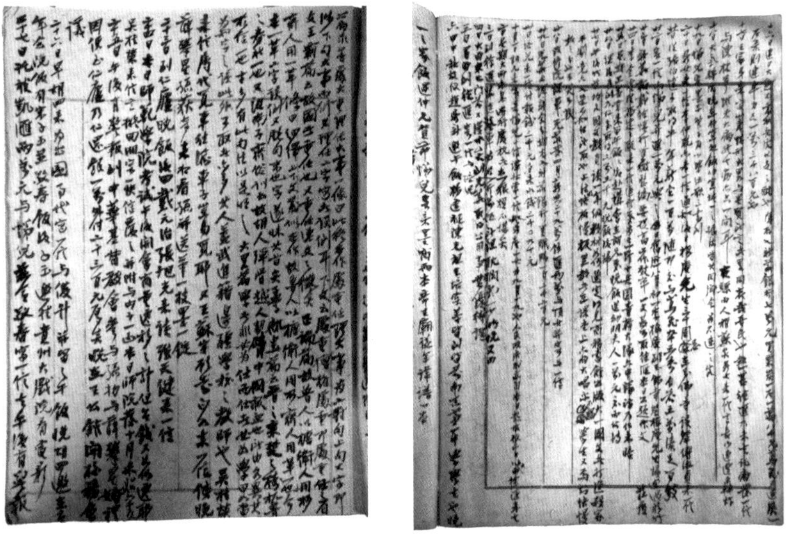

《钟泰日录》手稿（二）

钟泰著作集出版说明

钟泰，又名钟福泰，字讱斋，号钟山，别号待庵，留日时曾更名钟育华。江苏江宁（今南京）人，生于 1888 年 3 月 14 日，农历戊子年二月初二。

钟泰幼时随上元名士拔贡生吴祖培读家塾。1901 年入江南格致书院。1903 年留学日本，先于弘文书院补习日文及普通学科，一年后考入东京私立日本大学师范部博物科。1906 年因学费难继中辍回国，应两江师范学堂监督李瑞清之聘，任日文译教六年。1912 年与友人陈匪石远赴马来西亚槟榔屿创办华人报刊《光华日报》。同年应邀参加皖督柏文蔚幕府任副官，并兼任安徽高等学堂教师。1913 年 8 月—1923 年 7 月于江苏公立法政专门学校（1922 年改为江苏公立法政大学）先后担任日文、心理学、论理学、国文教员，并开设老庄讲座。1921 年—1925 年兼任南京江苏省立第一中学校教员，讲授国文、古代文学。

钟泰留学日本期间即留意探研中国传统学问，约于 1914 年拜入民间儒学太谷学派宗师黄葆年门下，确立为学宗旨。此后至 1924 年黄葆年去世的十年间，执礼甚恭，殷勤问学。此后钟泰始终保持与黄门弟子的密切联系，亦颇受同门推重，乃至尊为太谷学派晚期宗主。

1923年8月—1928年7月，任杭州私立之江大学国学系主任兼教授。1928年8月—1930年1月，应国民政府广东省主席陈铭枢、省秘书长彭一湖之邀，先后任省府秘书、代秘书长、省政府参议、建设委员会委员、博罗县县长等职。1930年2月—1937年10月，复任杭州之江大学中文系主任兼教授。1937年冬杭州陷敌，逃难避居浙江建德西乡。1938年11月—1943年7月，应校长廖世承之聘任湖南蓝田国立师范学院中文系教授、国文科科长。1943年8月—1945年1月应校长王伯群之聘，任贵阳大夏大学文学院院长兼中文系主任教授。1945年6月—11月，应友人马一浮之邀入蜀，任四川乐山复性书院协纂。1946年4月—1947年5月，在浙江建德梅城省立严州中学讲授国文、历史。

1948年2月—1951年8月，任上海光华大学中文系教授，并一度兼任系主任及图书馆馆长。在此期间，1948年8月—1949年7月，兼任上海市立师范专科学校、上海震旦大学中文系教授。1951年全国高等学校院系合并，出任上海华东师范大学中文系教授，讲授宋明理学、历代诗文、历代散文选。同年10月—12月，随校参加皖北土改。1952年4月，以身体健康原因请辞教职居家养病。1953年8月由周善培、尹石公荐入上海文史馆，聘为馆员兼诗词组召集人。1956年9月—1958年2月，应校长刘佛年、中文系主任许杰之邀，为华东师范大学研究生班讲授孔子、孟子、荀子等内容。1958年4月—7月、1961年9月，曾两度到上海市人民委员会，为机关干部文字工作训练班讲授古文。1962年5月，受时任中共中央统战部副部长、总理办公室主任齐燕铭委托，由东北文史研究所所长佟冬出面聘请，北上长春。在研究所的四年中，为研究生班学员及来所进修或旁听的东北各高校教师，讲授《论语》《尚书》《周易》《孟子》《大学》《中庸》《荀子》《庄子》等经典，并曾为吉林大学开设“宋明理学”系列讲座。1966年5月返沪后仍任职上海文史馆，同年11月主动辞去馆员之职。辞职后常应友朋门人之请，往来于苏、常、泰、沪间叙旧论学。1973 年 5 月因年老多病，回祖籍南京就养。1979 年 9 月 13 日年病逝于家，享年 92 岁，葬于南京花神庙丁家村祖茔。

本次整理出版钟泰著作，缘起于同济大学张文江教授之引介，因为听说钟斌先生存有其祖父钟泰的《日录》，张先生与本社编辑刘海滨登门造访，看到了钟斌先生数十年来悉心保存和整理的大量钟泰遗稿、手迹、照片等，当即决定策划出版《钟泰著作集》，并获得钟泰哲嗣钟兴悌先生的授权。此出版计划顺利通过社内立项，并获得 2017 年上海市新闻出版专项资金支持。张文江先生又推荐黄德海先生主持著作集的整理工作，黄先生另行约请相关学者参与整理(具体人员和分工见各书整理说明)，付出了大量劳动。

经充分了解钟泰著作情况，刘海滨、黄德海共同确定了《钟泰著作集》的选目和整理方式，大致可分为三种类型：

一、重新校勘、标点、分段整理已出版著作，计有《中国哲学史》《庄子发微》《国学概论》《荀注订补》。

二、首次整理出版钟泰先生的遗稿、讲义等，包括《春秋通义》《理学纲领》《诗词讲义》《庄子天下篇校释》《国学书目举要》《〈儒林典要〉拟收明代诸儒书目》《钟泰诗文集》《钟泰日录》，这部分内容最多，因涉及手稿辨识不清、存稿漫漶缺失等情况，难度也最大。

三、钟泰先生留下的诸多书籍上都有批注，此次选取了两种批注较为完整、能够体现钟泰先生读书治学特色的线装书影印出版，一为《诗经》，一为《老子章义》，一起影印的还有一种原来油印用作教学之用的《废字废义表》。

以上为目前能够搜集整理出版的全部内容，旨在尽量保存钟泰先生遗稿以免散失，以应学界和读者之急需。此外，钟泰先生为教学之便，做过一些诗词、古文的选注(大多未完成，有些是片段)，此次未收录。另据学界和坊间流传，钟泰先生还著有《春秋正言断辞三传参》

《顾诗笺校订》《讱斋论语诗》等，经多方访求，终未觅得，难免有遗珠之憾。在此亦恳请各方人士，如有钟泰先生上述及其他著作线索，请与我们联系。将来若有机会补充完善，促成钟泰先生全集之出版，则天下后世幸甚。

《钟泰著作集》历经五年，终得面世，感谢钟斌先生及其家人多年的辛勤付出，和对出版工作的大力支持！感谢张文江先生、黄德海先生和所有参与整理的学者的辛勤劳动！此集的编校，应该还存在很多错误和不足，请读者不吝赐教，以便再版时完善。

上海古籍出版社

2021 年 8 月

钟泰著作集总目

整理说明

1929 年，胡适《中国哲学史大纲（卷上）》出版十年之时，钟泰的《中国哲学史》出版，一反胡适“以西释中”的研究模式，采用独特的“以中释中”进路，明确表示“中西学术，各有统系，强为比附，转失本真”。全书分为四编：上古哲学史，中古哲学史，近古哲学史，近世哲学史。“以史传之体裁，述流略之旨趣”，“上下详其源流，彼是辨其同异”。首言上古之思想，作为中国哲学的渊源；次言王官六艺之学，作为中国哲学的基点；再次由老子、孔子至龚自珍、曾国藩，分列人物 117 位，详细论述。体大思精，持论平允，置之今日亦有不可替代的重要意义。

此次整理，由杨立军负责，以上海商务印书馆 1929 年版《中国哲学史》为底本，以湖南师范大学出版社 2018 年版《中国哲学史》为校本。底本正文部分多为大段文字，但一气贯串，故不作改动。每章附录部分为便阅读，酌情分段。

钟泰先生征引古书，有节引者，有与原文略不同者，若无损文意则不作改动，明显误字径改不出校记。

目　　录

第一编　上古哲学史

第二编　中古哲学史

第三编　近古哲学史

第四编　近世哲学史

序

钟子钟山，为教授之江大学，三年纂《中国哲学史》竟，督余为之序。钟山富于理性，纯于学，其为书立例谨严，忾乎独肩砥柱东流之责，可谓忧世之深矣！且夫古今能为学者，不出高明、沉潜之两途。沉潜者务涵泳，高明者喜创辟。涵泳久而理积，理积而后体用备，内足以养吾心，外之足以理天下，国家充实光辉，儒术乃以见尊于世。创辟者之于学焉，不务蓄德而以求知，求知者必求胜于人，求胜于人之心不已，将溪刻以求古人之失，或先立章制，而以古人之言行就我。夫以古人之迹之传于今，穹远而莫见，钼铻而不相合，固矣，其不可强同也，因而疑之，信与疑不相害也。以疑古为求学之方，师师相承，而其术益密，乃近于名法家之所为。是故今之学者，移治经之心力以治子，往往自昵于名法而敝屣儒术。儒术之中有荀卿焉，阳儒而阴法，崇名而绌性，其书倍谲不同，往往出于其徒李斯辈之所窜易，学者顾轩之跻之于孔、曾、思、孟之左。最近学风扇播，总其略，墨名而荀性，为世大宗，贤圣微矣！抑不知夫圣之所以为圣，贤之所以为贤，首出群伦，包三才，育万物，廓然性分之天者，其视诸子犹鲲鹏之于蠛蠓焉。呜呼！章制密而儒道衰，考据精而名法胜，因不与果期，而卒与之相赴。一孔之士，南面抝呵，砼然独订贤圣之得失，而高下其名位。盖三十年来，学术思想既不得保其统绪，雅颂政教且随之以倾。然而倡此者，家自以为哲学，人自以为真理。理不必真，而横流滋蔓，夫岂非高明者之过与？钟山之择术焉醇，其观古焉涵泳反复，久而得其通儒者经世之体也。世之为学者，大都握今之辔以驭古之迹，是以毁辕折筴而其道大窒。窒则愚，通则哲。呜呼！钟子其几于哲矣！

戊辰三月吴江金天翮

凡　　例

一、此书以史传之体裁，述流略之旨趣，故上下则详其源流，彼是亦辨其同异。

二、史家之例，或以事为题，或以人为目。此书述一家之言，则著其人；总一代之变，则标其事。

三、史家纪传，有合有分。或以附从，或以连及。此书亦兼四体。盖事有取其相贯，说亦便于互参。惟是人之重轻，文随详略。附从以上，著之章目；连及之者，但见本文。

四、一派之说，详于魁率。至其徒众，具在范围。一一叙之，只增重复。故非于先说有发明，于师传有改易，并从省汰，以节篇章。

五、中西学术，各有统系。强为比附，转失本真。此书命名释义，一用旧文。近人影响牵扯之谈，多为葛藤，不敢妄和。

六、门户之争，自古不免。然言各有宜，理无相悖。此书于各家同异，时附平亭。既欲见学术之全，亦以为沟通之助。

七、人之编次，一准时代。惟附从者以其类，连及者随其宜。先后参差，并难例限。

八、书中人物，或称子，或称君，或称生，或称公，或称名，或称号，或称谥，或称封。一从常习，意无抑扬。

九、此书上下两卷，略分四期：一自有史以迄嬴秦，是为上古史；二自汉迄唐，是为中古史；三自宋迄明，是为近古史；四有清一代，是为近世史。惟光、宣以后，杂糅新说，虽辟蹊径，未睹旨归。编录之责，让之来者。

十、各家著作，具有全书。此之所举，仅其要略。以蠡测海，知获讥于大雅；因指求月，还有望于学人。

钟山钟泰　识

第一编　上古哲学史

第一章 上古之思想

中国哲学，至周代始有统系可言。然其渊源所自，则甚遥远。如孔子赞《易》，《易》固肇端于伏羲之八卦也，子思传《中庸》，执中之说，固尧之所以命舜也。今杂录上古以来先民传说见于载籍者，撮为此章。其不曰哲学而曰思想者，书阙有间，无可参验，过而予之，以诬古人，所不敢也。

一 本天

载籍之旧，无过《尚书》。《今文尚书》始《尧典》，继之以《皋陶谟》。或谓《典》、《谟》出夏时追述，顾其说则可据矣。舜之命九官十二牧也，曰："钦哉，惟时亮天工。"（《尧典》）皋陶之陈谟也，曰："无旷庶官。天工人其代之。天叙有典，敕我五典五惇哉。天秩有礼，自我五礼有庸哉。"又曰："天命有德，五服五章哉。天讨有罪，五刑五用哉。"（并《皋陶谟》）工曰天工，而典、礼、命、讨，一推其源于天。此后世法天、畏天诸说之由来也。于是箕子陈《洪范》，则曰："天乃锡禹洪范九畴。"周公作《无逸》，则曰："昔在殷王中宗，严恭寅畏天命。"（旧以"天命"连下"自度"句绝，误）其在于《诗》，《皇矣》之篇曰："不识不知，顺帝之则。"所以称文王也。《烝民》之篇曰："天生烝民，有物有则。民之秉彝，好是懿德。"（并《大雅》）所以美仲山甫也。盖自唐虞逮于三代，《诗》、《书》之所称说，若斯之类，不可胜引。窃原其故，则古初以来，尝穷人物之本，以为非地不能养，非天不能生，人者托体于天，则当以天为父。是以古之王者自称天子；而郊祀上帝，著之《礼经》，谓之报本之祭。观其制名，知有深义，非同偶然者矣。

二 尽人

惟以人为本乎天，故视人亦与天等。尽人之性，则可以参天地而育万物。古称天皇、地皇、人皇，说虽荒渺，而天地人三统之所以立，不可诬也。皋陶称天叙天秩，即曰："天工人其代之。"武王称天降下民，即曰："其助上帝，宠之四方。"（见《孟子》，今伪《古文尚书·泰誓》与此稍异）人可代天助天，则岂不重乎！且《礼记·祭法》载："有虞氏禘黄帝而郊喾，祖颛顼而宗尧。夏后氏亦禘黄帝而郊鲧，祖颛顼而宗禹。殷人禘喾而郊冥，祖契而宗汤。周人禘喾而郊稷，祖文王而宗武王。"《孝经》亦曰："周公郊祀后稷以配天，宗祀于明堂以配上帝。"夫郊禘之祭由来尚矣，而以祖考配之，是人鬼不必降于天神也。不独是也，圣王之制祭祀也，法施于民则祀之，以死勤事则祀之，以劳定国则祀之，能御大灾则祀之，能捍大患则祀之。（亦见《礼记·祭法》）是故祀弃以为稷，祀后土（共工氏之子）以为社，祀黎（颛顼氏之子）以为祝融，祀昧（少昊氏之子）以为玄冥。其为天神，即皆人鬼。吾观祭祀之事，知古之不欲以天而蔑人也明矣。而或乃以吾国人之事天，与他民族迷信神权者相提并论，其得为通于国故者乎？

三　首孝

《孝经》作于孔子。然其曰“先王有至德要道以顺天下，民用和睦”，则孝之由来远矣。近人章太炎著《孝经本夏法说》，以为“《释文》引郑氏说‘禹三王先者’，以先王属禹，必有所据，而墨子用夏道，《汉书·艺文志》序墨家者流，即曰‘以孝视天下是以尚同’”（见《太炎文录》）。章氏之说自可信。顾吾观《尧典》四岳举舜，曰：“瞽子，父顽、母嚚、象傲，克谐以孝。蒸蒸乂，不格奸。”帝曰：“我其试哉。”孟子言孝，首推大舜，曰：“舜尽事亲之道而瞽瞍厎豫，瞽瞍厎豫而天下化，瞽瞍厎豫而天下之为父子者定，此之谓大孝。”使尧舜之事为不妄，孝治天下之说，固有先乎夏世者矣。自是以后，契敷五教，则父子有亲，在君臣有义、夫妇有别、长幼有序、朋友有信之前。《周官》六行，则孝居友睦姻任恤之首。（见《周官·大司徒》）《礼·郊特牲》曰：“万物本乎天，人本乎祖。”夫本乎天，人与物之所共也；本乎祖，则人之所独也。人不知孝，是谓忘祖；忘祖，则不得为人也。故古者宗庙之祭，自称孝孙。（《诗·小雅·楚茨》、《鲁颂·閟宫》）而《孝经》曰：“宗庙致敬，不忘亲也。修身慎行，恐辱先也。”然则孝之为教，与古人之重宗法、隆祭祀，盖俱起者矣。抑古之所谓孝者，非仅孝于父母之谓也。《孝经》曰：“夫孝始于事亲，中于事君，终于立身。”《礼·祭义》曰：“居处不庄，非孝也。事君不忠，非孝也。莅官不敬，非孝也。朋友不信，非孝也。战陈无勇，非孝也。”又曰：“孝有三：小孝用力，中孝用劳，大孝不匮。思慈爱忘劳，可谓用力矣。尊仁安义，可谓用劳矣。博施备物，可谓不匮矣。”夫此孔子、曾子之言，其出在后。然而《书·甘誓》曰：“用命赏于祖。”非以战陈之勇为孝乎？《大雅·既醉》曰：“孝子不匮，永锡尔类。”非以不匮为孝乎？若是，举行己待人临事为国之道，而一赅之于孝之中。故曰：“夫孝，德之本也。”曰：

“人之行莫大于孝。”(并《孝经》)由孔子以上稽《诗》、《书》之传,知所谓“先王有至德要道”者,圣人之言固真实而无有假托也。

四　用中

自宋以来,儒者有所谓十六字之心传者,曰:“人心惟危,道心惟微。惟精惟一,允执厥中。”此出梅氏伪古文《大禹谟》,疑不足信。然《论语》既载之矣,曰:“尧曰:‘咨!尔舜。天之历数在尔躬。允执其中。四海困穷,天禄永终。’舜亦以命禹。”孔子亦曰:“舜其大知也与?舜好问而好察迩言,隐恶而扬善。执其两端,用其中于民。其斯以为舜乎!”(《中庸》)则尧、舜、禹执中之传,果不诬也。不独是也,帝尧之命夔曰:“汝典乐。教胄子,直而温,宽而栗,刚而无虐,简而无傲。”(《尧典》)皋陶之赞禹曰:“宽而栗,柔而立,愿而恭,乱而敬,扰而毅,直而温,简而廉,刚而塞,强而义。彰厥有常,吉哉。”(《皋陶谟》)其言德皆必举两端,而不欲有偏胜之过,是亦中而已矣。孟子曰:“汤执中,立贤无方。”则汤之中也。《洪范》曰:“建用皇极。”注谓“皇极,大中”也。又其言曰:“无偏无党,王道荡荡。无党无偏,王道平平。无反无侧,王道正直。”则箕子、武王之中也。由是而老曰守中(《老子》“多言数穷,不如守中”),孔曰中庸。盖吾先民之训,无有或离于中道者。至若以模棱两可为中,以多方迁就为中,此自后世之失,不得以为先民罪,更不得以为中道罪。

五　上民

孟子曰:“民为贵,社稷次之,君为轻。”夫民贵之义,非自孟子始发之也。盘庚之迁于殷也，所以告其民者，一则曰："古我前后罔不惟民之承。"再则曰："恭承民命，用永地于新邑。"（《书·盘庚》）立君所以为民，古之人早知之矣。故周公称殷王祖甲曰："其在祖甲，不义惟王，旧为小人。作其即位，爰知小人之依。能保惠于庶民，不敢侮鳏寡。"（《无逸》）其称文王曰："惟乃丕显考文王，克明德慎罚，不敢侮鳏寡。庸庸祗祗，威威显民。"（《康诰》）夫至于鳏寡而不敢侮，其尚犹有奴使其民者乎？且古人之所敬事者，天也。而皋陶曰："天聪明自我民聪明，天明畏自我民明威。"（《皋陶谟》）武王曰："天视自我民视，天听自我民听。"（《孟子》引《泰誓》）以民为天意所寄托，故畏天者亦畏民。《召诰》曰"用顾畏于民嵒"是也。斯义也，春秋士大夫犹或能道之。里革曰："君也者，将牧民而正其邪者也。若君纵私回而弃民事，民旁有慝，无由省之，益邪多矣。若以邪临民，陷而不振，用善不肯，专则不能，使至于殄灭而莫之恤也，将安用之。"（《国语·鲁语》）师旷曰："天生民而立之君，使司牧之，勿使失性。天之爱民甚矣。岂其使一人肆于民上，以从其淫而弃天地之性，必不然矣。"（《左传·襄十四年》，中有节文）夫孤、寡、不谷，贱名也，而侯王以为称，非自卑而上民之证乎？是以君贵民贱，特起于战国以后暴君代作一时之邪说。而近人好以后世之事，推论三代以前，遂疑《诗》、《书》所载不足尽信，而民本之义非上古所能晓，则何其厚诬先民之甚也！

六　大天下

公羊家有言曰："大一统。"（《公羊·隐元年》）此意亦非始于公羊也。禹之称舜也，曰："光天之下，至于海隅苍生，万邦黎献，共为帝臣。"（《皋陶谟》）夏人之称禹也，曰："东渐于海，西被于流沙，朔南暨，声教讫于四海。"（《禹贡》）夫舜、禹之时，疆域之广，不尽九州。然而其言若是者，非徒为夸辞也。盖其函括寰宇之量，固以为一君之所治，莫有能外者矣。又非独舜、禹为然也。《长发》之诗曰："上帝是祇，帝命式于九围。"(《商颂》)所以言汤也。《执竞》之诗曰："自彼成康，奄有四方。"(《周颂》)所以言武王也。而《周礼·职方氏》辨九服之邦国，自王畿以外，有侯甸男采卫蛮夷镇藩。其制或不免托之空言，然即规度而论，则何其恢廓也！是以孟子曰："人有恒言，皆曰天下国家。"而《大学》之教，必极之于"平天下"；《中庸》之德，必极之于"舟车所至，人力所通，天之所覆，地之所载，日月所照，霜露所队，凡有血气，莫不尊亲"。古之人以天下为量，不欲以一国自限，其来固已久矣。且禹思天下有溺者，由己溺之也；稷思天下有饥者，由己饥之也；伊尹思天下之民，匹夫匹妇有不与被尧、舜之泽者，若己推而纳之沟中。(并见《孟子》)大之推于天下者，亦细之不遗于一夫。呜呼！此视彼局于国家主义，或侈言民族平等，而不惜杀人以救人者，不亦远乎！

第二章　王官六艺之学

孔子曰："天子失官，学在四夷。"（《左传·昭十七年》）上世之学掌于王官，无可疑也。然王官之学孰为盛？曰：周为盛。孔子曰："夏礼，吾能言之，杞不足征也；殷礼，吾能言之，宋不足征也。文献不足故也。足，则吾能征之矣。"又曰："周监于二代，郁郁乎文哉！吾从周。"则文献之盛，二代非周比也。虽然，周之盛，文、武开之，而周公实成之。孔子曰："文王既没，文不在兹乎！"子贡曰："文、武之道，未坠于地，在人。贤者识其大者，不贤者识其小者，莫不有文、武之道焉。夫子焉不学？而亦何尝师之有？"此谓文、武也。孔子又曰："甚矣吾衰也！吾不复梦见周公。"（以上并《论语》）孟子曰："周公、仲尼之道。"（《孟子》）此则谓周公也。是以清章实斋（名学诚，会稽人，乾隆进士）作《原道》，而谓周公集前王之大成。曰："周公成文、武之德，适当帝全王备，殷因夏监，至于无可复加之际，故得借为制作典章，而以周道集古圣之成，斯乃所谓集大成也。"又曰："自有天地而至唐虞夏商，迹既多，而穷变通久之理亦大备。周公以天纵生知之圣，而适当积古留传道法大备之时，是以经纶制作，集千古之大成，则亦时会使然，非周公之圣智能使之然也。"（《章氏遗书·文史通义》）夫隋唐以前，学校皆并祀周、孔，以周公为先圣、孔子为先师。其制盖始于汉，汉人所见犹为近古。由是论之，章氏之说，不得谓之凿空也。是故言中国哲学，必当断自周公为始。

周公制作，莫著于礼。今传《仪礼》十七篇，其为周公旧制已无异论。惟《周礼》一书，则疑之者多。然伏生《尚书大传》称"周公居摄三年，制礼作乐"，《礼记·明堂位》称"周公朝诸侯于明堂，制礼作乐"，而《左传》引太史克曰："昔者先君周公制周礼。"（文十八年）此所谓周礼者，固不必即今之《周礼》一书。然即周公制礼推之，礼之大者无过政教。今之《周礼》，其经纶大体，必出于周公，而非余子所能代为也。又不独礼而已也。《周礼·春官》大卜掌三易之法，一曰连山，二曰归藏，三曰周易，则易在礼之中矣。大师教六诗，曰风、曰赋、曰比、曰兴、曰雅、曰颂，则诗在礼之中矣。大司乐以乐舞教国子，舞云门、大卷、大咸、大磬、大夏、大濩、大武，则乐在礼之中矣。小史掌邦国之志，外史掌四方之志，掌三皇五帝之书，则书与春秋在礼之中矣。是故言礼，而六艺即无不在。晋韩宣子之聘鲁也，观书于太史氏，得见易象与鲁春秋。曰："周礼尽在鲁矣。吾乃今知周公之德，与周之所以王也。"（《左传·昭二年》）是可证也。抑《礼·王制》曰："乐正崇四术，立四教，顺先王诗书礼乐以造士，春秋教以礼乐，冬夏教以诗书。"而《文王世子》曰："凡学，世子及学士必时。春夏学干戈，秋冬学羽籥，皆于东序。小乐正学干，大胥赞之。籥师学戈，籥师丞赞之。胥鼓南，春诵夏弦，大师诏之瞽宗。秋学礼，执礼者诏之。冬读书，典书者诏之。礼在瞽宗，书在上庠。"则当时六艺之教行于学校，其制固可考见。而春秋之世，流风余韵，犹有存者。晋赵衰荐郤縠为帅，称其说礼乐而敦诗书。（《左传·僖二十七年》）楚庄王使士亹傅太子箴，问于申叔时，叔时曰："教之春秋，而为之耸善而抑恶焉，以戒劝其心。教之世，而为之昭明德而废幽昏焉，以休惧其动。教之诗，而为之导广显德，以耀明其志。教之礼，使知上下之则。教之乐，以疏其秽而镇其浮。教之令，使访物官。教之语，使明其德，而知先王之务用明德于民焉。教之故志，使知废兴者而戒惧焉。教之训典，使知族类行比义焉。”（《国语·楚语》）夫向使周之学校，未尝以诗书礼乐为教，则晋楚之士，如赵衰、申叔时，安得有是言乎？是故子所雅言，诗书执礼，而亦即曰“述而不作”，曰“好古敏求”（并《论语》）。章实斋曰：“六艺，周公之典章。”（《文史通义·经解》）岂不然哉！

班固因刘歆《七略》为《汉书·艺文志》，而谓儒、道、阴阳、名、法、墨、纵横、杂、农，九流之学，皆出于古之某官。又谓“合其要归，亦六经之支与流裔”。（并《汉书·艺文志》）近人诋之，以为附会揣测，全无凭据。然《庄子·天下篇》言：“古之人其备乎！配神明，醇天地，育万物，和天下，泽及百姓。明于本数，系于末度，六通四辟，大小精粗，其运无乎不在。其明而在数度者，旧法世传之史，尚多有之。其在于《诗》、《书》、《礼》、《乐》者，邹鲁之士缙绅先生多能明之。《诗》以道志，《书》以道事，《礼》以道行，《乐》以道和，《易》以道阴阳，《春秋》以道名分。其数散于天下而设于中国者，百家之学时或称而道之。”则百家渊源于王官六艺之学，战国时人多知之者。不得谓《七略》、《艺文志》无所凭据也。且《淮南·要略》，以为诸子皆起于救世之弊，而论儒者之学，则曰：“修成、康之道，述周公之训。”论墨子之学，则曰：“学儒者之业，受孔子之术，背周道而用夏政。”论管子之学，则曰：“崇天子之位，广文、武之业。”夫儒家无论矣。老子为周守藏室之史，《庄子》有孔子西藏书于周室，缗十二经以说老聃之文。（见《庄子·天道篇》）而曾子问礼，孔子所以告之者，每曰“吾闻诸老聃”。（见《礼记·曾子问》）是老子之有得于六艺也。墨子之书，多引《诗》、《书》，又言“吾见百家《春秋》”（唐刘知几《史通·六家篇》引《墨子》佚文，又《墨子·明鬼篇》亦称燕之《春秋》、宋之《春秋》、齐之《春秋》、周之《春秋》云云）。而《吕览》称“鲁惠公使宰让请郊庙之礼于天子，桓王使史角往，惠公止之。其后在于鲁，墨子学焉”。（《当染篇》）是墨子之有得于六艺也。管子以礼义廉耻为国之四维(《管子・牧民》),而所为作内政以寄军令者,实本之周礼乡遂之制。(《小匡》)且其书言法,而曰:“法出于礼。”(《枢言》)曰:“所谓仁义礼乐者,皆出于法。”(《任法》)又《弟子职》者,《礼》之《曲礼》、《少仪》之类也,而今在管子之书。是管子之有得于六艺也。其诋毁《诗》、《书》以为国之淫蠹者,惟商鞅与韩非耳。然商君师尸佼,韩非师荀况。佼、况皆尊先王,称孔氏(《尸子・贵言篇》有曰:“修先王之术,除祸难之本。”《明堂篇》有曰:“度于往古,观于先王。”其称引孔子之言尤众)。则鞅与非,即亦不能无闻于六艺之教。故苟使取诸子之书而研穷之,明其异同,详其得失之所在,其与六艺分合之迹,盖可得而覆案也。夫此非谓诸之子之学,皆六艺之所已备也;又非谓诸子之学,其义无有能出六艺之外也。譬之江水,诸子者,其下流之播为九江三江;而六艺者,则其滥觞之始也。今言中国哲学,而不本之于六艺,是无卵而有时夜,无父祖而有曾弥也。恶乎可哉!

第三章　老子 附管子

老子姓李，名耳，字聃。其曰老子者，则古称寿考者之号。(《礼记·曾子问》郑注)生于楚之苦县厉乡曲仁里。苦县当老子时属陈，司马迁《史记·老子列传》以其后追述之，故以属于楚，实非楚人也。尝为周守藏室之史。久之，见周之衰，乃遂去。至关，关令尹喜曰："子将隐矣。强为我著书。"于是乃著书上下篇五千余言而去。今所传《道德经》是也。老子既以自隐无名为务，故其行迹多不可考。而世或言其百有六十余岁，或言二百余岁，皆诞妄不足信。然孔子适周问礼于老子，见于《史记》，见于庄子之书，而《论语》记孔子自言，亦曰："述而不作，信而好古，窃比我于老彭。"(老彭即老子，近人廉江江瑔著《读子卮言》，有论老子之姓氏名字，甚为可据)则其事为必有。而后人或以《礼·曾子问》孔子所言闻诸老聃者，穷极礼之节文，今《老子》书乃谓"礼者，忠信之薄而乱之首"，其言不类。疑《道德经》出于后人之手，非其旧矣。不知礼有本末，天下之衰也，逐末而忘本，于是节文益繁，而礼之本意转失。"忠信之薄而乱之首"云云，老子亦为彼非礼之礼言之耳。不然，孔子执礼者，而亦曰"礼云礼云，玉帛云乎哉"，此岂有悖乎？又近人以《史记》言老子多游移之辞，并疑老子其人为不必有，而谓《庄子》所载老聃事，皆出于周之寓言。夫《论语》一书，如长沮、桀溺、晨门、荷蒉之流，其迹皆不显，然即不得谓无其人，且《老子列传》详叙老子之子孙，而八世孙假仕汉孝文帝，假之子解为胶西王太傅，皆当史公时，此岂可诬者！至云老子莫知所终，则隐者往往如此，尤不足异也。（《庄子·养生主篇》言老聃死，秦佚吊之，则莫知所终云云，亦出之一时之传说）

一 道

老子以道为天地万物之本。故曰："有物混成，先天地生。寂兮寥兮，独立而不改，周行而不殆，可以为天下母。吾不知其名，字之曰道。"又曰："道生一。一生二。二生三。三生万物。万物负阴而抱阳，冲气以为和。"然道不可见，可见者非道；道不可名，可名者非道。故曰："道之出口，淡乎其无味。视之不足见，听之不足闻。"又曰："道可道，非常道。名可名，非常名。"惟其不可见不可名也，故又名之曰无。曰："天下之物生于有，有生于无。"又曰："三十辐共一毂。当其无，有车之用。埏埴以为器。当其无，有器之用。凿户牖以为室。当其无，有室之用。"无即道也。然曰无而实有。故曰："无名天地之始，有名万物之母。常无，欲以观其妙；常有，欲以观其徼。此二者同出而异名。同谓之玄。"又曰："有无相生。"又曰："有之以为利。无之以为用。"有与无并言，明无之即有，有之即无也。故其所以为道之形容者，曰："道之为物，惟恍惟惚。惚兮恍兮，其中有象。恍兮惚兮，其中有物。窈兮冥兮，其中有精。其精甚真，其中有信。"曰恍惚、曰窈冥，非无耶？曰有象、曰有物、曰有精有信，非有耶？而合而言之，则曰："无状之状，无物之象。"盖道者，变动不居，无有方所，故不得不多方以喻之。而又恐人之执实以求也，故又不得不闪烁其词。而胡适之以为哲学初起，名不完备，故说理不能周密。（见胡氏《中国哲学史大纲》）亦可谓不善读《老子》者矣。

虽然，所谓道者何耶？道者，宇宙之本体也。何以知宇宙之本体？宇宙之本体，即吾心之本体。非有二也。故曰："道者同于道。德者同于德。失者同于失。"欲知宇宙之本体，须先明吾心之本体。故曰："致虚极。守静笃。万物并作，吾以观其复。夫物芸芸，各归其根。归根曰静。静曰复命。复命曰常。知常曰明。不知常，妄作凶。知常容。容乃公。公乃王。王乃天。天乃道。道乃久，没身不殆。"在人心曰命，在宇宙曰道。一也。然人之不明夫心之本体何也？曰：以其有身，以其有知。何言乎以其有身？其言曰："吾所以有大患者，为吾有身。及吾无身，吾有何患！"此身之患也。身之为患何也？曰：以其私欲。私欲所以生生也，而不知其所以害生也。故曰："生之徒十有三。死之徒十有三。人之生动之死地者，亦十有三。夫何故？以其生生之厚。"又曰："五色令人目盲。五音令人耳聋。五味令人口爽。驰骋田猎令人心发狂。难得之货令人行妨。"是故欲免于身之患，必自少私寡欲始矣。少私寡欲，是之谓虚。何言乎以其有知？其言曰："前识者，道之华而愚之始也。"此知之患也。知之为患何也？曰：以其伪。知不必伪，而伪则生于知也，故曰："智慧出，有大伪。"是故欲免于知之患，必自见素抱朴始矣。见素抱朴，是之谓静。（少私寡欲，见素抱朴，皆本老子语）由私欲而进于虚，由伪而进于静，以学言之，则益矣，故曰："为学日益。"由有身而无身，由有知而无知，以道言之，则损矣，故曰："为道日损。"老子之言道，非空谈宇宙之本体也。必以吾心之本体，合宇宙之本体。以宇宙之本体，证吾心之本体。故曰："修之于身，其德乃真。"此道德之所以可贵也。

二　无为

道之何以言无为也？曰：有为者用也。而所以用夫有为者，则无为也。故无为者，有为之本也。能有为而不能无为者，盖有之矣。未有能无为而不能有为者也。故曰："为无为。"又曰："道常无为而无不为。"又曰："损之又损之，以至于无为。无为而无不为矣。"自夫无无为之本，而一以有为为事，于是天下多害事矣。故曰："天下神器不可为也。为者败之。执者失之。"又曰："以其上之有为也，是以难治。"又曰："圣人无为故无败。无执故无失。"然则老子之言无为，为夫逞其私智而一以生事为能者言之也。为夫执滞于有为之迹，而不能行其所无事者言之也。非曰以不事事为无为也。自夫世之不明老子之意，而以无为为不事事，于是遂强指老子为消极主义。老子曰："吾言甚易知，甚易行。天下莫能知，莫能行。"此亦莫能知之一端矣。

三　三宝

老子曰："我有三宝，宝而持之。一曰慈，二曰俭，三曰不敢为天下先。"惟慈故柔。其言曰："坚强者死之徒。柔弱者生之徒。"又曰："天下之至柔，驰骋天下之至刚。"又曰："天下莫柔弱于水，而攻坚强者莫之能先，以其无以易之也。"人知慈柔之为慈柔，而不知慈柔之为勇强也，故曰："夫慈故能勇。"斯其道见于战争，其言曰："兵者不祥之器，非君子之器。不得已而用之，恬淡为上。胜而不美。"又曰："祸莫大于轻敌，轻敌几丧吾宝。故抗兵相加，哀者胜矣。"慈也，正其所以为勇也。惟俭故啬，故愚。其言曰："治人事天莫若啬。"又曰："众人皆有，而我独若遗。我愚人之心也哉。"人知愚之为愚，而不知愚之为知也；知啬之为啬，而不知啬之为积也；知俭之为俭，而不知俭之为广也。故曰："俭故能广。"斯其道见于治国，其言曰："古之善为道者，非以明民，将以愚之。民之难治，以其智多。故以智治国，国之贼；不以智治国，国之福。"愚也，正其所以为智也。又曰："小国寡民，使有什伯之器而不用，使民重死而不远徙。虽有舟车，无所用之；虽有甲兵，无所陈之。使民复结绳而用之。甘其食，美其服，安其居，乐其俗。邻国相望，鸡犬之音相闻。民至老死不相往来。”啬也，正其所以为积也。又曰：“圣人不积。既以为人，己愈有；既以与人，己愈多。”俭也，正其所以为广也。惟不敢为天下先，故后故下，其言曰：“江海所以能为百谷王者，以其善下之，故能为百谷王。是以圣人欲上人，以其言下之；欲先人，以其身后之。是以处上而人不重，处前而人不能害。是以天下乐推而不厌。以其不争，故天下莫能与之争。”人知后下之为后下，而不知后下之为先上也，故曰：“不敢为天下先，故能成器长。”斯其道见于取天下，其言曰：“大国者下流。天下之交，天下之牝。牝常以静胜牡。以静为下。故大国以下小国，则取小国；小国而下大国，则取大国。故或下以取，或下而取。大国不过欲兼使人，小国不过欲入事人。夫两者各得其所欲。故大者宜为下。”下也，正其所以为先也。老子之道如是，岂果无为也哉！

四 婴儿

老子言道，则尚无名朴；言治，则尚小国寡民；言为道，则尚守雌、尚婴儿。其义一也。其言婴儿者凡三。曰：“专气致柔，能婴儿乎？”曰：“众人熙熙，如享太牢，如春登台。我独泊兮其未兆，如婴儿之未孩。”曰：“常德不离，复归于婴儿。”其所以尚婴儿何也？曰：为其无心也。故曰：“圣人无常，以百姓心为心。善者吾善之，不善者吾亦善之，德善矣。信者吾信之，不信者吾亦信之，德信矣。圣人在天下，惵惵为天下浑其心。百姓皆注其耳目，圣人皆孩之。”无心故无知。然无知者，有知而不用，非不知之谓也。故曰：“知不知，上。不知知，病。”又曰：“知其雄，守其雌。知其白，守其黑。”又曰：“天下有始，以为天下母。既得其母,以知其子。既知其子,复守其母。”又曰:“明道若昧。”又曰:“虚其心,实其腹。”有知而不用何也? 曰:用则有不用矣,不用则无不用也。故曰:“明白四达,能无知乎?”曰:“不出户,知天下。不窥牖,见天道。其出弥远,其知弥少。”汉家用黄老,以清净治,而班固以为道家君人南面之术,盖皆有见于此。至后世神仙家托为婴儿姹女之说,以言养生,则得于老子而失老子之意者,未可以混同而论也。

《汉志》道家首伊尹、太公,而有《管子》八十六篇。伊尹、太公之书今不传。《管子》八十六篇之目皆具,而其阙者十篇。清姚际恒(际恒字立方,仁和人,诸生,与阎若璩、毛奇龄同时)作《古今伪书考》,谓《管子》多伪,大抵战国周末之人,如稷下游谈辈及韩非、李斯辈,袭商君之法,借管氏以行其说者。而章实斋则谓《管子》之述其身死后事,出于习管氏法者所缀辑。古人著书,不必定成于一人之手,类多有其徒附益,不得执此以为伪。(《文史通义·诗教》、《言公》等篇,撮其意如此)吾谓实斋之言,为得其实。今《管子·枢言》、《心术》、《白心》、《内业》诸篇,言“日益之而患少者惟忠,日损之而患多者惟欲”(《枢言》),言“恬愉无为,去智与故。其应也,非所设也。其动也,非所取也”(《心术》),言“功成者隳,名成者亏”(《白心》),与老子绝圣弃智、少私寡欲而功成不居之旨正同。孔子曰:“洁静精微,《易》教也。”(《礼记·经解》)《七略》以为道家合于《易》之嗛嗛,一谦而四益。然则管、老之同,亦其俱同于《易》也耳。而或者以《管子》之书,其言多无殊于老氏,遂谓必老氏以后之人所托为,亦不察之甚矣。然史公称《管子》,独谓读其《牧民》、《山高》(今《形势》)、《乘马》、《轻重》、《九府》,详哉其言之。(《史记·管晏列传》)而今《管子》之书,论治必以法为主。曰:“法立令行。”(《法法》)曰:“圣君任法而不任智。”(《任法》)曰:“明法而固守之。”(同上)曰:“法者,天下之仪也。所以决疑而明是非也。百姓所县命也。”(《禁藏》)则《管子》固有非道家所可尽者。老子曰:“执古之道,以御今之有。”管子亦曰:“疑今者察之古。不知来者视之往。”(《山高》)顾其所以有异者,老子多言治道之体,而管子则于用为详。此观其作军令、制财用,大抵本之周礼,可以见也。若其曰:"仓廪实则知礼节,衣食足则知荣辱。"曰:"国有四维。一曰礼,二曰义,三曰廉,四曰耻。"曰:"政之所兴,在顺民心;政之所废,在逆民心。"(并《牧民》)即百家所不能易,而亦三代以来之所恒言。自《隋志》列管子于法家,后人因之,莫原其本。而道术之裂,其迹乃益淆而莫辨矣。吾故附管子于老子后而论之。管子名夷吾,字仲,颍上人。相齐桓公。孔子曰:"桓公九合诸侯,不以兵车,管仲之力也。"卒周襄王七年,盖先老子云。(老子生卒不可考,胡适之谓当生周灵王初年,亦仅凭臆测,此等处无宁阙疑)

附老子"天地不仁以万物为刍狗"解

老子曰:"天地不仁,以万物为刍狗。"胡适之作《中国哲学史》盛称其言。而谓"天地不仁"者,言其不是人也。古者尝视天为有意志、有智识、有喜怒之主宰,故以天为与人同类,是为天人同类说。而老子则谓天地不与人同性,打破古代天人同类之谬说,而立后来自然哲学之基础。故拟老子之说为思想之革命。其后梁任公撰《先秦政治思想史》亦沿胡说,并谓与《诗》之言"昊天不惠"、"昊天不平"正同,指为当时神权观念之动摇。然吾统观《老子》全书,知其说之出于穿凿,未足据为定论也。

夫胡氏以"仁"为"人",其所引以为据者,则《中庸》"仁者人也"、《孟子》"仁也者人也"二言。不知此二"人"字,皆言人之所以为人,非便指人身而言。以今逻辑论之,则二"人"字乃抽象名词,非具体名词也。故以"人"为"仁"之训则可,而以"人"易"仁"则不可。然则老子曰"天地不仁",岂得引此为说,而谓不仁即不是人乎?且果如胡氏之意,亦只得云"非仁",不得云"不仁"。"非"字之与"不"字,其意固有殊矣。况下文云:"圣人不仁,以百姓为刍狗。"以"天地不仁"为不是人,亦可谓“圣人不仁”为不是人乎？推胡氏之心，不过欲说老子不信天为有神，以见天道之果无知耳。然“天网恢恢，疏而不失”，《老子》之言也；“天道无亲，常与善人”，亦《老子》之言也。老子果信天为无神无知者乎？抑信天为有神有知者乎？夫读一家之言，当合观其前后，而后可论其主张如何。今但称“天地不仁，以万物为刍狗”，而不顾“天网恢恢，疏而不失”，不顾“天道无亲，常与善人”，乃至不顾其下句“圣人不仁，以百姓为刍狗”，断章取义而为之说，又安得无误乎！

虽然，此不能以怪胡氏也。自王弼之注而已误矣。王注曰：“仁者必造立施化，有恩有为。造立施化，则物失其真。有恩有为，则物不具存。物不具存，则不足以备载矣。地不为兽生刍，而兽食刍。不为人生狗，而人食狗。无为于万物，而万物各适其所用，则莫不赡矣。”夫以不仁为无恩，则是矣。若其所以解刍狗者，则未为得实也。信如王氏之言，地不为兽生刍而兽食刍，不为人生狗而人食狗。则天地自天地，人兽自人兽，刍狗自刍狗。天地之于万物，曾无与焉于其间，岂得言“以”言“为”乎？且兽食刍、人食狗云云，似言刍狗者不啻言草芥、言荼毒。天地且勿论，老子尝疾民之饥以其上食税之多矣，而乃曰圣人以百姓为刍狗，谓草芥其民、荼毒其民者为圣人，不几于率兽食人之奖乎？是尚得为老子乎哉？

夫古之能明老子之意者，莫过庄子。庄子之书载师金之言曰：“夫刍狗之未陈也，盛以箧衍，巾以文绣，尸祝斋戒以将之。及其已陈也，行者践其首脊，苏者取而爨之而已。将复取而盛以箧衍，巾以文绣，游居寝卧其下。彼不得梦，必且数眯焉。”(《天运》)然则刍狗者，刍灵之类耳。刍狗之为物，当时则贵，过时则弃焉。是故言天地以万物为刍狗者，犹言功遂身退天之道也而已。然其言不仁者何居？曰：老子不有言乎？曰：“正言若反。”夫虎狼非仁也，而庄子曰：“虎狼仁也。”(《天运》)知虎狼之可以言仁，则知天地圣人之可以言不仁矣。《易》曰：“生生之谓易。”生生，仁也。然故者不去，新者不生，故有生则有杀矣。自其杀而言之，非不仁而何？然而不仁即所以为仁。是则正言若反也。胡氏读《老子》，不知正言若反之义，而又中于王氏刍狗之说，益之自不信天，硬牵老子以就己意。而梁氏不察，以为胡氏之创解，此其所以俱失也。至若诗人言“昊天不惠”、“昊天不平”，正见呼天而语词意之迫，尤不得以为神权观念动摇之证。当另为文辨之，兹不复赘。

第四章　孔　　子

孔子名丘，字仲尼，鲁人也。生于鲁襄公二十一年，即周灵王二十年。卒于鲁哀公十六年，即周敬王四十一年。年七十三。《史记·孔子世家》载孟僖子之言，曰："孔丘，圣人之后。灭于宋。其祖弗父何始有宋，而嗣厉公。及正考父，佐戴、武、宣公，三年兹益恭。故鼎铭云：'一命而偻，再命而伛，三命而俯，循墙而走。亦莫余敢侮。饘于是，粥于是，以糊余口。'其恭如是。吾闻圣人之后，虽不当世，必有达者。今孔丘年少好礼，其达者欤？"历叙孔子之先德甚详。又载适周问礼老聃，及学琴于师襄事。而《仲尼弟子列传》称："孔子之所严事：于周，则老子。于卫，蘧伯玉。于齐，晏平仲。于楚，老莱子。于郑，子产。于鲁，孟公绰。数称臧文仲、柳下惠、铜鞮伯华、介山子。然孔子皆后之，不并世。"孔子之学之所自，盖可见也。少尝为委吏，为乘田。定公时，为司空，继为司寇。相定公会齐侯于夹谷，齐人归鲁侵地。后摄行相事，鲁国大治。齐人归女乐，季桓子受之。孔子知鲁之终不能用也，去而之卫。由是历游各国。及归鲁，年六十八矣。乃叙《书》、传《礼》、删《诗》、正《乐》，因史记而作《春秋》，晚而喜《易》，序《彖》、系《象》、《说卦》、《文言》。弟子三千人，身通六艺者七十二人。盖自来私门传业之盛，未有过孔子者云。今其说可见者，自六经外，有《论语》、《孝经》，爰并而论之。

一　仁

孔子言仁，犹老子之言道也。老子言："吾言甚易知，甚易行。天下莫能知，莫能行。"而孔子亦曰："仁远乎哉？我欲仁，斯仁至矣。"又曰："有能一日用其力于仁矣乎？我未见力不足者。"（并《论语》）此其言甚相类。但以天言之，则曰道；以人言之，则曰仁。不言天而言人，其事尤切。故曰："人之为道而远人，不可以为道。"（《中庸》）又曰："人能弘道，非道弘人。"（《论语》）《论语》言仁之言甚多。曰："人而不仁，如礼何？人而不仁，如乐何？"是仁之兼摄礼乐也。曰："里仁为美。择不处仁，焉得知。"曰："仁者安仁，知者利仁。"是仁之兼摄知也。曰："仁者必有勇，勇者不必有仁。"是仁之兼摄勇也。子张问仁，曰："能行五者于天下，为仁矣。"请问之，曰："恭、宽、信、敏、惠。"是仁之兼摄恭宽信敏惠诸德也。后之释仁者，或曰："仁者功施于人。"（何晏《论语集解》"依于仁"注）或曰："博爱之谓仁。"（韩愈《原道》，然晋袁宏《后汉纪》卷三已先有此语）或曰："爱曰仁。"（《周子通书》）皆只言其一偏，非仁之全也。至近人引郑氏（玄）相人偶之言，谓通彼我斯谓仁（见清陈澧《东塾读书记》，梁任公《先秦政治思想史》盖又袭陈氏之说者），而不知"君子无终食之间违仁，造次必于是，颠沛必于是"，"仁者不忧"（并见《论语》），不必对人而始有仁，离人而即无仁也。或问仁于程子（伊川），程子曰："当合孔孟言仁处研穷之。二三岁得之，未晚也。"（见《二程语录》、《近思录》）斯言得之矣。

二　忠恕

仁之全体难见，而其所从入之路，则惟忠与恕。樊迟问仁，子曰："居处恭，执事敬，与人忠。虽之夷狄，不可弃也。"此言由忠以求仁也。仲弓问仁，子曰："出门如见大宾。使民如承大祭。己所不欲，勿施于人。在邦无怨，在家无怨。"（并《论语》）此言由恕以求仁也。而其言之最详且尽者，莫过于《大学》。《大学》言："一家仁，一国兴仁。尧舜帅天下以仁，而民从之。"而即续曰："君子有诸己，而后求诸人。无诸己，而后非诸人。所藏乎身不恕，而能喻诸人者，未之有也。"又曰："是以君子有絜矩之道也。所恶于上，毋以使下。所恶于下，毋以事上。所恶于前，毋以先后。所恶于后，毋以从前。所恶于右，毋以交于左。所恶于左，毋以交于右。此之谓絜矩之道。"《大学》为孔氏之遗书，其所称述，必出于孔子无疑。观曾子曰："夫子之道，忠恕而已矣。"（《论语》）亦可见也。抑忠则未有不恕，恕亦未有不忠者。忠者尽己，恕者推己。己之不尽，何有于推？苟不能推，又何所尽？故忠恕多并言。或单言恕，而忠即在其中。单言忠，而恕即在其中。不得歧而二之也。

三　孝弟

忠恕之施何始乎？曰：始于孝弟。孝弟者，人之性也，天之德也。由孝弟而充之忠恕，由忠恕而极之仁，一贯之道也。故《孝经》曰："爱亲者不敢恶于人，敬亲者不敢慢于人。"明孝弟之推于忠恕也。又曰："不爱其亲，而爱他人者，谓之悖德。不敬其亲，而敬他人者，谓之悖礼。"明忠恕之反于孝弟也。又曰："事亲者，居上不骄，为下不乱，在丑不争。”而有子衍之曰：“其为人也孝弟，而好犯上者鲜矣。不好犯上，而好作乱者，未之有也。君子务本。本立而道生。孝弟也者，其为仁之本欤！”(《论语》)明孝弟之极于仁，而仁之本于孝弟也。孔子曰：“下学而上达。”孝弟者，下学之事。故教弟子，即曰：“入则孝，出则弟。”仁者，上达之事，故以由之可使治赋，求之可使为宰，赤之可使与宾客言，皆曰“不知其仁”。以令尹子文之忠，陈文子之清，皆曰“未知，焉得仁”。而曰“回也其心三月不违仁。其余则日月至焉而已矣”。(以上并见《论语》)上达极高明，而下学道中庸，此孔子所以立人道之极。而凡有血气，莫不尊亲也。

四　五伦

五伦之教，始于舜之命契。而儒者实出于司徒之官。故亦曰：“天下之达道五：君臣也，父子也，夫妇也，昆弟也，朋友之交也。五者，天下之达道也。”(《中庸》)然契但立其品，至孔子则定其界。何者谓之界？君尽君之道，而不以责臣；臣尽臣之道，而不以责君。父尽父之道，而不以责子；子尽子之道，而不以责父。至夫妇、昆弟、朋友亦然。此所谓界也。故子曰：“君子之道四，丘未能一焉。所求乎子，以事父，未能也；所求乎臣，以事君，未能也；所求乎弟，以事兄，未能也；所求乎朋友，先施之，未能也。”(《中庸》)其在《大学》曰：“为人君，止于仁；为人臣，止于敬；为人子，止于孝；为人父，止于慈；与国人交，止于信。”止之云者，即止于其界也。不特此也。知夫为子之难，则父无不慈矣；知夫为父之难，则子无不孝矣；知夫为臣之难，则君无不仁矣；知夫为君之难，则臣无不敬矣。故子曰：“君子有三恕。有君不能事，有臣而求其使，非恕也；有亲不能报，有子而求其孝，非恕也；有兄不能敬，有弟而求其听，亦非恕也。”(见《荀子·法行篇》)其在《文王世子》曰：“知为人子，然后可以为人父；知为人臣，然后可以为人君；知事人，然后能使人。”知己之界，故责躬不得不厚；知人之界，故望人不敢不薄。由前言之谓之忠，由后言之谓之恕。是故五伦之道统之于忠恕。其始为孝弟，而其极则为仁。

五　成己成物

极仁之量，万物皆吾怀抱之内。故匹夫匹妇，有一不得其所，即于吾仁有所欠缺。子曰：“夫仁者，己欲立而立人，己欲达而达人。”又曰：“一日克己复礼，天下归仁焉。”言仁必以立人达人、天下归仁为究竟，非务为高远也。不如是，即不足尽于仁也。故子之言志，曰：“老者安之，朋友信之，少者怀之。”而栖栖皇皇，席不暇暖，曰：“鸟兽不可与同群。吾非斯人之徒与而谁与？天下有道，丘不与易。”（以上并《论语》）圣人之情，殆见乎辞矣。而《中庸》言之尤为详尽。曰：“诚者，非自成己而已也，所以成物也。成己，仁也。成物，知也。性之德也。合外内之道也。”成己曰仁，仁之体也；成物曰知，仁之用也。有体有用，故曰合外内之道。此岂腐儒硁硁自守，或貌为大言者，所可得而冒窃者哉！

六　富教

成物非托诸空言也。昔者子适卫，冉有仆。子曰：“庶矣哉！”曰：“既庶矣，又何加焉？”曰：“富之。”曰：“既富矣，又何加焉？”曰：“教之。”富之教之，后之言治国平天下者，盖莫能外也。富之道奈何？“道千乘之国”一章尽之矣。曰：“节用而爱人，使民以时。”教之之道奈何？“道之以政”一章尽之矣。曰：“道之以德，齐之以礼，有耻且格。”冉有之言曰:“方六七十,如五六十。求也为之,比及三年,可使足民。”子路之言曰:“千乘之国,摄乎大国之间,加之以师旅,因之以饥馑。由也为之,比及三年,可使有勇,且知方也。”(并见《论语》)观于冉有、子路而能若是,孔子不益可知乎!

七　小康大同

富教之施,先于一国,而后及于天下。孔子去鲁,迟迟吾行,曰:“去父母国之道也。”(见《孟子》)而又曰:“丘也,东西南北之人也。”(《礼·檀弓》)曰:“苟有用我者,期月而已可也。三年有成。”(《论语》)故其欲用鲁者,非为鲁而已也,将以为天下也。为天下者,大同之事也;为鲁者,小康之事也。而为天下不得不有望于鲁者,鲁一变可以至道,大同必由小康而进,未可一蹴几也。斯其意见于《礼运》。曰:“大道之行也,天下为公。选贤举能,讲信修睦。故人不独亲其亲,不独子其子。使老有所终,壮有所用,幼有所长,矜寡孤独废疾者,皆有所养。男有分,女有归。货恶其弃于地也,不必藏诸己。力恶其不出于身也,不必为己。是故谋闭而不兴,盗窃乱贼而不作,故外户而不闭。是谓大同。今大道既隐,天下为家,各亲其亲,各子其子,货力为己。大人世及以为礼,城郭沟池以为固。礼义以为纪,以正君臣,以笃父子,以睦兄弟,以和夫妇,以设制度,以立田里,以贤勇知,以功为己。故谋用是作,而兵由是起。禹、汤、文、武、成王、周公,由此其选也。此六君子者,未有不谨于礼者也。以著其义,以考其信。著有过,刑仁,讲让,示民有常。如有不由此者,在势者去,众以为殃。是谓小康。”而公羊家本之,乃有《春秋》张三世之说。曰:“于所传闻之世,见治起于衰乱之中,内其国而外诸夏。于所闻见之世,见治升平,内诸夏而外夷狄。至所见之世,著治太平,夷狄进至于爵。天下远近大小若一。”(《公羊·

隐元年》“公子益师卒”下何休《解诂》)呜呼！以天下为一家，以中国为一人(本《礼运》语)，圣人怀抱之大如此，岂易及哉！

八　知命之学

孔子之志在天下。然天下用我与否，未可知也。岂惟未可知，固将莫我容矣。(子路曰：“夫子道大，故天下莫能容。”见《家语》)莫我容而有怨尤之心，则是其志益大，其心亦益苦。果仁义之为桁杨桎梏也。若是，岂得为圣人之学哉！且孔子尝阨于公伯寮矣。曰：“道之将行也与，命也。道之将废也与，命也。公伯寮其如命何?”尝畏于匡矣。曰：“文王既没，文不在兹乎？天之将丧斯文也，后死者不得与于斯文也。天之未丧斯文也，匡人其如予何?”尝绝粮于陈矣。曰：“君子固穷，小人穷斯滥矣。”盖自五十而知天命之后，固无入而不自得者。是故九夷可居，疏食饮水可乐，曰：“不怨天，不尤人，下学而上达。知我者其天乎!”(以上并见《论语》)斯其意于《易》屡发之。《讼》之九四曰：“复即命渝，安贞不失也。”《否》之九四曰：“有命无咎，志行也。”《姤》之九五曰：“有陨自天，志不舍命也。”而《困》之《象》曰：“君子以致命遂志。”《鼎》之《象》曰：“君子以正位凝命。”《巽》曰：“君子以申命行事。”《系辞》总之曰：“乐天知命故不忧。”《说卦》申之曰：“穷理尽性以至于命。”圣人之于命，盖不啻反复言之。说者以“子罕言利与命与仁”之一言，遂以为命之义微，虽门人有不得闻者。不知“君子三畏，首畏天命”，“不知命，无以为君子”，皆载之《论语》。然则知命之学，固圣人造道之极功，而亦君子修身之枢要。苟命之理有所未明，欲以臆测圣学之精微，奚以异于不由其户，而冀升其堂入其室哉！其不能至，固有不待言者矣。

第五章　墨子 附宋钘

墨子名翟。一曰宋人，一曰鲁人。其生略后于孔子。《吕览》谓墨子学于史角之后，而《淮南·要略》则曰："墨子学儒者之业，受孔子之术。以为其礼烦而不说，厚葬靡财而贫民，久服伤生而害事。故背周道而用夏政。"墨者巨子有禽滑釐，世称其受业于子夏。则儒之于墨，其学时有出入，盖可推而知也。《汉志》："墨子七十一篇。"今存者仅五十三篇。

一　兼爱

墨家之言兼爱，犹儒家之言仁也。然仁者由亲以及疏，其间自有差等。故孟子曰："亲亲而仁民，仁民而爱物。"墨者不然。曰："爱无差等，施由亲始。"（见《孟子》墨者夷之之言）故儒者多非之。然其说亦自有故。墨子曰："圣人以治天下为事者也。必知乱之所自起，焉能治之；不知乱之所自起，则不能治。譬之如医之攻人之疾者然。必知疾之所自起，焉能攻之；不知疾之所自起，则弗能攻。治乱者何独不然？必知乱之所自起，焉能治之；不知乱之所自起，则弗能治。圣人以治天下为事者也，不可不察乱之所自起。当（同尝）察乱何自起，起不相爱。臣子之不孝君父，所谓乱也。子自爱，不爱父，故亏父而自利；弟自爱，不爱兄，故亏兄而自利；臣自爱，不爱君，故亏君而自利。此所谓乱也。虽父之不慈子，兄之不慈弟，君之不慈臣，此亦天下之所谓乱也。父自爱而不爱子，故亏子而自利；兄自爱而不爱弟，故亏弟而自利；君自爱而不爱臣，故亏臣而自利。是何也？皆起不相爱。虽至天下之为盗贼者亦然。盗爱其室，不爱异室，故窃异室以利其室；贼爱其身，不爱人身，故贼人身以利其身。此何也？皆起不相爱。虽至大夫之相乱家、诸侯之相攻国者，亦然。大夫各爱其家，不爱异家，故乱异家以利其家；诸侯各爱其国，不爱异国，故攻异国以利其国。天下之乱物，具此而已矣。察此何自起？皆起不相爱。若使天下兼相爱，爱人若爱其身，犹有不孝者乎？视父兄与君若其身，恶施不孝？犹有不慈者乎？视弟子与臣若其身，恶施不慈？故不孝不慈亡有。犹有盗贼乎？视人之室若其室，谁窃？视人之身若其身，谁贼？故盗贼亡有。犹有大夫之相乱家、诸侯之相攻国者乎？视人家若其家，谁乱？视人国若其国，谁攻？故大夫之相乱家、诸侯之相攻国者，亡有。若使天下兼相爱，国与国不相攻，家与家不相乱，盗贼无有，君臣父子皆能孝慈，若此，则天下治。故圣人以治天下为事者，恶得不禁恶而劝爱？故天下兼相爱则治，交相恶则乱。故子墨子曰：不可以不劝爱人者此也。”（《兼爱上》）盖深原当时祸乱之本，思惟兼爱可以治之。庄子所谓以绳墨自矫，而备世之急者也。（语见《庄子・天下篇》）夫鸡壅豕零，时相为帝。儒墨之道，各有其宜。故昌黎欲兼用孔、墨以为治（《昌黎集・读墨子》），正不得因孟子之距之而废其说也。

二　非攻

兼爱见墨家之仁，非攻见墨家之义。墨子以救乱而言兼爱，即以兼爱而唱非攻。道固然也。其言曰："今有一人，入人园圃，窃其桃李。众闻则非之，上为政者得则罚之。此何也？以亏人自利也。至攘人犬豕鸡豚者，其不义又甚入人园圃窃桃李。是何故也？以亏人愈多，其不仁滋甚，罪益厚。至入人栏厩取人马牛者，其不义又甚攘人犬豕鸡豚。此何故也？以其亏人愈多。苟亏人愈多，其不仁滋甚，罪益厚。至杀不辜人也，拖其衣裘，取戈剑者，其不义又甚入人栏厩取人马牛。此何故也？以其亏人愈多。苟亏人愈多，其不仁滋甚矣，罪益厚。当此，天下之君子皆知而非之，谓之不义。今至大为攻国，则弗知非。从而誉之，谓之义。此可谓知义与不义之别乎？杀一人，谓之不义，必有一死罪矣。若以此说往，杀十人，十重不义，必有十死罪矣。杀百人，百重不义，必有百死罪矣。当此，天下之君子皆知而非之，谓之不义。今至大为不义攻国，则弗知非。从而誉之，谓之义。情不知其不义也，故书其言以遗后世。若知其不义也，夫奚说书其不义以遗后世哉！今有人于此，少见黑曰黑，多见黑曰白，则以此人不知白黑之辨矣。少尝苦曰苦，多尝苦曰甘，则必以此人为不知甘苦之辨矣。今小为非，则知而非之，大为非攻国，则不知非。从而誉之，谓之义。此可谓知义与不义之辨乎？是以知天下之君子也，辨义与不义之乱也。"（《非攻上》）且孔子曰："善人为邦百年，亦可以胜残去杀矣。"孟子曰："争城以战，杀人盈城；争地以战，杀人盈野。"又曰："善战者服上刑。"盖自春秋以至战国，攻战之祸亟矣。然则墨子之言，又恶得而已乎！

墨子非攻，而未尝不主严守备。其言曰："凡大国之所以不攻小国者，积委多、城郭修、上下调和，是故大国不耆攻之；无积委、城郭不修、上下不调和，是故大国耆攻之。”（《节葬下》）故公输盘为楚造云梯之械成，将以攻宋。墨子闻之，自鲁往，裂裳裹足，日夜不休，十日十夜而至于郢。见公输盘而解之。墨子解带为城，以牒为械。公输盘九设攻城之机变，墨子九拒之。公输盘之攻械尽，而墨子之守圉有余。楚于是乃不敢攻宋。（见《公输篇》）今观其《备城门》、《备高临》诸篇，虽多不可晓，然亦以见墨子之非攻，不专恃口舌。必其有不可攻之具，足以待人之攻，而后攻战之事可免。以视空言和平者，固有间矣。

三　节用

攻战何自起乎？起于争。争起于不足。故无术以弭不足之患，攻战即未可止也。此墨子所以言节用也。其言曰：“古者圣王制为节用之法。曰：凡天下群百工，车轮鞼匏（同鞄），陶冶梓匠，使各从事其所能。曰：凡足以奉给民用则止。诸加费不加于民利者，圣王弗为。”（《节用中》）曰：“其为衣裘何以为？冬以圉寒，夏以圉暑。凡为衣裳之道，冬加温夏加清者则止，不加者去之。其为宫室何以为？冬以圉风寒，夏以圉暑雨。有盗贼加固者则止，不加者去之。其为甲盾五兵何以为？以圉寇乱盗贼。若有寇乱盗贼，有甲盾五兵者胜，无者不胜。是故圣人作为甲盾五兵。凡为甲盾五兵，加轻以利坚而难折者则止，不加者去之。其为舟车何以为？车以行陵陆，舟以行川谷，以通四方之利。凡为舟车之道，加轻以利者则止，不加者去之。凡其为此物也，无不加用而为者。是故用财不费，民德不劳。其兴利多矣。”（《节用上》）以节用，故不得不非乐，不得不薄葬。而其自处也，则以裘褐为衣，以跂跻为服，日夜不休，务以自苦为极。曰：“不能如此，不足为墨。”（见《庄子·天下篇》）荀子曰：“墨子蔽于用而不知文。”（《荀子·解蔽》）知用而不知文，墨子之所以异于儒也。（又《荀子·富国篇》言

“墨子之言昭昭然为天下忧不足，夫不足非天下之公患也，特墨子之私忧过计也”一节，宜参看）

四　天志

庄子之论墨子也，曰：“其道大觳，反天下之心。天下不堪。”（《天下篇》）夫人之不能不有亲疏厚薄也，性也。今墨子曰：“视人之室，若己之室；视人之国，若己之国。”则亲疏厚薄之伦失矣。人之不能不有哀乐也，亦性也。今墨子曰：“生不歌，死不服。”（见《庄子・天下篇》，即非乐节葬）则哀乐之情失矣。故以人之性言之，则墨子之道未可必行也。墨子非不知之也。故推之于天志，申之以鬼神之赏罚。曰：“天欲人之相爱相利，而不欲人之相恶相贼也。顺天意者，兼相爱，交相利，必得赏。反天意者，别相恶，交相贼，必得罚。”（《兼爱上》）曰：“今天下之君子之欲为仁义者，则不可不察义之所从出。然则义何从出？义不从愚且贱者出，必自贵且智者出。然则孰为贵孰为知？曰：天为贵天为知而已矣。然则义果自天出矣。”（《兼爱中》，有节文）曰：“顺天之意者，兼也。反天之意者，别也。兼之为道也，义正。别之为道也，力正。”而总之曰：“子墨子置立天志，以为仪法。若轮人之有规，匠人之有矩也。今轮人以规，匠人以矩，以此知方圆之别矣。是故子墨子置立天志以为仪法。”（以上《兼爱下》）此可见墨子之意也。以言天志，则不得不尚同，不非命。盖命之说行，即鬼神无以为赏罚。同之义不立，即天无以范群伦。是故墨子之道，兼爱其本也。下欲以必兼爱之行，则非攻、节用、节葬、非乐。上欲以坚兼爱之信，则尚贤、尚同、明鬼、非命。近人不察，以为墨子尊天鬼，有宗教之意。然吾观《天志》、《明鬼》诸篇，所陈盖甚肤浅。其于天人之故，曾不如儒道两家之言为能尽其精微。以此为宗教，取其貌而不原其实，未为真知墨子者也。

五　墨经

《庄子·天下篇》谓："墨子之后，相里勤之弟子五侯之徒，南方之墨者苦获已齿、邓陵子之属（南方之墨者与相里勤之弟子对文，故以属下为是，旧连上读误），俱诵《墨经》。而倍谲不同，相谓别墨。以坚白同异之辩相訾，以觭偶不仵之辞相应。以巨子为圣人，皆愿为之尸，冀得为其后世。至今不决。"而晋鲁胜《墨辩注序》曰："墨子著书，作辩经以立名本。惠施、公孙龙，祖述其学，以正刑（同形）名显于世。"近人因此，遂谓惠施、公孙龙皆墨学之支流。然观《庄子·天下篇》言："桓团、公孙龙，辩者之徒，饰人之心，易人之意，能胜人之口，不能服人之心。"言："惠施日以其知与人之辩。"皆与墨者分别言之。庄子与惠子游，惠子之死，庄子曰："自夫子之死，吾无以为质矣。"（见《庄子·徐无鬼》）使惠子之学果出于墨子，庄子必有言及之者。今庄子不言，则鲁胜所谓惠施、公孙龙祖述其学者，特以二子之说与《墨经》多相似，遂为揣测之词，未足为信也。《墨经》有上下篇，各有《说》，共四篇。近世勘校《墨经》者有多家，要仍多错脱不可考。且以非墨家宗旨所在，故不复详述焉。（别有《名家不出于别墨论》，见后）

荀子以墨子、宋钘并言，曰："不知壹天下建国家之权称。上功用，大俭约，而僈差等（僈，无也），曾不足以容辨异，县（同悬，殊也，别也）君臣。然而其持之有故，其言之成理，足以欺惑愚众。是墨翟、宋钘也。"（《非十二子篇》）今宋钘之书已佚（《汉志》小说家，有"宋子十八篇"，而隋、唐《志》皆不著目，则其佚已久），其散见各家者，但曰："见侮不辱，救民之斗。禁攻寝兵，救世之战。"曰："以情欲寡浅为内，以禁攻寝兵为外。"（《庄子·天下篇》。《荀子·正论》亦同此，并从而辩之，宜参看）其所谓"僈差等，不足以容辨异，县君臣"者，更不可详考。然《庄子·逍遥游》称:“宋荣子举世而誉之而不加劝,举世而非之而不加沮。”荣子即钘。(《韩非·显学》言宋荣子之议,设不斗争,取不随仇,不羞囹圄,见侮不辱,故知荣子即钘也)意其人必有等视贵贱,非名与分所得而羁絷者。故荀子言然欤?抑宋钘言禁攻寝兵,虽与墨子同,而其所以为禁攻寝兵之说者,则与墨子异。墨子非攻,本之天志。宋钘禁攻寝兵,本之人心。故庄子道宋钘之术,首称:“语心之容。命之曰,心之行,以胹(从郭校,胹,软也)合驩,以调海内。请欲置之以为主。”(《天下篇》)“置之以为主”者,置心以为主也。(旧注谓请得若此之人立以为物主,误)是故使人不斗,先之以见侮之不辱;救世之战,先之以人之情欲寡。见侮不辱,以心言也;人情欲寡,亦以心言也。惟心不以侮为辱,故无所用斗矣;惟心欲寡而不欲多,故无所用争矣。是则宋钘之说也。而世或以墨翟、宋钘并主寝兵,遂据《荀子》之言,归之一派。则亦未原其立说之异也。

第六章　杨　　子

与墨子同时者有杨朱。孟子曰："杨朱、墨翟之言盈天下。"又曰："天下之言，不归杨则归墨。"庄子亦言儒、墨、杨、秉四。（注：秉，公孙龙字，见《徐无鬼》）一时其说之盛可见也。朱之事迹不可考。庄子有阳子居学于老子。（见《应帝王》、《寓言》）或曰居朱同音，阳子居即杨朱也。今观其弟子孟孙阳与禽滑釐问答之言，禽子曰："以子之言问老聃、关尹，则子言当矣。以吾言问大禹、墨翟，则吾言当矣。"（《列子·杨朱篇》）是则朱之学出于老子为无疑也。其说散见各书。而《列子》有《杨朱》一篇，最详备。

一　为我

杨朱之说，与墨子正相反。孟子曰："杨子取为我。拔一毛而利天下，不为也。墨子兼爱。摩顶放踵利天下，为之。"然杨子为我，非夫人之为我也。其言曰："古之人，损一毫利天下，不与也。悉天下奉一身，不取也。"又曰："智之所贵，存我为贵。力之所贱，侵物为贱。"严人己之界，绝侵夺之萌。故曰：“人人不损一毫，人人不利天下，天下治矣。”（并《列子》）墨子曰：“国家务夺侵凌，即语之兼爱、非攻。”（《墨子·鲁问》）杨子之为我，盖亦欲正务夺侵凌之失。特所言之方有异耳。观其见梁王，言治天下如运诸掌，曰：“百羊而群，使五尺童子荷棰而随之，欲东而东，欲西而西。使尧牵一羊，舜荷棰而随之，则不能前矣。”（刘向《说苑》，《列子·杨朱篇》字句稍异）其所操以为治天下者，要必有其具，固不仅区区为我而已也。而惜乎其书之不尽传也。

二　养生

为我非不利天下而已也，而必有以自得于己，此杨子之学之本也。是故托为管晏问答之言。曰：“晏平仲问养生于管夷吾，管夷吾曰：‘肆之而已，勿壅勿阏。’晏平仲曰：‘其目奈何？’夷吾曰：‘恣耳之所欲听，恣目之所欲视，恣鼻之所欲向，恣口之所欲言，恣体之所欲安，恣意之所欲行。夫耳之所欲闻者音声，而不得听，谓之阏聪。目之所欲见者美色，而不得视，谓之阏明。鼻之所欲向者椒兰，而不得嗅，谓之阏颤。口之所欲道者是非，而不得言，谓之阏智。体之所欲安者美厚，而不得从，谓之阏适。意之所欲为者放逸，而不得行，谓之阏性。凡此诸阏，废虐之主。去废虐之主，熙熙然以俟死，一日一月，一年十年，吾所谓养。拘此废虐之主，录而不舍，戚戚然以至久生，百年千年万年，非吾所谓养。”杨子盖惜世人之沉淫于名利，为所束缚，而不得一日自适其性，故言之吊诡若此。非果以纵欲为养生也。故其言又曰：“生民之不得休息，为四事故：一为寿，二为名，三为位，四为货。有此四者，畏鬼、畏人、畏威、畏刑。此谓之遁人也。可杀可活，制命在外。不逆命，何羡寿？不矜贵，何羡名？不要势，何羡位？不贪富，何羡货？此之谓顺民也。天下无对，制命在内。”夫曰不逆命，曰制命在内，此岂纵欲者之言哉！唯其有得于此，故不以天下之奉为乐；不以天下之奉为乐，故能人我各守其分而不相侵害，而为我之说立。后人只知杨子为我，而岂知为我亦不易哉！

三　论生死

夫人之所以不能自适其性者，盖有多端。而惟生死之见为尤甚。故不通生死，即不足以养生。故孟孙阳问于杨子曰："有人于此，贵生爱身，以蕲不死。可乎？"曰："理无不死。""以蕲久生，可乎？"曰："理无久生。生非贵之所能存，身非爱之所能厚。且久生奚为？五情好恶，古犹今也；四体安危，古犹今也；世事苦乐，古犹今也；变易治乱，古犹今也。既闻之矣，既见之矣，既更之矣，百年犹厌其多，况久生之苦也乎？"孟孙阳曰："若然，速亡愈于久生。则践锋刃、入汤火，得所志矣。"杨子曰："不然。既生则废而任之，究其所欲，以俟于死。将死则废而任之，究其所之，以放于尽。无不废，无不任，何遽迟速于其间乎？"杨子又曰："太古之人，知生之暂来，知死之暂往。故从心而动，不违自然所好。当身之娱，非所去也。故不为名所劝。从性而游，不逆万物所好。死后之名，非所取也。故不为刑所及。名誉先后，年命多少，非所量也。"在庄子一死生齐彭殇之先，而能为此言。宜其与墨子相抗衡，而从游者之中分天下也。

四　论名实

欲知生死之不殊，须知名实之有判。杨子之言曰："实无名，名无实。名者，伪而已矣。"又曰："名者，固非实之所取也。"夫生死，名也。

生为暂来，死为暂往。论生死之实，则生死固无异矣。然又岂徒生死而已哉！一切贤愚贵贱，固皆如是矣。故杨子曰："万物所异者，生也；所同者，死也。生则有贤愚贵贱，是所异也；死则有臭腐消灭，是所同也。虽然，贤愚贵贱，非所能也；臭腐消灭，亦非所能也。故生非所生，死非所死，贤非所贤，愚非所愚，贵非所贵，贱非所贱。然而万物齐生齐死，齐贤齐愚，齐贵齐贱。"（以上并《列子・杨朱篇》）其言如此。夫齐生齐死，齐贤齐愚，齐贵齐贱，则生死贤愚贵贱之名，安所立哉！是故名之所立，非其实也。实之所在，名之所不得加也。名与实离，而后知名者实之宾也。知名者实之宾也，而后不守名而累实。执此以往，夫何之而不适哉！此养生之极致也。

第七章 商君 尸子附见

商君者，卫之庶公子也。名鞅，姓公孙氏。以相秦孝公封于商，故曰商君。商君少好刑名之学。既相秦，定变法之令，行告奸之律。民有二男以上不分异者，倍其赋；有军功者，各以率受上爵；为私斗者，各以轻重被刑；僇力本业，耕织致粟帛多者，复其身；事末利，及怠而贫者，举以为收孥。卒以此强秦国，霸诸侯。及孝公死，贵戚怨望者告商君反。秦乃杀商君。太史公作《商君传》，称其天资刻薄，而受恶名于秦为有以。然国家当百度废弛之时，若商君之术者，亦其起弊之良药也。《汉书·艺文志》杂家，有《尸子》二十篇，谓商君实师之。尸子名佼，其书今犹有存者。其言："臣天下，一天下也。一天下者，令于天下则行，禁焉则止。桀纣令天下而不行，禁焉而不止，故不得臣也。"又言："益天下以财为仁，劳天下以力为义，分天下以生为神。修先王之术，除祸难之本，使天下丈夫耕而食，妇女织而衣，皆得戴其首，父子相保。此其分万物以生，益天下以财，不可胜计也。"与商君之崇法令、重农战，颇多合者。然则商君之说，固亦有所师承欤？《汉志》："商君二十九篇。"今存二十四篇，实亡五篇。

一 农战

商君之所以强秦者，首为农战。其言农战奈何？曰："有土者不可以言贫，有民者不可以言弱。地诚任，不患无财；民诚用，不畏强暴。"（《错法》）又曰："地大而不垦者，与无地同；民众而不用者，与无民同。"（《算地》）此其所以言农战也。然意犹不仅此。夫国之所患者，民之散而不可抟也，民之诈而不可用也。而农者著于土，则不易散；少于知虑，则不能诈。不散则壹，不诈则朴。民壹且朴，斯一任上之所用，而无有不从矣。是处强国兵争之世，而欲自存以得志于天下者，不可不由之道也。故其言曰："圣人知治国之要，故令民归心于农。归心于农，则民朴而可正也。"（《农战》）又曰："明君修政作壹。去无用，止浮学事淫之民壹之农。然后国家可富，而民力可抟也。"（《农战》）又曰："夫民之亲上死制也，以其旦暮从事于农。夫民之不可用也，见言谈游士事君之可以尊身也，商贾之可以富家也，技艺之足以糊口也。民见此三者之便且利也，则必避农。避农，则必轻其居。轻其居，则必不为上守战也。"（《农战》）观此，则农之用见矣。然其必兼言战者，何也？人知战之所以定外也，而不知战之所以安内也。其言曰："强国而不战，毒输于内，礼乐虱官生，必削。国遂战，毒输于敌，国无礼乐虱官，必强。"（《去强》）又曰："能生不能杀，曰自攻之国，必削。能生能杀，曰攻敌之国，必强。"（《去强》）又曰："夫圣人之治国也，能抟力，能杀力。"（《壹言》）其抟力也，以富国强兵也；其杀力也，以事敌劝民也。是故国欲其强，而民欲其弱。曰："民弱，国强；国强，民弱。故有道之国，务在弱民。"（《弱民》）曰："民之所乐民强，民强而强之，兵重弱；民之所乐民强，民强而弱之，兵重强。"（《弱民》）国欲其富，而民欲其贫。曰："治国能令贫者富，富者贫，则国多力。多力者王。"（《去强》）曰："贫者益之以刑，则富；富者损之以赏，则贫。治国之举，贵令贫者富，富者贫。贫者富，富者贫，国强。”(《说民》)盖民辱则贵爵，弱则尊官，贫则重赏。是以以刑治民则乐用，以赏战民则轻死，故战事兵用而国强。民有私荣则贱列，强则卑官，富则轻赏。是以以刑治民则羞辱，以赏战民则畏死，故兵农怠而国弱。(用《弱民》原文)观此，则战之用见矣。老子曰：“圣人不仁，以百姓为刍狗。”若商君者，真可谓刍狗其民者也。然其招三晋之民，农耕于内，而出秦民，攻战于外。卒以区区之秦，雄于天下，强国请服，弱国入朝。则民之失，正国之得也已。

二　开塞

夫农，民之所苦。而战，民之所危也。然犯其所苦，行其所危，而民群趋之而恐后者，则有开塞之道也。且人情生则计利，死则计名。名利之所出，不可不审也。今使利一出于地，则民莫不尽力矣。名一出于战，则民莫不致死矣。此所以开之也。民之所以不乐于农者，为学问、技艺、商贾可以富也。民之所以不乐于战者，为游宦、谈说、私门可以贵也。今不贵学问，重商贾之征，而技艺之民不用，则求富者，必出于农矣。令国之大臣、诸大夫，不得进谈说之士，绝游宦之途，屏私门之请，则求贵者，必出于战矣。此所以塞之也。(以上撮取《算地》、《农战》二篇文意)开塞之道，在于赏罚。赏罚之行，在于重法。故其言曰：“民之外事，莫难于战。轻法不可以使之。奚谓轻法？其赏少而威薄，淫道不塞之谓也。奚谓淫道？为辨智者贵，游宦者任，文学私名显之谓也。三者不塞，则民不战，而事失矣。故其赏少，则听者无利也；威薄，则犯者无害也。故开淫道以诱之，而以轻法战之，是谓设鼠而饵以狸也。不亦几乎！(几，殆也)故欲战其民者，必以重法。赏则必多，威则必严，淫道必塞。为辨知者不贵，游宦者不任，文学私名不显。赏多威严，民见战赏之多，则忘死。见不战之辱，则苦生。赏使之忘死，而威使之苦生，而淫道又塞，以此遇敌，是以百石之弩射飘叶也。何不陷之有哉！民之内事，莫苦于农。轻法不可以使之。奚谓轻法（旧作治，以意校正）？其农贫而商富，故其食贱者钱重，食贱则农贫，钱重则商富。末事不禁，则技巧之人利，而游食者众之谓也。故农之用力最苦，而赢利少，不如商贾技巧之人。苟能令商贾技巧之人无繁，则欲国之无富，不可得也。故曰：欲农富其国者，境内之食必贵，而不农之征必多，市利之租必重，则民不得无田，无田不得不易其食。食贵则田者利，田者利则事者众。食贵籴贵不利，而又加重征，则民不得无去其商贾技巧而事地利矣。故民之力尽在于地利矣。"（《外内》）夫国之所与立，不仅在农与战也。商君必欲驱其民于农战之一途，于是以礼乐、诗书、善修、孝弟、廉辩，为国之虱，而尽屏诗书文学之士不取。庄生有言："知有用之用，而不知无用之用。"（《庄子·人间世》）故其功，至于富强；而其祸，至于终秦之世，以严酷惨毒为厉于天下。吾观其《赏刑篇》言："壹赏，壹刑，壹教。"而盛道："汤武既破桀纣，海内无害，天下大定，筑五库，藏五兵，偃武事，行文教，倒载干戈，搢笏作乐，以申其德。"亦若深知礼乐之事者。岂其专言农战者，特以急一时之利，而待至功成治定，固将有以易之欤？而惜乎其死于惠文之黯，而未尽所施设也。

三　更法

夫治国之有法也，犹医人疾者之有方也。医之用方，必中其疾。国之用法，必当其宜。故医无定方，而国亦无不易之法。此其意，商君知之矣。其言曰："天地设而民生之。当此之时，民知其母，而不知其父。其道亲亲而爱私。亲亲则别，爱私则险。民众而以别险为务，则民乱。当此时也，民务胜而力征。务胜则争，力征则讼。讼而无正，则莫得其性也。故贤者立中正，设无私，而民说仁。当此时也，亲亲废，上贤立矣。凡仁者以爱为务，而贤者以相出为道。民众而无制，久而相出为道，则有（同又）乱。故圣人承之，作为土地货财男女之分。分定而无制，不可，故立禁。禁立而莫之司，不可，故立官。官设而莫之一，不可，故立君。既立君，则上贤废，而贵贵立矣。然则上世亲亲而爱私，中世上贤而说仁，下世贵贵而尊官。上贤者，以道相出也。而立君者，使贤无用也。亲亲者，以私为道也。而中正者，使私无行也。此三者，非事相反也。民道弊，而所重易也；世事变，而行道异也。"（《开塞》）又曰："古之民朴以厚，今之民巧以伪。故效于古者，先德而治。效于今者，先刑而法。此俗之所惑也。"（同前）惟其深明于古今之宜，德刑之用，故毅然为孝公变法而不顾。而虽有甘龙、杜挚之争，而曾不之稍移也。（见《史记·商君列传》）又其言曰："今世之所谓义者，将立民之所好，而废其所恶也。其所谓不义者，将立民之所恶，而废其所乐也。二者名贸实易，不可不察也。立民之所乐，则民伤其所恶。立民之所恶，则民安其所乐。何以知其然也？夫民忧则思，思则出度。乐则淫，淫则生佚。故以刑治则民威（同畏），民威则无奸，无奸则民安其所乐。以义教则民纵，民纵则乱，乱则民伤其所恶。吾所谓利者，义之本也。而世所谓义者，暴之道也。夫正民者，以其所恶，必终其所好；以其所好，必败其所恶。"（同前）此其言，与儒者民之所欲与聚、所恶勿施（《孟子》之言）若大有径庭。然而民之好恶，正自难言。有一时之好恶，有本心之好恶。其好治而恶乱者，本心之好恶也；而贪于目前之安，苦于守法之不便，则一时之好恶也。故仲尼有麛裘之谤（见《吕氏春秋·乐成篇》），子产有孰杀之歌（见《左传》）。使必徇一时之好恶，则有相与姑息而已矣。是故商君之刻深，商君之过也。若其法必令行，而不摇于一国之谤议，则非有高人之行、独知之虑者，亦不足以几之矣。

附论管商同异

世多以管、商并称。然管仲相齐桓公，作内政以寄军令。制五家以为轨，轨有长。十轨为里，里有有司。四里为连，连为之长。十连为乡，乡有良人。以为军令。五家为轨，故五人为伍，轨长率之。十轨为里，故五十人为小戎，里有司率之。四里为连，故二百人为卒，连长率之。十连为乡，故二千人为旅，乡良人率之。五乡一帅，故万人一军，五乡之帅率之。(《管子·小匡》)其法盖本《周官》乡遂之旧，而使人与人相保，家与家相受，祭祀相福，死丧相恤，居处相乐，行作相和。与商君令民为什伍，而相收司(同伺)连坐(即前告奸之律，见《史记》本传)，不侔也。《牧民》以礼、义、廉、耻，谓之四维。而曰："一维绝则倾，二维绝则危，三维绝则覆，四维绝则灭。倾可正也，危可安也，覆可起也，灭不可复安也。"(《牧民》)与商君以礼乐、诗书、修善、孝弟诚信、贞廉仁义、非兵羞战之十二者为六虱(见《靳令》)，又不侔也。使士之子恒为士，农之子恒为农，工之子恒为工，商之子恒为商，而制国以为二十一乡，商工之乡六，士农之乡十五(《小匡》)，与商君之百县之治一形，民不贵学问(并《垦令篇》语)，重关市之赋，而驱商工一归于农，又不侔也。不背曹沫之约，而反鲁侵地(见《左传》)，与商君之欺魏公子卬(见本传)，又不侔也。

盖春秋之世，周之礼未尽废。当时诸侯聘使往来，揖让折冲，犹不必恃兵力。故召陵之师，楚以空言而屈(见《左传》)。孔子称桓公九合诸侯，不以兵车，管仲之力，亦时为之也。及夫战国，兵祸日烈。各国惟以兼并是务，苟可以强国益地，无不可为。其视忠信仁义，曾不足当尺地寸兵之用。商君所谓："民愚则知可以王，世知则力可以王。"(《开塞》)若战国，固以力王之时也。是故退道德，而并刑力；废诗书，而言农战。然力者，世主之所重；而战者，忠臣孝子之所难。素无仁义忠信以结民心，而责之以忠臣孝子难能之事，则势有所不行。故其言曰："国皆有法，而无使法必行之法。"(《画策》)使法必行之法，即舍严刑重诛，无他道。其以农战强国，而以刑法弱民者，此也。

由是言之，商君之与管仲，治有不同，盖皆因时而然。今观仲书，若《法禁篇》云："昔者圣王之治人也，不贵其传学也，欲其人之和同以听令也。"《法法篇》云："惠者，多赦者也，先易而后难，久而不胜其祸。法者，先难而后易，久而不胜其福。故惠者，民之仇雠也；法者，民之父母也。"其言实与商君合。盖以法治者，必革姑息之政。故子产猛以济宽，而孔子叹为古之遗爱。（见《左传》）诸葛武侯亦言"威之以法，法行则知恩；限之以爵，爵加则知荣"。（《答法正书》，见《三国志注》）此则为治之体要，又非随时代而易者也。夫管、商皆遭时得用，与孔、老空言无施者不同。虽其急一时之效，不必悉轨于王道。而齐民以法，使国之弱者强，贫者富，圣人复起，即亦有不可尽废者。商君曰："凡世莫不以其所以乱者治。故小治而小乱，大治而大乱。"（《慎法》）今言法者纷纷藉藉于天下，而致治无分毫，长乱如丘山，不又为管、商之罪人也乎！

第八章　庄子 附列子

庄子者，宋国蒙人也，名周。尝为蒙之漆园吏。惠施相梁惠王，而庄子与惠施友。计其时当与孟子相先后，而两人始终不相闻，可异也。《列御寇篇》谓："或聘于庄子，庄子应其使曰：'子见夫牺牛乎？衣以文绣，食以刍叔（同菽），及其牵而入于大庙，虽欲为孤犊，其可得乎？'"《史记》以楚威王当之，未知信否。然即此，庄子之为人可知矣。其学贯孔、老二家，而又益之以恣肆。《天下篇》曰："以天下为沉浊，不可与庄语。以卮言为曼衍，以重言为真，以寓言为广。"故其意颇难知。《史记》谓周掊击儒、墨，而如《人间世》、《德充符》诸篇，其所以推崇孔子者甚至，所为掊击者，岂其然乎？魏晋以来，佛教入中国，于是援庄老而入佛，谓其有出世之思。然七篇终之以《应帝王》，而《天下篇》明明谓内圣外王之道，则与佛之出世固迥殊矣。至近人摭拾其"万物以不同形相禅"（见《寓言篇》）之一言，又取与达尔文之《天演论》相比附，去庄子之真意益远。则甚矣读书之难也。（胡适之《哲学史大纲》创为此说，然"万物以不同形相禅"句下，即继之以"始卒若环，莫得其伦"，夫言天演，言进化，有始卒若环者乎？即此，胡氏之说不攻自破）《汉志》："庄子有五十二篇。"今存者三十三篇。而内七篇，前后连贯，当出周手。若外篇、杂篇，或多其门下附益，要亦七篇之羽翼也。

一　大宗师

庄子之真实学问，在《大宗师》一篇。所谓“大宗师”者何也？曰：道也。故于本篇明揭之曰：“夫道，有情有信，无为无形，可传而不可受，可得而不可见，自本自根，未有天地自古以固存。”此与老子“有物混成，先天地生，吾无以名之，强名之曰道”，盖同一意。然其曰“大宗师”者何也？盖道者，虚名也，惟实证者得而有之，故曰：“有真人而后有真知。”真人即大宗师也。《天下篇》曰：“古之所谓道术者，果恶乎在？曰：无乎不在。”曰：“不离于宗，谓之天人。不离于真，谓之圣人。”而本篇第一语即曰：“知天之所为，知人之所为者，至矣。”而终又引许由之言曰：“吾师乎！吾师乎！齑万物而不为义，泽及万世而不为仁，长于上古而不为老，覆载天地刻雕众形而不为巧。”明道也，真人也，大宗师也，名虽有三，而所指则一也。特以其本体言之，则谓之道；以其在人言之，则谓之真人，谓之大宗师耳。庄子惟得乎此，故能齐生死，一寿夭，而万物无足以撄其心者。观其所称道，如子祀、子舆、子犁、子来、子桑户、孟子反、子琴张之伦，类皆当生死之际，而安时处顺、哀乐不入，此岂无所得而能致然耶！（并见本篇）今人谈庄子，不于此等处求之，而乐其洸洋之辩，散于万物而不厌。抑所谓弃照乘之珠，而宝空椟者，非欤？

二　齐物论

夫随其成心而师之，谁独且无师乎？奚必知代而心自取者有之，愚者与有焉。(用《齐物论》原文)顾愚者有之,而终身役役,不知其所归者,一则执于物我之分,一则乱于是非之论。故物我之见不祛,是非之论不泯,而以言夫大宗师,譬之坎井之蛙而论四海之大也。此庄子《齐物论》之所以作也。然物我是非果可泯乎?夫囿于物我是非,则物我是非,道之贼也。通于物我是非,则物我是非,道之用也。故"齐物论"者,始于破物我是非之争,终于顺物我是非之应。其破也,谓之以明;其顺也,谓之因是。知夫以明因是之说,而物论无不齐矣,而道无不明矣。请尝得而论之。其言曰:"物无非彼,物无非是。自彼则不见,自知则知之。故曰:彼出于是,是亦因彼。彼是,方生之说也。"(物方生方死,本惠子之说,见《天下篇》,此庄子用惠子以明己意也)此言彼是之无定也。又曰:"是亦彼也,彼亦是也。彼亦一是非,此亦一是非。果且有彼是乎哉?果且无彼是乎哉?彼是莫得其偶,谓之道枢。"此以彼是之无定,而知彼是之非实有也。夫彼是既非实有,则天下之实有者,何物哉?是则万世之后,而一遇大圣知其解者,犹旦暮遇之者也。(《齐物论》语)是故破彼是之妄,即以显道枢之真。其曰以明者,以真明妄,即以妄显真也。然真既明矣,则妄亦非妄。何也?妄无定,妄无实;离真则妄,合真即真。故其言又曰:"因是因非,因非因是。"此言是非之相因也。又曰:"可乎可,不可乎不可。道行之而成,物谓之而然。恶乎然?然于然。恶乎不然?不然于不然。物固有所然,物固有所可。无物不然,无物不可。"此则以是非之相因,而知是非然可之本然也。而总之曰:"枢始得其环中,以应无穷。"曰:"唯达者知通为一,为是不用而寓诸庸。"曰:"圣人和之以是非,而休乎天均。"盖因其是非而是非之,我无容心焉;因其然可而然可之,我无容心焉。则有是非,而是非未尝有也;有然可,而然可未尝有也。其有是非然可者,庸也,以应无穷也;而未尝有是非然可者,不用也,枢之得其环中也。有而不有,用而不用,是则和也,天均之休也。今观《齐物论》一篇,其言有无之序者,有二。一曰:"古之人其知有所至矣。恶乎至?

有以为未始有物者，至矣，尽矣，不可以加矣。其次以为有物矣，而未始有封也。其次以为有封焉，而未始有是非也。是非之彰也，道之所以亏也。”此以自无而之有言也。自无而之有，而真发妄矣。其一曰："有始也者，有未始有始也者，有未始有夫未始有始也者。有有也者，有无也者，有未始有无也者，有未始有夫未始有无也者。俄而有无矣，而未知有无之果孰有孰无也。”此以自有而之无言也。自有而之无，而妄归真矣。真发妄，则是其所是，非其所非，未为得也；妄归真，则是者非之，非者是之，未为乱也。是故其言曰："天下莫大于秋毫之末，而泰山为小；莫寿乎殇子，然彭祖为夭。天地与我并生，而万物与我为一。”（以上并本篇）知秋毫可以大，而泰山可以小，殇子可以寿，而彭祖可以夭，则于是非无留滞。此不齐之齐，"齐物论"之极轨也。

三　养生主

养生主者，主于养生也。养生奈何？欲知养生之说，当先知生之为何物。生者，大宗师之谓也。何以知生之为大宗师也？《大宗师篇》曰："杀生者不死，生生者不生。”又曰："善吾生者，乃所以善吾死也。”而《养生主篇》曰："缘督以为经，可以保身，可以全生，可以养亲，可以尽年。”此其合者一也。《大宗师篇》曰："知天之所为者，天而生也。知人之所为者，以其知之所知，以养其知之所不知。”而《养生主篇》亦曰："天也，非人也。天之生是使独也。人之貌，有与也。以是知其天也，非人也。”（"与"，与"独"对文，外篇《田子方》孔子见老聃，老聃慹然似非人，孔子称其"遗物离人而立于独"，与此"独"字正同。旧注以"独"指足言，全误）皆于天人分合之故，言之甚详。此其合者二也。是故生者，以其本来言之；大宗师者，以其宗主言之。其实一也。然生何以须养？夫族庖月更刀，折也；良庖岁更刀，割也；而庖丁之刀，十九年而刀刃若新发于硎。其刀同，而巧拙之异若此者，养与不养之别也。今观其言曰："始臣之解牛之时，所见无非牛者。"其心之专也为何如？"三年之后，未尝见全牛也。"其理之明也为何如？"方今之时，臣以神遇，而不以目视。官知止，而神欲行。依乎天理。批大郤，导大窾，因其固然。"其工夫之熟也为何如？"虽然，每至于族，吾见其难为。怵然为戒，视为止，行为迟。"其意之慎也为何如？临之以专心，持之以慎意，理明而工夫熟，岂必解牛哉，固无往而不善矣。（以上须参看本文全篇）《大宗师》曰："其为物，无不将也，无不迎也，无不毁也，无不成也。其名为撄宁。撄宁也者，撄而后成者也。"是之谓也。夫杨朱言养生，而庄周亦言养生。然杨子之言疏，而庄生之言实。若庄生者，可谓体明而用备者也。

四　应帝王

《庄子·天下篇》，言内圣外王之道。此庄子之真实语也。故其养生也，所以为己也，即以为天下也。以《人间世》入养生之樊，以《应帝王》既养生之实。其言曰："圣人之治也，治外乎。正而后行，确乎能其事者而已矣。"惟以治外为末，故以经式义度为欺德。（并见本篇）此其意于《天道篇》实发之。曰："古之明大道者，先明天而道德次之。道德已明，而仁义次之。仁义已明，而分守次之。分守已明，而形名次之。形名已明，而因任次之。因任已明，而原省次之。原省已明，而是非次之。是非已明，而赏罚次之。"曰："书曰：'有形有名。'形名者，古人有之，而非所以先也。古之语大道者，五变而形名可举，九变而赏罚可言也。骤而语形名，不知其本也。骤而语赏罚，不知其始也。倒道而言，迕道而说者，人之所治也，安能治人？骤而语形名赏罚，此有知治之具，非知治之道，可用于天下，不足以用天下。"惟以正而后行确乎能其事为内，故以治天下为不足感于其心。此其意于《天地篇》实发之。曰："玄古之君天下，无为也。天德而已矣。以道观言，而天下之君正；以道观分，而君臣之义明；以道观能，而天下之官治；以道泛观，而万物之应备。"曰："古之畜天下者，无欲而天下足，无为而万物化，渊静而百姓定。"且夫帝王者，大物也。有大物者，不可以物物。而不物故能物物。（不可以物物，不可以为物所物也。能物物，能物夫物也。语见《在宥篇》）故贵以身于为天下，则可以托天下。爱以身于为天下，则可以寄天下。（本《老子》语，而《庄子·在宥篇》亦称之）今曰应帝王，则其视帝王曾不若蚊虻之过目，其不物于帝王明矣。若是，独往独来，出入无旁，处乎无响（同向），行乎无方。其于治天下，独一吷也。（一吷，语见《则阳篇》）《让王篇》曰："道之真以治身，其绪余以为国家，其土苴以治天下。"若庄子者，其土苴治天下者哉！呜呼，远矣！

先乎庄子者有列子。列子者，郑人，名御寇。《庄子》之书多称之，谓其学于壶子（见《应帝王》），又载其为伯昏无人射事，而称无人为先生（见《田子方》）。今所传《列子》即言其师壶丘子林，而友伯昏无人（《仲尼篇》）。又其《黄帝》一篇，谓列子师老商氏，友伯高子。其言信否，皆未可知。然观其载列子所自言，谓："自吾之事夫子友若人也，三年之后，心不敢念是非，口不敢言利害，始得夫子一眄而已。五年之后，心庚（同更）念是非，口庚言利害，夫子始一解颜而笑。七年之后，从（同纵）心之所念，庚无是非，从口之所言，庚无利害，夫子始一引吾并席而坐。九年之后，横心之所念，横口之所言，亦不知我之是非利害与，亦不知彼之是非利害与，亦不知夫子之为我师，若人之为我友，内外进（同尽）矣。而后眼如耳，耳如鼻，鼻如口，无不同也。心凝形释，骨肉都融，不觉形之所倚，足之所履，随风东西，犹木叶干壳，竟不知风之乘我邪，我乘风乎？"道其学之进，亲切若此，疑非后人所能托为。则其书之或真或伪，难臆定矣。要其所言，概与庄子合。其言："有生不生，有化不化。不生者能生生，不化者能化化。"（《列子·天瑞》）即庄子所谓“生生者不生”，“与物化者一不化者也”。（上句《大宗师》，已见前。下句《知北游》）其言：“有太易，有太初，有太始，有太素。”（《天瑞》）即庄子所谓“知大一，知大阴，知大目，知大均，知大方，知大信，知大定”也。（《徐无鬼》）是故附列子于庄子后，以见华胥氏之国，藐姑射之山（华胥氏之国，见《列子·黄帝篇》，藐姑射之山，见《庄子·逍遥游》，盖庄、列以自托者），盖有相视而笑，而莫逆于心者。岂独南郭子连墙二十年，而得意无言，目若不相见哉。（事见《列子·仲尼篇》）

第九章　孟子 附曾子、子思　又告子附见

孟子名轲，字子舆，邹人也。生于周烈王四年，卒于赧王二十六年，年八十四(据清狄子奇《孟子编年》)。史称受业于子思之门人。然其自谓："乃所愿则学孔子。"又曰："予未得为孔子徒也。予私淑诸人也。"则其学实上接孔子。其言："诚者，天之道也。思诚者，人之道也。"与子思之《中庸》合，而亦未明言出于子思，即不得必其为子思之徒。史言有据无据，未可知矣。历游梁、齐、宋、鲁、滕诸国。今七篇所载，与梁惠王、齐宣王、滕文公之言，多称述尧、舜、汤、武，而论《书》，则曰："尽信《书》不如无《书》。"论《诗》，则曰："说《诗》者不以文害辞，不以辞害志。"信古而能断，孔子以后，盖一人而已。当孟子时，杨墨之道与纵横长短之说并盛。曰："杨墨之道不息，圣人之道不著。"于是距杨墨，放淫辞。景春(春，孟子弟子)称公孙衍、张仪为大丈夫，而孟子则曰："以顺为正者，妾妇之道也。"曰："今之所谓良臣，古之所谓民贼也。"虽不见用于齐、梁之君，而其言性言仁义，唐宋以来儒家，盖不能出其范围。韩昌黎且谓求观圣人之道必自孟子始。(《昌黎集·送王埙秀才序》)非所谓豪杰之士耶！兹撮其荦荦大者如左。

一　性善

孔子言性相近。而子思曰:“天命之谓性。”至孟子则言性善。然《烝民》之诗:“天生烝民,有物有则。民之秉彝,好是懿德。”作于尹吉甫,实在宣王之世。则天命性善之说,其由来盖久矣。今观《告子》(告子事迹不可考,或曰孟子弟子,然以与孟子问答之言观之,知决非弟子也,要是当时一大家。至以后《尽心篇》浩生不害与告子认为一人,而谓告子名不害,疑亦非是)一篇,当时言性者,盖有三说。曰:“性无善,无不善。”此一说也。曰:“性可以为善,可以为不善。”此二说也。曰:“有性善,有性不善。”此三说也。而告子始言:“性,犹杞柳也。义,犹桮棬也。以人性为仁义,犹以杞柳为桮棬。”即性有不善。既又言:“性,犹湍水也。决诸东方,则东流;决诸西方,则西流。人性之无分于善不善也,犹水之无分于东西也。”即性可以为善,可以为不善。又曰:“生之谓性。食色,性也。”则又似性无善无不善。盖反复其说,总归于善非性有。可以其义外一言,推知也。故孟子驳之曰:“人性之善也,犹水之就下也。人无有不善,水无有不下。”又曰:“乃若其情,则可以为善矣。乃所谓善也。”欲知孟子之说与告子之说之所以异,当知孟子所指之性与告子所指之性,实非同物。盖告子之言性,乃“感于物而动性之欲也”之性。孟子之言性,乃“人生而静天之性也”之性。(用《礼·乐记》语)以感于物而动者为性,故曰:“决诸东方则东流,决诸西方则西流。”故曰义外。故认生之为性,食色为性。以人生而静为性,故曰:“仁义礼智,非由外铄我也,我固有之也。”故曰:“其日夜之所息,平旦之气,其好恶与人相近也者几希。”故曰义内,曰本心。(以上并《告子》)是故告子之言性也,其辞难晓,而性易见。孟子之言性也,其辞易知,而性难明。《尽心篇》曰:“尽其心者,知其性也。”则不尽其心,性有不可得而知者矣。曰:“君子所性,仁义礼智根于心。”则非君子,有不能尽其性者矣。至曰:“口之于味也,目之于色也,耳之于声也,鼻之于臭也,四肢之于安佚也,性也。有命焉。君子不谓性也。仁之于父子也,义之于君臣也,礼之于宾主也,智之于贤者也,圣人之于天道也,命也。有性焉。君子不谓命也。”是众人所以为性者,君子不谓之性,众人所以为非性之所得而为者,君子则谓之性,尤其彰明较著者矣。夫性之难如此,故其与恒人言,不曰“性”而曰“良知良能”,曰“天之降才”,曰“不忍人之心”,曰“心之所同然”,曰“恻隐之心,仁之端也。羞恶之心,义之端也。辞让之心,礼之端也。是非之心,智之端也”,皆从性之本源流露处,随方指点。而及道性善,必以尧舜为言,盖惟尧舜性之。(孟子曰“尧舜性之也”,又曰“尧舜性者也”,并见《尽心篇》)不原之于尧舜,即无以见性之善,亦即无以见性之为性。此孟子之微意也。今人只知孟子言性善,而于其所谓性,所谓善,不能深察而明辨之。或且疑其不如告子之言为近人,则甚矣有贵于己而弗思者之众也。(孟子曰“人人有贵于己者,弗思耳”,见《告子篇》)

二　扩充

夫既以恻隐、羞恶、辞让、是非为仁、义、礼、智之四端,则非扩充即不足以尽其性。此扩充之说,所为继性善之说而作也。顾孟子之言扩充有二。一者由小而扩充之大。如曰:“凡有四端于我者,知皆扩而充之矣。若火之始然,泉之始达。苟能充之,足以保四海;苟不充之,不足以事父母。”又如曰:“人皆有所不忍。达之于其所忍,仁也。人皆有所不为。达之于其所为,义也。人能充无欲害人之心,而仁不可胜用也。人能充无穿窬之心,而义不可胜用也。人能充无受尔汝之实,无所往而不为义也。”皆是也。而其言之尤剀切明著者,则如曰:“一箪食，一豆羹，得之则生，弗得则死。嘑尔而与之，行道之人弗受；蹴尔而与之，乞人不屑也。万钟，则不辨礼义而受之，万钟于我何加焉？为宫室之美，妻妾之奉，所识穷乏者得我与？乡为身死而不受，今为宫室之美为之；乡为身死而不受，今为妻妾之奉为之；乡为身死而不受，今为所识穷乏者得我而为之。是亦不可以已乎！"盖人惟明于小而暗于大，故养一指而失肩背，养樲棘而舍梧槚。（语并见《告子》）欲其不以小而至于梏亡，故曰："立乎其大者，则其小者不能夺也。"一者由近而扩充之远。如曰："老吾老，以及人之老；幼吾幼，以及人之幼。"又如曰："人之所不学而能者，其良能也；所不虑而知者，其良知也。孩提之童，无不知爱其亲也；及其长也，无不知敬其兄也。亲亲，仁也；敬长，义也。无他，达之天下也。"皆是也。而其言之尤沉痛警觉者，则如曰："仁者以其所爱，及其所不爱。不仁者以其所不爱，及其所爱。"盖人惟察于近而忽于远，故不忍于觳觫之衅牛，而忍于肝脑涂地之士臣。不宥于失伍之戟士，而宥于立而视民之死之大夫。（上句见《梁惠王》，下句见《公孙丑》）欲其不以近而为之陷溺，故曰："善推其所为而已。"由前之说则体立，由后之说则用全。程子曰："孟子言扩充，其功不在禹下。"信夫！

三　知言养气

孟子之真实学问，在知言养气。而知言养气，即扩充之功。何以言之？孟子曰："气，体之充也。"又曰："以直养而无害，则塞于天地之间。"其始充之一身，而其极塞于天地。非扩充何以至此？顾扩充以性言，而此以气言，何也？言气，犹言性也。就心言，则曰性；就身言，则曰气。《尽心章》曰："存其心，养其性，所以事天也。"于气曰养，于性亦曰养，明气与性非有二矣。虽然，气之同于性者，其生也；而气之异于性者，其习也。居移气，养移体，斯气有非其性者矣。气有非其性，则言气固无以见性。故特区而别之，曰“浩然之气”。而于其微之微也，则曰“平旦之气”，曰“夜气”。然言平旦之气，言夜气，尽人之所有也。言浩然之气，则非尽人之所得有也。于其所有而实以指之，虽愚者易明焉；非其所有而虚以象之，虽智者不能无惑焉。是故公孙丑问何谓浩然之气，而孟子亦曰难言。难言而不得不言，于是先虚以象之曰：“其为气也，至大至刚。”而即实以案之曰：“其为气也，配义与道。”曰：“是集义所生者，非义袭而取之也。”夫知浩然之气之本于集义，则本体在是，工夫亦即在是。知言以辩之，持志以守之，而义无不集矣。此所以知言与养气并提也。抑养气虽即扩充，而言养亦与扩充有别。扩充如火之然，如泉之达；养如雨露之润，如草木之长。扩充见其力，养不见其力。故扩充犹可以气魄承当，可以意见凑迫；而养则须义精仁熟，渣滓俱融。故扩充未必能养，而养则无不能扩充。观其宋人一喻，曰：“天下之不助苗长者寡矣。以为无益而舍之者，不耘苗者也。助之长者，揠苗者也，非徒无益，而又害之。”致力于勿忘勿助之间，而守约于自反而缩之内，以此不动心，亦即以此践形。其与蒙庄之《养生主》、《德充符》，盖有若合符节者。吾尝言庄、孟同时，而所言多合，惜其不得一相印证。道术之裂，往而不反。岂非天哉！（宜取《孟子》“不动心”一章本文熟玩之，不然，不易晓也）

四 义利之辨

孔子罕言利。而曰：“君子喻于义，小人喻于利。”意谓义可以喻有德，而利可以喻齐民，则未始绝人以言利也。（“君子喻于义，小人喻于利”，与言“君子怀德，小人怀土；君子怀刑，小人怀惠”一意，注误）至孟子则曰：“鸡鸣而起，孳孳为善者，舜之徒也。鸡鸣而起，孳孳为利者，跖之徒也。欲知舜与跖之分,无他,利与善之间也。”辨义利之严如此。是非孟子之必异于孔子也。盖至战国之世,言利之风益盛。或曰:“我能为君辟土地,充府库。”或曰:“我能为君约与国,战必克。”循此而不变,势非至率兽食人,而人相食不止。当时如墨翟、杨朱之徒,未尝不思有以救之,而其所号于天下者,曰“交相利”(墨子之言,已见前),曰“利物不由于义”(杨子之言,见《列子·杨朱篇》),以利止利,犹以水救水,以火救火,益多而已,未见其有济也。故孟子首绝言利之萌。其答梁惠王利国之问,则曰:“王曰何以利吾国,大夫曰何以利吾家,士庶人曰何以利吾身。上下交征利,而国危矣。”曰:“亦有仁义而已矣。何必曰利!”而宋牼(即宋钘)欲以利说止秦、楚之兵,孟子则曰:“先生之志则大矣,先生之号则不可。先生以利说秦、楚之王,秦、楚之王悦于利,以罢三军之师。是三军之士乐罢而悦于利也。为人臣者怀利以事其君,为人子者怀利以事其父,为人弟者怀利以事其兄,是君臣父子兄弟终去仁义,怀利以相接。然而不亡者,未之有也。”(见《告子篇》)于当时功利之害,见之至明,故言之至切。而奈何齐、梁之君,见以为迂阔而远于事情,卒不果用。一薛居州,独如宋王何(本孟子语,见《滕文公》),一孟子又独如天下何哉!

五　王政

孟子之言王政,一孔子之言富教也。其曰:“五亩之宅,树之以桑,五十者可以衣帛矣。鸡豚狗彘之畜,无失其时,七十者可以食肉矣。百亩之地,勿夺其时,数口之家可以无饥矣。”所以富民也。“谨庠序之教,申之以孝悌之义,颁白者不负戴于道路矣。”所以教民也。然而孟子之言,尤详于制民之产,与通功易事之道。曰:“明君制民之产,必使仰足以事父母,俯足以畜妻子,乐岁终身饱,凶年免于死亡。”曰:“有恒产者有恒心，无恒产者无恒心。”曰：“夏后氏五十而贡，殷人七十而助，周人百亩而彻，其实皆什一也。”曰：“方里而井，井九百亩。其中为公田。八家皆私百亩，同养公田。”曰：“野，九一而助。国中什一使自赋。卿以下必有圭田。圭田五十亩。余夫二十五亩。死徙无出乡。乡田同井，出入相友，守望相助，疾病相扶持，则百姓亲睦。”虽曰此其大略，而仁政必自经界始。得是犹足见圣王之制，固非托之空言也。然孟子虽贵民，而欲使天子公侯下而与齐民同其劳苦，泯上下之等，废治养之别，则又其所不然，盖物有不齐，未可强比而同之。故曰：“或劳心，或劳力。劳心者治人，劳力者治于人。治于人者食人，治人者食于人。”夫陶冶与耕，械粟相易，不为相厉。今贤者居民之上，忧民之忧，事民之事，旰食而宵衣，劳苦百倍于农夫而未止。而衣食之奉取之于民者，稍稍得以自肆，则群起而排击之，曰是何得独享其富厚，即言报施之道，是亦不能谓平矣。且两贵不能相事，两贱不能相使。（荀子语，见《王制篇》）使天下之民无有须待人而治者也，则上下之等，信可废也。使天下之民而犹有须待人而治者也，则上下之等，如之何其废之！自后世在高位者多骄淫不仁，阻法治之威，而以贡赋督责于下；下罢极，则以残贼怨望于上。于是视治人治于人之名，同于蛊毒之足以祸人。至乎近世，乃欲尽撤贵贱上下之防而去之，使更无治与被治之别。或且疑孟子之言为据乱之制，而非大同之道，奉许行并耕之说，以为足以治天下。呜呼，仁义充塞之祸烈矣！（参看“有为神农之言者许行”一章全文）

《韩非·显学篇》言：“自孔子之死也，有子张之儒，有子思之儒，有颜氏之儒，有孟氏之儒，有漆雕氏之儒，有仲良氏之儒，有孙氏之儒，有乐正氏之儒。”说者多谓孟氏之儒即指孟子。然列于漆雕氏、仲良氏之前，似当受业于孔子之门者。《论语》有孟懿子、孟武伯，安知非其人耶？荀卿《非十二子篇》罪子思、孟子，而言子张氏之贱儒，子夏氏之贱儒，子游氏之贱儒。则仲尼既没，弟子分散诸侯之国，源远而末益分，宜其相违异矣。韩昌黎谓："孟子师子思。子思之学，盖出曾子。"（《昌黎集·送王埙秀才序》）而宋儒乃推《大学》、《中庸》以继《论语》。然《大学》果否出曾子之手，世多疑之。今《大戴礼》有《曾子立事》等十篇，与《大学》不类。而孟子之书称道曾子，亦无引及《大学》之文。要之《大学》言正心诚意，与《中庸》言明善诚身，皆孔门之微言大义。孟、荀书外，可见孔门之正学者，惟此而已。曾子名参，字子舆，鲁人，少孔子四十六岁。今《论语》、《礼记》二书，所载曾子语甚众。曾子曰："传不习乎。"而孔子之语曾子，则曰："参乎，吾道一以贯之。"曾子曰："唯。"然则曾子之传孔子之学，事有足据，初不必《大学》一书之出于曾子之手也。又《史记》称孔子以曾子能通孝道，授之业，作《孝经》。而今《大戴》曾子十篇，《本孝》、《立孝》、《大孝》、《事父母》，占其四。及其死也，曰："而今而后，吾知免夫。"（见《论语》）合《礼·祭义》所称"父母全而生之，子全而归之，可谓孝矣"之言观之，可谓行践其言者矣。然孟子语勇，而谓孟施舍似曾子。又道曾子之言，曰："自反而缩，虽千万人，吾往矣。"（见"不动心"章）是战兢惕厉之功，乃发扬蹈厉之本。而胡适之乃讥曾子为萎缩（见《哲学史大纲》），岂直失言而已乎！子思名伋，孔子孙。孔子生伯鱼（名鲤），伯鱼生子思。《汉志》儒家有"子思二十三篇"，今不可考。而子思作《中庸》见于《史记·孔子世家》。史公近古，言自可信。孟子称鲁缪公之时，子柳、子思为臣。又谓子思居于卫，有齐寇，子思曰："如伋去，君谁与守？"则子思固尝仕于鲁、卫者。至今传《孔丛子》，载子思困于宋，免而作《中庸》，自比于文王之囚羑里而演《易》。《孔丛子》伪书，其说出于附会，显可见也。《大学》、《中庸》得宋明诸儒发明而始著，故其说亦散见诸儒章中，兹不具述，而仅识曾子、子思之大略如左。曾子年七十。子思年六十二。

第十章　惠施　公孙龙 附尹文子

与庄子同时者，有惠施、公孙龙。惠施相梁惠王，庄子与之友。其相为辩论，散见于《庄子》各篇。公孙龙，赵人，尝为平原君客。《庄子·秋水篇》载公孙龙与魏公子牟问答之言，谓“龙困百家之知，穷众口之辩，自以为至达，而闻庄子之言，则无所开其喙”。胡适之非之，以为公孙龙实不及与庄子相见。然吾观《庄子·齐物论》，言“以指喻指之非指，不若以非指喻指之非指也；以马喻马之非马，不若以非马喻马之非马也”，即对龙“物莫非指而指非指”与“白马非马”之说而发，则龙与蒙叟之相闻，为无疑矣。又《汉志》以施、龙列之名家。而胡适之则谓名家出于别墨，盖以其言多与《墨经》相出入。然《庄子·天下篇》言墨者不及施、龙，乃置施、龙于周之后，且惜其才骀荡而不得，逐万物而不反，引之与己相近。而《徐无鬼篇》对惠子言：“儒、墨、杨、秉四，与夫子为五。”惠子亦自言，其与四者相拂以辞，相镇以声，则安在其为墨之徒也？《荀子·非十二子》谓“好治怪说，玩琦辞。甚察而不急，辩而无用，多事而寡功，不可以为治纲纪。然而其持之有故，言之成理，足以欺惑愚众。是惠施、邓析也”。《汉志》名家首列邓析，有书二篇。今其书传者，盖出伪托。然其篇名，或有所本。惠子言：“无厚，不可积也。”

而邓析亦有无厚之说，所言甚肤浅，疑名是而辞窜易矣。吾意当与惠子之言相近。夫邓析与子产同时，实在墨子之前，则名家自有渊源本末，尤不得谓墨家之后始有名家也。至《墨经》与施、龙之说多同者，墨之得自施、龙耶？施、龙之得自墨耶？要未可以定矣。惠子书，《汉志》一篇，今佚。而见于《庄子·天下篇》者，有十事。《荀子·不苟篇》，别有“钩有须，卵有毛”，则与公孙龙同。龙之书，《汉志》八篇，今存六篇。而《迹府》一篇，记龙与孔穿问答，疑后人所集录，以冠其书者。

《庄子·天下篇》言：“惠施多方，其书五车。”又言：“惠施之口谈，自以为最贤。”又言：“南方有倚人焉，曰黄缭。问天地所以不坠不陷风雨雷霆之故。惠施不辞而应，不虑而对。遍为万物说，说而不休，多而无已，犹以为寡，益之以怪。以反人为实，而欲以胜人为名。”今其书已佚，所谓遍为万物说者，不知何若。吁，可惜也！《说苑》载梁王谓惠子曰：“愿先生言事，则直言耳，无譬也。”惠子曰：“今有人于此，而不知弹者。曰：‘弹之状何若？’应曰：‘弹之状如弹。’则谕乎？”王曰：“未谕也。”“于是更应曰：‘弹之状如弓，而以竹为弦。’则知乎？”王曰：“可知矣。”惠子曰：“夫说者，固以其所知，谕其所不知，而使人知之。今王曰无譬，则不可矣。”惠子之譬，其犹庄子之寓言乎？故其言十事，要皆破时空之见，齐异同之分。如曰：“至大无外，谓之大一。至小无内，谓之小一。”又曰：“无厚，不可积也，其大千里。”又曰：“天与地卑（同比），山与泽平。”又曰：“我知天下之中央，燕之北、越之南是也。”又曰：“南方无穷而有穷。”又曰：“连环可解也。”皆所以破空之见也。盖空无局量，则大小厚薄，一也；空无方位，则高下中边，一也；空无分际，则远近断续，一也。庄子曰：“天下莫大于秋毫之末，而泰山为小。”非即是说乎？如曰：“日方中方睨，物方生方死。”又曰：“今日适越而昔来。”皆所以破时之见也。盖时无来去，则旦暮，一也；时无久暂，则今昔，一也。庄子曰：“时无止，终始无故。”（《秋水》）非即是说乎？如曰：“大同也，而与小同异，此之谓小同异。万物毕同毕异，此之谓大同异。”又曰：“泛爱万物，天地一体。”皆所以齐异同之分也。盖物无是非，则异同，一也；物无彼是，则物我，一也。庄子曰：“自其异者视之，肝胆楚越也。自其同者视之，万物皆一也。”(《德充符》)非即是说乎？然而庄子与惠子异者，庄子明宗以破相，惠子破相而不必明宗。夫由本以之末也顺，而由末以寻本也逆。故《庄子·天下篇》曰：“其道舛驳，其言也不中。”又曰：“由天地之道，观惠施之能，其犹一蚊一虻之劳者也。其于物也何庸。”盖深惜之也。然《庄子·齐物论》言：“彼是，方生之说也。”言：“未成乎心而有是非，是今日适越而昔至也。”(未成乎心而有是非，旧注误。庄子言“一受其成形，不亡以待尽”，又言“道之所以亏，爱之所以成”，有成即有亏，故以未成乎心而有是非为至，此庄子之意也)皆引施说以明己意。而及施之死，乃曰：“自夫子之死，吾无以为质矣。”则施之去周，亦只一间。观“愈贵道，几矣”(见《天下篇》)之言，可以见也。是故吾于惠子，终谓其与庄子近，而与墨子远。

《天下篇》谓“桓团、公孙龙，辩者之徒，饰人之心，易人之意，能胜人之口，不能服人之心”。而邹衍过赵，与平原君言公孙子，亦曰：“天下之辩，有五胜三至，而辞至为下。辩者，别殊类使不相害，序异端使不相乱。抒意通指，明其所谓。使人与知焉，不务相迷也。故胜者不失其所守，不胜者得其所求。若是，故辩可为也。及至烦文以相假，饰辞以相悖，巧譬以相移，引人声使不得及其意。如此，害大道。”(见宋谢希深《公孙龙子序》)由是言之，信乎龙为辩者之囿也。然今《列子·仲尼篇》载乐正子舆讥公孙龙好怪而妄言，而公子牟乃曰：“智者之言，固非愚者之所晓。”又曰：“子不谕至言，而以为尤也。尤其在子矣。”此与《庄子·逍遥游》肩吾问连叔、接舆之词，何以异也？观其言：“善射者，能令后镞中前括，发发相及，矢矢相属。前矢造准，而无绝落。后矢之括犹衔弦，视之若一焉。”又曰：“逢蒙之弟子曰鸿超，怒其妻而怖之。引乌号之弓，綦卫之箭，射其目。矢来注眸子，而眶不睫。矢坠地，而尘不扬。”(并见《列子·仲尼篇》)可谓怪矣。然后镞中前括者，钧后于前也。矢注眸子而眶不睫者，尽矢之势也。(本龙之言)则其理何尝不至显哉！龙之所操，尤在白马、指物、坚白、名实之论。今故详之。若所云有意不心，有指不至，有物不尽，有影不移，发引千钧，轮不碾地，以及臧三耳、鸡三足之说，见于《庄》、《列》者，注解甚明，可按而知也。

一　白马论

其言曰："'白马非马可乎？'曰：'可。'曰：'何哉？'曰：'马者，所以命形也；白者，所以命色也。命色者，非命形也。故曰：白马非马。'曰：'有白马，不可谓无马也。不可谓无马者，非马也(同耶)？有白马为有马，白(马)之非马，何也？'曰：'求马，黄黑马皆可致。求白马，黄黑马不可致。使白马乃马也，是所求一也。所求一者，白马不异马也。所求不异，如(同而)黄黑马有可有不可，何也？可与不可，其相非明。故黄黑马，一也。而可以应有马，而不可以应有白马。是白马之非马，审矣。'"又曰："'以有白马为有马，谓有白马为有黄马，可乎？'(此龙问，与前设为他人问龙者不同)曰：'未可。'曰：'以有马为异有黄马，是异黄马于马也。异黄马于马，是以黄马为非马。以黄马为非马，而以白马为有马。此飞者入池而棺椁异处，此天下之悖言乱辞也。'"其言大略如此。夫马之名，一也。而或以命马之全，或以命马之别。马，马之全也；白马，马之别也。使谓白马为马，则全别之差失矣。夫失全别之差可也，然以全泯别，则可；以别乱全，则不可。以别乱全，将逐于万物而不反。此龙之所大惧也。《墨子·小取篇》云："一马，马也。二马，马也。马四足者，一马而四足也，非两马而四足也。一马，马也。二马，马也。马或白者，二马而或白也，非一马而或白。"其说亦与龙同。然墨之意，在衍其兼爱之旨。观言："盗，人也。多盗，非多人也。

无盗，非无人也。”又：“爱盗，非爱人也。不爱盗，非不爱人也。杀盗，非杀人也。”（亦见《小取》）可以见也。而龙之意在发夫两明之非。观言：“羊合牛，非马。牛合羊，非鸡。”又：“青以白，非黄。白以青，非碧。”（见《通变论》）可以见也。然则说虽同而意违矣（《通变论》曰：“两明者，昏不明，非正举也，非正举者，名实无当，骊色章焉，故曰：两明也。”是故两明者，即一名两解之失）。

二　指物论

指物之说，二语尽之矣。曰：“物莫非指。而指非指。”虽然，指者，何也？指者，我之指物也。我之指物，则所指者物，而能指者我。以所指言之，即物莫非指；以能指言之，则我非物，即指非指矣。故其言曰：“指也者，天下之所无也。物也者，天下之所有也。以天下之所有，为天下之所无，未可。”指何以言天下之所无也？夫指若为有，则指亦一物耳；指亦一物，则物不待指而有。而物莫非指之说，不且破乎？抑观其言之等，盖有三。曰：“天下无指，而物不可谓指也。（天下无指者，即承上“指也者天下之所无”而言）不可谓指者，非指也。非指者，物莫非指也。”（物既非指，则物莫非所指）此解物莫非指者，一也。曰：“天下无指而物不可谓指者，非有非指也。非有非指者，物莫非指也。物莫非指者，而指非指也。”（物莫非所指，而指非所指）此解指之非指者，二也。曰：“天下无指者，物不可谓无指也。（指虽不指物，而不可便谓无指）不可谓无指者，非有非指也。非有非指者，物莫非指。指非非指也。（物莫非指，指自成其为指）指与物，非指也。”（指之言非指者，以其与物为指）此解非指之指亦非非指者，三也。一者，标能以别所。二者，因所以见能。三者，明能不从所起，亦即不随所亡。故终之曰：“指固自为非指，奚待于物而乃与为指？”庄子作《齐物论》谓以指喻指之非指,不若以非指喻指之非指。且如指固自为非指云云,龙不亦自知以非指喻指之非指乎?谢希深注《指物论》,远有理致。然惜乎未能见及此也。(指物之说不易明,故逐句粗为解释)

三　坚白论

坚白之论,略似白马非马,而其剖析则益精。曰:"'坚白石三,可乎?'曰:'不可。'曰:'二,可乎?'曰:'可。'曰:'何哉?'曰:'无坚得白,其举也二。无白得坚,其举也二。'曰:'得其所白,不可谓无白。得其所坚,不可谓无坚。而之石也之于然也,非三也(同耶)?'曰:'视不得其所坚,而得其所白者,无坚也;拊不得其所白,而得其所坚者,无白也。'曰:'天下无白,不可以视石。天下无坚,不可以谓石。坚白石不相外。藏三,可乎?'曰:'有自藏也,非藏而藏也。'曰:'其白也,其坚也,而石必得以相盈(盈犹剂也),盈其自藏奈何?'曰:'得其白,得其坚,见与不见,离。见不见离,一。一不相盈,故离。离也者,藏也。'曰:'石之白,石之坚,见与不见,二与三。若广修而相盈也。其非举乎?'曰:'物白焉,不定其所白。物坚焉,不定其所坚。不定者兼,恶乎其石也?'"庄子曰:"合异以为同,散同以为异。今指马之百体,而不得马。而马系于前者,立其百体而谓之马也。"(《则阳》)夫析马之百体,而马无有。则析石之坚白,而石无有。其理一也。然马石无有,而有马石者何也?马石之无有者,在马石。而有马石者,在人也。故其言又曰:"且犹白,以目以火见,而火不见。则目与火不见,而神见。神不见,而见离。坚以手,而手以捶,是捶与手知,而不知,而神与不知。神乎!是之谓离焉。离也者,天下故独而正。"(亦《坚白论》)当身毒因缘和合之说,未入中国,而有此虚空粉碎之言。若公孙子者,岂仅辩者之雄而已哉!

四　名实论

昔杨朱尝论名实矣。曰："实无名，名无实。名者，伪而已矣。"此一边之见也。公孙之说则进乎此。曰："天地与其所产，皆物也。物以物其所物，而不过焉，实也。实以实其所实，而不旷焉，位也。出其所位，非位。位其所位焉，正也。以其所正，正其所不正，疑（同拟）其所正。其正者，正其所实也。正其所实者，正其名也。"夫知以正名者正实，则名何可废也！虽然，名何以正？夫使物物各当其物，则名无不正矣。故其言曰："谓彼，而彼不唯乎彼，则彼谓不行。谓此，而此不唯乎此，则此谓不行。其以当，不当也。不当，而乱也。故彼彼当乎彼，则唯乎彼，其谓行彼。此此当乎此，则唯乎此，其谓行此。其以当而当也。以当而当，止也。故彼彼止于彼，此此止于此，可。彼此而彼且此，此彼而此且彼，不可。"信如是，则随物而应，亦即物而冥，恶有狂举而昏不明者哉！公孙子惟以此说往，故能持白马非马，坚白石二，而指之非指，以此破相，亦即以此显宗。由吾观之，龙非施之比也。而太炎章氏作《明见》，乃扬施而抑龙，何哉？（《明见》，见《国故论衡》）

《汉志》名家，又有"尹文子一篇"。注云："说齐宣王，先公孙龙。"而仲长统撰定《尹文子》，独谓学于公孙龙，疑非是也。今其书具存。言形名之分，曰："名者，名形者也。形者，应名者也。然形非正名也，名非正形也。则形之与名，居然别矣，不可相乱，亦不可相无。"又曰："善名命善，恶名命恶。故善有善名，恶有恶名。圣贤仁智，命善者也。顽嚚凶愚，命恶者也。今即圣贤仁智之名，以求圣贤仁智之实，未之或尽也。即顽嚚凶愚之名，以求顽嚚凶愚之实，亦未或尽也。使善恶尽然有分，虽未能尽物之实，犹不患其差也。"此与公孙龙之审名实相似也。又曰："语曰好牛。好则物之通称，牛则物之定形。以通称随定形，不可穷极者也。设复言好马，则复连于马矣。则好所通无方也。设复言好人，则彼属于人也。则好非人，人非好也。则好牛、好马、好人之名自离矣。故曰：名分不可相乱也。”此与公孙龙之白马非马相似也。然《庄子·天下篇》以尹文与宋钘并称，谓其“接万物以别宥（同囿）为始”，曰“君子不为苛察，不以身假物，以为无益于天下者，明之不如已也”，则与施、龙之日以其知与天下辩，皦然有别。而其言“名定则物不竞，分明则私不行。物不竞，非无心，由名定，故无所措其心。私不行，非无欲，由分明，故无所措其欲。然则心欲，人人有之，而得同于无心无欲者，制之有道也”，又称“彭蒙之言曰：圣人者，自己出也；圣法者，自理出也。理出于己，己非理也。己能出理，理非己也。故圣人之治，独治者也。圣法之治，则无不治矣”（《庄子·天下篇》，以彭蒙与田骈、慎到并称），又颇类法家之言。盖当其时，百家之说并起，虽各有宗主，而不能不稍稍糅杂。故惠施有泛爱万物之谈，公孙龙有偃兵之对，而尹文亦与宋钘“见侮不辱，救民之斗，禁攻寝兵，救世之战”。胡适之乃据以为此三人皆所谓别墨。若然，孟子斥善战，荀子丑斗（见《荣辱篇》），将孟、荀亦墨之支流欤？天下有举一端以论人，而往往乖剌者，此类是也。

附名家不出于别墨论

晋鲁胜作《墨辩注》，序曰：“墨子著书，作辩经以立名本。惠施、公孙龙祖述其学，以正刑（同形）名显于世。”孙仲容因之，于其《墨子间诂》，颇牵合施、龙之谈，以较释《经》与《经说》。至近人胡适之，乃辩《墨经》非墨子自作，而成于所谓别墨之徒。其见有过人者。然指施、龙皆为别墨，而谓古无所谓名家，并力诋刘子政父子以名家别于儒、墨、道、法为向壁虚构，不能不惜其于两家之旨，犹有未尽释然者也。

夫当时能言各家之流别者，莫过于《庄子·天下篇》。此其是否蒙庄自作，未敢臆定。要为战国时人之言，必有所本。非如后之隔世论人，多凭想像得之也。其言首及墨子，中间历叙宋钘、尹文、彭蒙、田骈、慎到、关尹、老聃之流，而以周继之。后乃言："惠施多方，其书五车。其道舛驳，其言也不中。而桓团、公孙龙辩者之徒(之徒犹言之流也。胡氏谓徒是后辈，可谓曲解)，胜人之口，不能服人之心。"区别甚悉。使施、龙果出于墨者，即应列之于墨翟、禽滑釐之后，而与所谓别墨者相次比。即不然，亦应于其源流授受之迹，有所阐陈。乃今观之，其叙惠施、公孙龙，与墨子竟若风马牛之不相及，是不亦可异乎？且惠施者，庄子之友也。施之死，庄子叹曰："夫子之死，吾无以为质矣！"则其与庄子言，宜无不尽。今施、周往复辩难之词，多见于三十三篇。曾有一语，称及于墨子之学者乎？不独是也，《徐无鬼篇》载："庄子曰：'射者非前期而中，谓之善射。天下皆羿也。可乎？'惠子曰：'可。'庄子曰：'天下非有公是也，而各是其所是。天下皆尧也。可乎？'惠子曰：'可。'庄子曰：'然则儒、墨、杨、秉四，与夫子为五。果孰是耶？'"施之学之异于墨，庄子明言之，而惠子明受之。乃必谓其出于墨，何哉？又《秋水篇》，记公孙龙与魏牟问答。谓龙闻庄子之言，茫然异之。胡氏考周、龙二人年月，断周与龙二人不同时，龙安得闻周之言？必系后人伪作羼入。然《庄子·齐物论》云："以指喻指之非指，不若以非指喻指之非指也。以马喻马之非马，不若以非马喻马之非马也。"即对公孙"白马非马"与"物莫非指而指非指"而发。则周、龙不同时，无由相闻，实未足据。《秋水》之言，亦难定其必伪矣。夫龙自称："少学先王之道，长而明仁义之行。合同异，离坚白，然不然，可不可。困百家之智，穷众口之辩。"(即《秋水篇》所记)则又岂似为别墨者乎？庄子言儒、墨、杨、秉四，旧注谓秉为龙之字。使此为不误，龙之非墨，尤彰彰矣。

夫刘氏父子九流之分，亦有所自来矣。汉初司马谈论六家要旨，谓"愍学者之不达其意而师悖"。其时各家之学，犹有存者。故谈习道论于黄子，学天官于唐都，于诸家本末，概乎盖尝有闻者。其述阴阳、儒、墨、名、法、道德，与刘氏父子岂异乎？然司马谈者，固胡氏所与向、歆并斥者也。此姑不论。试更征之荀子之书。《荀子·非十二子篇》云："治怪说，玩琦辞，甚察而不急，辩而无用，多事而寡功，不可以为治纲纪。然而其持之有故，言之成理，足以欺惑愚众。是惠施、邓析也。"《不苟篇》亦云："山渊平，天地比，齐秦袭，是说之难持者也。而惠施、邓析能之。"屡以惠施、邓析并称，与《七略》名家首邓析正合。惜析之书已佚，今存者不足信。然《吕氏春秋》记析之持论，犹可仿佛其面目。其言曰："洧水甚大，郑之富人有溺者。人得其死者，富人请赎之，其人求金甚多，以告邓析。邓析曰：'安之，人必莫之卖矣。'得死者患之，以告邓析。邓析又答之曰：'安之，此必无所更买矣。'"析之辞之诡如此。与施之以反人为实，而龙之然不然可不可者，宁有违乎？今传邓析书有《无厚》一篇。所言"天于人无厚，君于民无厚"，盖至肤浅。荀子曾言："坚白异同，有厚无厚之察，非不察也。然而君子不辩，止之也。"意其说必甚难。或析之书，目是而辞则非矣。今惠施犹有"无厚不可积，其大千里"之论，窃疑其本之邓析。则名家之起，实自邓析始。析与子产同时，先墨子且数十年。胡氏《哲学史》于时代先后，认之最严，今谓名家出于墨，则何解于邓析乎？然胡氏所取以为词者，谓惠施言泛爱万物，而公孙龙有与赵惠王、燕昭王言偃兵之事，曾无殊于墨之兼爱非攻也。然此固未足以为两家同条共贯之证。当战国时，争地以战，争城以战，原野涂膏血，沟壑满骸骨。民之苦于兵祸深矣。故志士仁人，思救民之患，莫不以弭兵爱人为言，正不独墨者云尔也。若执此一端为论，则孟子言善战者服上刑，荀子言斗者不若狗彘，即孟、荀亦出于墨矣。庄子言万物与我为一，言至仁无亲，即庄子亦出于墨矣。然乎否乎？且墨子言兼爱，上推之于天志，以为"上之所是，必皆是之。所非，必皆非之"。又谓"义者，政也。无从下之政上，必从上之政下"。其尊卑之辨甚明也。而《吕氏春秋·爱类篇》，匡章谓惠子："公之学去尊。"按之施天地一体之说，信其泯尊卑、齐上下，与墨子之意，且背道而驰矣。故《墨经》言："厚，有所大也。"而施则曰："无厚。"《墨经》言：

“日中，正南也。”而施则曰：“日方中方睨。”《墨经》言：“坚白不相外。”而龙曰：“坚白离。”《墨经》言：“火热。”（旧作必热，必为火字之讹。孙校谓脱不字，非）而龙曰：“火不热。”《墨经》言：“狗，犬也。”而龙曰：“狗非犬。”盖《墨经》多在差异上立论，而施、龙则在无差异上立论。虽《经说》往往摭拾施、龙绪余，冀以自圆，然绝相之谈，与执相者固有别矣。夫天下岂有学出于是人，而处处与之立异者乎？吾尝细究《天下篇》之文，以为其云“相里勤之弟子五侯之徒，南方之墨者苦获已齿邓陵子之属，俱诵墨经”，此“墨经”应如胡氏之说，指《兼爱》、《非攻》诸篇，非今书之《墨经》也。而“倍谲不同，相谓别墨”，别墨者，乃指斥他方之辞，言其不如己所传之正，非自称为别墨也。胡氏谓其自己相称为别墨，实误。其云“以坚白同异之辩相訾，以觭偶不仵之辞相应”，相訾者，攻彼之过；相应者，救己之失。而坚白同异之辩，觭偶不仵之辞，则其所假以为攻救之具者也。由是论之，《墨经》与施、龙之说时有出入者，亦墨之得于名，非名之得于墨。而转抑名家为墨之支流，不亦因果倒置乎哉！是故吾谓名家自有宗趣，决不出于墨。若必求其相似，亦与庄子近而与墨子远。

第十一章　荀　子

荀子名况，亦曰荀卿，或称曰孙卿。赵人也。以齐襄王时游于稷下，距孟子至齐，五十年矣。是时齐尚修列大夫之缺，而荀子三为祭酒焉。入秦，见昭王、应侯。昭王谓儒无益人之国，荀子乃极明儒效。盖自孔子没而儒术分散，能振其业者，在前惟孟子，在后惟荀子。言虽不同，而其粹然为圣人之传则一也。荀子书每道仲尼、子弓。子弓即仲弓，犹子路之为季路也。其书三十二篇，而《大略》以下数篇，颇记孔门师弟问答之言，必有所受之。即其学之出于仲弓，无疑矣。而后之论者，以其主性恶，而言富国强国，大异于孟子；又韩非、李斯之徒，世所诋斥，皆出于其门下，遂并归罪于荀子之持论不慎。然以今观之，其言"君子养心莫善于诚，顺命以慎其独"(见《不苟篇》)，一《大学》慎独诚意之旨也。其言"自知者不怨人，知命者不怨天"(《荣辱篇》)，一《中庸》居易俟命之愿也。其言"君子之学，入乎耳，箸乎心，布乎四体，形乎动静。端而言，蝡而动，一可以为法则"(《劝学篇》)，一《孟子》睟面盎背之功也。至其言俗儒、雅儒、大儒之别，而谓"大儒者，法先王，统礼义，一制度，以浅持博，以古持今，以一持万。苟仁义之类也，虽在鸟兽之中，若别白黑。倚物怪变，所未尝闻也，所未尝见也，卒然起一方，则举统类而应之，无所儗怍。张法而度之，则晻然若合符节”（见《儒效篇》），是荀子之为荀子，岂浅见寡闻者所可得而妄议者哉！既不遇于齐、秦，乃归赵。赵亦不能用，去而之楚。春申君以为兰陵令，而荀子已老矣。及春申君死，乃废居兰陵。列著数万言而卒。《尧问篇》云：“孙卿迫于乱世，鰌（同蹭）于严刑，上无贤主，下遇暴秦。……当是时也，知者不得虑，能者不得治，贤者不得使。故君上蔽而无睹，贤人距而不受。”吾观春秋以来，孔、老、庄、孟之数圣人者，所遇皆如此。故曰：“君子能为可贵，不能使人必贵己。能为可信，不能使人必信己。能为可用，不能使人必用己。”（《荀子·非十二子篇》语）呜呼！伤已。

一 性恶

荀子与孟子不同者，厥为性恶之说。其言曰：“人之性恶，其善者伪也。今人之性，生而有好利焉。顺是，故争夺生，而辞让亡焉。生而有疾恶焉。顺是，故残贼生，而忠信亡焉。生而有耳目之欲，有好声色焉。顺是，故淫乱生，而礼义文理亡焉。然则从人之性，顺人之情，必出于争夺，合于犯分乱理，而归于暴。”又曰：“今人之性，饥而欲饱，寒而欲暖，劳而欲休，此人之情性也。今人饥，见长而不敢先食者，将有所让也。劳而不敢求息者，将有所代也。夫子之让乎父，弟之让乎兄，子之代乎父，弟之代乎兄，此二行者，皆反于性而悖于情者也。然而孝子之道，礼义之文理也。故顺情性，则不辞让矣。辞让，则悖于情性矣。用此观之，然则人之性恶明矣。其善者伪也。”（伪非虚伪之伪，犹言“为”也）顾荀子所言之性，与孟子所言之性，盖各有所指。观荀子驳孟子之言，可见也。孟子曰：“人之学者其性善。”荀子曰：“是不然。是不及知人之性，而不察乎人之性伪之分者也。凡性者，天之就也，不可学，不可事。礼义者，圣人之所生也，人之所学而能，所事而成者也。

不可学、不可事，而在人者，谓之性。可学而能、可事而成，之在人者，谓之伪。是性伪之分也。”（并《性恶篇》）夫荀子以“可学而能可事而成”者谓之伪，而此伪者，谁为之？非我为之乎？我何以能为此伪？非我之性有是乎？孟子曰：“乃若其情，则可以为善矣，乃所谓善也。”故孟子之所谓性，并荀子之伪在其中。而荀子之所谓性，则孟子之所云“性也，有命焉，君子不谓之性”者也。荀子讥孟子为不知性伪之分。以荀子观之，则固如是矣。若以孟子观之，此不知性伪之分者，或且在此而不在彼。然荀子亦非不知性之善者也。曰：“涂之人可以为禹。曷谓也？曰：凡禹之所以为禹者，以其为仁义法正也。然则仁义法正，有可知可能之理。然而涂之人也，皆有可以知仁义法正之质，皆有可以能仁义法正之具。然则其可以为禹，明矣。今以仁义法正，为固无可知可能之理耶？然则唯（同“虽”）禹不知仁义法正，不能仁义法正也。将使涂之人，固无可以知仁义法正之质，而固无可以能仁义法正之具耶？然则涂之人也，且内不可以知父子之义，外不可以知君臣之正。今不然。涂之人，皆内可以知父子之义，外可以知君臣之正，然则其可以知之质，其可以能之具，其在涂之人，明矣。今使涂之人者。以其可以知之质，可以能之具，本夫仁义之可知可能之理，然则其可以为禹，明矣。”（《性恶篇》）夫此可以知之质，可以能之具，非即孟子所云“人之所不学而知者，其良知也；所不虑而能者，其良能也”耶？特荀子鉴于当时学者之纵情性，安恣睢，而慢于礼义，欲以矫饰扰化为教，故不以为性而以为伪。曰：“人无师法，则隆性矣。有师法，则隆积矣。性也者，吾所不能为也，然而可化也。积也者，非吾所有也，然而可为也。”（《儒效篇》）又曰：“圣可积而致。然而皆不可积，何也？曰：可以而不可使也。故小人可以为君子，而不肯为君子；君子可以为小人，而不肯为小人。小人君子者，未尝不可以相为也，然而不相为者，可以而不可使也。故涂之人可以为禹，则然。涂之人能为禹，未必然也。虽不能为禹，无害可以为禹。足可以遍行天下，然而未尝有能遍行天下者也。夫工匠农贾，未尝不可以相为事也，然而未尝能相为事也。用此观之，然则可以为，未必能也。虽不能，无害可以为。然则能不能之与可不可，其不同远矣。”(《性恶篇》)观于此言，则荀子之所以谓人之性恶者，为人之不肯为善而发，非为人之不可为善而发。其贬性也，正所以反性也。是故于孟子而得性善，则君子有不敢以自诿者矣；于荀子而得性恶，则君子有不敢以自恃者矣。天下之言，有相反而实相成者，若孟、荀之论性是也。

二 礼论

孟子言性善，故有扩充而已矣。荀子言性恶，则取矫饰扰化。而矫饰扰化之用，莫大于礼。故曰：“凡用血气志意知虑，由礼，则治通；不由礼，则勃(同悖)乱提僈。食饮衣服居处动静，由礼，则和节；不由礼，则触陷生疾。容貌态度进退趋行，由礼，则雅；不由礼，则夷固僻违庸众而野。”(《修身篇》)虽然，礼者，始乎棿，成乎文，终乎悦校者也。(本荀子语，见《礼论篇》，棿，敛也)惟始乎棿，故曰：“治气养心之术，莫径由礼。”(《修身篇》)曰：“血气刚强，则柔之以调和。知虑渐深，则一之以易良。勇胆猛戾，则辅之以道顺。齐给便利，则节之以动止。狭隘褊小，则廓之以广大。卑湿重迟贪利，则抗之以高志。庸众驽散，则劫之以师友。怠慢僄弃，则炤之以祸灾。愚款端悫，则合之以礼乐，通之以思索。”(同上)于性之所偏，而矫以饰之，而性由礼而立矣。惟终乎悦校，故曰：“孰知夫出死要节之所以养生也，孰知夫出费用之所以养财也，孰知夫恭敬辞让之所以养安也，孰知夫礼义文理之所以养情也。”(同上)于性之可化，而久以扰之，而性由礼而成矣。此荀子言礼之精也。而由是而推之，所以为治于天下者，亦不出此。曰：“礼起于何也？曰：人生而有欲。欲而不得，则不能无求；求而无度量分界，则不能不争。争则乱，乱则穷。先王恶其乱也，故制礼义以分之，以养人之欲、给人之求。使欲必不穷乎物，物必不屈于欲，两者相持而长。是礼之所生也。”(《礼论》)曰：“离居不相待，则穷。群而无分，则争。穷者，患也。争者，祸也。救患除祸，则莫若明分使群矣。强胁弱也，知惧愚也，民下违上，少陵长，不以德为政。如是，则老弱有失养之忧，而壮者有分争之祸矣。事业所恶也，功利所好也，职业无分。如是，则人有树事之患，而有争功之祸矣。男女之合，夫妇之分，婚姻娉内送逆，无礼。如是，则人有失合之忧，而有争色之祸矣。”(《富国》)由是观之，天下有礼则治，无礼则乱。故曰：“天地者，生之始也。礼义者，治之始也。”(《王制》)且其言富国也，必归于节用裕民。(见《富国篇》)言强国也，必归于节威反文。(见《强国篇》)言乐，则曰谨为之文。(见《乐论篇》)言兵，则曰妙之以节。(见《议兵篇》)举一切而纳之于礼之中，而莫之敢过。故曰：“礼者，法之大分，类之纲纪也。”(《劝学篇》)呜呼！荀子之于礼，可谓至矣。

三　解蔽

夫礼者，断长续短，损有余，益不足，达爱敬之文，而滋成行义之美者也。(用《礼论》原文)夫天下之所患者，短与长，均也；不足与有余，并也。而学者治者之蔽，见其长，则忘其短；见其有余，则忘其不足。此心之所以易惑，而行之所以易乱也。当荀子之时，百家之说众矣，而荀子以礼观之，即皆不能无失。故曰：“墨子蔽于用，而不知文；宋子蔽于欲，而不知得；慎子蔽于法，而不知贤；申子蔽于势，而不知知；惠子蔽于辞，而不知实；庄子蔽于天，而不知人。”(《解蔽篇》，慎子、申子并见后《韩非章》)夫之数子者，非果所谓曲知之人也。然长于此，即不能不短于彼；有余于此，即不能无不足于彼。何也？则其心不能无蔽也。

心之所以有蔽，何也？曰："人何以知道？曰心。心何以知？曰虚壹而静。心未尝不臧(同藏)也，然而有所谓虚；心未尝不满也，然而有所谓一；心未尝不动也，然而有所谓静。人生而有知，知而有志(同识)。志也者，臧也。然而有所谓虚。不以所已臧害所将受，谓之虚。心生而有知，知而有异。异也者，同时兼知之。同时兼知之，两也。然而有所谓一。不以夫一害此一，谓之壹。心卧则梦，偷则自行，使之则谋，故心未尝不动也。然而有所谓静。不以梦剧乱知，谓之静。"(同上)夫存此虚壹而静者以察物，则有余不足之情俱见。俱见，则无蔽矣。失此虚壹而静者以察物，则有余不足之情俱惑。俱惑，则不能无蔽矣。故曰："人心譬如槃水。正错而勿动，则湛浊在下，而清明在上，则足以见须眉，而察肤理矣。微风过之，湛浊动乎下，清明乱于上，则不可以得大形之正也。"(同上)是故蔽者，心蔽之。解者，亦心解之。其枢机在心。故曰："心也者，道之工宰也。"(《正名》)夫言性，则荀子与孟子有不同也；而言心，则无不同。荀子曰："人之所欲生，甚矣；人之所恶死，甚矣。然而人有从生成死者，非不欲生而欲死也。不可以生，而可以死也。故欲过之，而动不及，心止之也。心之所可中理，则欲虽多，奚伤于治？欲不及，而动过之，心使之也。心之所可失理，则欲虽寡，奚止于乱？故治乱在于心之所可，亡于情之所欲。"(《正名》)而孟子固曰："所欲有甚于生者，所恶有甚于死者，非独贤者有是心也，人皆有之，贤者能勿丧耳。"此其同者，一也。荀子曰："耳目口鼻形能，各有接，而不相能。夫是之谓天官。心居中虚，以治五官。夫是之谓天君。"(《天论》)而孟子固曰："耳目之官，不思而蔽于物。物交物，则引之而已矣。心之官则思。思则得之，不思则不得也。"此其同者，二也。荀子曰："凡人之取也，所欲未尝粹而来也。其去也，所欲未尝粹而往也。故人无动而可以不与权俱。"(《正名》)而孟子固曰："权然后知轻重，度然后知长短。物皆然，心为甚。"此其同者，三也。夫性而善也，则思何以率其性。舍心，而性不达也。性而恶也，则思何以矫其性，舍心，而性不节也。性之途歧，而心之用一。此荀、孟之所以不得不同也。

四　正名

礼以明分。而分之明，则自正名始。故孔子曰："必也正名乎！名不正，则言不顺。言不顺，则事不成。"而荀子亦曰："王者之制名，名定而实辩，道行而志通，则慎率民而一焉。"(《正名》)夫名之所以乱者三。见侮不辱(宋钘之言，见上)，圣人不爱己，杀盗非杀人也(墨子之言，见上)，此惑于用名以乱名者也。山渊平(即惠施山与泽平之说)，情欲寡(宋钘之言，见上)，刍豢不加甘，大钟不加乐(即墨子非乐之说)，此惑于用实以乱名者也。非而谒楹有牛，马非马也(上句有阙误，下句即公孙龙白马非马之说)，此惑于用名以乱实者也。惑于用名以乱名，验之所为有名，而观其孰行，则能禁之矣。惑于用实以乱名，验之所缘以同异，而观其孰调，则能禁之矣。惑于用名以乱实，验之名约，以其所受，悖其所辞，则能禁之矣。(以上用《正名》原文意)故曰："所为有名，与所缘以同异，与制名之枢要，不可不察也。"然则何为而有名？曰："贵贱不明，同异不别，如是，则志必有不喻之患，而事必有困废之祸。故知者为之分别，制名以指实。上以明贵贱，下以别同异。贵贱明，同异别，如是，则志无不喻之患，事无困废之祸。此所为有名也。"何缘而以同异？曰："缘天官。凡同类同情者，其天官之意物也同。故比方之，疑(同拟)似而通。是所以共其约名以相期也。形体色理，以目异。声音清浊节调奇声，以耳异。甘苦咸淡辛酸奇味，以口异。香臭芬郁腥臊漏庮奇臭，以鼻异。疾养沧热滑铍轻重，以形体异。说故喜怒哀乐爱恶欲，以心异。心有征知。征知，则缘耳而知声，可也；缘目而知形，可也。然而征知必将待天官之当簿其类，然后可也。天官簿之而不知，心征之而无说，则人莫不然谓之不知。此所缘而以同异也。然后随而命之，同则同之，异则异之。单足以喻，则单；单不足以喻，则兼；单与兼无所相避，则共。虽共，不为害矣。知异实者之异名也，故使异实者莫不异名也，不可乱也。犹使同实者，莫不同名也。故万物虽众，有时而欲遍举之，故谓之物。物也者，大共名也。推而共之，共则有共，至于无共然后止。有时而欲遍举之，故谓之鸟兽。鸟兽者，大别名也。推而别之，别则有别，至于无别然后止。名无固宜，约之以命。约定俗成，谓之宜。异于约，则谓之不宜。名无固实，约之以命实。约定俗成，谓之实名。名有固善径易而不拂，谓之善名。物有同状而异所者，有异状而同所者，可别也。状同而为异所者，虽可合，谓之二实。状变而实无别，而为变者，谓之化。有化而无别，谓之一实。此事之所以稽实定数也。此制名之枢要也。”(《正名篇》)夫民易一以道，而不可与共故。故圣王有作，则临之以势，道(同导)之以道，申之以命，章之以论，禁之以刑。其有析辞，擅作名，以乱正名，使民疑惑，人多辨讼，则谓之大奸。其罪，犹为符节度量之罪也。圣王不作，君子无势以临之，无刑以禁之，则不得已而有辨说。实不喻然后命，命不喻然后期，期不喻然后说，说不喻然后辩。故以正道而辨奸，犹引绳以持曲直。是故邪说不能乱，百家无所窜。(以上用原文)曰：“君子之言，涉然而精，俛然而类，差差然而齐。彼正其名，当其辞，以务白其志义者也。彼名辞也者，志义之使也。足以相通，则舍之矣。苟之，奸也。故名足以指实，辞足以见义，则舍之矣。外是者谓之讱。”(同上)夫如是，则君子之辩，岂与彼名家争为难持之说者比哉！

五　天论

荀子之言天，犹其言性也。言性，不重性而重伪，故曰性恶。言天，不重天而重人，故曰惟圣人为不求知天。(《天论篇》)然重伪，而未始以为伪之可以灭性也。故亦曰："无性，则伪之无所加。无伪，则其性不能自美。性伪合，然后圣人之名一。天下之功于是就也。"（《礼论篇》）重人而未始以为人之可以敌天也。故亦曰："天有其时，地有其财，人有其治。夫是之谓能参。舍其所以参，而愿其参，则惑矣。"曰："圣人清其天君，正其天官，备其天养，顺其天政，养其天情，以全其天功。如是，则知其所为，知其所不为矣。则天地官，而万物役矣。其行曲治，其养曲适，其生不伤。夫是之谓知天。"（以上《天论篇》）是故其言："大天而思之，孰与物畜而制裁之？从天而颂（同讼）之，孰与制天命而用之？望时而待之，孰与应时而使之？因物而多之，孰与骋能而化之？思物而物之，孰与理物而勿失之也？愿于物之所以生，孰与有物之所以成？"（同上）所以尽人也。其言："楚王后车千乘，非知也。君子啜菽饮水，非愚也。是节（同适）然也。若夫志意修，德行厚，知虑明，生于今而志乎古，则是其在我者也。故君子敬其在己者，而不慕其在天者。"（同上）所以知命也。尽人知命，其道未尝悖也。不然，荀子讥庄子为蔽于天而不知人，今乃以人而夺天，不为蔽于人而不知天乎？太史公作《荀卿传》，谓"其嫉浊世之政，亡国乱君相属，不遂大道，而营于巫祝，信禨祥"，是则其为论，固有为而发者矣。今人自不信天，乃假此以攻孔孟天命之说。不知人之命在天（见《天论篇》），荀子固自言之。此所谓倚其所私，以观异术，而因以失其正求者，非耶？（倚其所私以观异术，本荀子语，见《解蔽篇》）

六　法后王

荀子曰："礼莫大于圣王。圣王有百，吾孰法焉？曰：文久而息。节一族（同奏）久而绝。守法数之有司，极而褫。故曰，欲观圣王之迹，则于其粲然者矣，后王是也。彼后王者，天下之君也。舍后王而道上古，譬之是犹舍己之君，而事人之君也。”（《非相篇》）又曰：“五帝之外无传人。非无贤人也，久故也。五帝之中无传政。非无美政也，久故也。禹汤有传政，而不若周之察也。非无美政也，久故也。传者久则论略，近则论详。略则举大，详则举小。愚者闻其略而不知其详，闻其小而不知其大也。”（同上）此荀子所以法后王也。然荀子之言后王，与孟子之言先王，曾无以异。盖自战国言之，则谓之先王；自上古言之，则谓之后王。其实皆指周也。故曰：“王者之制，道不过三代，法不贰后王。道过三代，谓之荡。法贰后王，谓之不雅。衣服有制，宫室有度，人徒有数。丧祭械用，皆有等宜。声则凡非雅声者，举废；色则凡非旧文者，举息；械用则凡非旧器者，举毁。夫是之谓复古。是王者之制也。”（《王制篇》）夫谓之复古，则何以异于称先王也？且荀子之书，称先王后王，亦至不一。曰：“将原先王，本仁义，则礼正其经纬蹊径也。”（《劝学篇》）曰：“言不合先王，不顺礼义，谓之奸言。虽辩，君子不听。”（《非相篇》）曰：“先王之道，仁之隆也。”（《儒效篇》）曰：“古者先王审礼，以方（同旁）皇周挟（同浃）于天下，动无不当也。”（《君道篇》）言先王，言后王，随宜而言之，非有定也。是故其非子思、孟子也，曰：“略法先王，而不知其统。”（《非十二子篇》）亦过其略而不知其统，非过其法先王也。其讥俗儒也，曰：“呼先王以欺愚者，而求衣食焉。”（《儒效篇》）亦责其欺愚者求衣食，非责其呼先王也。不然，其称大儒，乃亦以法先王、统礼义、一制度为言，何哉？后人不察，以为荀子之法后王，为对孟子之法先王而起，则何不于荀子全书而熟考之？

第十二章　韩非 申子、慎子附见

韩非者，韩之诸公子也，好刑名法术之学，而与李斯同学于荀卿。非为人口吃，不能道说，而善著书。见韩之削弱，数以书谏韩王，韩王不能用。于是韩非疾。治国不务修明其法制，而以求人任贤。反举浮淫之蠹，加于功实之上。宽则宠名誉之人，急则用介胄之士。以为所养非所用，所用非所养。悲廉直不容于邪枉。观往者得失之变，而作《孤愤》、《五蠹》、《内外储说》、《说林》、《说难》十余万言。人或传其书至秦，秦王曰："嗟乎！寡人得见此人与之游，死不恨矣！"李斯曰："此韩非之所著书也。"秦因急攻韩。韩王始不用非，及急，乃遣非使秦。秦王悦之，未用。会李斯谗之曰："非终为韩不为秦。今王不用，久留而归之。此自遗患也。"王信之，下吏治非。李斯使人遗非药，非遂自杀。非《孤愤》之篇曰："智法之士，与当涂之人，不可两存之仇也。"又曰："以疏远与信爱争，其数不胜也。以新旅与习故争，其数不胜也。以反主意与同好争，其数不胜也。以轻贱与贵重争，其数不胜也。以一口与一国争，其数不胜也。法术之士，操五不胜之势，以岁数而犹不得见。当涂之人，乘五胜之资，而旦暮独说于前。法术之士，焉得不危！"然则非之死，非自知之矣。而太史公谓："非知说之难，为《说难》

书甚具。终死于秦，不得自脱。”（《史记·韩非列传》）若讥贬之者，何哉？非之书五十五篇，今具存。而《初见秦》见于《战国策》，以为张仪之词。《存韩》，乃具载李斯奏，亦不类。疑有后人附会入之者矣。

一 有度

天下之患，在欲治，而恶其所以治，恶危，而喜其所以危（《奸劫弑臣》原文）。恶其所以治，而喜其所以危，何也？夫主利在有能而任官，臣利在无能而得事；主利在有劳而爵禄，臣利在无功而富贵；主利在豪杰使能，臣利在朋党用私。（“主利”以下，《孤愤》原文）由前之道，则所以治也；由后之道，则所以危也。然而天下之为人臣者，莫不欲无能而得事者也。夫社稷之所以立者，安静也；而躁险谗谀者任。四封之内，所以听从者，信与德也；而陂知倾覆者使。令之所以行，威之所以立者，恭俭听上也；而岩居非世者显。仓廪之所以实者，耕农之本务也；而綦组锦绣、刻画为末作者富。名之所以成，地之所以广者，战士也；而死之孤、饥饿乞于道，优笑酒徒之属，乘车衣丝。赏禄，所以尽民力，易下死也；而战胜攻取之士，劳而赏不沾，卜筮视、手理狐蛊、为顺辞于前者，日赐。上握度量，所以擅生杀之柄也；而守度奉量之士，欲以忠婴上，而不得见，巧言利辞、行奸轨以幸偷世者，数御。据法直言，名刑相当，循绳墨，诛奸人，所以为上治也，而愈疏远；谄施顺意从欲以危世者，近习。（“社稷”以下，《诡使》原文）由前之道，则所以治也；由后之道，则所以危也。然而天下之为人上者，莫不乐于任夫躁险谗谀者也，盖利于公者法，便于己者私。私者，所以乱法也。而立法令者，以废私也。故曰：道私者乱，道法者治。上无其道，则智者有私词，贤者有私意。上有私惠，下有私欲。（“故曰”下，《诡使》原文）是故韩非曰：“国无常强，无常弱。奉法者强，则国强；奉法者弱，则国弱。”（《有度》）又曰:“当今之时,能去私曲就公法者,民安而国治。能去私行行公法者,则兵强而敌弱。”(同上)又曰:“明主使其群臣,不游意于法之外,不为惠于法之内。动无非法,所以遏灭外私也。”(同上)夫巧匠目意中绳,然必先以规矩为度。上智捷举中事,必以先王之德为比。故绳直而枉木斫,准夷而高科削,权衡县而重益轻,斗石设而多益少。(以上《有度》原文)若法者,亦治国之度已。或曰,荀子之言曰:“有治人,无治法。法不能独立,类不能自行。”(《荀子·君道》)今韩非一以奉法为言,亦异于其所受之者矣。虽然,荀子不云乎:“隆礼至法,则国有常。尚贤使能,则民知方。纂论公察,则民不疑。赏免(同勉)罚偷,则民不怠。兼听齐民,则天下归之。然后明分职,序事业,材技官能,莫不治理,则公道达而私门塞矣,公义明而私事息矣。”(同上)其于公私道法之间,抑何其斤斤焉!且荀子之入秦也,称其士大夫曰:“出于其门,入于公门,出于公门,归于其家,无有私事也。不比周,不朋党,倜然莫不明通而公也。古之士大夫也!故四世有胜,非幸也,数也。”(《荀子·强国》)夫天下岂有上下内外,不知奉公守法,而可以治者哉!即安见儒之与法之必有二说也?

二　二柄

法之所以行者,曰刑与德。杀戮之谓刑,庆赏之谓德。是治之二柄也。二柄者,乱于好恶,而信于参验。何谓乱于好恶?君见恶,则群臣匿端;君见好,则群臣诬能。(“君见恶”二句原文)故曰:“去好去恶,群臣见素。群臣见素,则大君不蔽矣。”(《二柄》)何谓信于参验?人皆寐,则盲者不知;皆嘿,则喑者不知。觉而使之视,问而使之对,则喑盲者穷矣。不听其言也,则无术者不知;不任其身也,则不肖者不知。听其言而求其当,任其身而责其功,则无术不肖者穷矣。(《六反》原文)

故曰："尽思虑，揣得失，智者之所难也。无思无虑，挈前言而责后功，愚者之所易也。"(《八说》)不乱于好恶者，术也。取信于参验者，法也。术得于道德，法合于形名。得于道德，则以忍行其慈。故曰："母之爱子也，倍父。父令之行于子者，十母。吏之于民无爱，令之行于民也，万父母。父母积爱，而令穷。吏用威严，而民听从。严爱之策，亦可决矣。"(《六反》)又曰："今家人之治产也，相忍以饥寒，相强以劳苦。虽犯军旅之难，饥馑之患，温衣美食者，必是家也。相怜以衣食，相惠以佚乐。天饥岁荒，嫁妻卖子者，必是家也。故法之为道，前苦而长利；仁之为道，偷乐而后穷。圣人权其轻重，出其大利。故用法之相忍，而弃仁人之相怜也。"(同上)合于形名，则因任而不过。故曰："功当其事，事当其言，则赏。功不当其事，事不当其言，则罚。故群臣其言大而功小者，则罚。非罚小功也，罚功不当名也。群臣其言小而功大者，亦罚。非不说于大功也，以为不当名也，害甚于有大功，故罚。"(《二柄》)若是，故明主之治国也，众其守而重其罪。堂溪公谓韩子曰："臣闻服礼辞让，全之术也。修行退智，遂之道也。今先生立法术、设度数，臣窃以为危于身，而殆于躯。何以效之？"韩子曰："夫治天下之柄，齐民萌(同氓)之度，甚未易处也。然所以废先生之教，而行贱臣之所取者，窃以为立法术、设度数，所以利民萌、便众庶之道也。故不惮乱主暗上之患祸，而必思以齐民萌之资利者，仁智之行也。惮乱主暗上之患祸，而避乎死亡之害，知明夫身，而不见民萌之资利者，贪鄙之为也。臣不敢向贪鄙之为，不敢伤仁智之行。"(以上《问田》)由是观之，司马迁谓非之惨礉少恩者(见列传)，岂其实哉！虽然，非之言曰："父母之于子也，产男则相贺，产女则杀之。此俱出父母之怀衽。然男子受贺，女子杀之者，虑其后便，计之长利也。故父母之于子也，犹用计算之心相待也，而况无父子之泽乎？"(《六反》)又曰："为人主而大信其子，则奸臣得乘于子，以成其私，故李兑傅赵王而饿主父。为人主而大信其妻，则奸臣得乘于妻，以成其私，故优施傅丽姬，杀申生而立奚齐。

夫以妻之近，与子之亲，而犹不可信，则其余无可信者矣。”（《备内》）贼天恩，害人伦，则非之言亦太甚矣哉！

三　五蠹

夫不能具美食，而劝饿人饭，不为能活饿者也。不能辟草生粟，而贷施赏赐，不为能富民者也。善毛嫱、西施之美，无益吾面。用脂泽粉黛，则倍其初矣。（《显学》原文）是故非之言曰：“明主举实事，去无用。”（《显学》）又曰：“力多则人朝，力寡则朝于人。故明君务力。”（同上）又曰：“治强不可责于外，内政之有也。”（《五蠹》）然而天下有必不亡之术，有必灭之事。必不亡之术若何？曰：“明其法禁，必其赏罚。尽其地力，以多其积。致其民死，以坚其城守。天下得其地，则其利少；攻其国，则其伤大。万乘之国，莫敢自顿于坚城之下，而使强敌裁其弊也。此必不亡之术也。”（同上）必灭之事若何？曰：“其学者，则称先王之道，以籍（同藉）仁义，盛容服，而饰辩说，以疑当世之法，而贰人主之心。其言谈者，为设诈称借于外力，以成其私，而遗社稷之利。其带剑者，聚徒属，立节操，以显其名，而犯五官之禁。其患（同串）御者，积于私门，尽货赂，而用重人之谒，退汗马之劳。其商工之民，修治苦窳之器，聚弗靡之财，蓄积待时，而侔（同牟）农夫之利。此五者，邦之蠹也。不除此五蠹之民，不养耿介之士，则海内虽有破亡之国，削灭之朝，亦勿怪矣。”（同上）且当非之时，儒以文乱法，而侠以武犯禁，士民纵恣于内，而言谈者为势于外。故群臣之言外事也，非有分于从横之党，则有仇雠之忠，而借力于国。事成以权长重，事败而以富退处。七国皆然。此亦可谓极敝矣。夫欲以宽缓之政，治急世之民，犹无辔策，而御骍马，此不知之患也。故古者有谚曰：为政犹沐也。虽有弃发，必为之。（以上皆用原文意）然则非之去先王，退仁义，而尚严刑峭法，岂非论世之事，因为之备者乎！（“论世之事，因为之备”，本非语，见《五蠹》）抑非之言曰：“且夫世之愚学，皆不知治乱之情，谖谈多诵先古之书，以乱当世之治。智虑不足以避阱井之陷，又妄非有术之士。”（《奸劫弑臣》）又曰：“今学者皆道书筴之颂语，不察当世之实事。”（《六反》）又曰：“今学者之言也，不务本作而好末事，知道虚圣以说民。”（《八说》）夫所贵于学者，为其言必当理，事必当务，智足以应当时之变，而有益于人之国也。故荀子亦曰：“凡事行，有益于理者，立之；无益于理者，废之。夫是之谓中事。凡知说，有益于理者，为之；无益于理者，舍之。夫是之谓中说。”（《儒效》）又曰：“略法先王，而足乱世术。缪学杂举，呼先王以欺愚者，而求衣食焉，是俗儒者也。”（同上）如非所云，亦俗儒而已耳。虽诵先王之书，治世之所弃也。则非以其无用而掊之，岂不宜哉！而世或以此谓非之与儒为仇，抑可谓不能知非者矣。

四　难势

先于韩非者，有慎到，赵人也。《汉志》亦在法家。然其书存者，五篇而已。慎子曰：“贤人而诎于不肖者，则权轻位卑也；不肖而能服于贤者，则权重位尊也。吾以此知势位之足恃，而贤智之不足慕也。”韩非应之曰：“势者，名一而变无数者也。夫尧舜生而在上位，虽有十桀纣不能乱者，则势治也。桀纣亦生而在上位，虽有十尧舜而亦不能治者，则势乱也。故曰：势治者不可乱，而势乱者则不可治也。此自然之势也，非人之所得设也。夫弃隐栝之法，去度量之数，使奚仲为车，不能成一轮。无庆赏之劝，刑罚之威，释势委法，尧舜户说而人辩之，不能治三家。故抱法处势，则治；背法去势，则乱。若吾所言，谓人之所得设也。若吾所言，谓人之所得势也而已矣。”（以上并《难势》）慎子之言，势与法分。韩子之言，势寄于法。惟势与法分，故得而难之曰：

“势者，非能必使贤者用己，而不肖者不用己也。贤者用之，则天下治。不肖者用之，则天下乱。人之情性，贤者寡而不肖者众。而以威势之利，济乱世之不肖人，则是以势乱天下者，多矣；以势治天下者，寡矣。”（同上）惟势寄于法，故得而应之曰：“吾所以为言势者，中也。中者，上不及尧舜，而下亦不为桀纣。夫良马固车，五十里而一置。使中手御之，追速致远，可以及也，而千里可日致也。且夫尧、舜、桀、纣，千世而一出。废势背法，而待尧舜，尧舜至乃治，是千世乱而一治也。抱法处势，而待桀纣，桀纣至乃乱，是千世治而一乱也。且夫治千而乱一，与治一而乱千也，是犹乘骥駬而分驰也。相去亦远矣。”（同上）到与非同为法家，然非之言益密矣。且到曰：“法虽不善，犹愈于无法，所以一人心也。夫投钩以分财，投策以分马，非钩策为均也，使得美者不知所以美，使得恶者不知所以恶。此所以塞愿望也。”（《慎子》）然法之为用，岂塞愿望而止哉！则宜乎庄子之笑之，而以到之道，非生人之行，而至死人之理也。（见《庄子·天下篇》）

五　定法

世之言刑名者，辄曰申韩。申不害相韩昭侯，与商鞅相先后，盖去韩非百余年。《汉志》有“申子六篇”，今已佚。虽或见于他书，莫由窥其全也。而韩非称：“申不害言术，而公孙鞅为法。术者，因任而授官，循名而责实，操杀生之柄，课群臣之能者也。法者，宪令著于官府，刑罚必于民心，赏存乎慎法，而罚加乎奸令者也。”（《定法》）然徒术而无法，与徒法而无术，皆有所不可。故曰：“韩者，晋之别国也。晋之故法未息，而韩之新法又生。先君之令未收，而后君之令又下。申不害不擅其法，不一其宪令，则奸多。故利在故法前令，则道（同导）之。利在新法后令，则道之。利在故新相反，前后相悖，则申不害虽十使昭侯用术，而奸臣犹有所谲其辞矣。故托万乘之劲韩十七年，而不至于霸王者，虽用术于上，法不勤饰于官之患也。公孙鞅之治秦也，设告坐而责其实，连什伍而同其罪。赏厚而信，刑重而必。是以其民用力劳而不休，逐敌危而不却。故其国富而兵强。然而无术以知奸，则以其富强也，资人臣而已矣。及孝公、商君死，惠王即位，秦法未败也，而张仪以秦殉韩。惠王死，武王即位，甘茂以秦殉周。武王死，昭襄王即位，穰侯越韩魏而东攻齐。五年，而秦不益一尺之地，乃成其陶邑之封。应侯攻韩，八年，成其汝南之封。自是以来，诸用秦者，皆应、穰之类也。故战胜则大臣尊，益地则私封立。主无术以知奸也。商君虽十饰其法，人臣反用其资。故乘强秦之资数十年，而不至于帝王者，法虽勤饰于官，主无术于上之患也。"（同上）又曰："申子未尽于术，商君未尽于法也。申子言：'治不逾官，虽知不言。'治不逾官，谓之守职也可；知而弗言，是谓过也。人主以一国目视，故视莫明焉；以一国耳听，故听莫聪焉。今知而弗言，则人主尚安假借矣。商君之法曰：'斩一首者爵一级，欲为官者，为五十石之官。斩二首者爵二级，欲为官者，为百石之官。'官爵之迁，与斩首之功相称也。今有法曰：'斩首者令为医匠。'则屋不成，而病不已。夫匠者，手巧也；而医者，齐药也。而以斩首之功为之，则不当其能。今治官者，智能也；今斩首者，勇力之所加也。以勇力之所加，而治智能之官，是以斩首之功为医匠也。"（同上）非学于荀卿，而《显学篇》言儒、墨之流别甚晰。又有《解老》、《喻老》之作。其于法家者流，如商鞅、申不害、慎到之徒，又皆用其长而救其所不足。故吾谓法家至非而集大成。儒、道、名、墨亦至非而冶一炉。若非者，亦才士也夫！

第十三章　秦灭古学

春秋以来，百家蜂起。及秦混一天下，遂有焚书坑儒之祸。旧时学术，一时斩焉中绝。窃尝考秦灭古之故，盖有数端。而其是非，亦有可得而论者。秦本僻在西戎，不与中邦之文教。襄公之后，徙居岐丰之地，渐与诸国往来。然史称文公十三年，初有史以纪事（《史记·秦本纪》）。则其时之草昧未尽开也。即其后之强，亦率以用客卿之故。秦土未始有杰出之人。统观战国以至秦始称帝，秦人之好士尚文艺者，惟有一吕不韦。而不韦本阳翟（阳翟属韩）人。且其所著书，亦类书之体，不足当一家之说。秦既素不知学，其视诸家之存废，固不足以措意。此其忍于焚书者，一也。秦之强霸，独得法治之力，而法家之意，惟知近功。故商君谓："明君修政作壹，去无用，止浮学事淫之民。"又谓："说者成伍，烦言饰辞，而无实用。"固以为法令之外，皆可废绝。故异时既焚百家之学，犹曰："欲学法令，以吏为师。"（见《史记·始皇本纪》）盖汉之罢黜百家，所以尊儒；而秦之焚书坑儒，则以申法。此其忍于灭古者，二也。称帝之后，所为多不师古。而学者以其所闻，时相訾议，不能不疑乱天下。故李斯曰："古者天下散乱，莫之能一。是以诸侯并作，语皆道古以害今，饰虚言以乱实。人善其所私学，以非上之所建立。今皇帝并有天下，别黑白，而定一尊。而私学相与非法教（“而”字本在“学”字下，以意移上），人闻令下，则各以其学议之。入则心非，出则巷议，夸主以为名，异取（同趣）以为高，率群下以造谤。如此弗禁，则主势降于上，党与成乎下。”（同上）当时是古而非今者，以儒者为盛，故儒之罹祸最酷。既禁藏《诗》、《书》百家语，又曰：“有敢偶语《诗》、《书》者，弃市。以古非今者，族。”（同上）盖其视儒者之道仁义，称先生，皆将不利于政本。此其忍于灭古者，三也。然其先亦尝重用诸家之士矣。《汉书》：秦博士之官员，多至数十人，掌通古今。（见《百官表》）今见于《艺文志》者，儒家有《羊子》四篇，凡书百章，名家有《黄公》四篇，皆秦博士。而仆射周青臣用面谀，面斥其过，以致成焚书之衅者，则博士淳于越也。始皇东行郡县，上泰山，登之罘，议刻石颂秦德，议封禅望祭山川，皆与鲁诸儒生俱。故其自言，亦曰：“吾召文学方术士甚众，欲以兴太平。”（《始皇本纪》）徒以诸生非议法令，不当其意。又卢生诽谤而逃之。遂一怒而坑者四百六十余人。亦酷已！然吾以为当时之士，即亦不能无过。不通时变之宜，好执古以非今，一也。奸利相告，不惜自溃，二也。侯生、卢生，皆类知道者，而乃为始皇求仙药，终亦不验，三也。盖自百家争鸣以来，尊已抑人，已成风气，而又昧于道术之全，不明损益之为用，骛空谈而遗实际，以是言多失中，往往缪盭于理。其好怪异者，更益之以神仙之说，易老聃长生久视之道，而为海上不死之方。此虽无始皇之焚坑，其亦不能不自隳灭矣。且当天下分裂，忧时之士，各出其所尚，以救当世之急。此譬之人有疑难之症，为之子者，奇方异术，无所不搜。及夫六国既破，海内统一，曩时所持以应世者，已无所用。此譬之病起人愈，虽有良药，亦将斥去。故百家之传，至秦而绝。犹王官六艺之学，至春秋、战国而分。斯二者，皆势之所必然，非人力所得而为也。而昧者不察，专以灭古为秦之罪。或以为百家之废，后世学术遂不如古。此岂为明于当时之势，与古今之变者哉！

第二编　中古哲学史

第一章　两汉儒学之盛

秦之焚书，惟儒生受祸最酷。故及秦之乱而陈涉起，鲁诸儒乃持孔氏之礼器归之。孔甲为秦少傅，会李斯议焚书，亡去。至是，亦归涉为博士，卒与俱败死。太史公曰："陈涉起匹夫，驱瓦合适（同谪）戍，旬月以王楚。不满半岁，竟灭亡。其事至微浅。然而搢绅先生之徒，负孔子礼器，往委质为臣者，何也？以秦焚其业，积怨而发愤于陈王也。"（《史记·儒林传》）当百家并争，如申不害、商鞅法术之士，既得志于韩、秦；而纵横家之苏秦、张仪，阴阳家之邹衍，亦以其口辩，奔走天下之王侯，致身富贵。而儒者独与世凿枘，未尝得凭权势而有所为，可谓穷矣。然而及六国之灭，信儒术者益众。韩非以儒与墨为当时之显学，而一则曰："行仁义者非所誉，誉之则害功。"再则曰："工文学者非所用，用之则害法。"（《五蠹》）即其力攻仁义文学，知其时为仁义文学者之多也。及始皇坑儒生于咸阳，长子扶苏谏曰："天下初定，远方黔首未集。诸生皆诵法孔子。今上重法绳之，臣恐天下不安。"（《史记·始皇本纪》）夫以杀儒生数百人而至虑及天下不安，非儒之重于天下者然乎？是故以汉高之不好儒，见辄解其冠，溲溺其中（《汉书·郦食其传》）。而行过鲁，即不得不以太牢祠孔子（《汉书·高帝本纪》）。鲁为项羽守，当围城之中，而诸儒讲诵，习礼乐，弦歌之音不绝，即不得不为之叹息(《汉书·儒林传》)。其于陆生马上不足以治天下之对，而为之有所惭色者(《汉书·陆贾传》)。盖渐渍于儒说，非一日矣。既即帝位，用叔孙通制朝仪，张苍定律令。是二人者，皆秦博士，故儒生也。及孝惠四年，遂除挟书之禁。孝文帝立，欲广游学之路。于是《论语》、《孝经》、《孟子》、《尔雅》皆置博士。是时民间藏书渐出，而贾生方日以仁义之说，陈于天子之前。(《贾谊传》)虽曰公卿皆武力功臣，薄太后又好黄老术，皆不知重儒。然儒术之兴，有不待武帝之表章六经，而已决知者矣。盖自七国之世，儒之道虽不见用，儒之说则深中于人心。孟子曰："仁言不如仁声之入人深也，善政不如善教之得民也。"故语近功，则儒不及百家；而言长效，则百家不及儒。此儒之得兴于汉者，一也。秦尚首功而弃礼义，其效至于富强，而其弊则至于君臣父子不相顾。故荀卿所以策秦者，曰："力术止，义术行。"(《荀子·强国》)秦终不悟，遂以亡其社稷。于时贾生论秦，亦推言其过，在于仁义不施(《过秦论》)。汉兴，惩秦之亡，故不得不反秦之弊。此儒之得兴于汉者，二也。秦之遇儒至虐，故儒之处境至苦。而惟其处境之苦，乃以成其自守之坚。秦禁偶语《诗》、《书》，而伏生之《尚书》，即以口授而传，《诗》三百篇，亦以讽诵而得不绝。禁藏《诗》、《书》百家语，令下三十日不烧者，黥为城旦，而异日之古礼逸书，即出于壁中。盖当秦汉之交，儒者之抱残守缺，出入于死生之际者，不知其几何人矣！故三代古籍之存而不失，一皆儒者之力，而他家不与焉。此儒之得兴于汉者，三也。不特此也。自是以后，其校定诸子者，如成、哀时之刘向父子，安帝时之刘珍，顺帝时之伏无忌、黄景，即皆儒者。是不独六艺由儒者而复显，即诸子亦赖儒者而后传。汉以前，儒为九流之一；汉以后，儒为百家之宗。向使无儒，则中国学术之亡久矣，而尚有今日哉！

当武帝时，董仲舒以贤良对策，尊孔氏而抑百家(见《汉书·董仲舒传》)。丞相卫绾，奏所举贤良，或治申、商、韩非、苏秦、张仪之言，乱国政,请皆罢,奏可(《武帝本纪》)。此史所称武帝之表章六经,罢黜百家者也。然观前后《汉书》,杨王孙学黄老之术(《汉书·杨王孙传》),耿况学老子于安丘先生(《后汉书·耿弇传》),矫慎少学黄老(《后汉·逸民传》),则武帝以后,黄老之学犹存也。路温舒学律令,于定国少学法于父(《汉书》各本传),郭躬父弘,习小杜律,躬少传父业讲授,徒众常数百人(《后汉书·躬传》),阳球好申韩之学(《球传》),则武帝以后,申、韩刑名之学犹存也。不独此也。主父偃学长短纵横术,著书二十八篇,与邹阳、徐乐、严安、聊苍所著之书,皆见于《艺文志》,是汉有苏、张纵横之学矣。田蚡学《盘盂书》,为杂家,而《淮南》内外篇,与东方朔所著书,亦见于《志》,是汉有杂家之学矣。不过国家以五经立学,缘是而经术特盛,其显名于时者,又彬彬皆儒学之臣,百家遂不能不瞠乎其后矣。抑吾观董仲舒,以春秋灾异,推阴阳所以错行(本传),高相专说阴阳灾异(《汉书·儒林传》),京房长于灾变,翼奉好律历阴阳之占(《汉书》各本传),则儒之中有阴阳矣。董君(即仲舒)以春秋决事比,张汤决大狱,欲傅古义,乃请博士弟子治《尚书》、《春秋》,补廷尉史,平亭疑法(《汉书·汤传》),则儒之中有法矣。刘向有《说老子》四篇(《艺文志》),则儒之中有道矣。是故诸葛亮以申、韩教太子禅(《三国志·亮传》),未尝谓亮为法家而非儒也;范升习《老子》教授诸生(《后汉书·升传》),未尝谓升为道家而非儒也。盖自汉以来,儒者不必皆治道德、名、法,而治名、法、道德,则无不儒者。故吾谓汉以前,儒为九流之一;汉以后,儒为百家之宗者,此也。

儒既汇众流而为一,而儒之道乃益大。然《汉志》九家,惟阴阳之言为最诞。虽五德终始之说,亦见于《大戴记》,而史公《五帝本纪》即言:"宰予问五帝德,及帝系姓,儒者或不传。"则其言孔子所传者,固未可信矣。司马谈学天官于唐都,而论六家要旨,则谓:"阴阳之术,大祥而众忌讳,使人拘而多所畏。"(见《史记·太史公自序》)刘歆以阴阳为出古羲和之官(《汉书·艺文志》)。以今考之,殆古巫祝之遗也。邹衍之书，四十九篇；又《终始》，五十六篇（见《艺文志》），皆佚。然《吕氏春秋·应同篇》犹存其说。曰："凡帝王之将兴也，天必先见祥乎下民。黄帝之时，天先见大螾、大蚁。黄帝曰：'土气胜。'土气胜，故其色尚黄，其事则土。及禹之时，天先见草木秋冬不杀。禹曰：'木气胜。'木气胜，故其色尚青，其事则木。及汤之时，天先见金刃生于水。汤曰：'金气胜。'金气胜，故其色尚白，其事则金。及文王之时，天先见火，赤乌衔丹书集于周社。文王曰：'火气胜。'火气胜，故其色尚赤，其事则火。火者必将水，天且先见水气胜。水气胜，故其色尚黑，其事则水。"可谓怪迂者矣。而汉兴，贾生首谋改正朔，易服色，悉草具其事仪法，色尚黄，数用五（《史记·贾谊列传》），盖本阴阳终始之理。自是以后，儒者莫不通阴阳之学。而刘向为《洪范五行传》，儒与阴阳，一合遂不可分。窃考箕子为武王陈洪范（《尚书》）：初一，曰五行；次二，曰敬用五事；次三，曰农用八政；次四，曰协用五纪；次五，曰建用皇极；次六，曰乂用三德；次七，曰明用稽疑；次八，曰念用庶征；次九，曰向用五福，威用六极。以五行与五事八政并列，未尝举一切而以五行配之也。且五事、五纪、庶征、五福，其数皆五。固与五行配矣。而八政则八、皇极则一、三德则三、稽疑则七、六极则六，五行何以配之？《荀子·非十二子篇》，斥子思、孟子"案往旧造说，谓之五行"。而《孟子》七篇今具存，无有道及五行者。且论《书》则曰："尽信《书》，不如无《书》。"《书》之有者，不肯尽信，况肯为《书》之所无者乎？荀子之言，殆非其实。不然，则妄者为之，而托于子思、孟子。荀子未察，乃以为二贤罪耳。顾荀子亦儒家，荀子而不取五行，即五行不出于儒，明矣。荀子曰："夫日月之有蚀，风雨之不时，怪星之党见，是无世而不常有之。上明而政平，则是虽并世起，无伤也。上暗而政险，则是虽无一至者，无益也。"又曰："夫星之队，木之鸣，是天地之变，阴阳之化，物之罕至者也。怪之，可也；而畏之，非也。"（并《天论》）而汉儒则以为休咎之征，与政事之得失相应。如京房，以日月失明，星辰逆行，所有灾异，皆由于信任石显。

翼奉，以山崩地动，由于二后之党满朝（见《汉书》各本传）。并言："人气内逆，则感动天地。天变见于星气日蚀，地变见于奇物震动。所以然者，阳用其精，阴用其形，犹人之有五藏六体。五藏象天，六体象地。故藏病则气色发于面，体病则欠申动于貌。"（《翼奉传》）此与万物之怪书不说者，盖大异矣（万物之怪书不说，荀子《天论》语）。降至哀、平之际，谶纬流行。光武绍复旧物，亦以赤符自累。至正五经章句，皆命从谶。于是以阴阳穿凿说理，以图纬附会征信。始之阴阳折入于儒者，终乃儒为阴阳所夺。以郑康成（玄）东汉大儒，而解经时取诸纬，又为诸纬作法，其他又何说乎？当谶记盛时，桓谭独以非谶见放。今观其言曰："凡人情忽于见事，而贵于异闻。观先王之所记述，咸以信义正道为本，非有奇怪虚诞之事。今诸巧慧小才伎数之人，增益图书，矫称谶记，以欺惑贪邪，诖误人主。其事虽有时合，譬犹卜数只偶之类。"又曰："谶出河图、洛书，但有朕兆，而不可知。后人妄复加增依托，称自孔子，误之甚也。"（《后汉书·桓谭传》）其后张衡亦言："谶者，虚伪之徒以要世取资，或复采前世成事，以为证验。譬犹画工恶图犬马，而好作鬼魅。诚以实事难形，而虚伪不穷也。"（《衡传》）夫罔人者其害小，而贼理者其害大。以阴阳谶纬言学，而学乃不得不晦矣。是故儒术之盛，汉儒之功；而阴阳谶纬之行，亦汉人之罪。

第二章　贾　　生

汉初以《诗》、《书》进说者，首陆贾。然观其使尉佗事，颇似纵横家所为。今犹传陆贾《新语》，而多肤廓不切，与史称"每奏一篇，高帝未尝不称善"者不类。又《汉志》有"平原君(朱建)七篇"，"刘敬三篇"，皆与贾同时，而书并佚。故言汉之儒者，自贾生始。生，洛阳人，名谊。尝从张苍受《左氏春秋》。苍，故秦博士也。谊年十八，以能诵《诗》、《书》属文称于郡中。河南守吴公，闻其秀才，召置门下。文帝初立，闻河南守吴公治平第一，故与李斯同邑，而尝学事焉。征以为廷尉。廷尉乃言，谊年少，颇通诸家之书。文帝召以为博士。是时贾生年二十余，最少。每诏令议下，诸老先生未能言，贾生尽为之对，人人各如其意所欲出。诸生于是乃以贾生为能。文帝说之。一岁之中，超迁至大中大夫。于是天子议以谊任公卿之位。绛、灌、东阳侯、冯敬之属，尽害之(绛，绛侯周勃；灌，灌将军婴；东阳侯，张相如也)。乃毁谊曰："洛阳之人，年少初学，专欲擅权，纷乱诸事。"于是帝亦疏之，不用其议。以为长沙王太傅。久之，文帝征贾生入见，因感问鬼神之事。至夜半，前席。既罢，曰："吾久不见贾生，自以为过之，今不及也。"然终莫能用。拜为梁怀王太傅。后怀王堕马死。贾生自伤为傅无状，岁余亦死。年三十三。《汉志》其书五十八篇。今所传《新书》五十六篇。所为《过秦论》、《治安策》,世多知之者。《治安策》虽不见用,然其后诸侯推恩分封子弟,卒如生言。故刘向称"其通达国体,虽古之伊、管,未能远过",而遭时不录,竟以忧死。惜哉!

一　道术

贾生之说,莫精于论道术之分。盖合儒、道两家而一之者也。其言曰:"'数闻道之名矣,而未知其实也。请问道者何谓也?'对曰:'道者,所从接物也。其本者谓之虚,其末者谓之术。虚者,言其精微也,平素而无设施也。术也者,所从制物也,动静之数也。凡此皆道也。'曰:'请问虚之接物何如?'对曰:'镜仪而居,无执不臧;美恶毕至,各得其当。衡虚无私,平静而处;轻重毕悬,各得其所。明主者,南面而正,清虚而静,令名自宣,命物自定。如鉴之应,如衡之称,有亹和之,有端随之。物鞠其极,而以当施之。此虚之接物也。'"是即老子所谓:"我无为而民自化,我好静而民自正。"庄子所谓:"至人之用心若镜。不将不迎,应而不藏。故能胜物而不伤也。"(《应帝王》)"曰:'请问术之接物何如?'对曰:'人主仁,而境内和矣,故其士民莫弗亲也。人主义,而境内理矣,故其士民莫弗顺也。人主有礼,而境内肃矣,故其士民莫弗敬也。人主有信,而境内贞矣,故其士民莫弗信也。人主公,而境内服矣,故其士民莫弗戴也。人主法,而境内轨矣,故其士民莫弗辅也。举贤则民化善,使能则官职治。英俊在位,则主尊;羽翼胜任,则名显。操德而固,则威立;教顺而必,则令行。周听,则不蔽;稽验,则不惶。明好恶,则民心化;密事端,则人主神。术者,接物之队(同遂)。凡权重者,必谨于事;令行者,必谨于言。则过败鲜矣。此术之接物之道也。'"(以上皆《新书·道术》)是即孔子所谓:"政者正也。子帅以正,孰敢不正?”荀子所谓:“原清则流清,原浊则流浊。上好礼义,尚贤使能,无贪利之心,则下亦将綦辞让,致忠信,而谨于臣子也。”(《君道》)贾生之言术,与法家之言术异。法家之言术,不欲以好恶示人。故曰:“去好去恶,群臣见素。”(见前)贾生之言术,欲以好恶公之天下。故曰:“明好恶则民心化。”此儒之与法之大不同也。而史公乃谓贾生明申、韩,疑非其实矣。

二　六理

贾生之说,尤有与道家相似者。其言德有六理,曰:“道、德、性、神、明、命,此六者,德之理也。六理无不生也。已生,而六理存乎所生之内。”(《六术》)何谓道?曰:“道者无形。”曰:“未变者,道之颂(同容)也。”曰:“变及诸生之理,皆道之化也。”(《道德说》)此庄子所云“一之所起,有一而未形”者也。何谓德?曰:“道冰(同凝)而为德。”曰:“德者离无而之有。”曰:“道虽神,必载于德,而颂乃有所因以发动变化而为变。”(同上)此庄子所云“物得以生谓之德”者也。何谓性?曰:“性者,道德造物,物有形,而道德之神专(同抟)而为一气。”曰:“性,神气之所会也。”曰:“性立,则神气晓晓然发而通行于外矣。”(同上)此庄子所云“形体保神,各有仪则,谓之性”者也。何谓神?曰:“神者,道德神气发于性也。”曰:“物理及诸变之起,皆神之所化也。”何谓明?曰:“明者,神气在内,则无光而为知,明则有辉于外矣。”曰:“光辉之谓明。”曰:“明生识,而通之以知。”此庄子所云“立之本原,而知通于神”者也。何谓命?曰:“命者,物皆得道德之施以生,则泽润性气神明,及形体之位分数度,各有极量指奏矣。此皆所受其道德,非以嗜欲取舍然也。其受此具也,呰然有定矣,不可得辞也。故曰命。”曰:“命者,不得毋生。生则有形,形而道德性神明因载于物形故呰坚,谓之命。”(并同上）此庄子所云“未形者有分，且然无间，谓之命”者也（庄子语并见《天地篇》）。先乎性以道德，明性之所受也。继之以神明，明性之用也。终之以命，明性之有定也。此贾生言性之精也。而曰：“阴阳天地人，尽以六理为内度。是以阴阳各有六月之节，天地有六合之事，人有仁义礼智信之行。行和则乐兴，乐兴则六。此之谓六行。”（《六术》）则又与儒者之言合。又曰：“人虽有六行，微细难识。唯先王能审之。凡人弗能自至。是故必待先王之教，乃知所从事。”（同上）此与荀子谓“圣人积思虑，习伪故，以生礼义而起法度。必待圣王之治，礼义之化，然后皆出于治，合于善”（见《性恶篇》），更无以异。故荀子重礼，谓食饮、衣服、居处、动静无一可不由礼（《修身》，已见前），而贾生亦曰：“动有文体谓之礼，反礼为滥。容服有义谓之仪，反仪为诡。”（《道术》）且制为《容经》，立坐行趋，莫不有容。曰：“立而跂，坐而蹁，体怠懈，志骄傲，趯视数顾，容色不比，动静不以度，妄欬唾，疾言嗟气不顺，皆禁也。”盖儒本出于道。惟道家多从先天立论，儒家多从后天立论。从先天立论，故曰：“天法道，道法自然。”从后天立论，故曰：“下学而上达，知我者其天乎？”先天者，本体也；后天者，工夫也。以本体而赅工夫，过之者，或不免堕于空虚，此老庄之所以难学也。以工夫而造本体，不及者，犹能循其涂辙，此孔孟之所以无弊也。吾观于贾生之书，而知汉初之学之犹近古也。

三　早谕教与胎教

贾生于儒，实与荀子为近。惟未尝言性恶耳。其曰：“胡越之人，生而同声，嗜欲不异。及其长而成俗也，累数译而不能相通行，有虽死而不相为者，则教习然也。”（《保傅》）即荀子《劝学篇》意。惟视习尤重于性。故《治安策》极陈天下之命县于太子，太子之善，在于蚤谕教与选左右。曰:“殷为天子二十余世,而周受之。周为天子三十余世,而秦受之。秦为天子二世而亡。人性非甚相远也,何殷、周之君有道之长,而秦无道之暴也?其故可知也。古之王者,太子初生,固举以礼,使士负之。有司齐肃端冕,见之南郊,见于天也。过阙则下,过庙则趋,孝子之道也。故自为赤子,而教固已行矣。昔者周成王幼,在襁褓之中,召公为太保,周公为太傅,太公为太师。保,保其身体;傅,傅之德义;师,道之教训。三公之职也。于是为置三少,皆上大夫也。曰少保、少傅、少师。是与太子燕者也。故孩提有识,三公、三少,因明孝仁礼义,以道习之。逐去邪人,不使见恶行。于是皆选天下之端士,孝弟博闻有道术者,以卫翼之,使与太子居处出入。故太子初生而见正事,闻正言,行正道。左右前后,皆正人也。习与正人居之不能无正也,犹生长于齐之不能不齐言也;习与不正人居之不能无不正也,犹生长于楚之不能不楚言也。故择其所嗜,必先受业,乃得尝之;择其所乐,必先有习,乃得为之。孔子曰:‘少成若天性,习惯如自然。’是殷、周之所以长有道也。及秦而不然。其俗固非贵辞让也,所上者告讦也;固非贵礼义也,所上者刑罚也。使赵高傅胡亥而教之狱,所习者非斩劓人,则夷人之三族也。故今日即位,明日射人。忠谏者,谓之诽谤;深为之计者,谓之妖言。其视杀人,若艾草菅然。岂胡亥之性不善哉?其所以道之者,非理故也。夫存亡之反,治乱之机,其要在是矣。”且孟子言政,必首曰格君心之非。贾生言政,必首曰早谕教太子。此在天下为家、君主世及之世,固为能推见为治之本原者矣。然贾生又不仅言教太子然也,其言教常人亦然。曰:“古者,年九岁入就小学,蹍小节焉,业小道焉。束发就大学,蹍大节焉,业大道焉。是以邪放非辟无由入之焉。谚曰:‘君子重袭,小人无由入。正人十倍,邪辟无由来。’古之人其谨于所近乎?”(《容经》)又不仅言谕教之宜早也,更进而言胎教之要。曰:“谨为子孙婚妻嫁女,必择孝悌世世有行义者。如是,则其子孙慈孝,不敢淫暴。”曰:“青史氏之记(《汉志》小说家有“青史子五十七篇”，注曰“古史官记事也”）曰：‘古者胎教之道，王后有身七月而就宴室（本作蒌室，从《大戴礼》改），太师持铜而御户左，太宰持斗而御户右，太卜持蓍龟而御堂下，诸官皆以其职御于门内。比三月者，王后所求声音，非礼乐，则太师抚乐而称不习；所求滋味者，非正味，则太宰荷斗而不敢煎调，而曰不敢以待王太子。’”曰：“周妃后妊成王于身，立而不跛，坐而不差，笑而不喧，独处不倨，虽怒不骂，胎教之谓也。”（并《胎教》）盖贾生言性，虽本之道德，而亦不认其可以自善。故曰：“似练丝，染之蓝则青，染之缁则黑。”（《连语》）以为人之善恶，惟教实操其柄。而教必施之于豫。故由蚤谕教，更推之于胎教，而其说益密矣。至其曰：“有上主者，有中主者，有下主者。上主者，可引而上，不可引而下；下主者，可以引而下，不可引而上；中主者，可引而上，可引而下。”（同上）虽分三等，而实取中者为论，不得疑其有类于告子也。

第三章　董仲舒

董子，名仲舒。广川人。景帝时，以治《春秋》为博士。下帷讲诵，弟子传(同转)以久次相受业，或莫见其面，盖三年。进退容止，非礼不行。学士皆师尊之。武帝元光元年，以贤良对策。天子异焉，至于三策之。以为江都相，复相胶西王。及去位归居，终不问家人产业，修学著书为事。以寿终于家。当仲舒在家，朝廷有大议，使使者就其家问之。其对皆有明法。自武帝初立，魏其、武安侯(田蚡)为相，而隆儒矣。及仲舒对策，推明孔氏，抑黜百家。立学校之官，州郡举茂才、孝廉，皆自仲舒发之。其言："天不变，道亦不变。王者任德，而不任刑。与仁人者，正其谊不谋其利，明其道不计其功。"(并见《贤良策》)粹然皆儒者之言。惟以《春秋》灾异之变，推阴阳所以错行。以为求雨闭诸阳、纵诸阴，止雨反是。汉儒之援阴阳入儒，实自仲舒始。而卒以所为灾异之记有刺讥，几死，则不能无讥焉。《汉书·仲舒传》称："仲舒所著明经术之意，及上疏条教凡百二十三篇。而说《春秋》事得失，《闻举》、《玉杯》、《蕃露》、《清明》、《竹林》之属，复数十篇。"今传《春秋繁露》八十二篇，而阙文者三篇，实七十九篇。然以《汉书》观之，《玉杯》、《繁露》似各自为篇，而今以《繁露》名书，疑出后人掇拾，篇第有非其旧者矣。

一　天人合一说

董子之学之精，在其天人合一之说。曰："为生不能为人，为人者天也。人之人本于天，天亦人之曾祖父也。此人之所以乃上类天也。人之形体，化天数而成。人之血气，化天志而仁。人之德行，化天理而义。人之好恶，化天之暖清。人之喜怒，化天之寒暑。人之受命，化天之四时。人生有喜怒哀乐之答，春秋冬夏之谓也。喜，春之答也。怒，秋之答也。乐，夏之答也。哀，冬之答也。天之副在乎人，人之情性，有由天者矣。"(《为人者天篇》)又曰："天地之精，所以生物者，莫贵于人。人受命乎天也，故超然有以倚。物疢疾，莫能为仁义，唯人独能为仁义；物疢疾，莫能偶天地，唯人独能偶天地。人有三百六十节，偶天之数也。形体骨肉，偶地之厚也。上有耳目聪明，日月之象也。体有空窍理脉，川谷之象也。心有哀乐喜怒，神气之类也。观人之体，一何高物之甚而类于天也。物旁折取天之阴阳以生活耳，而人事烂然有其文理。是故凡物之形，莫不伏从旁折天地而行。人独题直立端尚，正正当之。是故所取天地少者，旁折之；所取天地多者，正当之。此见人之绝于物而参天地。"(《人副天数篇》)又曰："身犹天也。数与之相参，故命与之相连也。天以终岁之数，成人之身。故小节三百六十六，副日数也。大节十二，副月数也。内有五藏，副五行数也。外有四肢，副四时数也。乍视乍瞑，副昼夜也。乍刚乍柔，副冬夏也。乍哀乍乐，副阴阳也。心有计虑，副度数也。行有伦理，副天地也。此皆暗肤(同附)著身，与人俱生，比而偶之，弇合。于其可数也，副数。不可数者，副类。皆当同而副天，一也。是故陈其有形，以著其无形者；拘其可数，以著其不可数者。以此言道之，亦宜以类相应。犹其形也，以数相中也。"(同上)其言人之本于天如此。惟本于天，故不可不循天之道、如天之为。其言曰："君子法乎其所贵。天地之经，生至东方之中而所生大，养至西方之中而所养大成。一岁四起业，而必于中。中之所为，而必就于和。故曰：和其要也。和者天（天下当有地字）之正也，阴阳之半也。其气最良，物之所生也。诚择其和者以为，大得天地之奉也。天地之道，虽有不和者，必归之于和，而所为有功；虽有不中者，必止之于中，而所为不失。是故阳之所行，始于北方之中，而止于南方之中。阴之所行，始于南方之中，而止于北方之中。阴阳之道不同，至于盛，而皆止于中，其所起始，皆必于中。中者，天地之大极也，日月之所至而却也。长短之隆，不得过中，天地之制也。兼和与不和，中与不中，而时用之，尽以为功。是故时无不时者，天地之道也。顺天之道者，节天之制也（旧作节者，以意乙改）。阳者，天之宽也。阴者，天之急也。中者，天之用也。和者，天之功也。举天地之道而美于和，是故物生皆贵气而迎养之。孟子曰：'我善养吾浩然之气者也。'谓行必终礼，而心自喜，常以阳得生其意也。泰实则气不通，泰虚则气不足。热胜则气□，寒胜则气□。泰劳则气不入，泰佚则气宛（读郁）至。怒则气高，喜则气散。忧则气狂，惧则气慑。凡此十者，气之害也，而皆生于不中和。故君子怒则反中而自说以和，喜则反中而收之以正，忧则反中而舒之以意，惧则反中而实之以精。气不伤于以盛通，而伤于不时天并。不与阴阳俱往来，谓之不时。恣其欲而不顾天数，谓之天并。君子治身，不敢违天。天气之于人，重于衣食。衣食尽，尚犹有间；气尽，而立终。故养生之大者，乃在爱气。气从神而成，神从意而出。心之所之，谓意。意劳者神扰，神扰者气少，气少者难久矣。故君子闲欲止恶以平意，平意以静神，静神以养气。气多而治，则养身之大者得矣。"（《循天之道篇》，有节文）又曰："春修仁而求善，秋修义而求恶，冬修刑而致清，夏修德而致宽。此所以顺天地，体阴阳。然而方求善之时，见恶而不释；方求恶之时，见善亦立行；方致清之时，见大善，亦立举之；方致宽之时，见大恶，亦立去之。以效天地之方生之时有杀也，方杀之时有生也。是故志意随天地，缓急仿阴阳，然而人事之宜行者，无所郁滞。且恕于人，顺于天，天人之道兼举，此谓执其中。”（《如天之为篇》）又曰：“天地之间，有阴阳之气常渐人者，若水常渐鱼也。所以异于水者，可见与不可见耳。其澹澹也。人常渐是澹澹之中，而以治乱之气与之流通相殽也。故人气调和而天地之化美。”（同上，有节文）《易传》言：“圣人之作《易》也，将以顺性命之理。是以立天之道，曰阴与阳；立地之道，曰柔与刚；立人之道，曰仁与义。”史不言仲舒通《易》，然观其所言，抑何与《易》理之相合也！吾以为仲舒之明阴阳，惟此言中和养气，通于道家，而与儒者之旨不悖。若其推以广说万事，至谓：“王者与臣无礼，貌不肃敬，则木不曲直，而夏多暴风；言不从，则金不从革，而秋多霹雳；视不明，则火不炎上，而秋多电；听不聪，则水不润下，而春夏多暴雨；心不能容，则稼穑不成，而秋多雷。”（《五行五事篇》）此阴阳家之瞽说，吾所不取，故不赘述焉。

二　性

董子言性，亦与荀子为近。贾生学《左氏春秋》于张苍，苍受之于荀子。董子治《公羊春秋》，而《公羊春秋》亦荀子所传（清汪中《荀子通论》考证甚详）。故刘向谓仲舒作书美荀卿。要之贾、董之学，皆出于荀子，为无疑也。董子之言曰：“今世暗于性，言之者不同。胡不试反性之名？性之名，非生与？如其生之自然之资，谓之性。性者，质也。诘性之质于善之名，能中之与（同欤）？既不能中矣，而尚谓之质善，何哉！性之名不得离质，离质如毛，则非性已。不可不察也。”（《深察名号篇》）又曰：“或曰：‘性也善。’或曰：‘性未善。’则所谓善者，各异意也。性有善端，动之爱父母，善于禽兽，则谓之善。此孟子之善。循三纲五纪，通八端之理，忠心而博爱，敦厚而好礼，乃可谓善。此圣人之善也。是故孔子曰:‘善人吾不得而见之,得见有恒者斯可矣。’由是观之,圣人之所谓善,未易当也。非善于禽兽则谓之善也。使动其端,善于禽兽,则可谓之善,善奚为弗见也?夫善于禽兽之未得为善也,犹知于草木而不得名知。万民之性,善于禽兽,而不得名善。善(旧作知,以意改正)之名乃取之圣。圣人之所命,天下以为正。正朝夕者视北辰,正嫌疑者视圣人。圣人以为无王之世,不教之民,莫能当善。善之难当如此。而谓万民之性,皆能当之,过矣。质于禽兽之性,则万民之性善矣。质于人道之善,则民性弗及也。”(同上)董子不从性善之说,非近于荀子乎?然与荀子亦有不同。贾生谓:“凡人弗能自至。必待先王之教,乃知所从事。”(《新书·六术》)与荀子同。而言人生而有仁义礼知信和(同上,已见前),则与荀子异。董子亦然。其言性不得谓善,与荀子同。而谓善出于性,则与荀子异。其言曰:“性比禾,善比于米。米出禾中,而禾未可全为米也。善出性中,而性未可全为善也。善与米,人之所继天而成于外,非在天所为之内也。天之所为,有所至而止。止之内,谓之天性;止之外,谓之人事。事在性外,而性不得不成德。”又曰:“性有似目。目卧,幽而瞑,待觉而后见。当其未觉,可谓有见质,而不可谓见。今万民之性,有其质而未能觉。譬如瞑者待觉,教之然后善。当其未觉,可谓有善质,而不可谓善。与目之瞑而觉,一概之比也。”又曰:“性如茧、如卵。卵待覆而为雏,茧待缫而为丝,性待教而为善。此之谓真天。天生民,性有善质,而未能善。于是为之立王以教之。此天意也。民受未能善之性于天,而退受成性之教于王。王承天意以成民之性为任者也。”(以上皆《深察名号篇》)曰善出性中,曰性有善质,是虽不以性为善,而亦未尝谓性为恶也。盖董子之说,一本之阴阳。天不能有阴而无阳,人性即不能有恶而无善。故其言亦曰:“柾众恶于内,弗使得发于外者,心也。故心之为名柾也。人之受气,苟无恶者,心何柾哉!吾以心之名得人之诚,人之诚有贪有仁。仁贪之气,两在于身。身之名取诸天,天两有阴阳之施,身亦两有贪仁之性。天有阴阳禁，身有情欲栣，与天道一也。"（同上）惟以性为兼有贪与仁，故不认性为纯恶；而亦惟以性为兼有贪与仁，故不谓性为能自善。然荀子不亦云乎："义与利者，人之所两有也。虽尧舜，不能去民之欲利。然而能使其欲利，不克其好义也。虽桀纣，亦不能去民之好义。然而能使其好义，不胜其欲利也。"（《大略》）即荀子亦不能定言人性之有恶而无善。故吾曩于孟、荀之言性，而谓其说虽殊，其意可以相通。观于贾生、董子之书，乃益信古人之或取于此，或取于彼，意皆各有所为。若必执其一而强分之，岂为能知言者之意者乎！

三　仁义

董子以阴阳言性，亦以阴阳言善。故或仁智并言，或仁义并言。曰："仁而不智，则爱而不别也；智而不仁，则知而不为也。"（《必仁且知篇》）曰："春秋之所治，人与我也。所以治人与我者，仁与义也。以仁安人，以义正我，故仁之为言人也，义之为言我也。"（《仁义法》）而尤莫精于以人我言仁义之分。其言曰："仁之法在爱人，不在爱我；义之法在正我，不在正人。我不自正，虽能正人，弗予为义；人不被其爱，虽厚自爱，不予为仁。"曰："夫我无之，求诸人；我有之，而诽诸人。人之所不能受也。其理逆矣，何可为义！义者，谓宜在我者，宜在我者而后可以称义。故言义者，合我与宜以为一言。以此操之，义之为言我也。故曰：有为而得义者，谓之自得；有为而失义者，谓之自失。人好义者，谓之自好；人不好义者，谓之不自好。以此参之，义我也，明矣，是义与仁殊。仁谓往，义谓来；仁大远，义大近。爱在人谓之仁，宜在我谓之义。仁主人，义主我也。故曰仁者人也，义者我也。此之谓也。君子求仁义之别，以纪人我之间。然后辨乎内外之分，而著于顺逆之处也。是故内治，反理以正身，据礼以劝福；外治，推恩以广施，宽制以容众。”曰:“‘君子攻其恶不攻人之恶。’(本《论语》孔子语)不攻人之恶,非仁之宽欤?自攻其恶,非义之全欤?此谓之仁造人,义造我,何以异乎!故称其恶谓之情,称人之恶谓之贼。求诸己谓之厚,求诸人谓之薄。自责以备,谓之明;责人以备,谓之惑。是故以自治之节治人,是居上不宽也;以治人之度自治,是为礼不敬也。为礼不敬,则伤行而民弗尊;居上不宽,则伤厚而民弗亲。弗亲则弗信,弗尊则弗敬。仁义之处,可无论乎!”(以上皆《仁义法》)自孟子言仁义,而仁义之言遍天下。然如董子分析若是之明白者,鲜矣!此真醇粹以精之言,深有得于儒之精神命脉者。而世之谈董子者,往往遗之,反纠缠于其阴阳五行之论,谓非弃周鼎而宝康瓠者耶!

第四章　淮南王安 附刘向

《淮南子》者，言淮南王刘安所作。《汉书》曰："淮南王安，为人好书，鼓琴，不喜弋猎狗马驰骋。亦欲以行阴德，拊循百姓，流名誉。招致宾客方术之士数千人，作为内书二十一篇，外书甚众。又有中篇八卷，言神仙黄白之术，亦二十余万言。"(《安》本传)则固非出自一手。《汉志》杂家有"淮南内二十一篇"，"外三十三篇"。师古曰："内篇论道，外篇杂说。"今所传二十一篇，而如《说山》、《说林》等训，皆杂说之类。疑内、外篇已错乱，不尽当时内二十一篇之旧也。其书亦名《鸿烈》，高诱序曰："鸿，大也；烈，明也。以为大明道之书也。"又曰："其义也著，其文也富。物事之类，无所不载。然其大较，归之于道。"而今《原道训》言："大丈夫恬然无思，澹然无虑。天下之事，不可为也。因其自然而推之。"《修务训》又言："自天子以下，至于庶人，四胑不动，思虑不用，事治求澹(通赡)者，未之或闻。"《缪称训》言："上世体道而不德，中世守德而弗怀也，末世绳绳乎唯恐失仁义。"《泰族训》又言："善言归乎可行，善行归乎仁义。仁义者，治之本也。"先后乖迕，不皆道家之言。然当汉时，儒道杂糅，即诸家不免。淮南如是，又无足异也。淮南王安后坐谋反诛，其事甚冤。而世或传其仙去，则固诞妄不足道。

一　原道

淮南之言道，一本于老庄。观其《原道训》，可见也。然亦有发老庄之蕴，而为老庄之所言之而未尽者。曰："所谓无为者，不先物为也。所谓无不为者，因物之所为也。所谓无治者，不易自然也。所谓无不治者，因物之相然也。万物有所生，而独知守其根。百事有所出，而独知守其门。故穷无穷，极无极，照物而不眩，响应而不乏。此之谓天解。故得道者，志弱而事强，心虚而应当。所谓志弱而事强者，柔毳安静。藏于不敢，行于不能，恬然无虑，动不失时，与万物回周旋转，不为先唱，感而应之。所谓其事强者，遭变应卒（同猝），排患扞难，力无不胜，敌无不凌，应化揆时，莫能害之。是故欲刚者，必以柔守之。欲强者，必以弱保之。积于柔则刚，积于弱则强。观其所积，以知祸福之乡。"（《原道训》）老庄只言柔，而淮南则柔刚并言焉。又曰："先唱者，穷之路也；后动者，达之原也。所谓后者，非谓其底滞而不发，凝结而不流，贵其周于数，而合于时也。夫执道理以耦变，先亦制后，后亦制先。是何？则不失其所以制人，人不能制也。时之反侧，间不容息。先之则太过，后之则不逮。夫日回而月周，时不与人游。故圣人不贵尺之璧，而重寸之阴，时难得而易失也。禹之趋时也，履遗而弗取，冠挂而弗顾，非争其先也，而争其得时也。"（同上）老庄只言后，而淮南则先后并言焉。然其言刚者，非异于柔之谓也。柔以成刚，刚之用在柔，柔之道在刚也。其言先者，亦非异于后之谓也。后以处先，先之要在后，后之效在先也。是故得淮南之言，而后老庄尚柔主后之意，乃明。而后为老庄之学者，乃于刚柔先后之间，知所以用而无有失。是则淮南为老庄之功臣也。又其言曰："人生而静，天之性也。感而后动，性之容也。物至而神应，知之动也。知与物接，而好憎生焉。好憎成形，而知诱于外。不能反躬，而天理灭矣。”（此文《小戴·乐记》亦有之，但文稍异）曰：“夫喜怒者，道之邪也。忧乐者，德之失也。好憎者，心之过也。嗜欲者，性之累也。人大怒破阴，大喜坠阳。薄气发瘖，惊怖为狂。忧悲多恚，病乃成积。好憎繁多，祸乃相随。故心不忧乐，德之至也。通而不变，静之至也。嗜欲不载，虚之至也。无所好憎，平之至也。不与物散，粹之至也。能此五者，则通于神明。通于神明者，得其内者也。是故以中制外，百事不废。中能得之，则外能牧之。”（并同上）此与孟子称“养心莫善于寡欲，寡欲不存焉者寡，多欲存焉者寡”合。曰：“夫形者，生之舍也；气者，生之充也；神者，生之制也。形者，非其所安也而处之，则废；气，不当其所充而用之，则泄；神，非其所宜而行之，则昧。”（同上）此与孟子称“持志养气”亦合。吾曩论庄、孟，谓其有极相似处，因以为儒道用有不同，而其于道之本原则无二。观于淮南，而益信吾之所见不妄也。

二　损益

道之运，见于消息。消息之应，在于损益。损益之理，《易》之几也。老子，知《易》者也，故曰：“物或损之而益，或益之而损。”曰：“祸兮福所倚，福者祸所伏。”孔子，知《易》者也，故读《易》至于损益，未尝不喟（同喟）然而叹曰：“损益者，其王者之事欤？”（见《淮南·人间训》，亦见《说苑》、《家语》）夫欲明道，而不通消息损益之故，道未有能明者也。善乎淮南之《人间训》曰：“事或欲以利之，适足以害之；或欲害之，乃反以利之。事或夺之，而反与之；或与之，而反取之。事或为之，适足以败之；或备之，适足以致之。或远之而近，或近之而远。或贪生而反死，或轻死而得生。”反覆于人事倚伏之无常，繁征博引而为之说，可谓深切著明者矣。而其归则仍反之于《易》。曰：“君子终日乾乾，夕惕若厉无咎。终日乾乾，以阳动也；夕惕若厉，以阴息也。因日以动，因夜以息，唯有道者能行之。”曰：“所以贵圣人者，以其能龙变也。”曰：“知天之所为，知人之所行，则有以任于世矣。”非深通于《易》者，能言之乎？今《汉志》，《易》十三家，有“淮南道训二篇”，以为淮南王安聘明《易》者九人所作，号“九师易”。若《人间训》者，亦九师易之流也。且常人惟不知祸福之门，故求福而福愈远，避祸而祸愈至，皇皇然而莫知所以措。此亦人世之大苦也。而观《人间训》所称：“近塞之人，有善术者。马无故亡而入胡，人皆吊之。其父曰：‘此何遽不为福乎？’居数月，其马将胡骏马而归，人皆贺之。其父曰：‘此何遽不能为祸乎？’家富良马(旧作马良，以意乙改)，其子好骑，堕而折其髀。人皆吊之。其父曰：‘此何遽不为福乎？’居一年，胡人大入塞，丁壮者引弦而战，近塞之人，死者十九。此独以跛之故，父子相保。”则祸之为福，福之为祸，岂人之智所可尽测哉！是以《中庸》言“君子居易以俟命”。而庄子亦曰：“知其不可奈何而安之若命。”(《庄子·人间世》)呜呼！此知命之学，儒与道之所共之者也。

三　天文地形

淮南之书，于儒道外，亦杂有阴阳之说。然其言天地生成、人物变化之理，颇有足纪者。《天文训》曰：“天地未形，冯冯翼翼，洞洞灟灟，故曰太始。太始生虚霩，虚霩生宇宙，宇宙生元气。元气有涯垠，清阳者，薄靡而为天；重浊者，凝滞而为地。清妙之合专(同抟)易，重浊之凝竭难，故天先成，而地后定。天地之袭精为阴阳，阴阳之专精为四时，四时之散精为万物。积阳之热气生火，火气之精者为日；积阴之寒气为水，水气之精者为月。日月之淫气精者为星辰。天受日月星辰，地受水潦尘埃。天道曰圆，地道曰方。方者主幽，圆者主明。明者，吐气者也，是故火日外景；幽者，含气者也，是故水月内景。吐气者施，含气者化，是故阳施阴化。天之偏气怒者为风，地之合气和者为雨。阴阳相薄，感而为雷，激而为霆，乱而为雾。阳气胜，则散而为雨露；阴气胜，则凝而为霜雪。”此其言天地之所以生成也。《地形训》曰：“土地各以其类生。是故山气多男，泽气多女，水气多喑，风气多聋，林气多癃，木气多伛，岸下气多尰，石气多力，险阻气多瘿，暑气多夭，寒气多寿，谷气多痹，丘气多尪，衍气多仁，陵气多贪。轻土多利，重土多迟。清水音小，浊水音大，湍水人轻，迟水人重。中土多圣人。皆象其气，皆应其类。”曰：“东方川谷之所注，日月之所出。其人兑（同锐）形小头，隆鼻大口，鸢肩企行，窍通于目，筋气属焉。苍色，主肝。长大，早知，而不寿。其地宜麦，多虎豹。南方阳气之所积，暑湿居之。其人修形兑上，大口决眦，窍通于耳，血脉属焉。赤色，主心。早壮而夭。其地宜稻，多兕象。西方高土，川谷出焉，日月入焉。其人末偻修颈印（同仰）行，窍通于鼻，皮革属焉。白色，主肺。勇敢不仁。其地宜黍，多旄犀。北方幽晦不明，天之所闭也，寒冰之所积也，蛰虫之所伏也。其人翕（读胁）形短颈，大肩下尻，窍通于阴，骨干属焉。黑色，主肾。蠢愚而寿。其地宜菽，多犬马。中央四达，风气之所通，雨露之所会也。其人大面短颐，美须（同鬚）恶肥，窍通于口，肤肉属焉。黄色，主胃。慧圣而好治。其地宜禾，多牛羊及六畜。”此其言人物之所以变化也。考《大戴记·曾子天圆篇》，已有“天道曰圆，地道曰方，火日外景，金水内景”等说，以为曾子之言（《荀子·解蔽》亦有“清明外景，浊明内景”云云）。《易本命篇》亦言：“坚土之人肥，虚土之人大，沙土之人细，息土之人美，耗土之人丑。”而《吕氏春秋》圜道、尽数等篇，说亦略同。意者淮南之论，亦述而非作欤？然而不可考矣。至其说有合有不合，固不得以今日之学术例之。

汉宗室能著书立说者，淮南王安外，有刘向。向字子政，本名更生。事宣、元、成三朝，前后居列大夫官者三十余年。值权在外戚，故卒不至柄用。向所著书，有《洪范五行传》、《说苑》、《新序》、《列女传》等，而《五行传》已佚。大抵其学颇杂阴阳。观其元、成间所上封事，与京房、翼奉盖相类（见《汉书》本传）。然《说苑·反质篇》谓："信鬼神者失谋，信日者失时。"而《敬慎篇》称孔子之言，曰："存亡祸福，皆在己而已。天灾地妖，亦不能杀也。"夫阴阳家舍人事而任鬼神（见《艺文志》），与儒之务民之义、近鬼神而远之者，不同也。而向之论如此，则犹与儒为近。成帝时，向领校中五经秘书。子歆继之，遂传《七略》，班固因以为《艺文志》者也。而《志》有向《说老子》四篇。诸子之书得以不坠者，向之功为多。其后子歆好《左氏春秋》、《毛诗》、《周礼》、《古文尚书》，而古文之学遂显于世。故治汉学者，辄称向父子云。向之说性，见后王充、荀悦章，兹故略焉。

第五章 扬　　雄

扬雄，字子云，蜀人。少而好学，不为章句，训诂通而已。博览无所不见。简易佚荡，口吃不能剧谈，默而好深沉之思。尝好词赋，既而小之，以为壮夫不为也。于是作《太玄》以拟《易》，作《法言》以拟《论语》。然时人皆忽之，惟桓谭（谭字君山，著有《新论》，已佚）以为绝伦。雄以成帝时，游京师，给事黄门，与王莽、刘歆并。哀帝之初，又与董贤同官。成、哀、平间，莽、贤皆为三公，权倾人主，所荐莫不拔擢，而雄三世不徙官。及莽篡位，谈说之士，用符命称功德，获封爵者甚众，雄复不侯。故《汉书》称其不汲汲于富贵，不戚戚于贫贱，用心于内，不求于外（雄本传），非虚言也。雄既死，大司空王邑、纳言严尤谓桓谭曰："子常称扬雄书，岂能传于后世乎？"谭曰："必传。顾君与谭不及见也。凡人贱近而贵远，亲见扬子云禄位容貌不能动人，故轻其书。若使遭遇时君，更阅贤知，为所称善，则必度越诸子矣。"（并见《雄传》）今《法言》十三卷、《太玄》十卷具存。然《玄》文词艰深，不如《法言》之大行也。

一 太玄

《太玄》，拟《易》之书也。《易》以八八为数，故其卦六十有四。《玄》以九九为数，故其首八十有一。《易》卦之爻三，《玄》首之位四，曰方、曰州、曰部、曰家。最上为方，顺而数之至于家。《易》之爻分阴阳，《玄》之位分一二三。方二十七首而转，故有三方；州九而转，故有九州；部三而转，故有二十七部；家一而转，故有八十一家。一为天，二为地，三为人。故有天玄、有地玄、有人玄，各二十七。《玄告》曰："善言天地者以人事，善言人事者以天地。"《玄图》曰："夫玄也者，天道也，地道也，人道也。兼三道而天名之。"是故言天地人则三，而言玄则一也。虽然，所谓玄者何也？《玄摛》曰："仰而视之在乎上，俯而窥之在乎下，企而望之在乎前，弃而忘之在乎后。欲违则不能，默则得其所者，玄也。"又曰："近玄者玄亦近之，远玄者玄亦远之。譬若天，苍苍然在于东面、南面、西面、北面，仰而无不在焉。及其俛（同俯），则不见也。天岂去人哉？人自去也。"盖玄之名，本于老子。老子曰："玄牝之门，是谓天地之根。"而其所以状玄者，曰："迎之不见其首，随之不见其后。"曰："从事于道者，道者同于道；从事于得者，得者同于得；从事于失者，失者同于失。于道者道亦得之，于得者得亦得之，于失者失亦得之。"此扬雄之所本也。然孔子系《易》，亦言："《易》之为书也，不可远；为道也，屡迁。"而颜子之叹孔子，则曰："瞻之在前，忽焉在后，仰之弥高，钻之弥坚。"孔子与老无二，则《易》之与《玄》亦无二也。且《易》之崇高也如天，其卑近也亦如地。其难知者，吉凶之几；而易知者，善恶之应。故《易·系》曰："善不积，不足以成名；恶不积，不足以灭身。"又曰："颜氏之子，其殆庶几乎？有不善，未尝不知；知之，未尝复行也。"而《玄》亦曰："人之所好而不足者，善也；人之所丑而有余者，恶也。君子日强其所不足，而拂其所有余，则玄道之几矣。”然则极深而研几者，其唯《易》与《玄》乎！虽然，《玄》亦有与《易》不同者。《易》言阴阳，而不言五行，而《玄》首有九赞，所以拟《易》之爻辞者也，则以五行配之。故《玄莹》曰：“鸿本五行，九位施重，上下相因，丑在其中。”玄数既以三八为木，四九为金，二七为火，一六为水，五五为土，而赞辞亦象金木水火之形而为之说。是《玄》取意于《易》，取象于《洪范》。以《洪范》言《易》者，盖自雄始矣。

二　法言

子云之学，虽兼孔、老，而作《法言》，则以孔、颜为归。故曰：“有教立道，无心仲尼；有学术（同述）业，无心颜渊。”（《学行》）曰：“山峌之蹊，不可胜由矣；向墙之户，不可胜入矣。曰：‘恶由入？’曰：‘孔氏。’孔氏者，户也。”（《吾子》）曰：“学者，所以求为君子也。求而不得者，有矣夫。未有不求而得之者也。睎骥之马，亦骥之乘也；睎颜之人，亦颜之徒也。”（《学行》）其论诸子也，一折衷于孔氏。故曰：“万物纷错，则悬诸天；众言淆乱，则折诸圣。”（《吾子》）曰：“庄、杨荡而不法，墨、晏俭而废礼，申、韩险而无化，邹衍迂而不信。”（《五百》）或问：“公孙龙诡辞数万以为法，法与？”曰：“断木为棋，梡革为鞠，亦皆有法焉。不合乎先王之法者，君子不法也。”（《吾子》）或问：“仪、秦学乎鬼谷术，而习乎纵横言，安中国者各十余年。是夫？”曰：“诈人也。圣人恶诸。”曰：“孔子读而仪、秦行，何如也？”曰：“甚矣，凤鸣而鸷翰也。”（《渊骞》）然虽过诸子，而亦未尝无所取之。故或曰：“庄周有取乎？”曰：“少欲。”“邹衍有取乎？”曰：“自持。”（《问道》）又或问：“邹、庄有取乎？”曰：“德则取，愆则否。”“何谓德愆？”曰：“言天地人，经，德也；否，愆也。”（《问神》）此观其论孟子、荀子，可以见其意。或曰：“子小诸子，孟子非诸子乎？”曰：

“诸子者，以其知异于孔子者也。孟子异乎不异。”或曰：“孙卿非数家之书，倪也。至于子思、孟轲，诡哉。”曰：“吾于孙卿与，见同门而户也。惟圣为不异。”(《君子》)盖言有合于圣人，则取之；言有背于圣人，则弗取。故其于老子亦然。曰：“老子之言道德，吾有取焉耳。及捶提仁义，绝灭礼学，吾无取焉耳。”(《问道》)抑雄虽言必称孔子，而亦非墨守孔子之道而不知变者。或曰：“以往圣人之法治将来，譬犹胶柱而调瑟，有诸？”曰：“有之。”曰：“圣君少而庸君多。如独守仲尼之道，是漆也。”曰：“圣人之法，未尝不关盛衰焉。昔者尧有天下，举大纲，命舜、禹，夏、殷、周，属其子，不胶者卓矣。唐虞象刑惟明，夏后肉辟三千，不胶者卓矣。尧亲九族，协和万国，汤武桓桓，征伐四克，由是言之，不胶者卓矣。礼乐征伐，自天子所出，春秋之时，齐、晋实予，不胶者卓矣。”(《先知》)故其称孟子，以为知言之要、知德之奥(《君子》)。而言性则与孟子异。曰：“人之性也，善恶混。修其善则为善人，修其恶则为恶人。气也者，所以适善恶之马也与？”(《修身》)大抵古之学者，于道必有所宗，而于学必有所自得。其所宗，不敢与前人违；其所自得，亦不嫌与前人异。此所以能成一家之学，而不同人云亦云也欤。

第六章　王充 附王符、仲长统

王充，字仲任，会稽上虞人。尝受业太学，师事扶风班彪。好博览，不守章句，博通众流百家之言。以为俗儒守文，多失其真，乃闭门潜思，著《论衡》八十五篇，二十余万言。而谓："笔著者，欲其易晓而难为，不贵难知而易造。口论务解分而可听，不务深迂而难睹。"（《自纪》）故其书务在露文，不以深覆典雅为尚。当东汉时，学者莫不言阴阳，尊谶纬。而充则有《变虚》、《异虚》、《感虚》、《福虚》、《祸虚》、《谰时》、《讥日》、《难岁》之作，可谓不惑于流俗者矣。然盛称瑞应，又以董仲舒设土龙以招雨，为象类之验，终不免阴阳之诞说。而问孔、刺孟，所以诋讥二圣者，又皆不会孔孟之意。如孔子言："富与贵，是人之所欲也。不以其道，得之，不居也。贫与贱，是人之所恶也。不以其道，得之，不去也。"案其语气，本于"不以其道"句断。即谓人无不欲富贵，而苟不以其道，虽欲富贵，不可终处；人无不恶贫贱，而苟不以其道，虽恶贫贱，不可卒去。而充疑不以其道而得富贵，可也；不以其道而得贫贱，如何？（本充语）不知此自当时说《论语》者，误以"不以其道"连下"得之"为句，意遂转易。充不详审，乃谓贫贱当言去，不当言得，以为孔子吐辞未悉。信己太过，疑古太甚，此则充之失也。

充又作《讥俗书》、《政务书》、《养性书》。(见《汉书》本传)今惟《论衡》具存。章帝时,公车征,充以病不行。和帝永元中,卒于家,盖七十余矣。

一　自然

仲任之学,亦本之黄老。故说天地生物,一出于自然。曰:“天地合气,万物自生。犹夫妇合气,子自生矣。”(《自然》)曰:“天之动行也,施气也。体动,气乃出,物乃生矣。由人动气也,体动气乃出,子亦生也。夫人之施气也,非欲以生子,气施而子自生矣。天动不欲以生物,而物自生,此则自然也。施气不欲为物,而物自为,此则无为也。”(同上)又曰:“万物之生,含血之类。知饥知寒,见五谷可食,取而食之;见丝麻可衣,取而衣之。或说以为天生五谷以食人,生丝麻以衣人。此谓天为人作农夫桑女之徒也,不合自然。故其义疑未可从也。”(同上)推此以释灾变感应,则曰:“夫天之不故生五谷丝麻以衣食人,由(同犹)其有灾变不欲以谴告人也。物自生,而人衣食之;气自变,而人畏惧之。以若说论之,厌(同餍)于人心矣。如天瑞为故,自然焉在?无为何居?”(《自然》)故荧惑守心,宋景有三善言,而星徙。充曰:“是星当自去,宋景自不死,非以善言可使星却也。”(《变虚》)桑谷生朝,高宗侧身行道,而桑谷亡。充曰:“是高宗之命自长,非关桑谷之存亡也。”(《异虚》)杞梁之妻,向城而哭,而城为崩。充曰:“城适自崩,杞梁妻适哭,下世好虚,不原其实。故崩城之名,至今不灭也。”邹衍见拘,当夏而叹,天为陨霜。充曰:“衍因拘而叹,叹时霜适自下。世见适叹而霜下,则邹衍叹之致也。”(《感虚》)充《自纪》谓:“浮华虚伪之语,莫不证定。”观此,信其能为实论者矣。然吾观《孔丛子》载孔季彦见刘公,客适有献鱼者,公孰视鱼,叹曰:“厚哉!天之于人也。生五谷以为食,育鸟兽以为之肴。"众坐佥曰："诚如公教。"季彦曰："愚意窃与众君子不同。以为万物之生，各禀天地，未必为人。人徒以知，得而食焉。伏羲始尝草木可食者，一日而遇七十二毒，然后五谷乃形，非天本为人之生也。蚊蚋食人，蚓虫食土，非天故为蚊蚋生人、蚓虫生土也。"季彦，孔僖之子，见《后汉书·僖传》，盖亦章、和时人，而所言与充甚相似。(《列子·说符》亦有此论，然《列子》之书晚出，不能必为列子之言)盖自上世以人与天地参，其视人不与物比。故汉儒自董仲舒，皆以为天之于人，如父之于子，用意至厚。而凡风雨雷霆星流日蚀之变，以及草木鸟兽奇生异类之出没变现，一皆为人而有。于是始之以人而配天者，终乃以天而没人。人日缚于天人感应之中，而无复可以自主。势极则反，故说者遂托意于自然，而穷原人物之所生。以为二者胥秉气于天地，但智力强弱，更相役属。置其在己而慕其在天(本《荀子》语，见《天论》)，非所以言天人之际者也。此亦一时论之必至，固非独仲任一人识能见及于此也。今人罕见季彦之书，见仲任所作，乃诧为创见，而附致之优胜劣败之说。若然，则《传》言"强凌弱，众暴寡"，不尤远在仲任之前耶！

二　命义

仲任著书，多非儒者；而言命，则独有取于儒。曰："墨家之论，以为人死无命。儒家之议，以为人死有命。子夏曰：'死生有命，富贵在天。'人禀元气于天，各受寿夭之命，以立长短之形。犹陶者用土为簋廉，冶者用铜为盘杅矣。器形已成，不可小大。人体已定，不可减增。用气为性，性成命定。体气与形骸相抱，生死与期节相须。形不可变化，命不可减加。以陶冶言之，人命短长可得论也。"("富贵在天"上见《命义》，以下见《无形》)此其取儒家有命之说也。然亦有与儒不同者。

曰："《传》曰：'说命有三。一曰正命，二曰随命，三曰遭命。'正命，谓本禀之自得吉也。性然骨善，故不假操行以求福，而吉自至，故曰正命。随命者，戮力操行，而吉福至，纵情施欲，而凶祸到，故曰随命。遭命者，行善得恶，非所冀望，逢遇于外，而得凶祸，故曰遭命。夫行恶者，祸随而至，而盗跖、庄跻，横行天下，聚党数千，攻夺人物，断斩人身，无道甚矣。宜遇其祸，乃以寿终。夫如是，随命之说，安所验乎？又若颜渊、伯牛之徒，如何遭凶？颜渊、伯牛，行善者也，当得随命，福祐随至。何故遭凶？颜渊困于学，以才自杀，伯牛空居，而遭恶疾。及屈平、伍员之徒，尽忠辅上，竭王臣之节，而楚放其身，吴烹其尸。行善当得随命之福，乃触遭命之祸，何哉？言随命则无遭命，言遭命则无随命。儒者三命之说，竟何所定乎？"(《命义》)充不取随命，而取遭命，故其言命也，曰："人有命有禄，有遭遇，有幸偶。命者，贫富贵贱也。禄者，盛衰兴废也。以命当富贵，遭当盛之禄，常安不危。以命当贫贱，遇当衰之禄，则祸殃乃至，常苦不乐。故夫遭遇幸偶，或与命禄并，或与命禄离。遭遇幸偶，遂以成完。遭遇不幸偶，遂以败伤。是与命禄并者也。中不遂成，善转为恶。若是，与命禄离者也。"(《命义》)夫谈命之书，莫过于《易》。《易·大有》之《象》曰："君子以遏恶扬善，顺天休命。"命在天，而顺命者在人。故命者，天与人各操其柄之半者也。今充以行有善恶，不能移命，而谓："命吉之人，虽不行善，未必无福。凶命之人，强勉操行，未必无祸。"(《命义》)其亦异于《易》之云矣。且充书引鲁城门久朽欲顿，孔子过之，趋而疾行。左右曰："久矣。"孔子曰："恶其久也。"称孔子戒慎已甚。(见《幸偶》)使人之力无与于命，则孔子之趋而疾行，不已怯乎？且古之说命者有三。墨子刻意尚行，故主无命；道家因任自然，故言有命；儒家虽言有命，而实在道、墨之间。故曰："求之有道，得之有命。"(《孟子》)充于有命无命，舍墨而取儒；而于随命遭命，则舍儒而取道。盖以自然为宗，连类必至于此。然老、庄归根复命之奥旨，充亦未之能及也。

三　本性

仲任言命，谓："性与命异。性自有善恶，命自有吉凶。"（《命义》）其性有善恶之论，盖本之周人世硕。故《本性篇》历论孟、荀以下言性之不齐，而独以世硕之说为正。其言曰："周人世硕，以为'人性有善有恶。举人之善性养而致之，则善长；恶性养而致之，则恶长'。如此，则性各有阴阳善恶，在所养焉。故世子作《养书》一篇。宓子贱、漆雕开、公孙尼子之徒，亦论情性。与世子相出入，皆言性有善有恶。孟子作性善之篇，以为'人性皆善。及其不善，物乱之也'。若孟子之言，人幼小之时，无有不善也。微子曰：'我旧云孩子，王子不出。'（见《尚书·微子》）纣为孩子之时，微子睹其不善之性，性恶不出，长大为乱不变，故云也。羊食我初生之时，叔姬视之。及堂，闻其啼声而还，曰：'其声豺狼之声也。野心无亲。非是，莫灭羊舌氏。'遂不肯见。（见《左传·昭二十八年》、《国语·晋语》）纣之恶，在孩子之时；食我之乱，见始生之声。孩子始生，未与物接，谁令悖者？孟子之言情性，未为实也。然而性善之论，亦有所缘。一岁婴儿，无争夺之心；长大之后，或渐利色。狂心悖行，由此生也。告子与孟子同时，其论：'性无善恶之分，譬之湍水，决之东则东，决之西则西。夫水无分于东西，犹人无分于善恶也。'无分于善恶可推移者，谓中人也。不善不恶，须教成者也。孔子曰：'性相近也，习相远也。'夫中人之性，在所习焉。习善而为善，习恶而为恶也。至于极善极恶，非复在习。故孔子曰：'惟上智与下愚不移。'上智下愚不移，故知告子之言未得实也。夫告子之言，亦有缘也。诗曰：'彼姝之子，何以与之。'（《诗·鄘风·干旄》）其《传》曰：'譬犹练丝，染之蓝则青，染之朱则赤。'夫决水使之东西，犹染丝令之青赤也。孙卿又反孟子，作《性恶》之篇。以为'人性恶，其善者伪也'。若孙卿之言，人幼小无有善也。稷为儿，以种树为戏。孔子能行，以俎豆为弄。夫孙卿之言，未为得实。然而性恶之言，有缘也。一岁婴儿，无推让之心。见食，号欲食之；睹好，啼欲玩之。长大之后，禁情割欲，勉厉（同励）为善矣。陆贾曰：'天地生人也，以礼义之性。人能察己所以受命，则顺。顺之谓道。'夫性善者，不待察而自善；性恶者，虽能察之，犹背礼畔义。义挹于恶（原作善，误），不能为也。故贪者能言廉，乱者能言治。盗跖非人之窃也，庄跻刺人之盗也。明能察己，口能论贤，性恶不为，何益于善。陆贾之言，未为得实。董仲舒览孙、孟之书，作情性之说。曰：'天之大经，一阴一阳；人之大经，一情一性。性生于阳，情生于阴。阴气鄙，阳气仁。曰性善者，是见其阳也。谓恶者，是见其阴者也。'若仲舒之言，谓孟子见其阳，孙卿见其阴也。处二家各有见，可也。不处人之情性，情性有善有恶，未也。夫人情性同生于阴阳，情性于阴阳，安能纯善？仲舒之言，未能得实。刘子政曰：'性，生而然者也，在于身而不发。情，接于物而然者也，出形于外。形外则谓之阳，不发者则谓之阴。'夫如子政之言，乃谓情为阳，性为阴也。恻隐不忍，卑谦辞让，性之发也。有与接会，故形出于外。谓性在内不与接，恐非其实。且子政之言，以性为阴，情为阳。夫人禀情，竟有善恶不也。自孟子以下，鸿儒博生，闻见多矣。然而论情性，竟无定是。唯世硕、公孙尼子之徒，颇得其正。"（《本性》，有节文）考《汉志》，儒家有"世子二十一篇"。注："名硕，陈人也，七十子之弟子。"又"漆雕子十三篇"，"宓子十六篇"，"公孙尼子二十八篇"，皆著于《志》。而公孙尼子注亦云："七十子之弟子。"今其书皆佚。以充之所言推之，要守孔子"性近习远""上智下愚不移"之说者。又充曰："孟子言人性善者，中人以上者也。孙卿育人性恶者，中人以下者也。扬雄言人性善恶混者，中人也。"（同上）充之意，世硕言性，有善有恶，足兼三家之义。故独取之。而于孟、荀之主性善性恶，即亦谓其言有缘，不尽非之也。然充作《率性篇》，谓："人性善者，固自善矣。其恶者，故可教告率勉，使之为善。"

又谓："人之性善可变为恶，恶可变为善。"又谓："尧舜之民，可比屋而封。桀纣之民，可比屋而诛。如此，竟在化不在性。"则充虽主性有善恶，而亦非谓性之善恶为有定。是故上智下愚不移者，乃其不肯移，非不可移也。荀子曰："小人可以为君子，而不肯为君子。君子可以为小人，而不肯为小人。小人君子者，未尝不可以相为也。然而不相为者，可以而不可使也。"（《荀子·性恶》）古今论性者多矣。然而于可相为之道，则皆莫能非。充之书，载论性之言最备，而大旨亦不离此。故比而述之，以为学者观焉。

四　订鬼

仲任既非墨家之无命，而亦不取墨家之有鬼。《墨子·明鬼篇》，具引杜伯杀周宣王，庄子仪杀燕简公（《论衡·死伪》作赵简公）之事，以为鬼神之有不可疑。而仲任则谓："似是而非，虚伪类真。"（《死伪》）其言无鬼之说甚辩。曰："世谓死人为鬼，有知能害人。试以物类验之，死人不为鬼，无知不能害人。何以验之？验之以物。人，物也。物，亦物也。物死不为鬼，人死何故独能为鬼？世能别人物不能为鬼，则为鬼不为鬼，尚难分明。如不能别，则亦无以知其能为鬼也。人之所以生者，精气也，死而精气灭。能为精气者，血脉也。人死血脉竭，竭而精气灭，灭而形体朽，朽而成灰土，何用为鬼？人无耳目，则无所知，故聋盲之人，比于草木。夫精气去人，岂徒与无耳目同哉！"又曰："天地开辟，人皇以来，随寿而死，若中年夭亡，以亿万数计。今人之数，不若死者多。如人死辄为鬼，则道路之上，一步一鬼也。人且死见鬼，宜见数百千万，满堂盈廷，填塞巷路，不宜徒见一二人也。"又曰："天地之性，能更生火，不能使灭火复然；能更生人，不能令死人复见。能使灭灰更为然火，吾乃颇疑死人能复为形。案火灭不能复然，以况之死人不能复为鬼，明矣。”（以上《论死》）然世顾有生而见鬼者，何也？充又为之说曰：“凡天地之间有鬼，非人死精神为之也，皆人思念存想之所致也。致之何由？由于疾病。人病则忧惧，忧惧见鬼出。凡人不病，则不畏惧。故得病寝衽，畏惧鬼至，畏惧则存想，存想则目虚见。何以效之？传曰：‘伯乐学相马，顾玩所见，无非马者。宋之庖丁学解牛，三年不见生牛，所见皆死牛也。’二者用精至矣。思念存想，自见异物也。人病见鬼，犹伯乐之见马，庖丁之见牛也。伯乐、庖丁，所见非马与牛，则亦知乎病者，所见非鬼也。病者困剧身体痛，则谓鬼持棰杖殴击之。若见鬼把椎緤绳墨，立守其旁。病痛恐惧，妄见之也。初疾畏惊，见鬼之来；疾困恐死，见鬼之怒；身自疾痛，见鬼之击。皆存想虚致，未必有其实也。夫精念存想，或泄于目，或泄于口，或泄于耳。泄于目，目见其形；泄于耳，耳闻其声；泄于口，口言其事。昼日则觉（原作思，误）见，暮卧则梦闻。独卧空室之中，若有所畏惧，则梦见夫人据案其身，哭矣。觉见卧闻，俱用精神。畏惧存想，同一实也。”（《订鬼》）虽然，充之言无鬼者，特言无能为人形之鬼。至于阴阳鬼神之论，充固不废。其言曰：“鬼神，荒忽不见之名也。人死精神升天，骸骨归土，故谓之鬼。鬼者，归也。神者，荒忽无形者也。或说‘鬼神，阴阳之名也’，阴气逆物而归，故谓之鬼。阳气导物而生，故谓之神。神者，申也。申复无已，终而复始。人用神气生，死复归神气。阴阳称鬼神，人死亦称鬼神。气之生人，犹水之为冰也。水凝为冰，气凝为人；冰释为水，人死复神。其名为神也，犹冰释更名水也。人见名异，则谓有知能为形而害人，无据以论之也。”（《论死》）且《易》言：“精气为物，游魂为变，是故知鬼神之情状。”（《系辞》）孔子曰：“鬼神之为德，其盛矣乎！视之而弗见，听之而弗闻，体物而不可遗。”（《中庸》）《礼·祭义》言：“以其慌惚以与神明交，庶或飨之。”儒家之言鬼神，未尝有如后世之称面目衣履与人无殊者也。充以鬼神为阴阳，而谓人所见之鬼，非死人之精神。其说正与儒者合。若又谓：“鬼者，老物精也。鬼者，本生于人，时不成人，变化而去。天地之性，本有此化。鬼者，甲乙之神也。甲乙者，天地之别气也，其形象人。人病且死，甲乙之神至矣。”（《订鬼》）不能自信其学，而遍为之说，游移失据，非所以“释物类同异”之道也（“释物类同异”，本充语）。

《后汉书》以王充、王符、仲长统三人合传。符，字节信，安定临泾人。在安、顺之世，后于仲任。有《潜夫论》三十余篇，见存。其谓：“傅姓于五音，设五宅符第，皆诬妄之甚。”（《卜列》）又谓：“人不可多忌。多忌妄畏，实致妖祥。”（《巫列》）略同仲任之言。而充有《骨相》，符有《相列》，谓：“人命禀于天，则有表候于体。察表候以知命，犹察斗斛以知容矣。表候者，骨法之谓也。”（《论衡·骨相》）“人身体形貌，皆有象类。骨法角肉，各有分部。以著性命之期，显贵贱之表。”（《潜夫·相列》）其言尤相类。不信巫而信相，亦可异矣（荀卿有《非相》，知相之说，由来甚久）。统，字公理，山阳高平人。生于汉末，又后于符。有《昌言》三十四篇，十余万言，今已亡。其所见于本传者，《理乱》、《损益》、《法诫》三篇而已。而《损益》言：“明版籍以相数阅，限夫田以断并兼，益君长以兴政理，去末作以一本业。”凡十六事，所以为治之理甚具。要之节信、公理，皆多言政治。至于综博万汇，条析物理，不如仲任远矣。

第七章 郑 玄

郑玄，字康成，北海高密人也。受业太学，师事京兆第五元。先通《京氏易》、《公羊春秋》、《三统历》、《九章算术》，又从东郡张恭祖受《周官》、《礼记》、《左氏春秋》、《韩诗》、《古文尚书》。以山东无足问者，乃西入关，因涿郡卢植，事扶风马融。融门徒四百余人，升堂进者五十余生。玄在门下三年，不得见融，而日夜寻诵，未尝怠倦。会融集诸生考论图纬，闻玄善算，乃召见于楼上。玄因从质诸疑义。问毕，辞归。融喟然谓门人曰："郑生今去，吾道东矣。"玄自游学，十余年乃归乡里。家贫，客耕东莱。学徒相随，已数百千人。及钩党事起，与同郡孙嵩等四十余人，俱被禁锢。遂隐修经业，杜门不出。时任城何休，好《公羊春秋》，遂著《公羊墨守》、《左氏膏肓》、《穀梁废疾》。玄乃发《墨守》，铖《膏肓》，起《废疾》，休见而叹曰："康成入吾室，操吾矛，以伐我乎！"先是西京以来，五经立于学官者，《易》有施氏、梁丘氏、孟氏、京氏说，《尚书》有夏侯氏、欧阳氏说，《诗》有鲁、齐、韩说，《春秋》有公羊、穀梁说，《礼》有戴氏说。而《易》费氏、《礼》周官、《书》孔氏、《诗》毛氏、《春秋》左氏，传于民间，谓之古学，以别异于博士所职。至于东京，古学甚盛，遂又目博士为今学。章帝建初八年，诏诸儒各选高才生，受《左氏春秋》、《古文尚书》、《毛诗》等。古文诸经，由是并行于世。然今学古学，时有争论，迄于汉末，无所是正。玄既兼通今古学，故其注经，杂采众义，不主一家。范蔚宗于《玄传论》称："守文之徒，滞固所禀。异端纷纭，互相诡激。遂令经有数家，家有数说。章句多者，或乃百余万言。学徒劳而少功，后生疑而莫定。玄囊括大典，网罗众家，删裁繁芜，刊改漏失。自是学者，略知所归。"盖汉儒今古文家之说，至玄而并。虽谓之集汉儒之大成，未为过也。玄所注有《周易》、《尚书》、《毛诗》、《仪礼》、《周礼》、《礼记》、《论语》、《孝经》、《尚书大传》、《中候》、《乾象历》，又著《天文七政论》、《鲁礼禘祫义》、《六艺论》、《毛诗谱》、《驳许慎五经异义》、《答临孝存周礼难》，凡百余万言。其答诸弟子问五经者，则门人相与依《论语》撰作《郑志》八篇。今惟《三礼注》、《诗谱笺》尚完，余出后人掇辑，不能全矣。玄既家居，虽党禁解，不受辟举。国相孔融，深敬于玄，屣履造门。告高密县，为玄特立一乡，曰郑公乡。黄巾之起，皆相约不敢入县境。袁绍总兵冀州，遣使要玄。既举玄茂才，表为左中郎将，又公车征为大司农。玄以疾自乞还家。后绍与曹操持于官渡，令其子谭，遣使逼玄随军。不得已，载病到元城县，疾笃不进。其年六月卒，年七十四。

康成之学，观《礼·学记》注，可以见之。其言有曰："所学者，圣人之道，在方策。"必曰圣人之道者，小家杂说，不足谓之学也。必曰在方策者，揣摩测度无实之言，亦不足谓之学也。是故其学虽无常师，而敷宣理道，颇能极其蕴奥，固不仅在训诂之详确也。特散于各书之注，不易综观其全耳。如《礼·中庸》"天命之谓性"，注云："《孝经》说云，性者生之质。"《礼运》"故人者，天地之心也，五行之端也，食味别声被色而生者也"，注云："此言兼气性之效也。"《诗·角弓》"毋教猱升木"，笺云："以喻人之心皆有仁义，教之则进也。"此其说心性之精者也。《中庸》"仁者人也"，注云："人也，读如相人偶之人。以人意相存问之言。"此其说仁之精者也。《孝经》"夫孝，德之本也，教之所由生也"，注云：

"人之行莫大于孝，故为德本。"又"死生之义备矣，孝子之事亲终矣"，注云："寻绎天经地义，究竟人情也，行毕孝成。"此其言孝之精者也。《礼·曲礼》"毋不敬"，注云："礼主于敬。"《孝经》"礼者，敬而已矣"，注云："敬者，礼之本也。"此其言礼之精者也。《六艺论》曰："易一名而含三义。易简，一也。变易，二也。不变，三也。故《系辞》云：'乾坤其易之蕴耶。'又云：'易之门户耶。'又云：'夫乾，确然示人易矣。夫坤，隤然示人简矣。易则易知，简则易从。'此言其简易之法则也。又云：'为道也屡迁。变动不居，周流六虚。上下无常，刚柔相易。不可为典要，唯变所适。'此言顺时变易，出入移动者也。又云：'天尊地卑，乾坤定矣。卑高以陈，贵贱位矣。动静有常，刚柔断矣。'此言其张设布列，不易者也。"此其言《易》之精者也。而康成所长，尤在于《礼》。袁宏《后汉纪》谓："郑玄造次颠沛，非礼不动。"而当其时有修礼之议。卢植即云："修礼者，应征有道之人，若郑玄之徒。"故康成于《礼》，内可践之躬行，外可为朝廷定制。其发挥旁通，尽在三礼之注。唐孔颖达云："礼是郑学。"有由然也。又《晋书·刑法志》云："秦、汉旧律，后人生意，各为章句。叔孙宣、郭令卿、马融、郑玄诸儒，章句十有余家，览者益难。天子于是下诏（天子者，魏明帝），但用郑氏章句，不得杂用余家。"是康成注《礼》之余，并又注律。夫礼，所以为教也。律，所以为戒也。礼禁未然之前，律禁已然之后，皆治国之大经，防民之善器。荀子曰："隆礼至法，则国有常。"康成注律，亦儒不废法之一证也。诸葛武侯常称昭烈之言："吾周旋陈元方（纪）、郑康成间，每见启告治乱之道，备矣。"意康成之所以告昭烈者，必有关于治乱之大，而惜乎其语之不传也。

康成之失，在于以纬释经。如《周礼·春官·小宗伯》"兆五帝于四郊"，注云："苍帝灵威仰，赤帝赤熛怒，黄帝含枢纽，白帝白招矩，黑帝叶光纪。"盖本之《春秋纬·文耀钩》。其名号怪异，非儒者所宜称述。故后人多讥之。然康成之注，亦有不信纬说者。如《诗·良耜》"有捄其角"，《毛传》云："社稷之牛角尺。"郑《笺》不据《礼纬·稽命》征宗庙社稷角握之说，以易《毛传》。《礼·月令》“反舌无声”，注云：“反舌，百舌鸟。”不从《通卦验》虾蟆无声之说。似其去取，亦自有择。故《戒子书》言：“博稽六艺，粗览传记，时睹秘书纬术之奥。”（《后汉书》玄本传）于六艺曰博稽，于传记曰粗览，于秘纬则曰时睹，轻重判然。故以纬释经则有之，舍经而从纬，康成亦不为也。要之汉人惑于图纬术数，无有能免者。以王仲任之推倒一切，而犹信符瑞、信骨相。况康成不失绳墨者乎？至梁许懋云：“郑玄有参柴之风，不能推寻正经，专信纬候之书。”诋康成为专信纬候，则亦太甚矣哉！

第八章 魏伯阳

魏伯阳作《参同契》，隋、唐《志》皆不载其目。惟晋葛稚川（洪）《神仙传》云“魏伯阳，上虞人。通贯诗律，文辞赡博。修真养志，约《周易》作《参同契》。桓帝时以授同郡淳于叔通”云云。考《汉志》，道家与神仙，本分为二。道家列于诸子，神仙则在方技。然观《后汉书·方技传》谓：“汉自武帝，颇好方术。天下怀协（同挟）道艺之士，莫不负策抵掌，顺风而届。”故廖扶感父坐羌没郡，以法下狱死，服终而叹曰：“老子有言：‘名与身孰亲。’吾岂为名乎？”遂绝志世外，专精经典。折像，通京氏易，好黄老言；及父国卒，感多藏厚亡之义，散金帛资产，周施亲疏。或谏之，像曰：“盈满之咎，道家所忌。我乃逃祸，非避富也。”二人皆方术之士，而言必称老氏如此，则道家与神仙之合久矣。班氏之序神仙曰：“神仙者，所以保性命之真，而无求于其外者也。聊以荡意平心，同死生之域，而无怵惕于胸中。然而或者专以为务，则诞欺怪迂之文，弥以益多。非圣王之所以教也。”当汉末时，若张陵、于吉、左慈之流，其迹至怪。而张陵传天官章本千有二百，尤为通识之士所难信。然如《参同契》者，抉性命之奥，示修养之要，非孟坚所谓“荡意平心，同死生之域，而无怵惕于胸中者”乎？至于形似之言，譬况之说，《契》文已明示于人。曰:“露见枝条,隐藏本根。托号诸名,覆缪众文。”盖理有难申,不得不假物象而为之说。愚者不知以意逆志,或流为房中炉火之邪见。此人之自误,不得以罪魏君也。宋张平叔(伯端)作《悟真篇》云:“叔通受学魏伯阳,留为万古丹经王。”后世道家言修炼者,盖莫不本之于《参同》。是恶可以不述乎?

《参同》虽本于《易》,而有与《易》不同者。《易》上言天道,下陈人事,幽明巨细,无所不赅。故曰:“范围天地之化而不过,曲成万物而不遗。”(《系辞》)《参同》则专以阴阳消息之道,发明长生久视之理。故曰:“将欲养性,延命却期。审思后末,当虑其先。”又曰:“惟昔圣贤,怀玄抱真。含精养神,通德三光。津液腠理,筋骨致坚。众邪辟除,正气长存。”盖因《易》言:“圣人之作《易》也,将以顺性命之理。”(《说卦》)遂取黄老神仙之书,比附而为之说。此与西汉京房之徒,以《易》言占验者,盖同为《易》之一端也。又不特此也。《契》中引《关雎》之诗:“关关雎鸠,在河之洲。窈窕淑女,君子好逑。”而即继之曰:“雄不独处,雌不孤居。玄武龟蛇,蟠纠相扶。以明牝牡,竟当相须。”以《诗》之男女,合《易》之阴阳,而并以为性情魂魄之譬。自来言《诗》、《易》者,未有若此者也。然言阴阳,犹《易》道之本有也,而又杂糅之以五行。曰:“则水定火,五行之初。”曰:“五行相克,更为父母。”曰:“金水合处,木火为侣。”曰:“三物一家,都归戊己。”(戊己,土也)其辞既隐,益以错互,意难晓矣。然《庄子·外物篇》言:“木与火相摩则然,金与火相守则流。阴阳错行,则天地大絯,于是乎有雷有霆。水中有火,乃焚大槐。有甚忧两陷,而无所逃,螴蜳(司马读若忡融,不安定也)不得成。心若县于天地之间,慰暋沉屯。利害相摩,生火甚多。众人焚和,月固不胜火。于是乎有僓(同颓)然而道尽。”水火金木,取寓为言,其来固亦甚久。而要其大意,不过欲阴阳各安其位,而以互济为用。推此以论,则虽为文屡变,又未始不可解也。《契》曰:“文约易思,事省不繁。披列其条,核实可观。”倘亦有然者乎?

《参同》一书，不独言阴阳水火与庄子同也，其余亦多同于庄子者。如云："在义设刑，当仁施德。逆之者凶，顺之者吉。"即庄子所谓"以刑为体，以德为循"者也(《大宗师》)。云："阴阳为度，魂魄所居。阳神日魂，阴神月魄。魂之与魄，互为室宅。性主处内，立置鄞鄂；情主营外，筑完城郭。城郭完全，人物乃安。"即庄子所谓"外韄者不可繁而捉，将内揵；内韄者不可缪而捉，将外揵"者也(《庚桑楚》)。云："内以养己，安静虚无。原本隐明，内照形躯。"即庄子所谓"宇泰定者发乎天光，发乎天光者，人见其人"者也(同上)。云："物无阴阳，违天背元。牝鸡自卵，其雏不全。"即庄子所谓"众雌而无雄，而又奚卵焉"者也(《应帝王》)。而其文之尤明白易显者，曰："纤芥不正，悔吝为贼。"曰："推情合性，转而相与。"曰："知白守黑，神明自来。"曰："神气满室，莫之能留。守之者昌，失之者亡。"不惟老、庄归根复命之旨，亦儒家存心养性之道。故朱子作《参同考异》(托名空同道士邹䜣)而总其要曰："阳即注意运行，阴即放神冥寂。"夫阴阳即药物，运行冥寂即火候。金丹大道，如是而已。然则神仙儒道，岂无相契者哉！

第九章　牟　　融

康成集儒术之成，伯阳开丹经之祖。而当其时，复有一牟融以佛教倡于天下。融，苍梧人（汉有两牟融，其一在明帝时，位司空，为北海安丘人，《后汉书》有传，谢无量《哲学史》认为一人，殊失检点）。灵帝末，天下扰乱，将母避世交趾，后复归苍梧。太守闻其守学，谒请署吏。融以世乱，无仕宦意，遂不就。既而州牧以处士辟之，融复称疾不起。会牧弟官豫章太守，为中郎将笮融所杀。牧遣骑都尉刘彦，将兵赴之。恐外界相疑，兵不得进，乃请于融，使往零陵、桂阳，假涂通路。融许之。而母病亡，遂不果行。融念以辩达之故，辄见使命，方世扰攘，非显己之秋也。乃屏弃人事，锐志于佛道。以世俗之徒多有非佛者，于是著《理惑论》三十九篇。曰："至味不合于众口，大音不比于众耳。韩非以管窥之见，而谤尧舜；接舆以毛氂之分，而刺仲尼。皆耽小而忽大者也。吾未解佛经之时，虽诵五经，适以为华，未成实矣。吾既睹佛经之说，守恬澹之性，观无为之行。还视世事，犹临天井而窥溪谷，登嵩岱而见丘垤也。五经则五味，佛道则五谷矣。吾自闻道已来，如开云见白日，炬火入冥室焉。"其所以褒崇佛道者，大抵如此。考佛教自西汉末，已入中国。及明帝遣郎中蔡愔等西取经像，迎摄摩腾、竺法兰同止白马寺，翻译西域所获经《十地断结》、《佛本生》、《法海藏》、《佛本行》、《四十二章》等五部，中土乃有佛经译本。《释氏稽古略》(元释觉岸撰)谓："自永平至建安，共译经二百九十三部。"而献帝时，笮融在丹阳大起浮屠，课人诵经，会者至五千人。则汉末佛教盛行，可见也。然若引中国贤圣之言，阐西来觉王之教，实自牟融始。故梁时僧祐撰《弘明集》，以融《理惑论》弁诸首。今观祐《后序》曰："俗士疑骇觉海，惊同河汉。一疑经说迂诞，大而无征。二疑人死神灭，无有三世。三疑莫见真佛，无益国治。四疑古无法教，近出汉世。五疑教在戎方，化非华俗。六疑汉魏法微，晋代始盛。以此六疑，信心不树。"夫《理惑论》者，固为祛此六疑而作者矣。

融虽役志于佛，而亦兼通儒道各家之言。《理惑论》称："牟子既修经传诸子，书无大小，靡不好之。虽不乐兵法，然亦读焉。"又曰："兼研《老子》五千文。"故其申述佛法，而为之辨理，多假取经传道德之文。《论》第二十七篇云："问曰：'子云佛经如江海，其文如锦绣。何不以佛经答吾问，而复引《诗》、《书》，合异为同乎？'牟子曰：'渴者不必须江海而饮，饥者不必待敖仓而饱。道为智者设，辩为达者通，书为晓者传，事为见者明。吾以子知其意，故引其事。若说佛经之语，谈无为之要，譬对盲者说五色，为聋者奏五音也。'"第二十篇云："问曰：'若佛经深妙靡丽，子胡不谈之于朝廷，论之于君父，修之于闺门，接之于朋友。何复学经传读诸子乎？'牟子曰：'子未达其源而问其流也。夫陈俎豆于垒门，建旌旗于朝堂，衣狐裘以当蕤宾，被绨绤以御黄钟，非不丽也。乖其处，非其时也。故持孔子之术，入商鞅之门，赍孟轲之说，诣苏张之庭，功无分寸，过有丈尺矣。老子曰："上士闻道，勤而行之；中士闻道，若存若亡；下士闻道，大而笑之。"(以上《老子》)吾惧大笑，故不为谈也。渴不必待江河而饮，井泉之水，何所不饱？是以复治经传耳。'"第七篇云："问：'子既耽《诗》、《书》，悦《礼》、《乐》，奚为复好佛道，喜异术。岂能逾经传，美圣业哉？'牟子曰：'书不必孔丘之言，药不必扁鹊之方。合义者从,愈病者良。君子博取众善,以辅其身。子贡云:夫子何常师之有乎(见《论语》)?尧事尹寿,舜事务成,旦学吕望,丘学老聃。四师虽圣,比之于佛,犹白鹿之与麒麟,燕鸟之与凤凰也。尧、舜、周、孔,且犹与之。况佛身相好,变化无方,焉能舍而不学乎?'"观此,融之尊佛而卑孔、老,彰彰甚明。然而合方内方外之谈,齐或出或处之义,异日三教和同之论,融固已开其端矣。

佛之说大异于中土者,首在其言生死。道家言生死者多矣,然不过曰:"有生不生,有死不死。"(《列子》)曰:"生非所生,死非所死。"(《杨朱》)曰:"生生者不生,杀生者不死。"(《庄子》)皆仅以理言,未尝明示生死去来之迹,若有可指按者也。而佛则以生死为轮回,超出轮回,便无生死。《四十二章经》谓:"沙门常行二百五十戒,进止清净,为四真道行,成阿罗汉。阿罗汉者,能飞行变化,旷劫寿命,住动天地。次为阿那含。阿那含者,寿终灵神上十九天,证阿罗汉。次为斯陀含。斯陀含者,一上一还,即得阿罗汉。次为须陀洹。须陀洹者,七死七生,便证阿罗汉。"又以轮回之根,在于爱欲。谓:"人系于妻子舍宅,甚于牢狱。牢狱有散释之期,妻子无远离之念。情爱于色,岂惮驱驰?虽有虎口之患,心存甘伏,投泥自溺。故曰:凡夫透得此关,出尘罗汉。"又谓:"爱欲断者,如四肢断,不复用之。"(皆《四十二章经》)夫老言少私寡欲,庄恶多方骈枝(《骈拇》),未尝欲举爱欲而悉断之,此亦其与我不同者也。而融之所以为之说者,曰:"问曰:'佛道言人死当复更生。仆不信此言之审也。'牟子曰:'人临死,其家上屋呼之。死已,呼谁?'或曰:'呼其魂魄。'牟子曰:'神还则生。不还,神何之乎?'曰:'成鬼神。'牟子曰:'是也。魂神固不灭矣,但身自朽烂耳。身譬如五谷之根叶,魂神如五谷之种实,根叶生必当死,种实岂有终亡?得道身灭耳。老子曰:吾所以有大患,以吾有身也;若吾无身,吾有何患?又曰:功成名遂身退,天之道也。'(以上《老子》)或曰:'为道亦死,不为道亦死,有何异乎?'牟子曰:'所谓无一日之善,而问终身之誉者也。

有道虽死，神归福堂；为恶既死，神当其殃。愚夫暗于成事，贤智预于未萌。道与不道，如金比草；殃之与福，如白方黑。焉得不异，而言何异乎？'"曰："问曰：'夫福莫逾于继嗣，不孝莫过于无后。沙门弃妻子，捐财货，或终身不娶，何其违福孝之行也？'牟子曰：'夫长左者必短右，大前者必狭后。孟公绰为赵、魏老则优，不可以为滕、薛大夫（见《论语》）。妻子财物，世之余也。清躬无为，道之妙也。老子曰：名与身孰亲，身与货孰多（以上《老子》），故前有随珠，后有虓虎，见之走而不敢取。何也？先其命而后其利也。许由栖巢木，夷齐饥首阳，孔圣称其贤，曰：求仁得仁者也（见《论语》）。不闻讥其无后无货也。'"此皆取老子之言，以证佛说之无失。然与老之本旨，亦稍违矣。夫于道家之齐生死、泯得丧者，且有不合，则何况于儒之务民之义、敬鬼神而远之者乎？是故融以经传道德说佛，所谓以子知其意、故引其事者，凡以为易起世人之信耳。若遂认佛之无殊于孔老，亦非融之所以处佛者也。

融褒佛述老，而力距神仙之说。曰："问曰：'王乔、赤松八仙之箓，神书百七十卷长生之事，与佛经岂同乎？'牟子曰：'比其类，犹五霸之与五帝，阳货之与仲尼；比其形，犹丘垤之与华恒，涓渎之与江海；比其文，犹羊鞹之与虎皮，班纻之与锦绣也。神仙之书，听之则洋洋盈耳。求其效，犹握风而捕影。是以大道之所不取，无为之所不贵。焉得同哉！'"又曰："问曰：'神仙之术，秋冬不食。或入室累旬而不出，可谓淡泊之至也。仆以为可尊而贵，殆佛道之不若乎！'牟子曰：'指南为北，自谓不惑；以西为东，自谓不矇。以鸱枭而笑凤凰，执蝼蚓而调龟龙。蝉之不食，君子不贵；蛙蟒穴藏，圣人不重。孔子曰：天地之性，以人为贵（见《孝经》），不闻尊蝉蟒也。然世人固有啖菖蒲而弃桂姜，覆甘露而啜酢浆者矣。毫毛虽小，视之可察；泰山之大，背之不见。志有留与不留，意有锐与不锐。鲁尊季氏，而卑仲尼；吴贤宰嚭，不肖子胥。子之所疑，不亦宜乎！'"且道之有神仙方技，犹儒之有阴阳图纬也。阴阳图纬出，而儒术晦；神仙方技盛，而道德荒。汉自武帝以来，方术之士，抵掌而起。而以汉末为尤甚。融自谓："未解大道之时，尝学辟谷，数千百术，行之无效，故遂废之。"又谓："所从学师三人，或自称七百、五百、三百岁。而未三载间，各自殒殁。"即魏君《参同契》亦有"不得其理，广求名药，与道乖殊"之言，则此辈所以诳惑天下者，不独非道，亦且非神仙之原来。而得融以辟之，其功与王仲任之斥灾异、黜感应，又岂相让哉！

第十章　荀　　悦

荀悦，字仲豫，颍川人。性沉静，好著述。献帝时辟曹操府，迁黄门侍郎。与孔融、及弟彧，同侍讲禁中。悦志在献替，而谋无所用，乃作《申鉴》五篇。而自述所以著书之意，曰："夫道之本，仁义而已矣。五典以经之，群籍以纬之。咏之，歌之，弦之，舞之。前鉴既明，后复申之。故古之圣王，其于仁义也，申重而已。笃序无疆，谓之申鉴。"（《政体》）要其所学，咸本儒术。《政体篇》曰："善治民者，治其性也。纵民之情，谓之乱；绝民之情，谓之荒。善禁者，先禁其身，而后人；不善禁者，先禁人，而后身。善禁之，至于不禁。"此犹是孔子"道之以德，齐之以礼，正己而正人"之意。故范蔚宗称其通见政体，非谀言也（《后汉书·悦传》）。而《杂言篇》论性，则本之刘向。向曰："性情相应。性不独善，情不独恶。"悦之言曰："或曰：'仁义，性也。好恶，情也。仁义常善，而好恶或有恶。故有情恶也。'曰：'不然。好恶者，性之取舍也。实见于外，故谓之情尔，必本乎性矣。仁义者，善之诚者也。何嫌其常善？好恶者，善恶未有所分也。何怪其有恶？凡言神者，莫近于气。有气斯有形，有神斯有好恶喜怒之情矣。故人有情，由气之有形也。气有白黑，神有善恶。形与白黑偕，情与善恶偕。故气黑，非形之咎；

情恶，非情之罪也。'或曰：'人之于利，见而好之。能以仁义为节者，是性割其情也。性少情多，性不能割其情，则情独行为恶矣。'曰：'不然。是善恶有多少也，非情也。有人于此，嗜酒嗜肉，肉胜则食焉，酒胜则饮焉。此二者相与争，胜者行矣。非情欲得酒，性欲得肉也。有人于此，好利好义，义胜则义取焉，利胜则利取焉，此二者相与争，胜者行矣。非情欲得利，性欲得义也。其可兼者，则兼取之；其不可兼者，则只取重焉。若二好钧平，无分轻重，则一俯一仰，乍进乍退。'或曰：'请折于经。'曰：'《易》称"乾道变化，各正性命(《易·乾卦》彖辞)"，是言万物各有性也。"观其所感，而天地万物之情可见矣(《咸卦》彖辞)"，是言情者应感而动者也。昆虫草木，皆有性焉，不尽善也。天地圣人，皆称情焉，不主恶也。又曰"爻彖以情言(《系辞》)"，亦如之。凡情意心志者，皆性动之别名也。"情见乎辞(同上)"，是称情也。"言不尽意(同上)"，是称意也。"中心好之(《诗·唐风》)"，是称心也。"以制其志"，是称志也。惟所宜，各称其名而已。情何主恶之有！'"其所以辨性情之分者，盖至条晰。悦之论性之言，斯为精到矣。若或问天命人事，曰："有三品焉。上下不移，其中，则人事存焉尔。"虽韩文公性三品之说，本之于此。然汉人之论性，若是者甚多，非悦之独见也。

悦之说尚有可述者，则主养性而斥神仙。或问神仙之术。曰："诞哉！末之也已矣。圣人弗学，非恶生也。终始，运也；短长，数也。运数非人力之为也。"曰："亦有仙人乎？"曰："僬侥桂莽，产乎异俗。就有仙人，亦殊类矣。"或曰："人有自变化而仙者，信乎？"曰："未之前闻也。然则异也，非仙也。男化为女者有矣，死人复生者有矣，夫岂人之性哉！气数不存焉。"(《俗嫌》)其不信神仙，盖与牟融同。然或问："有养性乎？"曰："养性，秉中和守之以生而已。爱亲爱德、爱力爱神之谓啬。否则不宣，过则不澹(同赡)。故君子节宣其气，勿使有所壅闭滞底。昏乱百度则生疾。故喜怒哀乐必得其中，所以养神也。寒暄虚盈消息必得其中，所以养体也。夫善养性者，无常术，得其和而已矣。邻脐二寸谓之关。关者，所以关藏呼吸之气，以禀（同廪）授四体也。故气长者，以关息。气短者，其息稍升，其脉稍促，其神稍越，至于以肩息而气舒。其神稍专，至于以关息而气衍矣。故道者常致气于关，是谓要术。”（同上）夫《庄子》言：“真人之息以踵，众人之息以喉。”（《庄子·大宗师》）此特以喻重静轻躁之分，非果指呼吸而言也。脐关呼吸之说，惟神仙家始有之。故《黄庭外景经》曰：“上有黄庭下关元，后有幽阙前命门，呼吸庐间入丹田。”今悦不信神仙，而取神仙关息之术，是可异也。然王充尝有养性之书矣，而董仲舒亦言：“物生皆贵气而迎养之。养生之大者，乃在爱气。”盖汉世神仙方盛，儒之杂神仙，犹其糅合于阴阳也。特羽化飞天，化金销玉，说之诡怪违理者，或有所不然耳。而刘子政汉代大儒，至信《淮南鸿宝》言神仙使鬼物为金之术，上书谓黄金可成（见《汉书·向传》）。吾观魏文《典论》论郤俭等事，曰：“颍川郤俭，能辟谷，饵伏苓。甘陵甘始，亦善行气，老有少容。庐江左慈，知补导之术。并为军吏。初俭之至，市伏苓价暴数倍。议郎安平李覃，学其辟谷，餐伏苓，饮寒水，中泄利，殆至殒命。后始来，众人无不鸱视狼顾，呼吸吐纳。军谋祭酒弘农董芬，为之过差，气闷不通，良久乃苏。左慈到，又竞受其补导之术。至寺人严峻，往从问受，阉竖真无事于斯术也。人之逐声，乃至于是。”云云。则悦之不取黄白，不取服药，不取导引蓄气历藏内视，而独取关息，亦可谓知所拣择者。且曰：“凡阳气生养，阴气消杀。和喜之徒，其气阳也。故养性者，崇其阳而绌其阴。阳极则亢，阴极则凝。亢则有悔，凝则有凶。夫物不能为春，故候天春而生。人则不然，存吾春而已矣。”（《俗嫌》）此即《庄子》所谓“和豫通而不失于兑，日夜无郤，而与物为春”者（见《庄子·德充符》）。又不独与《参同》阴阳屈伸之旨相符而已。悦谓：“学必至圣，可以尽性。寿必用道，所以尽命。”（《俗嫌》）自信如此，倘亦有所受之者欤？

第十一章　徐　　幹

徐幹，字伟长，北海剧人。年未弱冠，学五经悉载于口。博览传记，言则成章。汉魏之际，冠族子弟交接求名，竞相尚爵号。而幹独闭户自守，不与之群。魏武为丞相，特加旌命，辞疾不就。后以为上艾长，又以疾不行。故文帝《与吴季重(质)书》称："伟长怀文抱质，恬淡寡欲，有箕山之志，可谓彬彬君子者矣。"(见《文选》)著《中论》二十余篇，见存二十篇。《贞观政要》载太宗尝见幹《中论・复三年丧篇》，今《中论》无此，则所阙已。曾子固(巩)校正幹书，尝论之曰："汉承周衰及秦灭学之余，百氏杂家，与圣人之道并传。学者罕能独观于道德之要，而不牵于俗儒之说。幹独能考六艺，推仲尼、孟轲之旨，述而论之。求其辞，时若有小失者。要其归，不合于道者少矣。"(见《南丰汇稿》)然其书旧有序，盖同时人所作，谓其养浩然之气，习羡门之术。又谓："讥孟轲不度其量，拟圣行道，传食诸侯。深美颜渊、荀卿之行。故绝迹山谷，幽居研几。"则幹亦杂糅儒道，而于孟子且有所不取矣。盖幹之学，以守己为重。故其言曰："人心莫不有理道，至乎用之则异矣。或用乎己，或用乎人。用乎己者，谓之务本；用乎人者，谓之近末。"(《修本》)又曰："人有大惑而不能自知者，舍有而思无也，舍易而求难也。身之与家，我之有也，治之诚易，而不肯为也；人之与国，我所无也，治之诚难，而愿之也。虽曰吾有术，吾有术，谁信之欤！故怀疾者，人不使为医；行秽者，人不使画法。以无验也。”（同上）皎然于先后本末之间，此幹之所以处乱世而能不污者耶！

一　智行

幹之书多本《周礼》，故言政，则称乡遂之法（《民数》），言学，则推三物（六德、六行、六艺）之教（《治学》）。三物六艺首礼，六德首智。首礼，故有《法象》之论。首智，则有《智行》之篇。《法象》正容貌、慎威仪，犹贾生《容经》之俦也，兹不具述。而述其《智行》。曰：“或问曰：‘士或明哲穷理，或志行纯笃。二者不可兼，圣人将何取？’对曰：‘其明哲乎！夫明哲之为用也，乃能殷民阜利，使万物无不尽其极者也。圣人之可及（疑当作不可及），非徒空行也，智也。’”又曰：“人之行莫大于孝，莫显于清。曾参之孝，有虞不能易；原宪之清，伯夷不能间。然不得与游夏列在四行之科，以其才不如也。仲尼问子贡曰：‘汝与回也孰愈？’对曰：‘赐也何敢望回。回也闻一以知十，赐也闻一以知二。’子贡之行，不若颜渊远矣。然而不服其行，服其闻一知十。由此观之，盛才，所以服人也。仲尼亦奇颜渊之有盛才也，故曰：‘回也非助我者也，于吾言无所不说。’颜渊达于圣人之情，故无穷难之辞，是以能独获亹亹之誉，为七十子之冠。曾参虽质孝，原宪虽体清，仲尼未甚叹也。”又曰：“夫明哲之士，威而不慑，困而能通，决嫌定疑，辨物居方。禳祸于忽秒，求福于未萌。见变事则达其机，得经事则循其常。巧言不能推，令色不能移。动作可观则，出辞为师表。比诸志行之士，不亦谬乎？”且荀子曰：“不闻不若闻之，闻之不若见之，见之不若知之，知之不若行之。”（《儒效》）今幹轩智而轻行，亦异于先儒矣。然荀子次儒之等，极于以浅持博，以古持今，以一持万。苟仁义之类也，虽在鸟兽之中，若别白黑。倚物怪变，所未尝闻也，所未尝见也。卒然起一方，则举统类而应之，无所儗怍。张法而度之，则晻然若合符节。若是而后谓之大儒(已见前)。此与幹之言"禳祸于忽秒，求福于未萌，见变事则达其机，得经事则循其常"者，比类等量，岂有异哉！然则幹之轩智而轻行，亦以夫明圣之智，与一节之行，较其长短多少者耳。不然，幹亦有言："染不积则人不观其色，行不积则人不信其事。"(《贵验》)"君子耻有其辞而无其行。"(《艺纪》)岂果以行为无足重乎！《治学篇》曰："凡学者大义为先，物名为后。大义举而物名从之。鄙儒之博学也，务于物名，详于器械，考于诂训，摘其章句，而不能统其大义之所极，以获先王之心。此无异乎女史诵诗，内竖传令也。"夫以务物名、考诂训为智，智之无取，幹固知之矣。

二　谴交

韩非著书，深诋言谈游学之士，以为国之蠹害。《中论》有《谴交》，意颇近之。盖皆惩当时敝俗而发。然国之四民，各有其业。岂有群行方外，专治交游，以妨生务，以乱民听。国家不欲纳民轨物则已，如欲纳民轨物，无论世至何等，是固在所必黜者矣。幹之说有大可为后世鉴者，故录之。曰："世之衰也，上无明天子，下无贤诸侯。君不识是非，臣不辨黑白。取士不由于乡党，考行不出于阀阅。多助者为贤才，寡助者为不肖。序爵听无证之论，班禄采方国之谣。民见其如此者，知富贵可以从众为也，知名誉可以虚哗获也。乃离其父兄，去其邑里，不修道义，不治德行。讲偶时之说，结比周之党。汲汲皇皇，无日以处。更相叹扬，迭为表里。梼杌生华，憔悴布衣，以欺人主，惑宰相，窃选举，盗荣宠者，不可胜数也。既获者，贤己而遂往；羡慕者，并驱而追之。悠悠皆是，孰能不然者乎！桓、灵之世，其甚者也。自公卿大夫，州郡牧守，王事不恤，宾客为务。冠盖填门，儒服塞道。饥不暇餐，倦不获已。殷殷沄沄，俾夜作昼。下及小司，列城墨绶（汉县令铜章墨绶），莫不相商以得人，自矜以下士。星言夙驾，送往迎来。亭传常满，吏卒传问。炬火夜行，阍寺不闭。把臂捩腕，扣天矢誓。推托恩好，不较轻重。文书委于官曹，系囚积于囹圄，而不遑省也。详察其为也，非欲忧国恤民，谋道讲德也。徒营己治私，求势逐利而已。有策名于朝，而称门生于富贵之家者，比屋有之。为之师而无以教，弟子亦不受业。然其于事也，至乎怀丈夫之容，而袭婢妾之态。或奉货而行赂，以自固结，求志属托，规图仕进。然掷目指掌，高谈大语，若此之类，言之犹可羞，而行之者不知耻。嗟乎！王教之败，乃至于斯乎！”夫交托之途盛，由幸进之门开；浮竞之士多，在节义之风丧。政教两失，实为乱阶。吾每读《谴交》之文，未尝不为之扼腕而长太息也。

第十二章　魏晋谈玄之风

两汉以来，儒者无不兼明道家。然第以其清静宁谧之旨，用为养生养性之助。若夫言经世体国，一切礼教刑政之要，则仍一本之六艺。体用之间，未尝不隐然有判也。自汉末天下大乱，魏武父子，崇奖浮文无实之士，儒术以衰。虽王肃善贾(逵)、马(融)之学，采会同异，为《尚书》、《诗》、《论语》、《三礼》、《左氏》解，又作《圣证论》以排康成。而董遇等亦历注经传，有名于时。然观鱼豢《魏略》谓："太和青龙(魏明帝年号)中，太学诸生有千数。而诸博士率皆粗疏，无以教弟子。弟子亦避役，竟无能习学。"又谓："正始(齐王芳年号)中，有诏议圜丘，普延学士。是时郎官及司徒领吏，二万余人。而应书与议者，略无几人。又是时朝堂，公卿以下四百余人，其能操笔者，未有十人，多皆相从饱食而退。"儒业销沉，盖可见矣。而于是时何晏(字平叔)、王弼(字辅嗣)，遂开谈玄之风。《三国志·曹爽传》："南阳何晏、邓飏、李胜，沛国丁谧，东平毕轨，咸有声名，进趣于时。明帝以其浮华，皆抑黜之。及爽秉政，乃复进叙，任为腹心。"又："晏，何进孙。少以才秀知名，好老庄言，作《道德论》及诸文赋著述，凡数十篇。"又《钟会传》："会弱冠，与山阳王弼并知名。弼好论儒道，辞才逸辩。注《易》及《老子》。"陈承祚

(寿)不为王、何立传,仅附于曹爽、钟会传后,且诋晏为浮华,其识至浅。今犹可考知弼、晏之生平者,实赖裴松之《三国志注》与刘义庆《世说新语》等书。而晏之《论语集解》与弼之《易注》、《老子注》亦具存。其引老庄之说,释孔圣之经,皆可寻案。毁之者,谓其罪深桀纣(晋范宁之言);誉之者,谓其独冠古今(唐孔颖达《周易正义序》)。要之汉人讲经,守章句,争家法,支离樛蔓,至说五字之文,多至二三万言(见《汉书·艺文志》)。得二子者,扫荡廓清,而反之坦易,亦功之不刊者也。且孔子问礼于老聃,而发犹龙之叹(见《史记·老子列传》),《庄子》一书,兼明孔、老二家之旨。儒道在先,本多相契。必视以老解经为非圣无法,亦后世儒生一孔之见已。至若泰始(晋武年号)以后,士夫专尚浮虚,不复以世务为事,驯至铜驼埋于荆棘,胡马驰于郊坛,而犹麈尾唾壶,清谈不息。末流之弊,亦难以罪倡始之人。当魏齐王芳时,何晏有奏曰:"善为国者,必先治其身。治其身者,慎其所习。所习正,则其身正;其身正,则不令而行。所习不正,则其身不正;其身不正,则虽令不从。是故为人君者,所与游,必择正人;所观览,必察正象。放郑声而弗听,远佞人而弗近。然后邪心不生,而正道可宏也。"又曰:"可自今以后,御幸式乾殿,及游豫后园,皆大臣侍从。因从容戏宴,兼省文书,询谋政事,讲论经义,为万世法。"(《三国志·齐王芳传》)以此观之,晏虽好老庄,岂欲遗弃世务者哉!清钱大昕作《何晏论》,以为其奏有大臣之风(见《潜研堂文集》)。然则前之何、王,未可与后之王(衍)、乐(广)同语也。

晏与弼同宗老庄,而其所见亦有不同者。何劭为王弼作传(见《三国志注》),谓:"晏以为圣人无喜怒哀乐,其论甚精,钟会等述之。弼与不同,以为'圣人茂于人者,神明也;同于人者,五情也。神明茂,故能体冲和以通无;五情同,故不能无哀乐以应物。然则圣人之情,应物而无累于物者也。今以其无累,便谓不复应物,失之多矣'。"今观弼注《老子》"无名天地之始,有名万物之母",曰:"凡有皆始于无。故未形无名之时，则为万物之始。及其有形有名之时，则长之、育之、亭之、毒之，为其母也。言道以无形无名，始成万物。以始以成，而不知其所以，玄之又玄也。”又注“有之以为利，无之以为用”，曰：“木、埴、壁，所以成三者，而皆以无为用也。言无者，有之所以为利，皆赖无以为用也。”其义正合。是弼虽主于无，而亦不废有。以视晏之专于无者，说尤圆矣。然弼实后于晏。弼幼时，晏见而奇之，叹曰：“仲尼言后生可畏。若斯人者，可与言天人之际乎！”晏虽不注《易》，然《管辂别传》（见《三国志·管辂传》注）载辂为晏所请，论《易》九事，九事皆明。晏曰：“君论阴阳，此世无双。”时邓飏与晏共坐，飏言：“君见谓善《易》，而语初不及《易》中辞义，何故也？”辂寻声答之曰：“夫善《易》者，不论《易》也。”晏含笑而赞之：“可谓要言不烦。”晏知辂之精于《易》，晏之精于《易》，亦可知也。《魏氏春秋》（见《三国志·曹爽传》注）曰：“初夏侯玄、何晏等，名盛于时，司马景王（师）亦预焉。晏尝曰：‘唯深也，故能通天下之志，夏侯泰初（泰初，玄字）是也；唯几也，故能成天下之务，司马子元（子元，师字）是也；惟神也，故不疾而速，不行而至，吾闻其语，未见其人。’”（唯深、唯几、惟神三句，皆《易·系辞》）则晏之所以自待者，岂可量哉！《晋书·王衍传》称：“魏正始中，何晏、王弼等祖述老庄立论，以为‘天地万物皆以无为本。无也者，开物成务，无往不存者也’。”何、王并称，固莫之能轩轾也已。

玄风虽倡于何、王，而得嵇（康，字叔夜）、阮（籍，字嗣宗）诸贤，互相标题，其流始广。康尝著《释私论》，略谓：“君子者，心不措乎是非，而行不违乎道者也。何以言之？夫气静神虚者，心不存于矜尚；体亮心达者，情不系于所欲。矜尚不存乎心，故能越名教而任自然；情不系于所欲，故能审贵贱而通物情。物情顺通，故大道无违；越名任心，故是非无措也。”籍有《大人先生传》，以为：“世之所谓君子，惟法是修，惟礼是克。手执圭璧，足履绳墨。行欲为目前检，言欲为无穷则。少称乡党，长闻邻国。上欲图三公，下不失九州牧。独不见群虱之处裈中，逃乎深缝，匿乎坏絮，自以为吉宅也。行不敢离缝际，动不敢出裈裆，自以为得绳墨也。然炎丘火流，焦邑灭都，群虱处于裈中，而不能出也。君子之处域内，何异夫虱之处于裈中乎！”（见各别集）蔑名教，弃绳墨，盖自嵇、阮始矣。然《晋书·阮籍传》称：“籍本有济世志。属魏晋之际，天下多故，名士少有全者。籍由是不与世事，遂酣饮为常。”而康《与山涛（字巨源）书》亦言：“阮嗣宗口不论人过。吾每师之，而未能及。至性过人，与物无伤，惟饮酒过差耳。至为礼法之士所绳，疾之如仇雠。”又言：“吾以不如嗣宗，而有慢弛之阙。又不识物情，暗于机宜。无万石之慎（万石君，石奋也），而有好尽之累（国武子好尽言以招人过，见《国语·周语》）。久与事接，疵衅日兴。虽欲无患，其可得乎？”（见康集）是康、籍之放诞，原有所托而然，而亦未至过甚也。其后阮瞻、王澄、谢鲲、胡毋辅之之徒，皆祖述于籍，谓得大道之本。乃去巾帻，脱衣服，露丑恶，同禽兽。甚者名之谓通，次者名之为达。变本加厉，虽乐广亦讥之，而曰：“名教中自有乐地。何为乃尔？”（见《世说新语》）此于嵇、阮已不似，而况何、王乎？且汉儒自贾谊、董仲舒以至徐幹，其为说无不致重于礼者。非不知礼之为人所苦难也，诚以人之性犹乎水然，无以防堰之，则将泛滥而大为害于天下。若夫上智之士，虽有荡佚，不离于法，是则希世而一见，未可以望之凡流也。何、王、嵇、阮，皆禀绝世之姿，有拔俗之志，而骛于高远，遗其卑近。其亦曾子所云“堂堂乎张，难与并为仁”者耶（见《论语》）？而阮瞻、王澄，又不善学之。无贲、育之勇，而欲举千钧之鼎，宜其绝膑矣。

抑老庄之学，易托者，放诞之行；而难造者，玄远之诣。当时虚无之宗，前推何、王，后称王、乐。衍、广在晋，皆跻列高位。而诡时自保，莫敢正言。迨宗社既倾，身亦随陨。老子有言：“后其身而身先，外其身而身存。”若衍与广，岂真知老庄者哉！然《晋书·衍传》载王敦过江，常称衍曰：“夷甫处众中，如珠玉在瓦石间。”顾恺之作《画赞》称：“衍岩岩清峙，壁立千仞。”（见《世说新语》）即石勒杀衍者，而亦谓其党孔袠曰:“吾行天下多矣,未尝见如此人。”(《晋书·衍传》)《广传》载卫瓘逮与魏正始中诸名士谈论,见广而奇之,命诸子造焉。曰:“此人之水镜,见之莹然,若披云雾而睹青天也。”夫内有所得,外则形之,庄子所云“畸于人而侔于天”者(《大宗师》),衍、广亦几得之矣。又衍尝丧幼子,山简吊之,衍悲不自胜,简曰:“孩抱中物,何至于此?”衍曰:“圣人忘情,最下不及于情。然则情之所钟,正在我辈!”(《衍传》)衍自言:“与人语甚简至,而及见广,便觉己之烦。”广论每以约言析理,厌(同餍)人之心(《广传》)。客有问指不至者(公孙龙之说),广亦不复剖析文句,直以麈尾柄触几曰:“至不?”客曰:“至。”广因又举麈尾曰:“若至者,那得去?”(《世说新语》)卫玠总角时,尝问广梦。广云:“是想。”玠曰:“神形所不接而梦,岂是想耶?”广曰:“因也。”玠思之经月不得,遂以成疾。广闻故,命驾为剖析之,玠即愈(《广传》)。辞约而理妙如此,斯又岂浅人所可剽窃为之者哉!渡江以后,风流益扇。元嘉(宋文帝)之间,遂至专立玄学,以相教授。以《庄》、《老》、《周易》,总谓三玄,谈论则为玄言,著述则为玄部。于是景附草靡,天下成风矣。然观王僧虔《戒子书》言:“往年有意于史。取《三国志》聚置床头,百日许后业就。玄自当小差(差,犹过也)于史,犹未近仿佛。曼倩(东方朔)有云:‘谈何容易。’见诸玄,志为之逸,肠为之抽。专一书,转通十数家注。自小至老,手不释卷,尚未敢轻言。汝开《老子》卷头五尺许,未知辅嗣何所道,平叔何所说,马、郑何所异,指例何所明,而便盛于麈尾,自呼谈士。此最险焉。”(《南齐书·王僧虔传》)夫开《老子》卷头五尺许,而便自称谈士,当时岂独僧虔之子然哉!是故玄学虽开于何、王,而嵇、阮一变焉,王、乐一变焉。至渡江之后,则又变焉。及夫天下皆谈士,而玄学微矣。

当玄风盛时,说经者无不杂以老庄。今六朝经师之说,多佚。特偶见于唐、宋注疏中。而梁皇侃《论语义疏》具存。观其所引,玄虚之语,往往而是。如“六十而耳顺”,孙绰(晋)云:“耳顺者,废听之理也。

朗然自玄悟，不复役而后为。”“子畏于匡”，孙绰云：“兵事险阻，常情所畏。圣人无心，故以物畏为畏也。”“久矣吾不复梦见周公”，李充（晋）云：“圣人无想，何梦之有。盖周德之日衰，故寄慨于不梦。”“吾不试，故艺”，缪协（晋）云：“兼爱以忘仁，游艺以去艺。”“颜渊死，子哭之恸”，缪协云：“圣人体无哀乐，而能以哀乐为体，不失过也。”其尤甚者，“回也其庶乎，屡空”，顾欢（齐）云：“夫无欲于无欲者，圣人之常也；有欲于无欲者，圣人之分也。二欲同无，故全空以目圣；一有一无，故每虚以称贤。”太史叔明（梁）申之云：“按其遗仁义，忘礼乐，隳支体，黜聪明，坐忘大通（见《庄子·人间世》、《大宗师》），此忘有之事也。忘有顿尽，非空而何？若以圣人验之，圣人忘忘，大贤不能忘忘。不能忘忘，心复为未尽。一未一空，故屡名生焉。”其解经者如此，岂独向秀、郭象之注《庄》，张湛之注《列》，为玄言之宗哉！又老庄之学，多可与释氏相通。故谈玄者，往往喜与释子周旋，而释子亦盛治老庄。如高坐道人到江左，王导一见，奇之，曰：“此吾徒也。”（《世说新语注》）王逸少作会稽，初至，支道林在焉。孙兴公（即绰）谓王曰：“支道林拔新领异，胸怀所及乃自佳。卿欲见不？”乃与支共载往王（《世说》）。康僧渊在豫章，去郭数十里，立精舍，闲居研讲，希心理味。庾公（亮）诸人，多往看之。观其运用吐纳，风流转佳（《世说》）。而支公尤深于名理。《庄子·逍遥游》旧是难处，诸名贤所共钻味，不能拔理于郭、向之外。支在白马寺中，将冯太常（怀）共语，因及《逍遥》，支卓然标新理于二家之表，立异义于众贤之外，皆是诸名贤寻味之所不得，后遂用支理。又支与许（询）、谢（安）盛德，共集王（濛）家。谢顾谓诸人：“今日可谓彦会。时既不可留，此集固亦难常。当共言咏，以写其怀。”许便问主人有《庄子》不，正得《渔父》一篇。谢看题，便各使四座通。支先通，作七百许语，叙致精丽，才藻奇拔，众咸称善。又僧意在瓦官寺，王苟子（修）来与语，便使其唱理。意谓王曰：“圣人有情不？”王曰：“无。”重问曰：“圣人如柱耶？”王曰：“如筹算。虽无情，运之者有情。”僧意云：“谁运圣人耶?”荀子不得答而去(以上皆《世说》)。观此数公之才辨理致,固不下于曩时之王、乐也。然始以佛理说老庄,继即援老庄而入佛。故玄学之行,而佛教遂盛,上夺汉儒守经之席,下作齐、梁事佛之阶。在当时则礼法之罪人,而在后世亦象教之功臣已。

第十三章 刘　　劭

当何、王之时，有傅嘏、钟会之论才性。《三国志·嘏传》：嘏常论才性同异，钟会集而论之。《会传》：会尝论《易》无互体，才性同异。《世说新语》：钟会撰《四本论》始毕，甚欲使嵇公一见。置怀中既定，畏其难，怀不敢出。于户外遥掷，便回急走。刘孝标注云："《四本》者，言才性同、才性异、才性合、才性离。尚书傅嘏论同，中书令李丰论异，侍郎钟会论合，屯骑校尉王广论离。"《四本论》今已不传。然《世说》称："殷中军（浩）虽思虑通长，然于才性偏精。忽言及《四本》，便若汤池铁城，无可攻之势。"又："殷仲堪精核玄论，人谓莫不研究。殷乃叹曰：'使我解《四本》，谈不翅尔。'"则晋以来，犹多能言之者矣。今传刘劭《人物志》，论才性甚精审。劭，字孔才，邯郸人。仕魏，官至散骑常侍。与嘏、会等同时，其说必有与之仿佛者。《三国志》言："劭所撰述《法论》、《人物志》之类，百余篇。"《法论》已佚，《人物志》亦才十二篇而已。吾尝读而究之，大抵糅合道德阴阳之说，而亦颇有与儒合者。盖承汉人之余绪，正自应尔。而隋、唐《志》皆列之名家，要与古之名家异矣。

今《人物论》首《九征》。其辞曰："盖人物之本，出乎情性。情性之理，甚微而玄。非圣人之察，其孰能究之哉。凡有血气者，莫不含元一以为质，禀阴阳以立性，体五行而著形。苟有形质，犹可即而求之。凡人之质量，中和最贵矣。中和之质，必平淡无味，故能调成五材，变化应节。是故观人察质，必先察其平淡，而后求其聪明。聪明者，阴阳之精。阴阳清和，则中睿外明。圣人淳耀，能兼二美，知微知章。自非圣人，莫能两遂。故明白之士，达动之机，而暗于玄虑；玄虑之人，识静之原，而困于速捷。犹火日外照，不能内见；金水内暎，不能外光。二者之义，盖阴阳之别也。若量其材质，稽诸五物。五物之征，亦各著于厥体矣。其在体也，木骨、金筋、火气、土肌、水血，五物之象也。五物之实，各有所济。是故骨植而柔者，谓之宏毅。宏毅也者，仁之质也。气清而朗者，谓之文理。文理也者，礼之本也。体端而实者，谓之贞固。贞固也者，信之基也。筋劲而精者，谓之勇敢。勇敢也者，义之决也。色平而畅者，谓之通微。通微也者，智之原也。五质恒性，故谓之五常矣。五常之别，列为五德。是故温直而扰毅，木之德也。刚塞而弘毅，金之德也。愿恭而理敬，水之德也。宽栗而柔立，土之德也。简畅而明砭，火之德也。虽体变无穷，犹依乎五质。故其刚柔明畅贞固之征，著乎形容，见乎声色，发乎情味，各如其象。平陂之质在于神，明暗之实在于精，勇怯之势在于筋，强弱之植在于骨，躁静之决在于气，惨怿之情在于色，衰正之形在于仪，态度之动在于容，缓急之状在于言。其为人也，质素平淡，中睿外朗，筋劲植固，声清色怿，仪正容直，则九征皆至，则纯粹之德也。九征有违，则偏杂之材也。三度不同，其德异称。故偏至之材，以材自名。兼材之人，以德为目。兼德之人，更为美号。是故兼德而至，谓之中庸，中庸也者，圣人之目也；具体而微，谓之德行，德行也者，大雅之称也。一至谓之偏材，偏材，小雅之质也；一违谓之依似，依似，乱德之类也。一至一违，谓之间杂，间杂，无恒之人也。无恒依似，皆风人之末流。末流之质，不可胜论。”本之于阴阳，合之以五行，而旁通于《诗》、《书》之说，可谓博而能详者矣。然要其立论之义，则在王道得而臣道序。故《流业篇》历数清节法术国体之材，而曰："凡此十二材，皆人臣之任也，主德不预焉。主德者，聪明平淡，总达众材，而不以事自任者也。主道立，则十二材各得其任也。"庄子有言："上无为而用天下，下有为为天下用。"(《天道》)又曰："无为而尊者，天道也；有为而累者，人道也。主者，天道也；臣者，人道也。"若劭之论，非所谓道家君人南面之术者哉！然则仅取其辨才性体别，犹为未尽劭意者，而惜乎钟士季(会字)之书之不存，不能取以相证也。

第十四章　裴　颇

傅、钟之言才性，与何、王之标虚无，异矣。然二者非正相敌难也。其起与虚无之说相敌难者，则惟裴颇乎？《晋书·颇传》曰："颇，字逸民。弘雅有远识，博学稽古，自少知名。御史中丞周弼见而叹曰：'颇若武库，五兵纵横，一时之杰也。'颇深患'时俗放荡，不尊儒术。何晏、阮籍，素有高名于世，口谈浮虚，不遵礼法，尸禄耽宠，仕不事事。至王衍之徒，声誉太盛，位高势重，不以物务自婴。遂相仿效，风教陵迟'，乃著《崇有》之论，以释其蔽。王衍之徒，攻难交至，并莫能屈。"若颇者，可谓卓然自立，不诡于时者矣。然观颇《崇有论》曰："老子既著五千之文，表摭秽杂之弊，甄举静一之义。有以令人释然自夷，合于《易》之损谦艮节之旨。而静一守本，无虚无之谓也。损艮之属，盖君子之一道，非《易》之所以为体守本无也。观老子之书，虽博有所经，而云'有生于无'，以虚为主，偏立一家之辞，岂有以而然哉！人之既生，以保生为全。全之所阶，以顺感为务。若味近以亏业，则沉溺之衅兴；怀未以忘本，则天理之真灭。故动之所交，存亡之会也。夫有非有，于无非无；于无非无，于有非有。是以申纵播之累，而著贵无之文。将以绝所非之盈谬，存大善之中节，收流遁于既过，反澄正于胸怀。宜其以无为辞，而旨在全有。故其辞曰：‘以为文不足。’若斯，则是所寄之途、一方之言也。若谓至理信以无为宗，则偏而害当矣。”又曰：“夫至无者，无以能生。故始生者，自生也。自生而必体有，则有遗而生亏矣。生以有为己分，则虚无是有之所遗者也。故养既化之有，非无用之所能全也；理既有之众，非无为之所能循也。心非事也，而制事必由于心，然不可以制事以非事，谓心为无也；匠非器也，而制器必须于匠，然不可以制器以非器，谓匠非有也。是以欲收重泉之鳞，非偃息之所能获也；陨高墉之禽，非静拱之所能捷也。审投弦饵之用，非无知之所能览也。由此而观，济有者，皆有也。虚无奚益于已有之群生哉！”頠之所以排无而申有，其说仍一本之于老庄。盖道家之旨，原有无双立。立无所以极理，立有所以通事。裴与王衍之徒，皆各见其一端者也。

虽然，如裴之说，实当时之药石。其论曰：“夫盈欲可损，而未可绝有也；过用可节，而未可谓无贵也。盖有讲言之具者，深列有形之故，盛称空无之美。形器之故有征，空无之义难检。辨巧之文可悦，似象之言足惑。众听眩焉，溺其成说。虽颇有异此心者，辞不获济，屈于所狎。因谓虚无之理，诚不可盖。唱而有和，多往弗反。遂薄综世之务，贱功烈之用；高浮游之业，卑经实之贤。人情所殉，笃夫名利。于是文者衍其辞，讷者赞其旨，染其众也。是以立言借其虚无，谓之玄妙；处官不亲所司，谓之雅远；奉身散其廉操，谓之旷达。故砥砺之风，弥以陵迟。放者或悖吉凶之礼，而忽容止之表，渎弃长幼之序，混漫贵贱之级。其甚者，至于裸裎，言笑忘宜，以不惜为弘。士行又亏矣。”夫《记》曰：“张而弗弛，文武弗能；弛而弗张，文武弗为。一张一弛，文武之道也。”（见《礼·杂记》）汉人惟张之太过，故魏晋以来，不得不弛。今弛之太过，亦不能不复张者，道也。故《论》曰：“兆庶之情，信于所习。习则心服其业，业服则谓之理然。是以君人必慎所教。班其政刑，一切之务。分宅百姓，各授四职。能令禀命之者，不肃而安。忽然忘异，莫有迁志。”曰：“贤人君子，知欲不可绝，而交物有会。观乎往复，稽中定务。惟夫用天之道，分地之利，躬其力任，劳而后飨。居以仁顺，守以恭俭，率以忠信，行以敬让。志无盈求，事无过用。乃可济乎！故大建厥极，绥理群生。训物垂范，于是乎在。斯则圣人为政之由也。”曰：“贱有则必外形，外形则必遗制，遗制则必忽防，忽防则必忘礼。礼制弗存，则无以为政矣。”晋人能知儒、道相济之用者，则惟裴逸民耳。王衍之将死也，叹曰：“呜呼！吾曹虽不如古人，向若不祖尚浮虚，戮力以匡天下，犹可不至今日！”(《晋书·衍传》)其亦思及裴之言乎？頠又著《辨才论》，古今精义，皆辨释焉。未成，而为赵王伦所杀。

第十五章　傅　　玄

老庄之用，在于申韩。晋人言老庄者多，而知申韩者少。故吾尝言晋人未能得老庄之全，以是蒙其害而不获其用。既得《傅子》读之，觉其尚公道、重爵禄，犹有法家之意。其书亦称老子，曰："老子不云乎：'信不足焉者，有不信也。'"又谓："天下之福，莫大于无欲。天下之祸，莫大于不知足。"则纯然老氏之学。然与当时之湛于虚无者，异矣。傅子名玄，字休奕，北地泥阳人。晋武代魏，玄为散骑常侍。上书谓："为政之要，计人而置官，分人而受事。士农工商之分，不可斯须废。宜亟定制，通计天下。若干人为士，足以副在官之吏；若干人为农，三年足有一年之储；若干人为工，足其器用；若干人为商贾，足以通货。"颇欲贵农抑末，佐益时事。后为御史中丞，亦多匡谏。年六十二，卒。所撰论经国九流，及三史故事，评断得失，各为区别，名为《傅子》，为内、外、中篇，凡有四部、六录，合百四十首，数十万言。隋、唐两《志》，并存其目，皆一百二十卷，而宋《志》仅有五卷。盖唐五代之乱，多亡佚矣。今从《永乐大典》抄出文义完具者十二篇。文义不完者，亦十二篇。

其尚公道、重爵禄，奈何？《通志篇》曰："夫能通天下之志者，莫大乎至公。能行至公者，莫要乎无忌心。"曰："夫有公心，必有公道。有公道，必有公制。丹朱、商均，子也，不肖，尧、舜黜之。管叔、蔡叔，弟也，为恶，周公诛之。苟不善，虽子弟不赦，则于天下无所私矣。鲧乱政，舜殛之，禹圣明，举用之。戮父而授其子，则于天下无所枉矣。石厚，子也，石碏诛之。冀缺，雠也，晋侯举之（并见《左传》）。是谓公道。"曰："上之人，或有所好之流独进，而所不好之流退矣。通者一而塞者万，则公道废而私道行矣。"此韩非"去私曲就公法"之说也。曰："听言不如观事，观事不如观行。听言必审其本，观事必校其实，观行必考其迹。参三者而详之，近少失矣。"此韩非"参验"之说也。《重爵禄篇》曰："爵禄者，国柄之本，而富贵之所由，不可以不重也。然则爵非其德不授，禄非其功不与。"曰："德贵功多者，受重爵大位厚禄尊官。德浅功寡者，受轻爵小位薄禄卑官。"曰："欲治其民，而不省其事，则事繁而职乱；知省其职，而不知节其利。厚其禄也，则下力既竭，而上犹未供；薄其禄也，则吏竞背公义（原作利，以意校改）而营私利也。此教之所以必废而不行也。凡欲为治者，莫不欲其吏之清也。不知所以致清，而求其清，此犹浑其源而望其流之洁也。知所以致清，则虽举盗跖，不敢为非；不知所以致清，则虽举夷、叔，必犯其制矣。"此韩非"功多位尊，力极赏厚，而度量信，则伯夷不失是，而盗跖不得非"之说也。凡此之类，皆与法家意合。盖欲经国理民，固不能离于此道。然亦即有不然于法家者。《贵教篇》曰："因善教义，义（原义字不重，以意增，下句礼字亦然）成而礼行；因义立礼，礼设而义通。若夫商、韩、孙、吴，知人性之贪得乐进，而不知兼济其善。于是束之以法，要之以功。使天下惟力是恃，惟争是务。恃力务争，至有探汤赴火而忘其身者，好利之心独用也。怀好利之心，则善端没矣。不济其善，而惟力是恃，其不大乱几希耳。人之性，避害从利。故利出于礼让，则修礼让；利出于力争，则任力争。修礼让，则上安下顺，而无侵夺；任力争，则父子几乎相危，而况于悠悠者乎。"其意以为"制政以法，修教以礼"，欲兼礼与法而用之。是则又儒者之教也。《晋书·玄传》称玄书内篇初成，其子咸以示司空王沈。沈与玄书曰:“省足下所著书,言富理济,经纶政体,存重儒教,足以塞杨、墨之流遁,齐孙、孟(孟子,孙卿)于往代。每开卷,未尝不叹息也。”且自汉以来,儒道名法,久相糅杂。谓玄“存重儒教”云云,犹不免皮相之谈耳。

第十六章　葛洪 附鲍生

牟融、荀悦作书，皆讥斥神仙。而晋葛洪著书，名《抱朴子》，则谓神仙为必有。洪，字稚川，丹阳句容人也。惠帝太安中，石冰之乱，洪募数百人，与诸军破之。事平，不尸其功。后以交趾出丹砂，求为句漏令。过广州，刺史邓岳留之。不听，乃止罗浮山炼丹。或传其丹成仙去。洪书有《论仙篇》，曰："或问：'神仙不死，信可得乎？'抱朴子答曰：'虽有至明，而有形者不可毕见焉。虽禀至聪，而有声者不可尽闻焉。虽有大章、竖亥之足，而所常履者，未若所不履之多。虽有禹、益齐谐之识，而所识者，未若所不识之众也。万物云云，何所不有？不死之道，曷为无之？夫仙人以药物养身，以术数延命，使内疾不生，外患不入。虽久视不死，而旧身不改。苟有其道，无以为难也。而浅识之徒，拘俗守常，咸曰世间不见仙人，便云天下必无此事。夫目之所曾见，尝何足言哉！天地之间，无外之大，其中殊奇，岂遽有限？诣老戴天，而或莫知其为上；终身履地，而或莫识其为下（以意校正）。形骸，己所自有也，而莫知其心志之所以然；寿命，在我者也，而莫知其修短之所至焉。况乎神仙之远理，道德之幽玄。仗其浅短之耳目，以断微妙之有无，岂不悲哉！'"其所谓药物术数者，具载《金丹》一篇。曰："余考览养性之书，鸠聚久视之方。曾所披涉，篇卷以千数矣，莫不皆以还丹金液为大要者焉。然则此二事，盖仙道之极也。”又曰：“夫金丹之为物，烧之愈久，变化愈妙。黄金入火百炼不消，埋之毕天不朽。服此二药，炼人身体，故能令人不老不死。此盖假求于外物，以自坚固。有如脂之养火，而可不灭；铜青涂脚，入水不腐。此是借铜之劲，以扞其肉也。金丹入身中，沾洽荣卫，非但铜青之外傅矣。”所言如此，殊诡常理。然《至理篇》云：“夫有因无而生焉，形非神而立焉。有者，无之宫也；形者，神之宅也。故譬之于堤，堤坏则水不留矣；方之于烛，烛糜则火不居矣。身劳则神散，气竭则命终。根竭枝繁，则青青去木矣；气疲欲胜，则精灵离身矣。夫逝者无返期，既朽无生理。达道之士，良所悲矣。轻璧重阴，岂不有以哉！故山林养性之家，遗俗得志之徒，比崇高于赘疣，方万物乎蝉翼。岂苟为大言，而轻薄世事哉！诚其所见者了，故弃之如忘耳。是以遐栖幽遁，韬鳞掩藻。遏欲视之目，遗损明之色；杜思音之耳，远乱听之声。涤除玄览，抱雌守一。专气致柔，镇以恬素。遣欢戚之邪情，外得失之荣辱。割厚生之腊毒，谧多言于枢机。反听而后所闻彻，内视而后见无联。养灵根于冥钧，除诱慕于接物。削斥浅务，御以愉漠。为乎无为，以全天理。”是则老庄之常言，无为之要旨。盖自汉以来，道家与神仙既混而为一。希长生者，言理则取老庄，言术则有丹诀。而丹诀隐秘，不可言传。故如魏君《参同》，多假譬喻以为说，学者已不能无疑。是后纷纷，益为诙诡。洪之书言：“黄帝九鼎神丹经，丹名有九。”又云：“太清神丹，其法出于元君。元君者，老子之师也。其丹有九转。一转之丹，服之三年得仙。九转之丹，服之三日得仙。”（并《金丹篇》）语既不经，而又托之老子之师，真妄说也。是故魏晋以后，神仙有多家，要其说可取者，皆与老庄为合。若出于老庄之说之外，则非诬即诞。洪文辞赡富，而书实芜杂。虽内篇言道，外篇言儒，意思包举儒道，然谓：“俗所谓圣人者，皆治世之圣人，非得道之圣人。得道之圣人，则黄、老是也。治世之圣人，则周、孔是也。”

(《辨问》)又谓:“内宝养生之道,外则和光于世。治身而身长修,治国而国太平。以六经训俗士,以方术授知音。欲少留,则且止而佐时,欲升腾,则凌霄而轻举者,上士也。自持才力,不能并成,则弃智人间,专修道德者,亦其次也。”分得道、治世为两事,洪岂为能通观道之大全者哉!

又洪书有《诘鲍篇》,称:“鲍生敬言,好老庄之书,治剧辩之言。以为古者无君,胜于今世。”因托于儒者之义,以与之相难。鲍生生平不可详,然其言则略具。曰:“儒者曰:‘天生蒸民而树之君。’岂有皇天谆谆言,亦将欲之者为辞哉!夫强者凌弱,则弱者服之矣;智者诈愚,则愚者事之矣。服之,故君臣之道起焉;事之,故力寡之民制焉。然则隶属役御,由乎争强弱而校愚智,彼苍天果无事也。夫役彼黎蒸,养此在官。贵者禄厚,而民亦困矣。曩古之世,无君无臣。穿井而饮,耕田而食。日出而作,日入而息。泛然不系,恢尔自得。不竞不营,无荣无辱。山无溪径,泽无舟梁。川谷不通,则不相并兼;士众不聚,则不相攻伐。势利不萌,祸乱不作。干戈不用,城池不设。万物玄同,相忘于道。疫疠不流,民获考终。纯白在胸,机心不生。含哺而熙,鼓腹而游。其言不华,其行不饰。安得聚敛以夺民财?安得严刑以为坑阱?降及叔季,智用巧生。道德既衰,尊卑有序。繁升降损益之礼,饰绂冕玄黄之服。起土木于凌霄,构丹绿于棼橑。倾峻搜宝,泳渊采珠。聚玉如林,不足以极其变;积金成山,不足以赡其费。澶漫于淫荒之域,而叛其大始之本。去宗日远,背朴弥增。尚贤,则民争名;贵货,则盗贼起。见可欲,则真正之心乱;势利陈,则劫夺之途开。造剡锐之器,长侵割之患。弩恐不劲,甲恐不坚,矛恐不利,盾恐不厚。若无凌暴,此皆可弃也。故曰:‘白玉不毁,孰为圭璋?道德不废,安取仁义?’使夫桀、纣之徒,得燔人,辜谏者,脯诸侯,菹方伯,剖人心,破人胫,穷骄淫之恶,用炮烙之虐。若令斯人并为匹夫,性虽凶奢,安得施之?使彼肆酷恣欲,屠割天下,由于为君,故得纵意也。君臣既立,众慝日滋,而欲攘臂乎桎梏之间，愁劳于涂炭之中。人主忧栗于庙堂之上，百姓煎扰乎困苦之中。闲之以礼度，整之以刑罚。是犹辟滔天之源，激不测之流，塞之以撮壤，障之以指掌也。”(有节文)又曰:“君臣既立，而变化遂滋。夫獭多则鱼扰，鹰众则鸟乱。有司设则百姓困，奉上厚则下民贫。壅崇宝货，饰玩台榭。食则方丈，衣则龙章。内聚旷女，外多鳏男。采难得之货，贵奇怪之物。造无益之器，恣不已之欲。非鬼非神，财力安出哉！夫谷帛积，则民有饥寒之俭；百官备，则坐靡供奉之费。宿卫有徒食之众，百姓养游手之人。民乏衣食，自给已剧，况加赋敛，重以苦役。下不堪命，且冻且饥。冒法斯滥，于是乎在。王者忧劳乎上，台鼎颦蹙于下，临深履薄，惧祸之及。恐智勇之不用，故厚爵重禄以诱之；恐奸衅之不虞，故严城深池以备之。而不知禄厚则民匮而臣骄，城严则役重而攻巧。故散鹿台之金，发钜桥之粟，莫不欢然。况乎本不聚金，而不敛民粟乎？休牛桃林，放马华山，载戢干戈，载櫜弓矢，犹以为泰。况乎本无军旅，而不战不戍乎？茅茨土阶，弃织拔葵，杂囊为帏，濯裘布被，妾不衣帛，马不秣粟，俭以率物，以为美谈。所谓盗跖分财，取少为让，陆处之鱼，相煦以沫也。夫身无在公之役，家无输调之费，安土乐业，顺天分地，内足衣食之用，外无势利之争。操杖攻劫，非人情也。象刑之教，民莫之犯。法令滋彰，盗贼多有。岂彼无利性，而此专贪残？盖我清静，则民自正；下疲怨，则智巧生也。任之自然，犹虑凌暴；劳之不休，夺之无已。田芜仓虚，杼柚乏空，食不充口，衣不周身。欲令无乱，其可得乎？所以救祸而祸弥深，峻禁而禁不止也。关梁所以禁非，而猾吏因之以为非焉；衡量所以检伪，而邪人因之以为伪焉。大臣所以扶危，而奸臣恐主之不危；兵革所以静难，而寇者盗之以为难。此皆有君之所致也。民有所利，则有争心。富贵之家，所利重矣。且夫细人之争，不过小小。匹夫校力，亦何所至？无疆土之可贪，无城郭之可利，无金宝之可欲，无权柄之可竞，势不能以合徒众，威不足以驱异人。孰与王赫斯怒，陈师鞠旅，推无仇之民，攻无罪之国，僵尸则动以万计，流血则漂橹丹野。无道之君，无世不有。肆其虐乱，天下无邦。忠良见害于内，黎民暴骨于外，岂徒小小争夺之患耶？”考鲍生之论，大抵出于蒙庄之《胠箧》、《马蹄》（《庄子篇》名）。而身逢丧乱，故益以自坚其信。其指斥残暴，欲为祸乱之防，固为有心生民者。而不知远古质朴，民尚童蒙，譬夫婴儿，智慧未萌。非为知而不为，欲而忍之也。若人与人争草莱之利，家与家讼巢窟之地。上无治枉之官，下有重类之党。则私斗过于公战，木石锐于干戈，交尸布野，流血绛路，久而无君，噍类尽矣。且鸟聚兽散，巢栖穴窜，毛血是茹，结草斯服。人无六亲之尊卑，出无阶级之等威。未若庇体广厦，粳粱嘉旨，黼黻绮纨，御冬当暑，明辟莅物，良宰匡世，设官分职，宇宙穆如也。今使居则反巢穴之陋，死则捐之中野。限水则泳之游之，出行则徒步负戴。弃鼎铉而为生臊之食，废针石而任自然之病。裸以为饰，不用衣裳。逢女为偶，不假行媒。可乎？曰：不可也。然则有欲之性，萌于受气之初；厚己之情，著于成形之日。而欲去君，使无所惮。盗跖横行以掠杀，良善端拱以待祸。无主所诉，无强所凭。（以上取《抱朴》原文）是真生所谓“救祸而祸弥深”者矣。至若举桀纣之虐，伤赋敛之重，此可为衰世之罪，而不足为郅治之累。吾观葛君之难，而知鲍生之不中于雅论也。而今乃有取而表章之者，何哉？

第十七章　陶渊明

陶潜，字渊明。或云，名渊明，字元亮。寻阳柴桑人。少有高趣。家贫，起为州祭酒。不堪吏职，自解归。躬耕自资，遂抱羸疾。后为镇军参军，谓亲朋曰："聊欲弦歌，以为三径之资，可乎？"执事者闻之，以为彭泽令。岁终，会郡遣督邮至，县吏白："应束带见之。"渊明叹曰："我岂能为五斗米，折腰向乡里小儿！"即日解绶去职，居于栗里以终。时释慧远在庐山，与刘程之、雷次宗等结白莲社，修习净土之业。渊明每来社中，或时才至，便攒眉回去。远欲其入社，竟不能也。有集十卷，而所为《五柳先生传》盖以自况。曰："常著文章自娱，颇示己志。"故每读其文，而想其德。信哉！昭明所谓"驰竞之情遣，鄙吝之意祛。贪夫可以廉，懦夫可以立。"（昭明太子《陶集序》）而世或仅以诗人视之，不亦浅乎！

渊明之学，迹近老庄，而实本之孔氏。故其诗曰："游好在六经。"（《饮酒》）曰："《诗》、《书》敦夙好。"（《辛丑岁七月赴假还江陵夜行涂中》）曰："所说圣人篇。"（《答庞参军》）曰："先师遗训，予岂之坠。"（《荣木》）而所以戒其子者，则又曰："温恭朝夕，念兹在兹。尚想孔伋，庶其企而。"（《命子》）以伋望子，则其以圣贤自期待，可知也。然自汉以来，学者习孔氏，多滞于章句之末，罕窥于精神之表。盖六艺之传，半由子夏，斯文学之科，非性道之全也。是以贾、董诸儒，言礼则归之仲尼，言道犹依于李耳。而渊明抗志圣门，独有异契。曰："延目中流，悠悠清沂。童冠齐业，闲咏以归。我爱其静，寤寐交挥。但恨殊世，邈不可追。"（《时运》）既取曾点之咏归。曰："荣叟老带索，欣然方弹琴。原生纳决履，清歌畅商音。重华去我久，贫士世相寻。弊襟不掩肘，藜藿常乏斟。岂忘袭轻裘，苟得非所钦。赐也徒能辩，乃不见吾心。"（《咏贫士》）复取原宪之养志。所谓"寻孔颜乐处"（周子语），咏风弄月以归，有"吾与点也"（程子语）之意者，不待宋儒，已由渊明先发之矣。然后知圣人之学，正有所以达天德者在。沉溺章句，固不免于面墙；剽窃虚无，亦自忘其家宝。则渊明发明圣道之功，不亦伟乎！真西山曰："渊明之学，正自经术中来。故形之于诗，有不可掩。如荣木之忧，逝水之叹也。贫士之咏，箪瓢之乐也。"呜呼！若西山者，庶几可谓能知渊明者矣。

渊明理想所托，尤在《桃花源》一记。其辞曰："晋太元（孝武）中，武陵人捕鱼为业，缘溪行，忘路之远近。忽逢桃花林。夹岸数百步，中无杂树。芳草鲜美，落英缤纷。渔人甚异之。复前行，欲穷其林。林尽水源。便得一山。山有小口，仿佛若有光。便舍船从口入。初极狭，才通人。复行数十步，豁然开朗。土地平旷，屋舍俨然。有良田美池桑竹之属。阡陌交通，鸡犬相闻。其中往来种作，男女衣著，悉如外人。黄发垂髫，并怡然自乐。见渔人，乃大惊。问所从来。具答之。便邀还家，为设酒杀鸡作食。村中闻有此人，咸来问讯。自云：'先世避秦时乱，率妻子邑人，来此绝境。不复出焉。遂与外人间隔。'问今是何世。乃不知有汉，无论魏晋。此人一一为具言。所闻皆叹惋。余人各复延至其家，皆出酒食。停数日，辞去。此中人语云：'不足为外人道也。'"后之论者，每谓此为刘宋王业渐隆，渊明有避世之意，故设为之说。犹是义熙以后所作，惟云甲子，不书年号。凡以著耻事二姓之义耳。不知渊明慨想大同，于诗文屡发之，不独《桃花源记》云尔也。《时运》曰："黄唐莫逮，慨独在予。"《赠羊长史》曰："愚生三季后，慨然念黄虞。"《饮酒》曰："羲农去我久，举世少复真。"《与子俨等疏》曰："五六月中，北窗下卧。遇凉风暂至，自谓是羲皇上人。"《五柳先生传赞》曰："酣觞赋诗，以乐其志。无怀氏之民与？葛天氏之民与？"盖自孔子作《礼运》以后，儒者言治，惟及三代。其跨三代而思跻于黄虞者，渊明一人而已。且《桃花源记》明言"不知有汉，无论魏晋"，渊明岂区区以晋之臣子自待者哉！虽然，甘食美服，安居乐俗，邻国相望，鸡犬相闻，至老死而不相往来者，老氏之言也。渊明亦志存《礼运》，而取辞《道德》者与？

第十八章　南北朝儒释道三教之争

佛法自汉入中国，而大盛于六朝。推厥由来，实以老庄之学，言虚言无，与法空之旨不远，故清谈行而象教兴。先驱之力，不可诬也。然汉末道德、神仙二家，合为道教。既掇拾佛氏之设施，以自恢广。北周天和（武帝）中，玄都道士所上经目，道经传记符图论，至六千三百六十三卷（见甄鸾《笑道论》）。此皆汉时所无。而历观史传，自晋以来，贤士大夫事奉道教者，颇多有之。如《晋书·何充传》称"郗愔与弟昙，奉天师道。而充与弟准，崇信释氏。谢万讥之曰：'二郗谄于道，二何佞于佛。'"南齐张融作《门论》亦言："吾门世恭佛，舅氏奉道。"信道信佛，势成对立。于是向之以理近而援引者，终乃不得不以势逼而挤排矣。当时争端之烈，莫过于宋顾欢（《南史·隐逸传》）之《夷夏论》。司徒袁粲，既托为道人通公驳之（见《南史·顾欢传》），而谢镇之有《折夷夏论》，朱昭之有《难夷夏论》，朱广之有《咨夷夏论》，释慧通有《驳夷夏论》，释僧愍有《戎华论》，明僧绍有《正二教论》（并见梁僧祐《弘明集》）。入主出奴，龂龂不已。然观欢《论》曰："五帝三王，不闻有佛。国师道士，无过老庄。儒林之宗，孰出周孔。若孔老非圣，谁则当之。

然二经所说，如合符契。道则佛也，佛则道也。其圣则符，其迹则反。或和光以明近，或曜灵以示远。道济天下，故无方而不入；智周万物，故无物而不为。其入不同，其为必异。各成其性，不易其事。是以端委缙绅，诸华之容。剪发旷衣，群夷之服。擎跽磬折，侯甸之恭。狐蹲狗踞，荒流之肃。棺殡椁葬，中夏之风。火焚水沉，西戎之俗。全形守礼，继善之教。毁貌易性，绝恶之学。虽舟车均于致远，而有川陆之节；佛道齐乎达化，而有夷夏之别。若谓其致既均，其法可换者，而车可涉川，舟可行陆乎？今以中夏之性，效西戎之法。既不全同，又不全异。下育妻奴，上绝宗祀。嗜欲之物，皆以礼伸。孝敬之典，独以法屈。悖礼犯顺，曾莫之觉。弱丧忘归，孰识其旧。且理之可贵者，道也；事之可贱者，俗也。舍华效夷，义将安取。若以道邪？道固符合矣。若以俗耶？俗则大乖矣。屡见刻舷沙门，守株道士，交诤小大，互相弹射。或域道以为两，或混俗以为一。是牵异以为同，破同以为异。则乖争之由，淆乱之本也。寻圣道虽同，而法有左右。始乎无端，终乎无末。泥洹仙化，各是一术。佛号正真，道称正一。一归无死，真会无生。在名则反，在实则合。但无生之交赊，无死之化切。切法可以进谦弱，赊法可以退夸强。佛教文而博，道教质而精。精非粗人所信，博非精人所能。佛言华而引，道言实而抑。抑则明者独进，引则昧者竞前。佛经繁而显，道经简而幽。幽则妙门难见，显则正路易遵。此二法之辨也。圣匠无心，方圆有体。器既殊用，教亦异施。佛是破恶之方，道是兴善之术。兴善则自然为高，破恶则勇猛为贵。佛迹光大，宜以化物。道迹密微，利用为己。优劣之分，大略在兹。”其于佛、老异同，虽不无微中，而所以抑扬其间者，则不过夷夏礼俗之隔，未宜改从。此何足以关尊事三宝者之口哉！至若依据玄妙内篇，谓：“老子入关，之天竺维卫国，因净妙夫人昼寝，乘日精入其口中，剖右腋而生。”并引《法华》、《无量寿》、《瑞应本起》诸经，谓：“释迦成佛，有尘劫之数，或为国师道士儒林之宗。”以相佐证。诬罔牵合，尤授人以柄者也。及于梁世，有所谓《三破论》者出。第一破曰："入国而破国。诳言说伪，兴造无费，苦克百姓。使国空民穷，生人减损。况不蚕而衣，不田而食。国灭人绝，由此为失。日用损废，无纤毫之益。五灾之害，不复过此。"第二破曰："入家而破家。使父子殊事，兄弟异法。遗弃二亲，孝道顿绝。忧娱各异，歌哭不同。骨肉生仇，服属永弃。悖化犯顺，无昊天之报。五逆不孝，不复过此。"第三破曰："入身而破身。人生之体，一有毁伤之疾，二有髡头之苦，三有不孝之逆，四有绝种之罪，五有亡礼（《弘明集》原作体，以意校改）从诫。惟学不孝，何故言哉？诫令不跪父母，便竞从之。儿先作沙弥，其母复作阿尼，则跪其儿。不礼之教，中国绝之，何可得从？"弃变夏之浅谈，本人伦以立说，义较进矣。然曰："道家之教，妙在精思得一，而无死入圣。佛家之化，妙在三昧（译言正受）神通，无生可冀。名死为泥洹（即涅槃，译言灭度），未见学死而不得死者也。"此则犹是神仙不死之妄见。是故刘勰造《灭惑论》因以破之。曰："佛法炼神，道教炼形。形气必终，碍于一垣之里；神识无穷，再抚六合之外。明者资于无穷，教以胜慧；暗者恋其必终，诳以仙术。仙术（《弘明集》二字不重，以意校补）极于饵药，慧业始于观禅。禅炼真识，故精妙而泥洹可冀；药驻伪器，故精思而翻腾无期。若乃弃妙宝藏，遗智养身。据理寻之，其伪可知。假使形翻，无济（原作际，以意校改）神暗。鸢飞戾天，宁免为鸟。夫泥洹妙果，道惟常住。学死之谈，岂析理哉！"以此观之，以道攻佛，无犹操戈矛而冒弹石，强弱殊矣。虽然，宗少文（《宋书·隐逸传》）作论明佛，而云："教化之发，各指所应。世蕲乎乱（乱，治也。语见《庄子·逍遥游》），洙泗所弘，应治道也。纯风弥彫，二篇乃作，以息动也。儒以弘仁，道在抑动。皆已抚教得崖，莫匪尔极矣。"又云："孔、老、如来，虽三训异路，而习善共辙也。"（《弘明集》）然则道固不能夺佛，佛亦不能夺道与儒。故当时论者，骋辩则各有所宗，而修习亦三门并涉。张融《门论》谓专遵佛迹，而及其临终，左手执《孝经》、《老子》，右手执《小品》、《法华》（《南齐书·张融传》）。陶弘景辟谷导引，而诣阿育王塔，自誓受五大戒（《梁书·处士传》）。逮北周卫元嵩作《齐三教论》七卷，其书虽不传，然元嵩本沙门，今观其《请造平延大寺书》，谓："唐、虞无佛图而国安，齐、梁有寺舍而祚失者，未合道也。但利民益国，则会佛心耳。"持论如此，其必有融通儒释之理者矣。且夫儒之与道，本同一源。乃佛教东来，谈老庄者，转而趁佛。于是拨有说无，寖失君人南面之旨。此道与儒远，而与佛近。盖一变也。道者既心冀长生，而又依托佛义，用相涂饰。及其不敌，遂更据周、孔之礼文，以攻佛氏之空寂。此道假于佛而非佛，假于儒而非儒。又一变也。明智者出，尝欲通三教而一之。故孙绰《喻道》，著"周、孔即佛，佛即周、孔"之言（绰，东晋人，《喻道论》见《弘明集》）。顾欢作《论》，亦有"佛是老子，老子是佛"之议。然而极理虽一，按迹终分。故逮于隋、唐，终成三教鼎立之局。而相习既久，迹亦两忘。又一变也。此两晋以来，儒释道三教分合消长之大势也。

第十九章　范缜 附萧琛

齐、梁之世，不信佛者盖鲜矣。乃独有一范缜。缜，字子真，南乡舞阴人。少孤贫，闻沛国刘瓛聚众讲学，往从之。既长，博通经术，尤精三礼。齐永明（武帝）中，竟陵王子良（武帝子）盛招宾客，缜为殿中郎，亦预焉。子良精信释教，而缜盛称无佛。子良问曰："君不信因果，世间何得有富贵，何得有贫贱？"缜答曰："人之生，譬如一树花，同发一枝，俱开一蒂。随风而堕，自有拂帘幌，坠于茵席之上；自有关篱墙，落于溷粪之侧。坠茵席者，殿下是也。落粪溷者，下官是也。贵贱虽复殊途，因果竟在何处？"子良深怪之，然竟不能屈也。先是，宋时宗少文、郑道子，并著论明神不灭（少文所著即《明佛论》，并见《弘明集》），以为神案于形，形有销亡，神无灭没。或引延陵嬴博之辞（《明性论》，延陵葬子嬴博事，见《礼记・檀弓》），或假蒙庄薪火之喻（《神不灭论》，薪火之喻，见《庄子・养生主》），然其所谓神者，乃流转之识，与虚明之照之合名。故宗《论》谓："群生之神，其极虽齐。而随缘迁流，成粗妙之识，而与本不灭矣。"此言识之不灭也。又谓："夫圣神玄照，而无思营之识者，由心与物绝，唯神而已。故虚明之本，终始常住，不可雕矣。"此言照之不灭也。盖惟识不灭，故有轮回地狱之报；惟照不灭，故有泥洹证佛之果。是则纯然竺氏之谈，既非儒者之言神气，亦非道家之谓谷神，尤不得以桓谭《新论·形神》之篇强相比附也（《新论·形神》见《弘明集》，然《后汉书·谭传》注举《新论》十六篇，篇名无《形神》，不知何故）。顾此旨不存，则佛之教义，将全随瓦解。缜既不信佛，故为《神灭论》以申其意（见《弘明集》）。论出，子良既集僧难之，又使王融谓之曰："神灭既自非理，而卿执之，恐伤名教。以卿之大美，何患不至中书郎？而故乖刺为此，可便毁弃之。"缜大笑曰："使范缜卖论取官，已至令仆矣，何但中书郎哉！"守志不移如此，亦可谓硁硁君子者矣。梁武代齐，因与缜有旧，以为晋安太守。迁尚书左丞。而竟坐事徙广州。追还，为中书郎，国子博士。卒。有文集十五卷，今存者，才数篇而已。

缜《神灭论》辞甚繁富。要其大旨，不过执形神是一而非二。故曰："或问：'子云神灭，何以知其灭也？'答曰：'神即形也，形即神也。是以形存则神存，形谢则神灭也。'问曰：'形者无知之称，神者有知之名。知与无知，即事有异。神之与形，理不容一。形神相即，非所闻也。'答曰：'形者，神之质；神者，形之用。是则形称其质，神言其用。形之与神，不得相异也。'问曰：'神故非质，形故非用。不得为异，其义安在？'答曰：'名殊而体一也。'问曰：'名既已殊，体何得一？'答曰：'神之于质，犹利之于刃；形之于用，犹刃之于利。利之名，非刃也；刃之名，非利也。然而舍利无刃，舍刃无利。未闻刃没而利存，岂容形亡而神在？'问曰：'刃之与利，或如来说。形之与神，其义不然。何以言之？木之质，无知也；人之质，有知也。人既有如木之质，而有异木之知。岂非木有其一，人有其二耶？'答曰：'异哉，言乎！人若有如木之质以为形，又有异木之知以为神，则可如来论也。今人之质，质有知也；木之质，质无知也。人之质非木质也，木之质非人质也。安在有如木之质，而复有异木之知哉！'问曰：'人之质所以异木质者，以其有知耳。人而无知，与木何异？'答曰：'人无无知之质，犹木无有知之形。'问曰：

‘死者之形骸，岂非无知之质耶？’答曰：‘是无知之质也。’问曰：‘若然者，人果有如木之质，而有异木之知矣。’答曰：‘死者有如木之质，而无异木之知。生者有异木之知，而无如木之质。’问曰：‘死者之骨骼，非生者之形骸耶？’答曰：‘生形之非死形，死形之非生形，区已革矣。安有生人之形骸，而有死人之骨骼哉！’问曰：‘若生者之形骸，非死者之骨骼。死者之骨骼，则应不由生者之形骸。不由生者之形骸，则此骨骼从何而至？’答曰：‘是生者之形骸，变为死者之骨骼也。’问曰：‘生者之形骸，虽变为死者之骨骼。岂不从生而有死？则知死体犹生体也。’答曰：‘如因荣木变为枯木。枯木之质，宁是荣木之体？’问曰：‘荣体变为枯体，枯体即是荣体。如丝变为缕体，缕体即是丝体。有何咎焉？’答曰：‘若枯即是荣，荣即是枯。则应荣时凋零，枯时结实。又荣木不应变为枯木。以荣即是枯，无所复变也。又荣枯是一，何不先枯后荣？要先荣后枯何耶？丝缕同时，不得为喻。’问曰：‘生形之谢，便应豁然都尽。何故方受死形，绵历未已耶？’答曰：‘生灭之体，要有其次故也。夫欻而生者，必欻而灭；渐而生者，必渐而灭。欻而生者，飘骤是也；渐而生者，动植是也。有欻有渐，物之理也。’问曰：‘形即是神者，手等亦是耶？’答曰：‘皆是神之分也。’问曰：‘若皆是神之分，神既能虑，手等亦应能虑也？’答曰：‘手等有痛痒之知，而无是非之虑。’问曰：‘知之与虑，为一为异？’答曰：‘知即是虑。浅则为知，深则为虑。’问曰：‘若尔，应有二乎？’答曰：‘人体惟一，神何得二？’问曰：‘若不得二，安有痛痒之知，而复有是非之虑？’答曰：‘如手足虽异，总为一人。是非痛痒，虽复有异，亦总为一神矣。’问曰：‘是非之虑，不关手足，当关何也？’答曰：‘是非之虑，心气所主。’问曰：‘心器是五脏之心非耶？’答曰：‘是也。’问曰：‘五脏有何殊别，而心独有是非之虑乎？’答曰：‘七窍亦复何殊，而司用不均。’问曰：‘虑思无方，何以知是心器所主？’答曰：‘心病则思乖，是以知心为虑本。’问曰：‘何知不寄在眼等分中耶？’答曰：‘若虑可寄于眼分，眼何故不寄于耳分？’问曰：‘虑体无本，故可寄之于眼分。眼自有本，不假寄于他分也。’答曰：‘眼何故有本而虑无本？苟无本于我形，而可遍寄于异地。亦可张甲之情，寄王乙之躯；李丙之性，托赵丁之体。然乎哉？不然也。’”夫昔王仲任尝有《订鬼》之作矣（晋阮瞻亦有《无鬼论》，惜不传），以谓：“人之所以生者，精气也。死而精气灭。能为精气者，血脉也。人死血脉竭。竭而精气灭，灭而形体朽，朽而成灰土，何用为鬼？”缜之说，殆与仲任相似。然仲任又云：“鬼神，荒忽不见之名也。人死精神升天，骸骨归土，故谓之鬼。鬼者，归也。”又云：“鬼神，阴阳之名也。阴气逆物而归，故谓之鬼。阳气导物而生，故谓之神。神者，申也。申复无已，终而复始。人用神气生，死复归神气。阴阳称鬼神，人死亦称鬼神。”则仲任犹认有神于形之外也。而缜则谓：“形存神存，形谢神灭。神即形，形即神。形者神之质，神者形之用。”专主形质以为言，离形质则更无神。斯则大异于仲任，而为前此儒、道两家所绝未尝道也。然缜亦有自乱其例者。曹思文举“骨肉归复于土，而魂气则无不之”以相诘难（见《弘明集》）。缜答之曰：“人之生也，资气于天，禀形于地。是以形销于下，气灭于上。气灭于上，故言无不之。”夫气资于天，形禀于地，形气既各有所受，明是二本，何得言形神一体乎？以此见持辩之甚不易也。

难缜之论多家，而以萧彦瑜为最。彦瑜，名琛，兰陵人，缜之外弟也。其难缜也，一据梦寐，以验形神之不得共体；一观伤病，以见神之托体于形。曰：“当人寝时，其形是无知之物，而有见焉。此神游之所接也。夫人或梦上腾玄虚，远适万里。若非神行，便是形往耶？形既不往，神又不离，复焉得如此？若谓是想所见者，及其安寐，身似僵木，气若寒灰，呼之不闻，抚之无觉。既云神与形均，则是表里俱倦，既不外接声音，宁能内兴思想？此即形静神驰，断可知矣。”曰：“今人或断手足，残肌肤，而智思不乱。此神与形离，形伤神不害之切证也。但神任智以役物，托器以通照。视听香味，各有所凭，而思识归乎心器。譬如人之有宅，东阁延贤，南轩引景，北牖招风，西棂映月，主人端居中雷，以收四事之用焉。若如来论，口鼻耳目，各有神分。一目病即视神毁，二目应俱盲矣；一耳疾即听神伤，两耳应俱聋矣。今则不然。是知神以为器，非以为体也。"《梁书·琛传》谓琛有纵横才辩，而《缜传》亦称与外弟萧琛善，琛名曰口辩。今观此之所论，辩固有之，然未为精辟也。且佛之所呵，首为断灭。若经若论，开喻实多。而诸难者，率牵引中夏旧籍，罕及经论二藏。当时学佛之徒，机权作用，盖可知耳。

第二十章　王　通

自老、释盛，而儒术衰。《南史·儒林传序》谓：“江左草创，日不暇给。以迄宋齐，国学时或开置，而劝课未博，建之不及十年。盖取文具而已。”虽北朝右儒，燕、齐、赵、魏之间，横经甚众。梁武起自诸生，亦诏开五馆，建立国学，时学者称济济焉。然注经之家，补苴章句，鲜能成一家之言。北齐刘昼者，著书十卷，号为《刘子》，而多摭旧谈，文余于义。颜之推撰《家训》二十篇，辨正世俗之失，而自序致其书，言：“非敢轨物范世，业以整齐门内，提撕子孙。”若斯之类，固不得侪于儒林之作者也。迨于隋而有文中子。文中子，姓王，名通，字仲淹，河东龙门人。值隋之乱，居河、汾之间，以著书讲学为业。弟子自远方至者，甚众。唐初开国之佐，如房（玄龄）、杜（如晦）、魏（徵）、薛（收）之伦，皆其门人也。著《礼论》二十五篇，《乐论》二十篇，《续书》百五十篇，《续诗》三百六十篇，《元经》五十篇，《赞易》七十篇，谓为“王氏六经”，而多所散佚。今存者，《元经》十卷，又《中说》十卷而已。《中说》者，阮逸（逸，宋人）序谓：“子之门人对问之书，而薛收、姚义集而名之。”而《旧唐书·王勃传》则谓：“通依孔子《论语》、扬雄《法言》例，为客主对答之说。号曰《中说》。”说既两歧，洪迈（宋人）《容斋随笔》又以其书记门人事，年岁与史不合，乃直疑其为阮逸伪托。然吾观陈同父《类次文中子引》，谓：“龚鼎臣得唐本于齐州李冠家，以甲乙冠篇。而本文与分篇始末，多与逸本异。”（《龙川集》）是宋时逸本之外，明有他本，安在其能出于逸之手耶？程伊川曰：“文中子，隐德君子也。当时少有言语，为后人附会，不可谓全书。若其精粹处，殆非荀、扬所及。”（见《语录》）夫他人附会，则或有之矣。若其陈王道，明礼乐，岂可诬乎！是虽未必过于荀、扬，要亦荀、扬之俦也。吾以为两汉以后，两宋以前，粹然儒者，仲淹一人而已。至近时新会梁氏，诋其强攀房、魏为弟子，至斥之为妄人（《中国历史研究法》，朱子亦有此说，但谓其子福郊、福畤之所为，要亦未是）。曾不知唐人如皮日休，如司空图，并有《文中子碑》，皆系房、魏于其门下（见各别集）；而李翱《答朱载言书》亦称道《中说》，比之于刘劭《人物志》（见《李习之集》）。使数公者，实非仲淹门人，而出于强攀，则唐人岂能无言？纵李、皮、司空皆误信，而房、魏之后人亦不闻有辨之者，何也？夫唐人已无异说，而梁氏生千余年后，顾乃以是坐罪仲淹，而于其书，曾不考其足存与否。是果仲淹之妄耶？抑梁氏之妄耶？仲淹既卒，弟子议曰：“仲尼既没，文不在兹乎？《易》曰：‘黄裳元吉，文在中也。’（《坤》六五爻辞）请谥曰文中子。”故至今称文中子云（清义乌朱一新《无邪堂答问》卷一有辨文中子真伪，考证甚详）。

仲淹书之最精者，莫过于言六经之次。曰：“门人有问姚义：‘孔庭之法，曰《诗》曰《礼》。不及四经何也？’姚义曰：‘尝闻诸夫子矣。《春秋》断物，志定而后及也；《乐》以和德，德（以意补）全而后及也；《书》以制法，从事而后及也；《易》以穷理，知命而后及也。故不学《春秋》，无以主断；不学《乐》，无以知和；不学《书》，无以议制；不学《易》，无以通理。四者非具体不能及，故圣人后之，岂养蒙之具耶？’或曰：‘然则《诗》、《书》何为而先也？’义曰：‘夫教之以《诗》，则出辞气斯远暴慢矣；约之以《礼》，则动容貌斯立威严矣。度其言，察其志，考其行，辨其德。志定，则发之以《春秋》，于是乎断而能变；德全，则导之以《乐》，于是乎和而知节；可从事，则达之以《书》，于是乎可以立制；知命，则申之以《易》，于是乎可与尽性。若骤而语《春秋》，则荡志轻义；骤而语《乐》，则喧德败度；骤而语《书》，则狎法；骤而语《易》，则玩神。是以圣人知其必然，故立之以宗，列之以次。先成诸己，然后备诸物；先济乎近，然后形乎远。亶其深乎！亶其深乎！'子闻之，曰：'姚子得之矣。'"(《立命》)自《礼记·经解》之后，未有若斯之剀切著明者也。抑仲淹虽用经，而不取传。曰："子曰：'盖九师兴而《易》道微，三《传》作而《春秋》散。'贾琼曰：'何谓也？'子曰：'白黑相渝，能无微乎？是非相扰，能无散乎？故齐、韩、毛、郑，《诗》之末也；《大戴》、《小戴》，礼之衰也。《书》残于古今；《诗》失于齐鲁。汝知之乎？'贾琼曰：'然则无师无传，可乎？'子曰：'神而明之，存乎其人。苟非其人，道不虚行(语本《易·系》)。必也传又不可废也。'"(《天地》)盖仲淹之学，自以直承孔子，故曰："千载而下，有申周公之事者，吾不得而见也。千载而下，有绍宣尼之业者，吾不得而让也。"(《天地》)以神契为自得。斯传记者，糟粕视之矣。是则上结六朝谈玄之局，下开宋儒心学之端。而习章句、言汉学者，所为闻之而颦眉咋舌者也。

仲淹亦有得于佛老者。曰："气为上，形为下，识都其中，而三才备矣。气为鬼，其天乎？识为神，其人乎？吾得之理性焉。"曰："天者统元气焉，非止荡荡苍苍之谓也。地者统元形焉，非止山川邱陵之谓也。人者统元识焉，非止圆首方足之谓也。"(《立命》)以识言心，此得之于佛者也。"温彦博问知。子曰：'无知。'问识。子曰：'无识。'"(《述史》)以无知无识言道，此得之于老者也。惟有得于是，故论之也无过辞。曰："《诗》、《书》盛而秦世灭，非仲尼之罪也；虚玄长而晋室乱，非老庄之罪也；斋戒修而梁国亡，非释迦之罪也。《易》不云乎？苟非其人，道不虚行。""或问佛。曰：'圣人也。'曰：'其教何如？'曰：'西方之教也，中国则泥。'"(《周公》)虽然，子亦尝欲取三教而一之矣。"程元曰：'三教何如？'子曰：'政恶多门久矣。'曰：'废之，何如？'子曰：'非尔所及也。’”“子读《洪范·说议》(子祖安康献公撰《皇极说议》),曰:‘三教于是乎可一矣。’”(《问易》)然又岂独三教而已哉！夫通变之谓道，执方之谓器。通其变，天下无弊法;执其方，天下无善教(本《文中子》之言)。故曰:“安得圆机之士，与之共言九流哉！安得皇极之主，与之共叙九畴哉!”(《周公》)世儒言治，无三代以后之君，而子曰:“二帝三王，吾不得而见也。舍两汉，将安之乎？大哉，七制之主(《续书》有七制，高祖、孝文、孝武、孝宣、光武、孝明、孝章也),其以仁义公恕统天下乎!”(《天地》)世儒论人，无三代以后之士，而子谓:“诸葛、王猛，功近而德远矣。”(《问易》)“或问荀彧、荀攸。子曰:‘皆贤者也。’曰:‘生死何如?’子曰:‘生以救时，死以明道。荀氏有二仁焉。’”(《周公》)无适无莫，与时为变。呜呼！此《中说》之所以为《中说》也。

第二十一章　隋唐佛教之宗派

佛教初入中国，无所谓宗派也。西晋以后，译经日多，各有据依，门户渐立。鸠摩罗什当姚秦弘始（弘始，姚兴年号）中，集沙门八百余人于洛阳，译出经论三百余卷，门人并讲习之。其以诃梨跋摩（诃梨跋摩，后佛九百年）之《成实论》为依者，曰成实宗。以龙树之《中观论》、《十二门论》（龙树后佛六百余年），提婆（提婆，出龙树门下）之《百论》为依者，曰三论宗。罗什又译《阿弥陀经》，至后魏昙鸾，以合康僧铠（曹魏时人）所译之《无量寿经》、强良耶舍（刘宋时人）所译之《观无量寿经》，并其师留支所译之《往生论》，名为净土三经一论，逐开净土一宗。而梁武时，菩提达摩东来，为禅宗之初祖。不立文字，以直指本心见性成佛为教，号为教外别传。此实教下宗门异趣之始。虽其以《楞伽经》付之慧可（实禅宗二祖），亦有此经是如来心地要门之语。而观其授受之际，乃曰："诸佛法印非从人得。"慧可觅心不得，乃曰："我与汝安心竟。"（并见《五灯会元·菩提达摩大师传》）则知其传，初不在《楞伽》文字。此独异于他宗者也（禅家自称宗门，而呼余宗为教下，盖以此）。然是时宗派虽分，犹未盛也。迨隋、唐之交，智𫖮（亦称智者大师）本《法华》而立天台宗（以智者住天台山得名）。杜顺（姓杜名法顺）

本《华严》而立华严宗。判教各殊，一往不合。（天台判佛说教为四等：一小乘藏教，专接小机；二通教，通前藏教，通后别圆，为声闻、缘觉、菩萨共说；三大乘别教，专为菩萨说；四圆教，为最上利根菩萨说。是为藏、通、别、圆四教。华严则判为五教：一愚法小乘教，为小机说；二大乘始教，三大乘终教，亦并称渐教；四顿教；五圆教。是为小、始、终、顿、圆五教。天台四教，起于智𫖮。华严五教，起于贤首。贤首，顺再传也）唐兴，玄奘（即三藏法师）西游，亲受学于戒贤论师。归而传《成唯识论》以弘唯识（《成唯识论》西竺作者有十家，奘弟子窥基撷其精华，糅成一部，故中土所行，西竺无此本也。窥基又以闻于师者多西竺口授之义，更作《述记》以释《论》文），重译《俱舍论》以兴俱舍（俱舍，具云阿毗达摩俱舍，译曰对法藏，世亲所著，陈真谛三藏先有译本。世亲与诃梨摩同时），于是性相二家（唯识宗一曰法相宗，简称相宗；性宗如禅宗是）又成诤论矣。既而道宣明《四分律》（四分律者，一比丘戒，二比丘尼戒及受戒犍度，三安居犍度，四房舍犍度。犍度译云法聚。曹魏时昙摩阿罗译），律宗以完。善无畏译《大日经》，密宗以创（密宗亦曰真言宗，今之喇嘛教，其流裔也）。而禅宗自五祖弘忍后（达摩传慧可，可传僧璨，璨传道信，信传弘忍，是为五祖），既分南北二派（南六祖慧能，北则神秀也，当时谓之南能北秀，见《五灯会元》、《六祖坛经》）。六祖慧能传之南岳、青原（南岳怀让禅师、青原行思禅师），复分沩仰（南岳传马祖道一。道一传百丈怀海。怀海传灵祐，住潭州沩山。灵祐传慧寂，住袁州仰山。是为沩仰宗）、临济（怀海传黄蘗希运。希运传义玄，住镇州临济院。是为临济宗）、曹洞（青原传石头希迁。希迁传药山惟俨。惟俨传云岩昙晟。昙晟传良价，住瑞州洞山。良价传本寂，住抚州曹山。是为曹洞宗）、云门（希迁传天皇道悟。道悟传龙潭崇信。崇信传德山宣鉴。宣鉴传雪峰义存。义存传文偃，住韶州云门山。是为云门宗）、法眼（义存传玄沙师备。师备传罗汉桂琛。桂琛传文益，住金陵清凉院，后周显德中卒，南唐主赐谥大法眼禅师。是为法眼宗)五宗(五宗中云门、法眼为五代时人,余皆唐人)。斯又一宗之内,枝条罗布。韩非《显学》谓墨分为三,儒分为八,以彼例此,不犹简乎。然综此十宗,小乘居二(成实、俱舍),大乘居八(汉时佛教初来,所赍皆小乘经典,中土之有大乘,以鸠摩罗什为嚆矢)。八者之中,亦惟天台、华严、禅宗三者,于异日儒者理气心性之谈,颇多资益。盖三论、唯识,苦于繁密,非乐简易者所能穷。真言、净土,近于神幻,又非求实在者所欲入。至若戒律,所以行持,与儒者之礼,本无攸别。然方内方外,殊宜异便,其不见取,自无论耳。兹举天台之止观,华严之法界玄门,禅宗之参究,详其大概。余者七宗,则有佛教之专书在,不复述焉。

天台止观法门,本于佛言定慧(佛以戒、定、慧为三学)。盖止是定因,慧为观果。由定、慧而起止观,即以止观而证定、慧。此法尔如然,非由设作也。然何者名止?夫念非忘尘而不息,尘非息念而不忘(眼、耳、鼻、舌、身、意,是谓六根,色、声、香、味、触、法,是谓六尘。谓之尘者,以染污义故)。尘忘则息念而忘,念息则忘尘而息。忘尘而息,息无能息;息念而忘,忘无所忘。忘无所忘,尘遗非对;息无能息,念灭非知。知灭对遗,一向冥寂。阒尔无寄,妙性天然(《永嘉集·正修止观第九》)。是则止也。何者名观?夫境非智而不了,智非境而不生。智生则了境而生,境了则智生而了。智生而了,了无所了;了境而生,生无能生。生无能生,虽智而非有;了无所了,虽境而非无。无即不无,有即非有。有无双照,妙悟萧然(同上)。是则观也。而止观二门,析之亦为空、假、中三观。止者观空,观者观假。止而非止,观而非观,非止非观,即止即观,是之谓中。三者具于一心,故统曰一心三观。又说之不过止观二法,行之则有深浅多门。一者于坐中修,二者历缘对境修。坐中修者,略说有五:一对治初心粗乱修止观,二对治心沉浮病修止观,三随便宜修止观,四对治定中细心修治观,五为均齐定慧修止观。历缘对境修者,略说有二。所言缘者,谓六种缘:一行,二住,三坐,四卧,五作作(下祖卧切),六言语。于此六事中修,是为历缘修止观。所言境者，谓六尘境：一眼对色，二耳对声，三鼻对香，四舌对味，五身对触，六意对法。于此六事中修，是为对境修止观。而六缘六境，随所修习，一一皆具上五番之意(智者《小止观·正修行第六》)。此天台止观之大概也。

华严法界玄门者，以一真法界(万法缘起于一心，仍为一心所统摄，故曰一真法界)，方便区别为四。一者事法界。谓诸众生色心等法，一一差别，各有分齐(读去声)故。二者理法界。谓诸众生色心等法，虽有差别，而同一体性故。三者理事无碍法界。谓理由事显，事揽理成，理事互融故。四者事事无碍法界。谓一切分齐事法，称性融通，一多相即，大小互容，重重无尽故。是为四法界(杨仁山《佛教初学课本》。详见唐清凉大师澄观述《华严法界玄镜》)。四法界中，惟事事无碍法界，微妙难识。故又详说十门：一者同时具足相应门。如海之一滴，具百川味。二者广狭自在无碍门。如一尺之镜，见千里影。三者一多相容不同门。如一室千灯，光光涉入。四者诸法相即自在门。如金与金色，不相舍离。五者秘密隐显俱成门。如秋空片月，晦明相并。六者微细相容安立门。如琉璃之瓶，盛多芥子。七者因陀罗网境界门(因陀罗者，谓帝释天，其宫殿宝网，重重互照)。如两镜互照，传曜相写。八者托事显法生解门。如擎拳竖臂，触目皆道。九者十世隔法异成门。如一夕之梦，翱翔百年。十者主伴圆明具德门。如北辰所居，众星皆拱。是为十玄门(《佛教初学课本》。详见唐至相大师智俨撰《华严一乘十玄门》)。此外又说六相：一者总相，一即具多为总。二者别相，多即非一为别。三者同相，互不相违为同。四者异相，彼此不滥为异。五者成相，一多缘起和合为成。六者坏相，诸法各住本位为坏。总同成三者，是为圆融门；别异坏三者，是为行布门。而说行布法，圆融即在行布之中；说圆融法，行布即在圆融之内(《佛教初学课本》)。因该果海，果彻因源。一乘之教，斯其至矣。此华严法界玄门之大概也。

禅为六度之一(六度者,一布施,二持戒,三忍辱,四精进,五禅定,六智慧),而实万行之根。故学佛必须修禅,舍此更无门路。然禅有多种(有外道禅,有凡夫禅,有小乘禅,有大乘禅。见唐圭峰大师宗密《禅源诸诠集》),惟达摩门下所传,是为最上乘禅。盖自如来在灵山会上,拈花示众,摩诃迦叶(即西天初祖)破颜微笑,如来曰:“吾有正法眼藏,涅槃妙心,实相无门,微妙法门,不立文字,教外别传,付嘱摩诃迦叶。”(见《大梵天问佛决疑经》)自是祖祖相传,法源无二。今欲明禅何以修,更将何证,当知众生与佛,原同此心,空寂真常,本尔清净。只以无始以来,为妄想所翳,背觉合尘,以是迷惑,流转生死。故世尊(佛有十种称号,如来、世尊,皆其一也)自云:“我本意唯为一大事因缘故出现于世。”(见《楞严》等经)一大事者,欲众生出生死海,登于觉路耳。然迷者自迷,悟亦自悟。一念离于真心,是之谓迷;一念归于本觉,是之谓悟。迷迷相续,是为众生;悟悟一如,是为诸佛。而佛为众生,真心不减;众生成佛,本觉不增。是以修无所修,证无所证(意本宋永明寿禅师《宗镜录》)。譬之旅人,返其故居,但获旧有,更无余剩。今夫《六祖坛经》,禅之宝筏。其言曰:“识自本心,见自本性。”曰:“当知愚人智人,佛性本无差别。只缘迷悟不同,所以有愚有智。”曰:“凡夫即佛。烦恼即菩提(菩提此云觉道)。前念迷即凡夫。后念悟即佛。前念著境即烦恼。后念离境即菩提。”曰:“于念念中,自见本性清净,自修自行,自成佛道。”所谓修证者,如是而已。虽然,悟则不难,难者不悟,是以有坐禅之法(宋儒静坐盖出于此),有参究之功。达摩东来,面壁十有九年,已为后人示之矩矱。黄蘖云:“这些关棙子甚是容易,自是你不肯去下死志做工夫。”赵州云:“汝但究理坐看三二十年,若不会,截取老僧头去。”又云:“老僧四十年不杂用心,除二时粥饭是杂用心处。”(赵州从谂,出南泉普愿门下,马祖再传也。以上并见《五灯会元》)盖疑然后悟,塞然后通。必须一心无二,向身命源头,穷取著落,更无躲闪,更无退转,直待情识俱尽,知见不生,方得本来面目,炯然豁露。古德所谓灰中火爆，死后重苏者也（语见《五灯会元》）。此禅宗参究之大概也。至若临济逢人，便加棒喝；沩仰示教，惟作圆相（同上）。机用各殊，都无死法。达者知通为一，庶无惑焉。

以上三宗，虽门户不同，而约之法界一心，即亦未尝分隔。故永嘉禅师（名玄觉，《永嘉集》其所著也）精习天台止观，亦参曹溪（即六祖慧能，住韶州曹溪）待其印证。圭峰为华严五祖（圭峰名宗密。华严初祖杜顺，二祖智俨，三祖贤首大师法藏，四祖澄观。圭峰师澄观），而纂集《禅源诸诠集》融通禅教，谓："经是佛语。禅是佛意。诸祖相承根本，是佛亲付。"由是言之，禅者诸门之究竟，而止观乃禅之工夫，法界乃禅之作用。由工夫而得究竟，由究竟而起作用。能会乎此，斯于如来之教无遗蕴矣，又岂特华严等三宗而已哉！

第二十二章　韩愈　李翱

有唐一代，释宗迭出大师。而儒徒但有文人，更无学者。论家好称韩愈，列于荀、董、扬、王，号前五子。然以予观之，实非仲淹数子之俦也。愈，字退之，河内南阳人（从董逌说）。贞元（德宗）中，擢进士第，累官至刑部侍郎。以谏宪宗迎佛骨，贬潮州刺史，移袁州。寻召还，拜国子祭酒。穆宗时，以吏部侍郎卒官。谥曰文。有集四十卷，又外集十卷。而作《原道》以黜佛、老，谓："先王之教，在仁义道德。尧以传之舜，舜以传之禹，禹以传之汤，汤以传之文、武、周公，文、武、周公传之孔子，孔子传之孟轲。自孟轲死，不得其传。"后世道统之说，盖自愈发之。又谓："《传》曰：'古之欲明明德于天下者，先治其国。欲治其国者，先齐其家。欲齐其家者，先修其身。欲修其身者，先正其心。欲正其心者，先诚其意。'然则古之所谓正心而诚意者，将以有为也。今也欲治其心，而外天下国家，灭其天常。子焉而不父其父，臣焉而不君其君，民焉而不事其事。"以此为佛氏之罪。今以合之六祖"在家亦得修行，不由在寺"之言（《坛经》），则彼何圆融，而此何狭隘乎？又谓："老子以煦煦为仁，孑孑为义。"比于坐井而观天。此岂为能知老子者？不知老子，而欲罪之，可乎哉？盖愈平生所致力，于文为多，于学则浅。

故其言矜气而不能平情，多如此。然愈极尊孟子，既屡道之，而《送王埙秀才序》且言："求观圣人之道，必自孟子始。"又其《读荀子》称："孟氏为醇乎醇。而荀与扬，则大醇而小疵。"亦似非漫为高下者。然则愈之所得，或在此乎？

愈文之言性者，有《原性》。曰："性也者，与生俱生者也。情也者，接于物而生者也。性之品有三，而其所以为性者五。情之品有三，而其所以为情者七。曰：何也？曰：性之品有上中下三。上焉者，善焉而已矣；中焉者，可导而上下也；下焉者，恶焉而已矣。其所以为性者五：曰仁，曰礼，曰信，曰义，曰智。上焉者之于五也，主于一而行于四；中焉者之于五也，一不少有焉，则少反焉，其于四也混；下焉者之于五也，反于一而悖于四。性之于情，视其品。情之品有上中下三，其所以为情者七：曰喜，曰怒，曰哀，曰惧，曰爱，曰恶，曰欲。上焉者之于七也，动而处其中；中焉者之于七也，有所甚，有所亡，然而求合其中者也；下焉者之于七也，亡与甚，直情而行者也。情之于性，视其品。"夫性有上中下，贾生言之，王充言之，荀悦言之，要皆本之孔子性近习远、智愚不移之说，非自愈而始发也。特愈兼情性以立论，又标之以五常，序之以七情，于是稍益密耳。然五常统于仁，谓上焉者主于一而行于四，下焉者反于一而悖于四，可也；谓中焉者少有反于一而于四也混，不可也。且于四也混，将为礼乎，信乎，义乎，智乎？将为非礼乎，非信乎，非义乎，非智乎？是非不得于辞，即不衷于理者也。

同时论性者有李翱。吾以为其过愈远矣。翱，字习之，陇西成纪人。亦贞元中进士。尝学文于愈，有《复性书》三篇。其言曰："人之所以为圣人者，性也。人之所以惑其性者，情也。喜、怒、哀、惧、爱、恶、欲七者，皆情之所为也。情既昏，性斯匿矣，非性之过也。七者循环而交来，故性不能充也。情不作，性斯充矣。性与情，不相先也。虽然，无性，则情无所生矣。是情由性而生。情不自情，因性而情。性不自性，因情以明。性者，天之命也，圣人得之而不惑者也。情者，性之动也，百姓溺之而不能知其本者也。圣人者，岂其无情邪？圣人者，寂然不动，不往而到，不言而神，不耀而光，虽有情也，未尝有情也。然则百姓者，岂其无性者耶？百姓之性，与圣人之性弗差也。虽然，情之所昏，交相攻伐，未始有穷，故虽终身而不自睹其性焉。”又曰：“圣人者，人之先觉者也。觉则明，否则惑，惑则昏。明与昏，谓之不同。明与昏，性本无有。则同与不同，二者离矣。夫明者，所以对昏。昏既灭，则明亦不立矣。是故诚者，圣人性之也。复其性者，贤人循之而不已者也。不已，则能归其源矣。此非自外得者也，能尽其性而已矣。”又曰：“问曰：‘凡人之性，犹圣人之性欤？’曰：‘桀、纣之性，犹尧、舜之性也。其所以不睹其性者，嗜欲好恶之所昏也，非性之罪也。’问曰：‘人之性犹圣人之性，嗜欲爱憎之心，何因而生也？’曰：‘情者，妄也，邪也。邪与妄，则无所因矣。妄情灭性，本性清明，周流六虚，所以谓之能复其性也。’问曰：‘情之所昏，性斯灭矣。何以谓之犹圣人之性也？’曰：‘水之性清澈。其浑之也，沙泥也。方其浑时，性岂遂无有耶？久而不动，沙泥自沉。清明之性，鉴于天地，非自外来也。故其浑也，性本弗失。及其复也，性亦不生。人之性，亦犹水也。’问曰：‘人之性皆善，而邪情昏焉。敢问圣人之性，复为嗜欲所浑乎？’曰：‘不复浑矣。情本邪也妄也，邪妄无因，人不能复。圣人既复其性矣，知情之为邪，邪既为明所觉矣。觉则无邪，邪何由生也。’”（皆有节文）愈言“性之于情视其品”“情之于性视其品”，故性之品有上中下三，情之品亦有上中下三。而翱则谓“人之所以为圣人者性也，而所以惑其性者情也”，是情与性不相应，而性善而情恶。此其大相径庭者也。然翱又谓“无性则情无所生”“情不自情，因性而情；性不自性，因情以明”，情与性即又未尝不相应。然则愈之为说也，执于一；而翱之为说也，通乎无方矣。虽然，翱之说固有所受之者也。其言性情，即佛氏真如（本觉）、无明（不觉）之变名也。无明覆真如，故曰“情既昏，性斯惑矣”。无明无自性，故曰“情不自情，因性而情”，曰“情者妄也邪也。邪与妄，则无所因矣”。真如虽为无明所覆，而其妙明本觉自在，故曰“人之性犹水也。其浑也，性本弗失。及其复也，性亦不生”。真如起用，无明自灭；无明既灭，则亦无真如之相可得，故曰“觉则明，否则惑，惑则昏”，曰“明者所以对昏，昏既灭，则明亦不立矣”。按此以寻其言，盖无一不与佛合。然而援释以入儒，而不见其迹，则自翱始矣。愈曰：“今之言性者，杂佛、老而言也。”或者以为即对翱而发。然而翱之所至，愈不能知也。故言文则翱不如愈，言学则愈不如翱。翱仕至山南东道节度使，检校户部尚书。其卒也，亦谥曰文。有集十八卷。

第二十三章　柳宗元　刘禹锡

与韩、李论性同时，而可传者，则有柳宗元、刘禹锡之论天。宗元，字子厚，河东人。禹锡，字梦得，中山人。并以进士登博学宏辞科。顺宗时，王叔文得幸，引宗元及禹锡禁近，欲大用。乃叔文败，皆贬远州司马（宗元永州，禹锡朗州）。久之，禹锡召还。会昌（武宗）中，官至太子宾客，卒。而宗元稍徙柳州刺史，竟卒于柳州。宗元《天说》曰："上而玄者，世谓之天。下而黄者，世谓之地。浑然而中处者，世谓之元气。寒而暑者，世谓之阴阳。其乌能赏功而罚祸乎？功者自功，祸者自祸。欲望其赏罚者，大谬。呼而怨，欲望其哀且仁者，愈大谬。"其意大抵若此。而吾观其所为《天爵论》，终之曰："庄周言天曰自然，吾取之。"则其说盖亦本之道家。而禹锡之为说，则颇异。其《天论》曰："世之言天者，二道焉。拘于昭昭者，则曰：'天与人实影向（同响），祸必以罪降，福必以善来。穷厄而呼，必可闻。隐痛而祈，必可答。'如有物的然以宰者，故阴骘之说胜焉。泥于冥冥者，则曰：'天与人实剌异。霆震于畜木，未尝在罪。春滋乎堇荼，未尝择善。跖、跻焉而遂，孔、颜焉而厄。'是茫乎无有宰者，故自然之说胜焉。余曰：'天与人交相胜耳。其说曰：天之道在生植，其用在强弱；人之道在法制，其用在是非。阳而阜生，阴而肃杀，水火伤物，木坚金利，壮而武健，老而耗眊，气雄相君，力雄相长，天之能也。阳而艺树，阴而揫敛，防害用濡，立禁用光，斩材窾坚，液矿硎芒，义制强讦，礼分长幼，右贤尚功，建极闲邪，人之能也。人能胜乎天者，法也。法大行，则是非为公。天下之人，蹈道必赏，违之必罚。当其赏，虽三旌之贵，万钟之粟，处之，咸曰宜。何也？为善而然也。当其罚，虽族属之夷，刀锯之惨，处之，咸曰宜。何也？为恶而然也。故其人曰：天何预乃人事耶？虽告虔报本，肆类授时之礼，曰天而已矣。福兮可以善取，祸兮可以恶召。奚预乎天耶？法小弛，则是非驳。赏不必尽善，罚不必尽恶。或贤而尊显，时以不肖参焉。或过而僇辱，时以不辜参焉。故其人曰：彼宜然而信然，理也。彼不当然而固然，岂理耶？天也。福或可以诈取，而祸或可以苟免。人道驳，故天命之说亦驳焉。法大弛，则是非易位，赏常在佞，而罚常在直，议不足以制其强，刑不足以胜其非。人之能胜天之具尽丧，而名徒存。彼昧者，方挈挈然提无实之名，欲抗乎言天者，斯数穷矣。'余曰：'天常执其所能，以临乎下，非有预乎治乱云尔。人常执其所能，以仰乎天，非有预乎寒暑云尔。生乎治者，人道明，咸知其所自。故德与怨，不归乎天。生乎乱者，人道昧，不可知。故由人者举归乎天，非天预乎人尔。'"于自然、阴骘二说，皆有所不然。盖与荀子为近者。然又曰："或曰：'子之言天与人交相胜，其理微，庸使户晓。盍取诸譬焉？'曰：'若知旅乎？夫旅者，群适乎莽苍，求休乎茂木，饮乎水泉，必强有力者先焉。否则虽圣且贤，莫能竞也。斯非天胜乎？群次乎邑郛，求荫乎华榱，饱乎饩牢，必圣且贤者先焉。否则强有力者莫能竞也。斯非人胜乎？苟道乎虞芮，虽莽苍犹郛邑然；苟由乎匡宋，虽郛邑犹莽苍然。是一日之途，天与人交相胜矣。吾故曰，是非存焉，虽在野，人理胜也；是非亡焉，虽在邦，天理胜也。然则天非务胜乎人者也。何哉？人之宰则归乎天也。人诚务胜乎天者也。何哉？天无私，故人可务乎胜也。吾于一日之途，而明乎天人，取诸近也已。'问者曰：'若是言之，则天之不相去乎人也，信矣。古之人曷引天为？’答曰：‘若知操舟乎？夫舟行乎潍淄伊洛者，疾徐存乎人，次舍存乎人。风之怒号，不能鼓为涛也；流之泝洄，不能峭为魁也。适有迅而安，亦人也；适有覆而胶，亦人也。舟中之人，未尝有言天者。何哉？理明故也。彼行乎江河淮海者，疾徐不可得而知也，次舍不可得而必也。鸣条之风，可以沃日；车盖之云，可以见怪。恬然济，亦天也；黯然沉，亦天也；阽危而仅存，亦天也。舟中之人，未尝有言人者。何哉？理昧故也。’问者曰：‘吾见其骈焉而济者，风水等耳。而有沉有不沉，非天曷司欤？’答曰：‘水与舟二物也。夫物之合并，必有数存乎其间焉。数存，然后势形乎其间焉。一以沉，一以济，适当其数，适乘其势耳。彼势之附乎物而生，犹影响也。本乎徐者，其势缓，故人得以晓焉。本乎疾者，其势遽，故难得以晓焉。江海之覆也，犹伊淄之覆也。势有疾，故有不晓耳。’问者曰：‘子之言数存而势生，非天也。天果狭于势耶？’答曰：‘天形常圆，而色常青。周回可以度得，昼夜可以表候，非数之存乎？常高而不卑，常动而不已，非势之乘乎？今夫苍苍然者，一受其形于高大，而不能自还于卑小；乘其气于动用，而不能自休于俄顷。又恶能逃乎数而越乎势耶？吾故曰万物之所以为无穷者，交相胜而已矣，还相用而已矣。天与人，万物之元者尔。’问者曰：‘天果以有形，而不能逃乎数。彼无形者，子安所寓其数耶？’答曰：‘若所谓无形者，非空乎？空者，形之希微者也。为体也，不妨乎物；而为用也，常资乎有，必依于物而后形焉。今为室庐，而高厚之形藏乎内焉；为器用，而规矩之形起乎内者也。音之作也，有大小，而响不能逾；表之立也，有曲直，而影不能逾。非空之数欤？夫目之视，非能有光也，必因乎日月炎焰，而后光存焉。所谓晦而幽者，目有所不能烛耳。彼狸狌犬鼠之目，庸谓晦为幽耶？吾故曰：以目而视，得形之粗者；以智而视，得形之微者也。焉有天地之内，有无形者耶？古所谓无形，盖无常形耳，必因物而后见耳。焉能逃乎数耶？’”推夫理之本，以归之数与势，而谓虽天亦不能越乎势而逃乎数，苍苍之外，亦更无所谓无形之天。是则不独荀子所不言，亦王充所不敢道者矣。要之宗元与禹锡，皆不信天之能祸福人者。故禹锡谓："子厚作《天说》，盖有激而云，非所以尽天人之故。"（见《天论》）而宗元与禹锡书，乃曰："凡子之论，乃吾《天说》注疏耳。"岂不以是意有相同者耶？然子厚《天说》，纯出于激。而梦得《天论》，则沛乎以舒其所见。是故论性则愈不如翱，论天亦宗元不如禹锡。

虽然，宗元之论亦有过人者。宗元作《贞符》、《封建论》，言："人之初，总总而生，林林而群。雪霜风雨雷雹暴其外，于是乃知架巢空穴，挽草木，取皮革；饥渴牝牡之欲驱其内，于是乃知噬禽兽，咀果谷，合偶而居。交焉而争，睽焉而斗。力大者搏，齿利者啮，爪刚者决，群众者轧，兵良者杀。披披藉藉，草野涂血。然后强有力者，出而治之。往往为曹于险阻，用号令起，而君臣什伍之法立。"（《贞符》）又言："君长刑政生，故近者聚而为群。群之分，其争必大。大而后有兵有德。又有大者，众群之长，又就而听命焉，以安其属。于是有诸侯之列。则其争又有大者焉。德又大者诸侯之列，又就而听命焉，以安其封。于是有方伯连帅之类。则其争又有大者焉。德又大者，方伯连帅之类，又就而听命焉，以安其人（唐人讳民字，故言人犹言民也）。然后天下会于一。是故有里胥，而后有县大夫；有县大夫，而后有诸侯；有诸侯，而后有方伯连帅；有方伯连帅，而后有天子。"（《封建论》）其于生民由野而文，以及君长德刑所由发生之故，皆能探其赜而阐其幽。以视《商君·开塞》所称："上世亲亲爱私，中世上贤说仁，下世贵贵尊官。"不尤至明而至确乎？又言："德绍者嗣，道怠者夺。"（《贞符》）以为生人之初，虽争以力，而其终仍以尚德为归。此与禹锡"道乎虞芮，虽莽苍犹郛邑然；由乎匡宋，虽郛邑犹莽苍然"之言，正如一揆。去彼知有弱肉强食，而不知无仁义人类亦灭绝久者，远矣。世之言唐文者，多并称韩、柳。然如《贞符》、《封建论》，其议论皆韩所无。而吾观柳所为六祖、南岳等碑，颇又会通儒、释之理，殆似于李习之。则如子厚者，又岂可仅以文人目之者哉！宗元有集四十五卷，又外集二卷。梦得有集三十卷，又外集十卷。

第三编　近古哲学史

第一章　宋儒之道学

《宋史》于《儒林》之外，别立《道学》一传，议者多訾之，以为“儒之名本不轻。周、程诸子虽贤，要亦服儒之服、言儒之言、行儒之行。今必别于儒林而谓之道学，乱史例而启争端，甚无谓也”。顾吾谓《宋史》之传道学无可议，其可议者，特自于例亦有不纯耳。何以言之？考《史》、《汉》为《儒林传》，本为传经而设。故班氏首言古之儒者博学六艺之文，其所叙列，但及六艺授受本末而止。是以贾谊、董仲舒，以传《春秋》列名儒林，而亦即别为立传。又是时以儒术称者，应莫过于扬子云，而《儒林传》乃有刘歆而无扬雄。此无他，其例然也。夫宋之诸贤，固有不能以传经之儒尽之者矣。今人有恒言曰：尧、舜、禹之心传，舍经而言心，此门实自宋儒开之。故明道告神宗有云：“先圣后圣，若合符节。非传圣人之道，传圣人之心也。非传圣人之心也，传己之心也。己之心无异圣人之心，广大无限，万善皆备。欲传圣人之道，扩充此心焉耳。”而至伊川，遂有“性即理也”之言。且传经之与传心，其不能混而一之，明矣。不特是也。宋儒即言经，亦有与汉儒大不同者。宋儒之中，其最能尽心于汉人之传注者，惟朱文公。而文公作《中庸集解序》即曰：“秦汉以来，圣学不传。儒者唯知章句训诂之为事，而不知复求圣人之意，以明夫性命道德之归。”盖宋儒于经，不主训诂而主义理，不主师传而主心得。惟主义理主心得，故以经为求理之阶梯，而不认经为可以尽天下之理；又以为理虽在经中，而亦非专于守经所可得。故横渠曰：“六经须著循环，能使昼夜不息。理会得六七年，则自无可得看。若义理则尽无穷，待自家长得一格，则又见得别。”（《语录》）而伊川则曰：“古之学者，先由经以识义理。盖始学时，尽是传授。后之学者，却须先识义理，方始看得经。盖不得传授之意云耳。”（《语录》）由是观之，宋儒与汉儒，其有取于孔子之经虽一，而其所以取于孔子之经者则有间矣。是故譬之于谷，孔子植之，汉人收获之，而宋儒则播之砻之，淅之炊之，且以自食之者也。《宋史·道学传序》曰：“孔孟之遗言，颠错于秦火，支离于汉儒，幽沉于魏晋六朝者，至是皆焕然而大明，秩然而各得其所。”夫此非夸言也。聚汉魏六朝以来之所蓄郁，至此而不得不一发之。而宋儒者适会其际，遂以享其成。人也，而亦天也。然则于此而特创为道学之名，以位置此数君子，以为之传，岂得为过耶？然又谓其自于例有不纯，何也？夫象山与晦翁，其学皆出于程氏，而晦翁在《道学》，象山在《儒林》。季通（蔡元定）、仲默（蔡沈，元定子）与直卿（黄榦）、公晦（李方子）皆学于晦翁，而二蔡在《儒林》，黄、李在《道学》，不知以何而别之？自乱其例，莫大于是。使若梨洲、谢山之《宋元学案》，明其统系，详其源流，了了而无所陵杂，斯则无憾矣。

虽然，宋儒何以能迈于古人？此则大有得于二氏之教，不可讳也。朱子发（震，谢上蔡门人，程门再传）作《汉上易解》云：“陈抟以《先天图》传种放，种放传穆修，穆修传李之才，之才传邵雍。放以《河图》、《洛书》传李溉，李溉传许坚，许坚传范谔昌，谔昌传刘牧。修以《太极图》传周敦颐，敦颐传程颢、程颐。时张载讲学于程、邵之间，故雍著《皇极经世书》，牧陈天地五十有五之数（牧，字先之，号长民，衢人，所作《易钩隐图》在《通志堂经解》中），敦颐作《通书》，程颐述《易传》，载造《太和》、《参两》等篇。”胡五峰（宏，字仁仲，安国之子）《通书序》曾为濂溪辨之。谓:“濂溪非止为种、穆之学者,此特其学之一师耳,非其至者也。”然亦即未全以为不实。至朱子乃始以为《太极图》、《通书》濂溪自作,非有所受之于人。而其所据以为佐证者,则潘清逸(兴嗣,濂溪之友)之濂溪墓志。然墓志言濂溪作《太极图》、《易说》、《易通》数十篇。此作之一字,亦但泛言著作,不得便执以为作而非述也。且康节受《河图》、《洛书》于李之才,《宋史》本传具详之。并谓之才之传,远有端绪。今即李、邵授受之非诬,则穆、周之事非出臆造,可知也。况汉上受学于上蔡(谢良佐,程子门人),其去濂溪不远,岂能以绝无影响之谈,笔之于书,陈之于君前哉(《汉上进易说表》亦言之)?又不独濂溪之有得于道家也(此汉以后之道家,非诸子之道家),即朱子于道家亦不能无关。朱子既为《调息箴》,言动静嘘翕之妙(见《大全集》),又以《参同契》词韵奥雅,从而注释之(虽名《考异》,实注释,但托名于空同道士邹䜣),而《与蔡季通书》亦称《参同契》更无缝隙(亦见《大全集》)。夫《参同》、《调息》之说,非道家乎?盖自汉以来,老庄与神仙合而为一,其言水火升降、金丹配合之理,亦自有不可磨灭者。故陈图南(抟)当宋之初,隐居华山,至屡动天子之征问(见《宋史·隐逸传》);而张平叔(伯端)传《悟真篇》(清世宗收入《御选语录》),亦在元丰(神宗)之年。其间致力于斯道者既众,则诸公之必不能不与之作缘,复何疑乎?又说者谓濂溪与胡文恭(宿,字武平,《宋元学案》附濂溪后)同师润洲鹤林寺僧寿涯,而度正(字周卿,朱子门人)作《濂溪年谱》则曰:“昔孔子问礼于老聃,访乐于苌弘。谓孔子生知,未尝问老聃、苌弘者,固不可。谓孔子之学本出于老聃、苌弘,不待圣智者知其必不然矣。”是亦认有是事。特不以谓濂溪之学,全出于寿涯耳。此与伊川作《明道行状》,正复相似。伊川谓:“明道泛滥于诸家,出入于老、释者,几十年。返求诸六经,而后得之。”夫得诸六经,是也。而其出入于老、释者,岂徒然而已乎!况当是时,士大夫几无不好佛者。故欧阳公《本论》谓“佛氏鼓其雄诞之说,牵民不得不从。而王公大人又往往倡而驱之”,

而龟山(杨时,程子门人)有“佛入中国千余年,只韩(韩琦)、欧(欧阳修)二公立得定”之言。今观龟山之书,如云:“总老(常总,东坡常参之,见《五灯会元》)言经中说九识。第九庵摩罗识,唐言白净无垢。第八阿赖耶识,唐言善恶种子。白净无垢,即孟子之言性善。”又云:“《圆觉经》言作、止、任、灭是四病。作即所谓助长,止即所谓不耘苗,任、灭即是无事。”则是龟山自亦陷入于佛。是故当时有谓某无与于佛说者,非故讳之,则必其实不知道与学者也。或曰:诸儒既有得于二氏,而又辟佛辟老,何也?曰:是亦有故。不见朱子之言乎?朱子曰:“道家有老、庄书,却不知看,尽为释氏窃而用之,却去仿效释氏经教之属。譬如巨室子弟,所有珍宝,悉为人所盗去,却去收拾破瓮破釜。”此非为道家言之,盖为儒者言之也。又不独朱子之心若是也。宋儒之心,盖莫不若是。彼始有见于佛、老之理,既反索之于六经,而亦得之。且又应有尽有,一无欠缺也。于是乃信自有家宝,而不必于他求。故其辟佛辟老,非以雠之,以为实无需乎尔。且释、道与儒,言道则一,言用则殊矣。以中国尧舜以来礼乐刑政之备,而欲其绝父子、黜君臣,群趋于髡发逃世之教,此必不能者也。是以取其意而弃其迹,斤斤于空实有无之辨,如曰:“儒、释言性异处,只是释言空,儒言实。释言无,儒言有。”曰:“吾儒心虽虚,而理则实。若释氏则一向归空寂去了。”曰:“禅学最害道。庄、老于义理,绝灭犹未尽。佛则人伦已坏。至禅则又从头将许多义理扫灭无余。”(并见《朱子语类》)此正宋儒善用佛、老之长,而无佛、老之弊。故明高景逸(攀龙)盛称:“明道先生看得禅书透,识得禅弊真。”夫岂独明道一人哉!宋儒之辟佛辟老,盖大抵视此矣。岂与昌黎《原道》之空言攻讦,而欲火其书、庐其居者同乎!

宋儒之学,要渊源于濂溪。然而风气之开,则亦不自濂溪始。梨洲《宋元学案》首列安定(胡瑗)、泰山(孙复),而泰山之门,则有徂徕(石介),当时所谓三先生者也。吾观泰山与范希文(仲淹)书,谓:“专守王弼、韩康伯之说,而求于《大易》,吾未见其能尽于《大易》也。专守左氏、公羊、穀梁、杜、何、范氏之说，而求于《春秋》，吾未见其能尽于《春秋》也。专守毛苌、郑康成之说，而求于《诗》，吾未见其能尽于《诗》也。专守孔氏之说，而求于《书》，吾未见其能尽于《书》也。”则讲经不依传注，泰山实先倡之。而安定之学，传之者有徐仲车（积）。仲车作《荀子辩》，所以发明性善之说者甚备。其教门人，则每于空中书一正字，云：“于安定处得此一字，用不尽。”由此可推见安定之教。朱子谓：“安定之传，不出于章句诵说。”（《与薛艮斋书》）。盖大有见也。三先生中，惟徂徕较粗。然其力距佛、老，亦大振当时儒冠之气。故有宋一代，除濂溪外，其余绪足以沾被后学者，无有过于三先生。是以晦翁有“伊川不敢忘三先生”之语，而黄东发（震）且谓“本朝理学，虽至伊洛而精，实自三先生而始”（见《黄氏日钞》）。然则论倡导之功，三先生者正未可没也。抑宋儒之学，虽以濂洛为正支，而其别派旁流，亦难齐以一例。故有濂溪、康节之《太极图说》、《皇极经世》，即有欧公（欧阳修）之以《河图》、《洛书》为怪妄，斥《系辞》非孔子之书。有二程之推崇孟子，即有温公（司马光）之疑孟、盱江（李觏）之《常语辩》极诋孟子为背于圣人。有欧公、温公、二程之辟佛辟老，即有东坡（苏轼）之《易解》、子由（苏辙）之《老子解》，大为佛、老张目。然此犹仅就濂洛初起时言之也。至于南渡之后，同为伊洛之传，而有朱、陆之异；又旁出为永嘉之事功、东莱之文献；再降为深宁（王应麟）之考证，东发之记诵。是丹非素，浸多争执。所谓源远而末益分者，非耶？然而宋当金、元迭盛，宗社再覆，一时效忠之士，犹出讲学之徒。语武功虽有余惭，言学术亦更无匹敌矣。

第二章　周　　子

周子，道州营道人。元名敦实，后避英宗旧讳，改名敦颐。字茂叔。仁宗景祐中，用舅氏龙图阁学士郑珦荫，授洪州分宁簿。改南安司理参军。转运使王逵虑囚失入，吏无敢可否，独力争之。不得，则置手版，归取告身，委之而去。曰："杀人以媚人，吾不忍为也。"逵感悟，囚得不死。及判合州，赵清献公（抃）时为监司，中先入语，临之甚威。先生处之超然，不为意也。后清献守虔州，先生改判虔。清献视其所为，大服之，执手曰："抃几失君，今而后乃知周茂叔也。"神宗初年，知永州。以清献及吕正献公（公著）荐，转虞部郎中，广东转运判官，提点刑狱。逾年，以疾乞知南康军。因罢居庐山莲花峰下。峰前有溪，合于湓江。乃取营道故居濂溪以名之。清献再镇蜀，复将奏用，而先生已卒，年五十有七，时神宗熙宁六年六月七日也。先生之学，或谓得之于穆伯长（修）及僧寿涯，或谓不由师授，独出神悟。惟清孙夏峰作《理学宗传》称："先生汲汲于问学。一时儒宿名硕，靡不咨扣。又时时从高人逸士游。故闻道最早，而精明微密，超然自得于天人性命贞一之统。"此言最为得实。而当时黄鲁直（庭坚）谓："茂叔短于取名，而锐于求志。薄于徼福，而厚于得民。菲于奉身，而燕及茕嫠。陋于希世，而尚友千古。胸怀洒落，有如光风霁月。”（《濂溪诗序》，见《山谷全集》）后人亦以为能形容其气象云。宁宗嘉定中，赐谥元公。

一　太极图说

潘清逸志周子墓，谓作《太极图》、《易说》、《易通》数十篇。今《易说》已佚，所传者《太极图说》、《易通》而已。《易通》今曰《通书》。黄氏《学案》先《通书》而后《太极图说》，耒史（梨洲子百家）以为《图说》杂于老、释，不若《通书》之纯粹无疵，故附之《通书》之后。然吾观朱子订正《太极》、《通书》两序（《朱子全集》七十五、七十六），皆谓“濂溪之学之奥，莫备于太极一图。而《通书》之言，皆发此图之蕴”。且潘志亦首举《太极图》。则不先明《太极图说》，欲求通于《通书》，未为能知其本也。《图说》曰：“无极而太极。太极动而生阳。动极而静，静而生阴。静极复动。一动一静，互为其根。分阴分阳，两仪立焉。阳变阴合，而生水火木金土。五气顺布，四时行焉。五行一阴阳也。阴阳一太极也。太极本无极也。五行之生也，各一其性。无极之真，二五之精，妙合而凝。乾道成男，坤道成女。二气交感，化生万物。万物生生，而变化无穷焉。惟人也，得其秀而最灵。形既生矣，神发知矣，五性感动，而善恶分，万事出矣。圣人定之以中正仁义，而主静（自注云：无欲故静），立人极焉。故圣人与天地合其德，日月合其明，四时合其序，鬼神合其吉凶。君子修之吉，小人悖之凶。故曰：‘立天之道，曰阴与阳。立地之道，曰柔与刚。立人之道，曰仁与义。’又曰：‘原始反终，故知死生之说。’大哉《易》也，斯其至矣。”夫自“无极而太极”，以至“万物生生变化无穷”，言道之所以生人与万物也。自“人也得其秀而最灵”，以至“主静立人极”，言人之所以合于道也。道之生人与万物，天之事也；人之合于道，圣人之功也。言天之事，所以原其始；言圣人之功，所以反其终。是故引《易传》以终之曰:“圣人者与天地合其德。”又曰:“原始反终,故知死生之说。”盖天人之理,尽于此二百余言中矣。然《太极图说》虽曰明《易》,而实有《易》所未言者:《易》言太极而不言无极,一也;言阴阳而不言五行,二也。无极之名见于《老子》(《老子》上篇:“知其白,守其黑,为天下式,为天下式,常德不忒,复归于无极。”),金木水火之名,见于《庄子》(《庄子·外物篇》:“木与火相摩则然,金与火相守则流。”又:“水中有火,乃焚大槐。”)。合阴阳五行以言《易》,始于扬雄;变《易》而为金丹大道,始于魏伯阳。雄则儒而杂于道,伯阳则道而入于神仙。故陆象山始终疑《太极图说》,以为是老氏宗旨,不得谓其所疑无因也。顾吾以为不独老氏之说也,又有佛氏之说存焉。曰:“无极之真,二五之精,妙合而凝,乾道成男,坤道成女。”是男女各一太极也。曰:“二气交感,化生万物,万物生生,变化无穷。”是万物各一太极也。然而又曰:“五行一阴阳也,阴阳一太极也。”则是男女万物又共此一太极。所谓“一物一太极,物物一太极”,物物各具之太极,即是物物共有之太极。大海摄于一波,一波匝于大海。此非《华严》理事无碍之旨乎?曰“无极而太极”,则空而不废于有;曰“太极本无极”,则有而不碍于空。此非天台双提空有之机乎?曰“一动一静,互为其根”,曰“圣人定之以中正仁义,而主静立人极”,此非禅门静定之功乎?然而博之以老、释,所以成其广大也;约之以《易》,所以得其精微也。周子致广大而尽精微,正以杂于二氏之故。杂于二氏,于周子何伤乎?而疑者既疑乎其所无庸疑,讳者又讳乎其所不必讳。以是云雾旁兴,转生障翳。呜呼!讲学者异端正学之见不除,未有不愈讲而愈纷者也。

二 通书

《通书》四十章,所以发《太极图说》之蕴。故于阴阳五行之变化,不啻反复言之。第一章曰:“诚者圣人之本。大哉乾元,万物资始,诚之源也。乾道变化,各正性命,诚斯立焉。”第十六章又曰:“水阴根阳,火阳根阴。五行阴阳,阴阳太极。四时运行,万物终始。混兮辟兮,其无穷兮。”第二十二章又曰:“二气五行,化生万物。五殊二实,二本则一。是万为一,一实万分。万一各正,小大有定。”然《太极图说》所以明《易》,《通书》又不独《易》也,凡《诗》、《书》、《礼》、《乐》、《春秋》之理,无不发之。故曰:“《春秋》正王道,明大法。乱臣贼子,诛死者于前,所以惧生者于后也。”(第三十八章)是其揭《春秋》之微也。曰:“古者圣王,制礼法,修教化。三纲正,九畴叙。百姓大和,万物咸若。乃作乐以宣八风之气,以平天下之情。故乐声淡而不伤,和而不淫。入其耳,莫不淡且和焉。淡则欲心平,和则躁心释。优柔平中,德之盛也。天下化中(一作化成),治之至也。是谓道配天地,古之极也。”(第十七章)曰:“乐声淡则听心平,乐辞善则歌者慕,故风移而俗易矣。”(同上)是其穷《诗》、《乐》之妙也。曰:“《洪范》曰:‘思曰睿,睿作圣。’无思,本也。思通,用也。几动于此,诚动于彼。无思而无不通,为圣人。”(第九章)是其撷《书》之精也。曰:“中也者,和也,中节也,天下之达道也,圣人之事也。故圣人立教,俾人自易其恶,自至其中,而止矣。”(第七章)是其撮《礼》之要也。夫《通书》固自道之矣。曰:“圣人之精,画卦以示。圣人之蕴,因卦以发。卦不画,圣人之精不可得而见。微卦,圣人之蕴殆不可悉得而闻。《易》何止五经之源,其天地鬼神之奥乎!”以《易》为五经之源,故举《诗》、《书》、《礼》、《乐》而悉贯之于《易》。又以太极为《易》之源,故举六十四卦三百八十四爻而悉纳之于太极。太极者,诚也。诚者不息,不息之道尽于乾,故四十章始之以乾。又诚者无为,无为则止,止之道尽于艮,故四十章终之以艮。然而妄既发矣,诚有亏矣。欲复其无妄之诚,其道不在诚而在思。故曰:“诚者圣人之本。”又曰:“思者圣功之本。”(第九章)致其作圣之思,其用又不在思而在几。故曰:“诚无为,几善恶。”(第三章)又曰:“寂然不动者,诚也。

感而遂通者，神也。动而未形有无之间者，几也。诚精故明，神应故妙，几微故幽。”（第四章）又曰：“《易》曰：知几其神乎！”（第九章）夫知几者莫过颜子。孔子之称颜子曰：“颜氏之子，其殆庶几乎！有不善未尝不知，知之未尝复行也。”（见《易·系》）是故曰：“发圣人之蕴，教万世无穷者，颜子也。”（第二十九章）又曰：“颜子亚圣。”（第二十三章）又曰：“志伊尹之所志，学颜子之所学。”（第十章）然则周子之所以告人者，其本末次第，不既彰彰矣乎！或曰：思者圣功之本，既闻之矣。而第二十章言圣学之要，又曰：“一为要，一者无欲。”何也？曰：《图说》不云乎？无欲故静。夫惟静而后能思。天下未有“憧憧往来，朋从尔思”而可以极深研几者。无欲者，用志之不纷。思者，与神而为一。思与无欲，非有二也。故曰：“动而无静，静而无动，物也。动而无动，静而无静，神也。动而无动，静而无静，非不动不静也。物则不通，神妙万物。”（第十六章）呜呼！知夫动之无动，静之无静，则四十章之旨如指诸掌矣。

第三章　邵子 附司马温公

邵雍，字尧夫。其先范阳人，从父徙共城，居苏门山百源之上。时北海李挺之（之才）摄共城令，得先天图书之学于穆伯长（修），因从受学焉。故世传邵子之学与濂溪同所自出。然明道程子志其墓，谓："穆、李之言及其行事，概可见。而先生淳一不杂，汪洋浩大，乃其所自得者多。"今《观物外篇》（《观物内篇》，先生所著之书，《外篇》，门人记先生之言）亦谓："邵某受《春秋》于尹师鲁，师鲁受于穆伯长。邵后复攻伯长，曰：'伯长云：《春秋》无褒，皆是贬也。春秋礼法废，君臣乱，其间有能为小善者，安得不进之也？况五霸实有功于天下，且五霸固不及于王，不犹愈于乱乎？安得不与之也？'"夫言《春秋》，既不必同于穆，则其后日所传象数，非尽穆、李之旧，殆可推而得之。盖在百源数年，寒不炉，暑不扇，夜不就席，探赜索隐，必有自得于师传之外者。此与濂溪传种、穆之《太极图》，而其说不必遂即种、穆之说，正一例也。先生学既通，以洛阳为天下之中，四方贤士大夫之所辐辏也，迁居之。当是时，文潞公（彦博）、富郑公（弼）、司马温公（光）皆退居在洛，雅敬先生，为市园宅，时相游从。先生岁时耕稼，衣食才给。而燕笑吟哦，未尝有拂逆之色。或乘小车出游城中，一人挽之，惟意所适。名其居曰安乐窝，自号安乐先生。每曰：“学不至于乐，不可谓之学。”故程子尝推为风流人豪，即其襟度可知也。嘉祐(仁宗)中，诏求遗逸，留守王拱辰以先生应诏，授将作监主簿，复举逸士，补颍州团练推官，皆固辞乃受，竟称疾不之官。熙宁十年卒，年六十七。方疾，温公、横渠、明道、伊川晨夕候之。横渠喜论命，因曰：“先生论命否？当推之。”曰：“若天命，则已知之矣。世俗所谓命，则不知也。”横渠曰：“先生知命矣。载尚何言！”元祐中，赐谥康节。所著有《先天图》、《皇极经世》、《观物篇》、《渔樵问对》等。晚尤喜为诗，诗曰《伊川击壤集》，而自为之序。

一　先天图

邵氏《先天图》有四：一八卦次序图，一八卦方位图，一六十四卦次序图，一六十四卦方位图。谓伏羲所画之卦如此。因对文王后天之卦而言，故曰先天。即今朱子《易本义》列之卷首者也。然文王之八卦，其次序则乾父、坤母、震为长男、巽为长女、坎为中男、离为中女、艮为少男、兑为少女。其方位，则离南、坎北、震东、兑西、巽东南、乾西北、坤西南、艮东北。皆见之《说卦》。而邵氏《八卦次序图》，以一分为二，二分为四，四分为八。于是阴阳之中，复分太少，而有太阳、少阳、太阴、少阴之名。则孔子赞《易》，无有是也。然犹可曰，“易有太极，是生两仪，两仪生四象，四象生八卦”，本《系辞》之文也。至置乾于南，坤于北，置离于东，坎于西，震于东北，兑于东南，巽于西南，艮于西北，以为方位之图。而谓：“自震至乾为顺，自巽至坤为逆。”又谓：“数往者顺，若顺天而行，是左旋也。皆已生之卦也。知来者逆，若逆天而行，是右行也。皆未生之卦也。”(《先天卦位图说》)八卦之中，而或顺或逆，恐《说卦》所谓“数往者顺，知来者逆”，未必若此。且《说卦》言“天地定位，山泽通气，雷风相薄，水火不相射”，言其性情，非言其方位也。若以天地相对而列于南北，水火相对而列于东西，则天果在南，地果在北乎？火果在东，水果在西乎？是故黄晦木（宗炎，梨洲之弟）作《先天卦图辨略》（见《宋元学案·百源学案》）谓：“《易》本明白简易。而康节装凑安排，全昧大道。”盖以图合《易》，牴牾实多也。虽然，康节之图，装凑安排，则诚然矣。而谓其全昧大道，则有不可。且《参同契》曰：“牝牡四卦，以为橐籥。”四卦者，指乾、坤、坎、离也。是康节八卦方位取乾、坤、坎、离相对之本也。又曰：“三日出为爽，震受庚西方。八日兑上丁，上弦平如绳。十六转受统，巽辛见平明。艮直于丙南，下弦二十三。”是八卦方位取震、巽、艮、兑相对之本也。又曰：“朔旦为复，阳气始通。乾健盛明，广被四邻。”（中有省文）是六十四卦方位阳始于复而极于乾之本也。又曰：“姤始纪绪，履霜最先。道穷则反，归乎坤元。”（中有省文）是六十四卦方位阴始于姤而极于坤之本也。盖丹家以乾坤为炉鼎，坎离为药物，以六十四卦为火候。八卦方位，所以示取坎填离之法也。六十四卦方位，所以表抽添火候之功也。康节所得之于李、穆者，如是而已矣。抑康节之诗，尝有之矣。曰：“乾遇巽时观月窟，地逢雷处见天根。天根月窟闲来往，三十六宫都是春。”夫乾遇巽者，姤䷫也；地逢雷者，复䷗也。月窟者，阴之微也；天根者，阳之发也。三十六宫者，卦之不易者八（乾、坤、坎、离、颐、中孚、大过、小过），反易者二十八，合之三十六。犹言六十四卦也。都是春者，火候匀而药物熟也。以诗证图，则其以丹诀言《易》，康节岂自讳乎？然而康节犹虑人之不能通其意，而或以京、焦（京房、焦延寿，并见《汉书·儒林传》）之数失之也。故《图说》直揭之曰：“先天学，心法也。图皆从中起，万事万化生于心也。”且以心法观丹诀，则丹诀非小术也；以心法观卦图，则卦图非异说也。康节曰：“图虽无文，吾终日言而未尝离乎是。盖天地万物之理，尽在其中矣。”又曰：“知《易》者不必引用讲解，是为知《易》。孟子之言未尝及《易》，其间《易》道存焉。但人见之者鲜耳。人能用《易》,是为知《易》。如孟子,所谓善用《易》者也。”(皆《观物外篇》)由是论之,康节之图,虽不与《易》合,倘亦所谓善用《易》者非耶?

二 观物篇

《观物篇》者,康节推其卦图之意,以说万事者也。曰:“物之大者,无若天地。然而亦有所尽也。天之大,阴阳尽之矣;地之大,刚柔尽之矣。阴阳尽,而四时成焉;刚柔尽,而四维成焉。天,生于动者也;地,生于静者也。一动一静交,而天地之道尽之矣。动之始,则阳生焉;动之极,则阴生焉。一阴一阳交,而天之用尽之矣。静之始,则柔生焉。静之极,则刚生焉。一刚一柔交,而地之用尽之矣。动之大者,谓之太阳。动之小者,谓之少阳。静之大者,谓之太阴。静之小者,谓之少阴。太阳为日,太阴为月。少阳为星,少阴为辰。日月星辰交,而天之体尽之矣。太柔为水,太刚为火。少柔为土,少刚为石。水火土石交,而地之体尽之矣。”(《观物内篇》,中有节文)其言阴阳动静,亦与濂溪《太极图说》合。然而《太极图说》阴阳之下,则有五行。而《观物篇》不用五而用四。言天则四象,日月星辰是也;言地则四体,水火土石是也。推是以言天变,则寒暑昼夜;以言地化,则雨风露雷。以言动植之感,则性情形体;以言动植之应,则走飞草木。言人,则耳目鼻口,声色气味;言时则元会运世,岁月日辰(一时为辰,十二辰为日,三十日为月,十二月为岁,三十岁为世,十二世为运,三十运为会,十二会为元)。言经,则《诗》、《书》、《易》、《春秋》;言治,则皇帝王霸。故朱子曰:“康节其初只是看得太极生两仪,两仪生四象,心只管在上面转。久之便透想得,一举眼便成四片。其法四之外又有四焉。”(《语类》)而明道亦谓:“尧夫之数只是加一倍法。”(《语录》)则其不取五行,亦因于数而然,非有他意也。抑康节虽广说万事,而仍反之于人身。曰:“夫分阴分阳，分柔分刚者，天地万物之谓也。备天地万物者，人之谓也。”又曰：“道为天地之本，天地为万物之本。以天地观万物，则万物为物。以道观天地，则天地亦为万物。道之道，尽于天矣。天之道，尽于地矣。天地之道，尽于物矣。天地万物之道，尽于人矣。”（皆《观物内篇》）是以其言太极也，曰：“道为太极。”即又曰：“心为太极。”（皆《观物外篇》）其言性也，曰：“性者，道之形体也。”（《击壤集自序》）其言圣人也，曰：“人也者，物之至者也。圣也者，人之至者也。人之至者，谓其能以一心观万心，一身观万身，一世观万世者焉；其能以心代天意，口代天言，手代天工，身代天事者焉；其能以上识天时，下尽地理，中尽物情，通照人身者焉；其能以弥纶天地，出入造化，进退古今，表里人物者焉。”（《内篇》）盖合内外而一之，以求无乎不贯，是康节之学也。然于《观物》曰：“夫所以谓之观物者，非以目观之也。非观之以目，而观之以心也。非观之以心，而观之以理也。圣人之所以能一万物之情者，谓其能反观也。所以谓之反观者，不以我观物也。不以我观物者，以物观物之谓也。”（《内篇》）其又斥以心观物、以我观物，何也？曰：是固有说矣。《外篇》曰：“以物观物，性也；以我观物，情也。性公而明，情偏而暗。”又曰：“任我则情，情则蔽，蔽则昏矣。因物则性，性则神，神则明矣。”此之心与我者，私心我见，障我与物而使之不相见者也。故不用之。不用之，而后物我通；物我通，而后物之理穷，我之性尽。是则其合内外之道也。虽然，康节盖有志矣，而未之逮也。其《皇极经世》欲以元会运世之数，穷古今治乱之变，亦几于劳而寡功矣。岂其所谓“物理之学，或有所不通，不可以强通”（《外篇》）者，犹有知之而未能蹈之者乎？

有邵子之以《经世》演《易》，同时即有司马温公之以《潜虚》拟《玄》。《潜虚》之体，五十有五，而基之以五行。五行又各分二。水有原，有委；火有荧，有焱；木有本，有末；金有丱，有刃；土有基，有冢。其生数（一二三四五）五，其成数（六七八九十）亦五也。生成相配，而为五十有五之体。此《潜虚》之所以作也。其说曰:“人之生本于虚。虚然后形,形然后性,性然后动,动然后情,情然后事,事然后德,德然后家,家然后国,国然后政,政然后功,功然后业。业终则返于虚矣。”故自形至业,皆经之以五。辞以明其义,变以尚其占。盖欲举内而情性、外而政事,尽之于五行变化之中者也。夫《经世》不用五行,而《潜虚》则本五行以成其说。此康节、温公之不同也。然康节《先天图》谓伏羲依《河图》而作。而温公之书,有所谓《气图》者。以一(原)六(委)居北,二(荧)七(焱)居南,三(本)八(末)居东,四(丱)九(刃)居西,五(基)十(冢)居中。即《河图》之象。则其说固有相通者矣。且温公既作《潜虚》以拟《玄》,又为《太玄》作注,曰:“吾于子云,虽未能知,固好之矣。”其有得于《玄》,不必言。而康节亦称扬雄不独知历法,又知历理。(《外篇》)意其于《玄》,亦尝有究心者乎?又《虚》虽拟《玄》,而亦有异于《玄》者。《玄》虽言五行,然其首以九九为数,则袭八卦而来。五行与八十一首,错综以为用,故能成天下之至赜。若虚则变化极于五行而止。虽繁称博引以为之说,而于探赜索隐、钩深致远之义,浅矣。然而温公有云:“吉凶悔吝,未有不生乎事者也。事之生,未有不本乎意者也。意必自欲。欲既立于此矣,于是乎有从有违。从则有喜,有乐,有爱。违则有怒,有哀,有恶。此人之常情也。爱实生贪,恶实生暴。贪暴,恶之大者也。是以圣人除其萌,塞其原。恶奚自而至哉!”(《迂书·绝四》)知吉凶悔吝之由于意欲,而以除其萌塞其原。即圣人赞《易》之意,亦不过乎是。然则《潜虚》之作,温公亦必有其所以自得者,未可轻也。温公名光,字君实,陕州夏县人。哲宗立,公为相,尽除安石新法。于学无所不览。而与邵、张、二程皆相善。康节尝称之曰:“君实脚踏实地人也。”卒年六十八。所著有文集八十卷,他著述二十余种,五百余卷。而《潜虚》尤所致力。

第四章 张　子

张载，字子厚，世居大梁，以侨寓为凤翔郿县横渠镇人。少喜谈兵，至欲结客取洮西（时为夏有）之地。年二十一，以书谒范文正公仲淹。文正异其气貌，而甚少，惜之。手《中庸》一编授焉。曰："儒者自有名教可乐。何事于兵？"遂翻然志于学。已未知所止也，求诸释、老者累年，乃反求之六经。仁宗嘉祐初，至京师见二程。二程于先生为外兄弟之子，卑属也。先生与语道学之要，厌服之。时方拥皋比，讲《易》京邸，听从者甚众。即撤坐辍讲。曰："向与诸君语，皆乱道。比见二程，湛深于《易》，吾所不及。可往师也。"举进士。仕为云岩令。神宗立，迁著作佐郎。签书渭州军事判官。用中丞吕正献公荐，召对。问治道，对曰："为治不法三代，终苟道也。"时荆公行新法，为举朝所沮，欲倚先生以为助。而语不合。出按狱浙东。还朝，即移疾屏居南山下。终日危坐一室，左右简编，俯而读，仰而思，有得则识之。或中夜起坐，取烛以书。尝曰："吾学既得诸心，乃修其辞命。命辞无失，然后断事。断事无失，吾乃沛然。"所著有《东铭》、《西铭》、《正蒙》、《理窟》、《易说》等。而教学者，必于礼法。又以《周礼》为必可行于世。曰："仁政必自经界始。经界不正，即贫富不均，教养无法。纵不能行之天下，亦当验之一方。”欲与学者买田一方，画为数井。上不失公家之赋役，退以其私正经界，分宅里，立敛法，兴学校，以推明先王之遗法。而有志未就。以吕汲公大防荐，召同知太常礼院。未及期，告归。竟卒于道。盖熙宁十年也。年五十八。嘉定间谥曰明。

一　正蒙

横渠之学，尽在《正蒙》十七篇。盖上则天道，下则人事，明则品类，幽则鬼神，大则经训，小则物名，无不阐述。庄生所谓“遍为万物说，说而不休”者也。然观其大体，要得之于《易》为多。故所言亦不出阴阳变化之理。惟阴阳虽二，其究则一。分之曰阴曰阳，合之则曰太和，其曰“太和所谓道”(《太和篇第一》)是也。或曰太虚，其曰“太虚者气之体”(《乾称篇第十七》)是也。是以言阴阳者，以著太和太虚之实；言太和太虚者，以见阴阳之根。此其自言之甚明，曰：“两不立，则一不可见。一不可见，则两之用息。”(《太和篇第一》)两不立则一不可见，《易·系》所谓“乾坤毁则无以见《易》”也。一不可见则两之用息，《易·系》所谓“《易》不可见则乾坤或几乎息”也。然乾坤不离《易》，而《易》之用惟在乾坤。故说《易》者，乾坤尽之矣。乾坤，阴阳也。故说《易》者，阴阳尽之矣。横渠惟一切推阴阳以为说，是故十七篇，言天地，则曰：“天地变化，二端而已。”(《太和篇第一》)言鬼神，则曰：“鬼神者，二气之良能也。”(同上)言人物，则曰：“动物本诸天，植物本诸地。”又曰：“有息者根于天，不息者根于地。”(《动物篇第五》)言性，则曰：“性其总合两也。”曰：“知性知天，则阴阳鬼神皆吾分内尔。”曰：“形而后有气质之性。善反之，则天地之性存焉。”(《诚明篇第六》)言学，则曰：“莫非天也。阳明胜则德性用，阴浊胜则物欲行。领恶而全好者，其必由学乎?”(同上《诚明篇》)言神化,则曰:“气有阴阳,推行有渐为化,合一不测为神。”(《神化篇第四》)言圣人,则曰:“大德敦化,然后仁智一而圣人之事备。性性为能存神,物物为能过化。”(同上)而《大易篇》且明示之曰:“一物而两体,其太极之谓欤? 阴阳天道,象之成也。刚柔地道,法之效也。仁义人道,性之立也。三才两之,莫不有乾坤之道。”其说如此。则《宋史》本传称先生之学以《易》为宗,以《中庸》为体,盖其信矣。然而即亦有从佛氏转出者,如曰:“太虚无形,气之本体。其聚其散,变化之客形尔。至静无感,性之渊源。有识有知,物交之客感尔。客感客形,与无感无形,惟尽性者一之。”(《太和篇第一》)曰:“由象识心,徇象丧心,知象者心。存象之心,亦象而已。谓之心可乎?”(《大心篇第七》)其所谓客感,所谓存象之心亦象,非通于佛说心识之分,则不能道也。抑横渠虽不能无得于佛,而力攻佛、老,则与二程同。曰:“知虚空即气,则有无隐显,神化性命,通一无二。顾聚散出入形不形,能推本所从来,则深于《易》者也。若谓虚能生气,则虚无穷,气有限,体用殊绝。入老氏有生于无自然之论,不识所谓有无混一之常。若谓万象为太虚中所见之物,则物与虚不相资。形自形,性自性。形性天人不相待,而有陷于浮屠以山河大地为见病之说。此道不明,正由懵者略知体虚空为性,不知本天道为用。反以人见之小,因缘天地。明有不尽,则诬世界乾坤为幻化。幽明不能举其要。遂躐等妄意而然。”(《太和篇第一》)又曰:“释氏妄意天性,而不知范围天用。反以六根(眼、耳、鼻、舌、身、意)之微,因缘天地。明不能尽,则诬天地日月为幻妄。蔽其用于一身之小,溺其志于虚空之大。此所以语大语小,流遁失中。其过于大也,尘芥六合。其蔽于小也,梦幻人世。谓之穷理,可乎? 不知穷理,而谓尽性,可乎? 谓之无不知,可乎?”(《大心篇第七》)但不于人伦人事之迹蔽其狱,而以天道天用之理摧其军。此其文理密察,即二程有所不逮。而惜乎南渡以后,洛学传而关学遂微也。

二 西铭

横渠为说，既与佛氏异。故穷生人之始，本诸天地，而不本诸法性；穷生人之终，信有委顺，而不信有涅槃。此观其《西铭》可见也。《西铭》曰："乾称父，坤称母。予兹藐焉，乃混然中处。故天地之塞，吾其体；天地之帅，吾其性。民，吾同胞；物，吾与也。大君者，吾父母宗子；其大臣，宗子之家相也。尊高年，所以长其长；慈孤弱，所以幼其幼。圣，其合德；贤，其秀也。凡天下疲癃残疾，惸独鳏寡，皆吾兄弟之颠连而无告者也。于时保之，子之翼也。乐且不忧，纯乎孝者也。违曰悖德。害仁曰贼。济恶者不才。其践形惟肖者也。知化则善述其事，穷神则善继其志。不愧屋漏为无忝，存心养性为匪懈。恶旨酒，崇伯子之顾养；育英才，颍封人之锡类。不弛劳而底豫，舜其功也；无所逃而待烹，申生其恭也。体其受而归全者，参乎；勇于从而顺令者，伯奇也。富贵福泽，将厚吾之生也；贫贱忧戚，庸玉汝于成也。存，吾顺事；没，吾宁也。"首以乾坤体性，率性之教也。极于穷神知化，事天之功也。结以存顺没宁，知命之学也。此不独横渠也。凡儒者之所持以自别于二氏者，盖莫不用此道矣。然龟山（杨时）犹疑其近于墨子之兼爱。故伊川辩之，以为《西铭》明理一而分殊，墨氏则二本而无分（伊川《答龟山书》）。夫明道识仁，亦言仁者浑然与物同体，即与《西铭》何别？龟山疑《西铭》而不疑明道之言，何也？横渠有云："心大则百物皆通，心小则百物皆病。"（《理窟》）若横渠、明道，亦惟心大，故视物我一体耳。《西铭》原名《订顽》。横渠讲学关中，于学堂双牖，左书"砭愚"，右书"订顽"。因伊川语曰："是当起争端。"乃改"订顽"曰"西铭"，"砭愚"曰"东铭"。《东铭》以戏言戏动、过言过动为戒，所以开警后学者甚切。然语气象之博大，辞义之深粹，则非《西铭》之匹也。后程门专以

《西铭》教人。故学者亦遂多知《西铭》，而不及《东铭》云。

横渠之说，于《正蒙》、《西铭》外，尚有足述者，则《理窟》言变化气质是。曰："变化气质。孟子曰：'居移气，养移体，况居天下之广居者乎！'居仁由义，自然心和而体正。"（《理窟·气质》）又曰："为学大益，在自能变化气质。不尔，卒无所发明，不得见圣人之奥。"（《理窟·义理》）此盖根其言性有天地之性与气质之性之分而来。荀子以性为恶，故主矫饰扰化；横渠以形而后有气质之性，故主变化气质。其意一也。而横渠即有与荀子甚相似者。荀子重礼，曰："治气养心之术，莫径由礼。"而横渠亦首以礼教学者，曰："礼所以持性。"（《理窟·礼乐》）曰："使动作皆中礼，则气质自然得好。"（《理窟·气质》）荀子重心，曰："治乱在于心之所可，亡于情之所欲。"而横渠亦以心统性情（拾遗有"心统性情者也"之言），曰："心能尽性，人能弘道也。性不能检其心，非道弘人也。"（《正蒙·诚明》）曰："变化气质，与虚心相表里。"（《理窟·义理》）此无他，变化气质之准在礼，而变化气质之柄在心也。朱子曰："气质之说，起自张、程，极有功圣门，有补后学，前此未曾说到。"（《语类》）然以今观之，即未始不由荀子而出。安在"前此未曾说到"耶？大抵汉儒之学，犹与荀子为近；而唐宋以来，儒者但尊孔孟，而以荀子为悖于圣人，故二程皆极诋荀子。乃横渠独取荀子以成其说，岂其为学从入之途合，故有不期同而不得不同者耶？然而宋儒之中，吾则以横渠为博大矣。

第五章　明道程子

程颢，字伯淳。世居中山博野，后为河南人。父珦，通判南安军事。时濂溪为司理参军，珦与语，知其非常。因使颢与弟颐，往受学焉。颢尝自言："再见周茂叔后，吟风弄月以归，有'吾与点也'之意。"年二十六，中进士。调鄠县主簿，改上元县，迁晋城令。熙宁初元，用吕正献公荐，为太子中允，监察御史里行。王安石议行新法，言者攻之甚力。颢被旨赴中书议事，安石厉色待之。颢徐曰："天下事非一家私议，愿平气以听。"安石为之愧屈。后安石逐不附己者，独不及颢，曰："此忠信人也。"改签书镇宁军判官，迁太常丞，知扶沟县。已坐逸狱，责监汝州酒税。哲宗立，召为宗正丞。未行而卒。时元丰八年也。年五十四。太师文彦博题其墓，曰明道先生。嘉定中，赐谥纯公。先生学养纯粹，与弟颐讲学于洛。门人从者甚众，而未尝见其忿厉之容。尝言："宁学圣人而未至，不欲以一善而成名。宁以一物不被泽为己病，不欲以一时之利为己功。"盖宋儒自濂溪外，学德莫有能过之者。而弟颐为先生墓志，至推为孟子后一人云。

一　识仁说

明道教人，每单提仁字。故《语录》中言仁处最多，而莫备于吕与叔（大临）《东见录》所记。后世因号之为《识仁说》。曰："学者须先识仁。仁者，浑然与物同体。义礼知信，皆仁也。识得此理，以诚敬存之而已。不须防检，不须穷索。若心懈则有防，心苟不懈，何防之有？理有未得，故须穷索，存久自明，安待穷索？此道与物无对。大不足以名之。天地之用，皆我之用。孟子言'万物皆备于我'，须反身而诚，乃为大乐。若反身未诚，则犹是二物有对。以己合彼，终未有之。又安得乐？《订顽》意思乃备言此体。以此意存之，更有何事？必有事焉而勿正，心勿忘，勿助长，未尝致纤毫之力。此其存之之道。若存得便合有得。盖良知良能，元不丧失。以昔日习心未除，却须存习此心，久则可夺旧习。此理至约，惟患不能守。既能体之而乐，亦不患不能守也。"（见《二程遗书》）夫孔子弟子问仁者多矣，而孔子又独许"颜回三月不违仁，其余则日月至焉而已"。何以孔门勤勤于仁若是？此意盖千数百年而未晓。至明道，乃曰"仁者浑然与物同体"，曰"此道与物无对，大不足以明之，天地之用皆我之用"。曰"以此意存之，更有何事"，然则仁者，岂非一贯之道，得其一而万事毕者耶！又是仁者，非得之于外，我固有之也。故又曰"孟子言万物皆备于我，须反身而诚，乃为大乐"，曰"良知良能，元不丧失，以昔日习心未除，却须存习此心，久则可夺旧习"。此其剀切明著，谓孔门之教至是复光，岂为过乎！虽然，明道何以悟及于此？要得力于禅学为多。夫"仁者浑然与物同体"，即所谓"心佛众生，三无差别"也；"此道与物无对，大不足以明之"，即所谓"法无有比，无相待故"（六祖语）也；"天地之用，皆我之用"，即所谓"三界唯心，森罗万象，一法之所印"（马祖语，见《传灯录》）也；"万物皆备于我，反身而诚”，即所谓“若自悟者，不假外求”（六祖语）也；“存习此心久，则可夺旧习”，即所谓“真如法常薰习故，妄心则灭”（《起信论》）也。以彼证此，固有若合符节者矣。然得之于禅，而不作禅用，仍一一反之于孔孟之家法。故伊川作《明道行状》谓“出入于老、释者几十年，反求诸六经而后得之”。而先生亦自言：“吾学虽有所授受，天理二字（按天理即仁）却是自家体贴出来。”（见《语录》）然则谓先生非禅不可，谓先生是禅亦不可；谓先生不同孔孟不可，谓先生全同孔孟亦不可。本源无二，机用则殊，是在善学者自辨之。

二 定性书

明道之学，尤见其出于禅者，莫如《定性》一书。《定性书》者，所以答横渠张子之问者也。其略曰：“所谓定者，动亦定，静亦定。无将迎，无内外。苟以外物为外，牵己而从之，是以己性为有内外也。且以性随物于外，则当其在外时，何者为在内？是有意于绝外诱，而不知性之无内外也。既以内外为二本，则又乌可遽语定哉！夫天地之常，以其心普万物而无心；圣人之常，以其情顺万物而无情。故君子之学，莫若廓然而大公，物来而顺应。《易》曰：‘贞吉悔亡。憧憧往来，朋从尔思。’（《易・咸卦》九四爻辞）苟规规于外诱之除，将见灭于东而生于西也。非惟日亦不足，顾其端无穷，不可得而除也。人之情各有所蔽，故不能适道。大率患在于自私而用智。自私则不能以有为为应迹，用智则不能以明觉为自然。今以恶外物之心，而求照无物之地，是反鉴而索照也。《易》曰：‘艮其背，不获其身。行其庭，不见其人。’（《易・艮卦》彖辞）孟子曰：‘所恶于智者，为其凿也。’与其非外而是内，不若内外之两忘也。两忘，则澄然无事。无事则定，定则明，明则尚何应物之为累哉！圣人之喜，以物之当喜。圣人之怒，以物之当怒。是圣人之喜怒，不系于心而系于物也。是则圣人岂不应于物哉！乌得以从外者为非，而更求在内者为是也？今以自私用智之喜怒，而视圣人喜怒之正，为何如哉？夫人之情，易发而难制者，惟怒为甚。第能于怒时遽忘其怒，而观理之是非，亦可以见外诱之不足恶，而于道亦思过半矣。"夫古以善恶言性者，有之矣。以动静言性者，无有也。孟子言"四十不动心"，是心而非性也。引孔子言"操则存，舍则亡，出入无时，莫知其乡，惟心之谓"，亦是心而非性也。谓心为性，混心性而一之，盖自佛书始矣。《楞严经》阿难问佛"心不在内，亦不在外"，而佛所以告之者，或曰寂常心性，或曰性净明心，或曰圆妙明心、宝明妙性。故或者谓佛之言性，乃吾儒之心；其言心，乃吾儒之意。盖有见于此也。今明道论"动亦定，静亦定，无将迎，无内外"，正是心而非性。而又多与《楞严》之旨合。然则叶水心（适）讥其攻斥老、佛至深，而答张氏论定性，乃尽用老、佛之学而不知者（见《习学记言》），又岂不然欤！然明道论性，固有本之于儒者。曰："生之谓性。性即气，气即性。"曰："善固性也，然恶亦不可不谓之性。"曰："论性不论气不备，论气不论性不明。二之则不是。"凡此所谓性，皆与孟、荀以来诸儒之谓性同。特既认善恶皆天理，不欲说人性有善而无恶。故曰："人生而静以上不容说。才说性时，便已不是性。凡人说性，只是说继之者善。孟子言性善是也。"（并见《语录》）斯则终与禅语为近耳。明道一生学问主脑，尽在《识仁》、《定性》两篇。故兹特举而论之。至明刘蕺山指《定性》一书，为发明周子"主静立极"之说。其合于周子处，学者取两先生之文比观自明，不待赘焉。

第六章　伊川程子

伊川名颐，字正叔。明道先生弟也。幼有大志。年十四五，与兄受学于濂溪。十八，上书阙下，劝仁宗黜世俗之论，以王道为心。书中自况诸葛孔明。已，游太学。时胡安定主教事，以“颜子所好何学论”试学生。得先生文，大惊。延见，即处以学职。吕希哲，字原明，正献公公著子也。与先生邻斋，首以师礼事之。治平（英宗）、熙宁（神宗）间，大臣屡荐，皆不起。哲宗初，司马温公、吕正献公共疏上其行义，除秘书省郎，寻召为崇正殿说书。先生每进讲，所以开陈人主者甚切。方是时，文潞公彦博以太师平章军国重事，侍经筵，终日俨立不懈。而先生在帝前，容色庄严，亦不稍假借。或问曰：“君之严，视潞公之恭，孰为得失？”先生曰：“潞公四朝大臣，事幼主，礼不得不恭。吾以布衣职辅导，亦不敢不自重也。”先生既以天下为己任，议论褒贬无规避。又与翰林学士蜀人苏轼不合，一时归先生之门者，与苏氏门下更相攻讦。于是洛蜀党论起。出管勾西京国子监。已，去官。绍圣间，削籍窜涪州。徽宗立，移峡州。复其官。崇宁二年，言者复诋先生以邪说惑乱众听。有旨追毁出身文字，所在监司觉察所著书。先生乃避居龙门之南，时四方学者犹相从不舍。先生曰：“尊所闻，行所知，可矣。不必及吾门也。”五年，复宣议郎。致仕。大观中卒，年七十五。全谢山谓先生与明道虽尝游濂溪之门，而其后所得，实不由于濂溪。并引吕原明（希哲）、吕居仁（本中，原明孙）之言为证（原明谓二程初从濂溪游，后青出于蓝。居仁谓二程始从茂叔，后更自光大）。然观《颜子所好何学论》称：“天地储精，得五行之秀者为人。其本也，贞而静。其未发也，五性具焉，曰仁义礼智信。形既生矣，外物触其形而动于中矣。其中动而七情出焉，曰喜怒哀惧爱恶欲。情既炽而益荡，其性凿矣。是故觉者约其情使合于中，正其心，养其性，故曰性其情。愚者则不知制之，纵其情而至于邪僻，牿其性而亡之，故曰情其性。”全本之《太极图说》，则先生所得于濂溪者，实非浅鲜。故朱子确然以濂溪为二程之所自出，且有濂溪以《太极图说》、《通书》付之二程之言，正不得谓无所见而漫然云尔也。顾伊川与明道，亦自有别。明道不废观释、老书，与学者言，亦往往举示佛语。而伊川则一而屏除，虽《庄》、《列》亦不看。是明道所主较为广阔，而伊川则执守甚严。故论气象，明道与濂溪为近，而所言不必依于濂溪。伊川气象，与濂溪不似，而言语则不能出濂溪之尺寸。朱子谓：“明道说话有说过处，伊川较子细，说较无过。”（《语类》）盖明道曾从释、老转身，故犹见有二氏之痕迹。至伊川则承濂溪、明道弥缝之后，更不渗漏，于儒倍亲切耳。明道早卒，故及门之士，多成就于伊川之手。然明道所造，伊川自不及也。明道不著书，而伊川著有《易传》四卷。又《春秋传》有序，而书未成。其平日讲说，门人合明道而录之，以为《语录》。嘉定中，赐谥正公。

一　主敬

周子《太极图说》言主静立人极。而明道教学者识仁，则曰“识得此理，以诚敬存之”。即以敬字易却静字。然曰：“性静者可以为学”，是犹兼言静敬也。至伊川则曰：“敬则自虚静，不可把虚静唤做敬。”故平日教人，惟以敬为言。曰：“入道莫如敬。”曰：“君子之遇事，无巨细，一于敬而已。”曰：“圣人修己以敬，以安百姓，笃恭而天下平。唯上下一于恭敬，则天地自位，万物自育。”于是后儒多谓伊川改周子主静为主敬矣。然其所以为敬之诠释者，乃曰：“所谓敬者，主一之谓敬。所谓一者，无适之谓一。”且有“涵养吾一”之说。窃考周子于《太极图说》主静之下，注曰：“无欲故静。”而《通书》则曰：“圣可学乎？曰：可。曰：有要乎？曰：有。请问焉。曰：一为要。一者，无欲也。”夫无欲故静，而一者无欲，则主静即主一矣。伊川以主一释敬，则敬又即静矣。且伊川尝言：“养心莫善于寡欲。所欲不必沉溺，只有所向，便是欲。”向即适也。有向是欲，则无适者无欲矣。濂溪谓一者无欲，而伊川谓无适之谓一，不啻如出一口。然则伊川之主敬，正由濂溪主静而来，而仅变其名耳。盖静之一字，不易体会，不知者往往认作空，认作无，便不免堕入暗中。故周子当时，特以无欲二字注之者，意亦谓是特无欲而已，非真无也。然即此无欲二字，仍复体会不易，故后儒即有以“惟天生民有欲，何得言无欲”疑之者。惟伊川实验之于身心，而知无欲只是无适，深虑夫学者不能体会及此，或且为所疑误，是以毅然以“敬”易之。盖能得濂溪之意者，莫伊川若。吾谓伊川不能出濂溪之尺寸者，亦正以此也。然濂溪言静，所惧者求之太高；伊川言敬，所惧者又求之太卑。何也？事无巨细一于敬，则学者不免将敬字落在事上。若是，岂合内外之道乎？伊川知其然也，故言敬，必举敬以直内（本《易·文言》）为说。曰：“学者须是将敬以直内。涵养此意，直内为本。”又曰：“人心不能不交感万物，亦难为使之不思虑。若欲免此，惟是心有主。如何为主，敬而已矣。大凡人心不可二用。用于一事，则他事更不能入者，事为之主也。事为之主，尚无思虑纷扰之患。若主于敬，又焉有此患乎！”观此，是事为主，与主于敬，分明两事。事为主，常人皆有之；主于敬，则非知学者不能。故曰："入道莫如敬。"曰："敬而无失，便是喜怒哀乐未发之谓中。"然以为有心于敬，此敬终为入道之障，失中之根。故又有言曰："忘敬而后无不敬。"（以上并《语录》）夫至于忘敬而无不敬，则纯然濂溪主静境界。此而尚疑濂溪、伊川有不同者，真皮相之见也。

二　穷理

自明道拈出天理二字，伊川遂有"性即理也"之言。然合而言之，曰"性即是理"；分而言之，则曰"天之赋与谓之命，禀之在我谓之性，见于事业谓之理"，言理未有能与事离者也。是以取《戴记·大学》之格物致知，而有穷理之说。曰："格，犹穷也。物，犹理也。犹曰穷其理而已矣。穷其理，然后足以致知。不穷，则不能致也。"曰："穷理即是格物，格物即是致知。"宋儒得之于佛，而不同于佛氏之为者，实在于此。故曰："学佛者多要忘是非，是非安可忘得？自有许多道理，何事忘为？"曰："人恶多事。世事虽多，尽是人事。人事不教人做，更教谁做？"然所谓格物穷理者，又非泛观物理，专求之于外也。故曰："观物理以察己。"曰："致知在格物，非由外铄我也，我固有之也。"盖伊川一生把柄，全在有见于"理一分殊"四字。故言分殊，则曰："有物必有则，一物须有一理。"言理一，则曰："天地之间，只有一个感与应而已。更有甚事？"是故格物者，非忘事而守心，亦非遗内而逐外。故曰："今人欲致知，须要格物。物，不必事物然后谓之物也。自一身之中，至万物之理，但理会得多，自然豁然有觉处。"又曰："所务于穷理者，非道须尽穷了天地万物之理，又不道是穷得一理便到。只是要积累多后，自然见去。"此则与明时西士来中国，所言格致之学，又大不同者也。且伊川尝言："涵养须用敬，进学则在致知。"主敬穷理，二者并提。盖以

《易》言敬以直内，即继之以义以方外。内外夹持，攻无偏废。故问必有事焉（本《孟子》语），当用敬否？曰："敬，只是涵养一事。必有事焉，须当集义。只知用敬，不知集义，却是都无事也。"问敬义何别？曰："敬，只是持己之道。义，便是有是有非。顺理而行，是为义也。"于是分之则敬内而义外，合之又敬以包义，义以包敬。说益密矣。吾所以谓其承濂溪、明道之后，而于儒倍亲切者，此也。然伊川之说，亦有不同于明道者。明道言："事有善恶皆天理。"伊川则以为理无不善，善恶者是气。故其言性曰："气有善有不善，性则无不善也。"又曰："性无不善。而有不善者，才也。性即是理，理则自尧舜至于涂人，一也。才禀于气，气有清浊，禀其清者为贤，禀其浊者为愚。"（以上并《语录》）此与明道"善固性也，恶亦不可不谓之性"者异矣。夫伊川之说，孟子之说也；明道之说，佛氏之说也（《大乘起信论》言一心三大，三者用大，能生出一切世间出世间善恶因果故。今本无恶字，盖后人不知者所删也）。明道敢言儒者之所不言，伊川必求合于孟子。伊川之密，亦伊川之所以不及明道也。

附论二程表章《大学》、《中庸》

自汉以来，儒者所尊，孔子之书而已。孝文为《孟子》置博士，而后旋罢。赵邠卿（岐）作《孟子注》，谓："诸经通义，得引《孟子》以明事，谓之博文。"（见《孟子注序》）则其时《孟子》，亦只六艺之羽翼，未尝重之也。至唐韩愈，始言"求观圣人之道，必自孟子始"。而二程出，又特表章《礼记》中之《中庸》、《大学》二篇。朱子为《大学》、《中庸章》句，首引程子之言。曰："《大学》者，孔氏之遗书，而初学入德之门也。于今可见古人为学次第者，独赖此篇之存。而《论》、《孟》次之。学者必由是而学焉，则庶乎其不差矣。"曰："不偏之谓中，不易之谓庸。中者，天下之正道；庸者，天下之定理。此篇乃孔门传授心法。子思恐其久而差也，故笔之于书，以授孟子。其书始言一理，中散为万事，末复合为一理。放之则弥六合，卷之则退藏于密。其味无穷，皆实学也。善读者，玩索而有得焉，则终身用之，有不能尽者矣。”盖自是之后，儒者之说，莫不原本于此二书。而自元以迄有清，且以合之《论》、《孟》，号为四子书，与五经同著为校士之目矣。

窃尝考之，二程之表章《中庸》、《大学》，亦受佛教之影响。盖佛氏之说，不出心性，而精微博大，于儒书中求是足以相抗者，实惟有此二篇，故特表而出之，以见吾儒自有家宝，不必求之异学。此与魏晋老、庄盛时，相率而谈《易》，正同一例。皆以其理相近，连类而牵及也。且《中庸说》，见于《汉书·艺文志》者，不可考矣。若宋戴颙之《中庸传》、梁武帝之《中庸讲疏》，亦当佛教极盛，乃有斯作。今书虽不存，而观颙与梁武皆通于内典，其为糅合儒佛，固可想象得之。至若李习之作《复性书》，极阐《中庸》诚明之旨。习之亦有得于禅者。则《中庸》之著于世，要与佛教有关，尤历历足据也。《大学》一篇，自唐以前，无专道及之者。而前乎二程者，有温公之《大学广义》，见于陈振孙《书录解题》（又有《中庸广义》，皆一卷，今并不存），此与范魏公以《中庸》授横渠，并为《大学》、《中庸》不自洛学始重之证。然温公虽诋佛（其门人刘安世，即以温公诋佛为不免于卤莽），而语明道，谓：“近日有个著心处甚安。”明道曰：“何谓也？”曰：“只有一个中字。著心于中，甚觉安乐。”此即是禅家伎俩（见《程氏外书》）。以此言之，温公之《广义》，亦必感于佛说而发，但或不及二程之益加细密耳。顾二程既以《学》、《庸》为转佛入儒之梯，亦即持《学》、《庸》为护儒攻佛之剑。其前此借径于佛一段，遂隐隐为其瞒过。而《学》、《庸》二篇，沉埋于前，而忽发露于后，亦更无人推其所以然之故，是则可惜也。

又《中庸》作于子思，见于康成《礼记注》，当无可疑。而《大学》为何人作，前人未言之，故程子亦但以为孔氏之遗书。至朱子始分经、传，谓经为孔子之言，而曾子述之；传则曾子之意，而门人记之。不知何所见而云然。意者道统之见，孔子传之曾子，曾子传之子思，子思传之孟子。曾子无书(《大戴》有《曾子》十篇。《大戴》自汉以后不显,至清人始复校行),欲以此实之耳。然故以程子之说为正。而明道《大学》有改本,伊川又有改本,朱子因之,又为之改订。于是古本、改本之争(王阳明主古本,有《大学古本序》,见全集),遂为后日之一大案。乱经文以就己意,二程则不能不尸其过焉。

第七章　王荆公 附苏东坡、苏颍滨

当周、程、张、邵讲学之际，而有张皇王道，见于政事，欲致天下于太平，顾身被谤谳，至于后世而未已者，则王安石是。安石之学，略在《三经新义》(《周礼义》、《诗义》、《书义》)，当时所谓"王氏新学"者也。《诗》、《书》皆其子雱与门人辈承其意旨所纂述，惟《周礼》则亲出安石之手。世之集矢，多在此书。然吾观其《谏官论》，至周官师氏保氏为司徒之属而大夫之秩，则曰："尝闻周公为师，而召公为保矣。周官则未之学也。"而《复仇解》亦谓："周官凡复仇者书于士，杀之无罪，非周公之法。"(并见《文集》)是于《周礼》，亦非墨守者。盖安石平生为学，无所不涉。观其《答曾子固书》，称："自诸子百家之书，至于《难经》、《素问》、《本草》、诸小说无所不读。农夫女工，无所不问。然后于经为能知其大体而无疑。"其学之博，可以见也。而于当时道学之士，如横渠、明道，皆有往来。提点江东刑狱时，又得见濂溪，相与语连日夜。而集中有《赠胡先生诗》，所以推服安定者甚至，似又尝从安定游者。故其于性命之微，亦时有窥见。伊川教学者学《易》，云：且须看王弼、胡先生、荆公三家。则安石之《易》，伊川且深取之矣。吾尝考安石之学，盖视用犹重于体。其《大人论》曰："孔子曰：'显诸仁，藏诸用，鼓万物而不与圣人同忧，盛德大业至矣哉！’（本《易·系》）此言神之所为也。神之所为虽至，而无所见于天下。仁而后著，用而后功。圣人以此洗心退藏于密（亦《易·系》），及其仁济万物而不穷，用通万世而不倦也，则所谓圣矣。故神之所为，当在于盛德大业。德则所谓圣，业则所谓大也。世盖有自为之道而未尝知此者，以为德业之卑，不足以为道，道之至在于神耳。于是弃德业而不为。夫为君子者，弃德业而不为，则万物何以得其生乎？”言道而必著之于功业，此其所以异于诸贤者也。夫唯如是，故有熙、丰变法之事。而当时儒者且讥其流于申、韩，然《九变而赏罚可言》一文，本之庄周，合之《虞书》。其说之美，亦当时所未有。曰：“万物待是而后存者，天也。莫不由是而之焉者，道也。道之在我者，德也。以德爱者，仁也。爱而宜者，义也。仁有先后，义有上下，谓之分。后不擅先，下不侵上，谓之守。形者，物此者也。名者，命此者也。所谓物此者，何也？贵贱亲疏，所以表饰之，其物不同者，是也。所谓命此者，何也？贵贱亲疏，所以称号之，其命不同者，是也。物此者贵贱各有容矣，命此者亲疏各有号矣，因亲疏贵贱，任之以其所宜为，此之谓因任。因任之以其所宜为矣，放而不察乎，则又将大弛。必原其情，必省其事。此之谓原省。原省明，而后可以辨是非。是非明，而后可以施赏罚。故庄周曰：‘先明天而道德次之，道德已明而仁义次之，仁义已明而分守次之，分守已明而形名次之，形名已明而因任次之，因任已明而原省次之，原省已明而是非次之，是非已明而赏罚次之。’是说虽微庄周，古之人孰不然？尧者，圣人之盛也。孔子称之曰：‘惟天为大，惟尧则之。’此之谓明天。‘聪明文思安安’，此之谓明道德。‘允恭克让’，此之谓明仁义。次九族，列百姓，序万邦，此之谓明分守。修五体，同律度量衡，以一天下，此之谓明形名。弃后稷，契司徒，皋陶士，垂共工，此之谓明因任。三载考绩，五载一巡狩，此之谓明原省。命舜曰：‘乃言底可绩’。谓禹曰：‘万世永赖，时乃功，蠢兹有苗，昏迷不恭。’此之谓明是非。皋陶方祗厥叙，方施象刑，惟明。此之谓明赏罚。圣人不作，诸子者伺其间而出。于是言道德者，至于窈冥而不可考，以至世之有为者皆不足以为。言形名者，守物诵数，罢苦以至于老，而疑道德。彼皆忘其智力之不赡，魁然自以为圣人者，此矣。悲夫！庄周曰：'五变而形名可举，九变而赏罚可言，语道而非其序，安取道？'善乎其言之也。"（有节文）夫庄周者，自汉以来，学者所不取。晋人虽谈之，而寖失其旨。安石独以为周有意于天下之弊，而存圣人之道（《论议庄周上》，以上并见文集）。且由其说以上穷圣人之意，下推诸子之作。吾尝谓周之学出于孔子，而申、韩言形名，又得周之绪余。盖道固有相通者，即申、韩亦何尝尽悖于圣人？以今观之，若安石者，可谓先得我心者矣。抑明道谓："有《关雎》、《麟趾》之意，然后可以行周官之法度。"（见《语录》）其意讥安石有末而无本。顾安石知形名分守之次于仁义道德，则岂不知本末之务者乎？至于新法之行，天下胥怨，坐于用非其人者半，坐于势重难返者亦半，固不得以为安石之学咎。

安石言性，亦有可得而述者。其《原性》曰："夫太极者，五行之所由生，而五行非太极也。性者，五常之太极也，而五常不可以谓之性。韩子以仁义礼智信五者谓之性，而曰：'天下之性，恶焉而已矣。'五者之谓性，而恶焉者，岂五者之谓哉！孟子言人之性善，荀子言人之性恶。夫太极生五行，然后利害生焉，而太极不可以利害言也。性生乎情，有情然后善恶形焉，而性不可以善恶言也。此吾所以异于二子。扬子之言为似矣，犹未出乎以习而言性也。古者有不谓喜怒爱恶欲情者乎？喜怒爱恶欲而善，然后从而命之，曰仁也，义也。喜怒爱恶欲而不善，然后从而命之，曰不仁也，不义也。故曰有情然后善恶形焉。然则善恶者，情之成名而已矣。"（有节文）又《辨性情》曰："性情，一也。世有论者曰：性善情恶。是徒知性情之名，而不知性情之实也。喜怒哀乐好恶欲，未发于外而存于心，性也。喜怒哀乐好恶欲，发于外而见于行，情也。性者，情之本。情者，性之用。故吾曰：性情，一也。彼曰性善无他，是尝读孟子之书，而未尝求孟子意耳。彼曰情恶无他，是有见于天下之以此七者而入于恶，而不知七者之出于性耳。故此七者，人生而有之，接于物而后动焉。动而当于理，则圣也，贤也。不当于理，则小人也。彼徒有见于情之发于外者，为外物之所累，而遂入于恶也。因曰情恶也，害性者情也。是曾不察于情之发于外，而为外物之所感，而遂入于善者乎。盖君子养性之善，故情亦善。小人养性之恶，故情亦恶。故君子之所以为君子，莫非情也。小人之所以为小人，莫非情也。彼论之失者，以其求性于君子，求情于小人耳。自其所谓情者，莫非喜怒哀乐好恶欲也。舜之圣也，象喜亦喜。使舜当喜而不喜，则岂足以为舜乎？文王之圣也，王赫斯怒。当怒而不怒，则岂足以为文王乎？举此二者而明之，则其余可知矣。如其废情，则性虽善，何以自明哉！”夫既曰性不可以善恶言，而又曰养性之善，故情亦善，养性之恶，故情亦恶，亦几于矛盾矣。且《原性》非扬子之言，以为犹未出乎以习而言性，而辩性情，则称扬子曰：人之性善恶混，是知性之可以为恶。忽而是之，忽而非之。安石辨是与非无所苟（中述有是言），宁当若此？意者所作非一时，始之所谓是，而后之所谓非耶？然安石于古人最推扬雄，其《答吴孝宗（孝宗，字子经）书》谓秦汉以来儒者，唯扬雄为知言。而《答龚深之（原）书》则谓扬雄者，自孟轲以来，未有及之。故尝以与孟子并论。以为其道未尝不同，而其说非有异（《扬孟》）。则其有取于善恶混之说，似又不容疑。要之其言喜怒哀乐，未发而存于心，性也；发而见于行，情也。又君子之所以为君子，小人之所以为小人，莫非情也。情不必入于恶而不入于善。其说皆不可易。至谓性无善恶，颇疑其得之于佛。而《原性》既推本于太极五行，及作《洪范传》又盛道五行之用，以精神魂魄意合水火木金土，谓：“天一生水。其于物为精。精者，一之所生也。地二生火。其于物为神。神者，有精而后从之者也。天三生木。其于物为魂。魂，从神者也。地四生金。其于物为魄。魄者，有魂而后从之者也。天五生土。其于物为意。精神魂魄具，而后有意。”（以上并见文集）是又道家之常谈。然则安石之学，融汇道佛，亦与周、程诸儒相似。所不及者，存养未至耳。神宗问安石之学于明道，明道对曰：“安石博学多闻则有之，守约则未也。”（见《遗书》）安石之不能守约，安石之短也。若博学多闻，则固不可诬矣。安石字介甫，抚州临川人。仁宗时，擢进士上第，累官至知制诰，以母忧去官。英宗屡诏不起。及神宗立，用韩维荐，为翰林学士，兼侍讲。逾年，遂由参知政事，拜同中书门下平章事。兴青苗、保甲诸法。熙宁七年，罢知江宁府。八年，复相。屡谢病求去。以镇南军节度使同平章事判江宁府。封舒国公。元丰三年，复拜左仆射，改封荆。哲宗元祐元年卒。所著有《临川集》一百卷，《周礼新义》等十余种，又百余卷。

荆公以性为无善恶，吾疑其出于佛。同时苏轼亦耽佛者，故其说极似之。轼集有《扬雄论》，曰：“夫善恶者，性之所能之，而非性之所能有也。且夫言性者，安以其善恶为哉！虽然，扬雄之论，则固已近之。曰：‘人之性善恶混。修其善则为善人，修其恶则为恶人。’此其所以为异者，唯其不知性之不能有夫善恶，而以为善恶之皆出乎性也而已。”然其作《易传》则曰：“古之君子，患性之难见也，故以可见者言性。以可见者言性，皆性之似也。君子日修其善，以消其不善。不善者日消，有不可得而消者焉。小人日修其不善，以消其善。善者日消，有不可得而消者焉。夫不可得而消者，尧舜不能加焉，桀纣不能逃焉。是则性之所在也。”夫不善日消，而有不可得而消者，则孟子所谓“仁义礼智，我固有之”也。善日消，而有不可得而消者，则孟子所谓“平旦之气，其好恶与人相近也者几希”也。是又孟子性善之旨。而又曰：“昔于孟子以为性善，以为至矣。读《易》而后知其未至也。孟子之于性，盖见其继者而已矣（《易・系辞》“继之者善也，成之者性也”）。夫善，性之效也。孟子未及见性，而见其性之效，因以所见者为性。犹火之能熟物也，吾未见火，而指天下之熟物以为火。夫熟物，则火之效也。”数易其说，而前后转成龃龉。宜乎朱子作《杂学辩》，谓其未尝见性，未尝知性也(见《大全集》)。轼字子瞻,眉州眉山人。新法之争,以团练副使黄州安置。筑室东坡居之,故自号东坡居士。父洵,字明允。弟辙,字子由,致仕后,筑室于许,号颍滨遗老。父子皆博学能文章。当时号为蜀学。然荆公新学,近于申、韩。苏氏蜀学,近于纵横。申、韩虽刻核,犹可效用于世。若纵横,则无实矣。且子瞻又不如子由。子瞻论性,窃佛之说。而《扬雄论》反讥韩退之流入老、佛而不自知。子由作《老子解》以佛解老,而不自讳。曰:“孔子以仁义礼乐治天下,老子绝而弃之,或者以为不同。《易》曰:‘形而上者谓之道,形而下者谓之器。’孔子之虑后世也深,故示人以器而晦其道,使中人以下,守其器,不为道之所眩,以不失为君子。而中人以上,自是以上达也。老子则不然,志于明道而急于开人心,故示人以道而薄于器。以为学者惟器之知,则道隐矣。故绝仁义,弃礼乐,以明道。夫道不可言。可言者,皆其似者也。达者因似以识真,而昧者执似以陷于伪。故后世执老子之说以乱天下者,有之。而学孔子者无大过。因老子之言以达道者不少,而求之于孔子者,尝苦其无所从。二圣人者,皆不得已也。全于此,必略于彼矣。六祖所云不思善,不思恶,即喜怒哀乐之未发也。中者,佛性之异名。而和者,六度万行之总目也。天下固无二道,而所以治人则异。君臣父子之间,非礼法则乱。知礼法而不知道,则世之俗儒,不足贵也。居山林,木食涧饮,而心存至道,虽为人天师可也,而以之治世,则乱。古之圣人,中心行道,而不毁世法,则可耳。”夫其谓孔子示人以器,而不欲示人以道,则非矣。然以为孔、老无二道,与荆公言庄周有意天下之弊而存圣人之道,要皆能知道术之原于一者。且言“所以治人,非礼法则乱”,以及“圣人中心行道,不毁世法,则可”云云。宋儒之出入老、佛,取其长而不欲受其弊,盖莫非此意,而顾不肯明白以道之。惟子由于此无所隐,岂不远愈于蒙头盖面,拘拘于门户之见者哉!而朱子《异学辩》,乃斥以为无忌惮。吾谓朱子得之于子瞻,而失之于子由。

第八章　朱子 李延平附见

集汉儒经学之大成者，康成。集宋儒道学之大成者，朱子也。朱子名熹，字元晦，一字仲晦，世徽州婺源人。父韦斋先生松，为豫章罗氏（从彦，字仲素）门人。豫章，因杨龟山以游于伊川之门者也。韦斋先生历官司勋吏部郎，忤秦桧去官。以旧尝为闽尤溪县尉，遂居尤溪。朱子生焉。故世称朱子为闽学者，以此。朱子生十四年，而韦斋先生殁。当病亟，嘱朱子曰："籍溪胡原仲（宪）、白水刘致中（勉之）、屏山刘彦冲（子翚。三人皆崇安人），三人吾友也。学有渊源，吾所敬畏。吾死，汝往师之，而惟其言之听，吾死不恨矣。"故朱子始从三先生学。籍溪为武夷先生安国（字康侯）从父兄子，少学于安国。安国尝从杨龟山、谢上蔡（良佐，字显道）、游廌山（酢，字定夫）游。杨、谢、游，当时与吕蓝田（大临，字与叔）并称为程门四先生者也。而白水亦师龟山，又受温公门人刘元城（安世）之学。屏山学不知所出，然大抵亦私淑二程者。朱子既禀学于三先生，遂有志于圣贤之业。年十九，登进士第，授泉州同安主簿。延平李先生侗（字愿中）者，与韦斋先生为同门友，而学养深粹。豫章教人观喜怒哀乐未发时气象，惟先生得其传。朱子归自同安，乃不远数百里，徒步往从之。后因辑其语为《延平答问》。尝曰:“李先生教人,大抵令于静中体认大本未发时气象分明。即处事应物,自然中节。此乃龟山门下,相传指诀。”盖平生学力,得之于延平者为尤多。孝宗即位,应诏上封事,陈帝王格物致知之学,并言和议之非,除武学博士。淳熙五年,除知南康军。访庐山白鹿洞书院遗址,奏复其旧。为立规程,俾学者守之,今所传《白鹿洞学规》是也。十五年,以提点江西刑狱入对。孝宗欲处以清要,除兵部郎官,以足疾丐祠。而兵部侍郎林栗旧尝与朱子论《易》、《西铭》不合,至是遂劾之,谓:“窃张载、程颐绪余,谓之道学。所至携门人数十人,妄希孔、孟历聘之风,邀索高价,不肯供职。伪不可掩。”云云。太常博士叶适疏与栗辩,帝为黜栗。然于朱子,亦卒不能用也。光宗立,知漳州。朱子尝病经界不正,不可以为治。会朝廷有行汀、漳、泉三州经界之议,乃具访事宜,及方量之法,上之。而豪右以侵渔贫弱为利,不便其行。宰相留正,泉人也,其里党又多因以阻挠者。于是有旨需后,先行漳州经界。而明年,朱子以子丧请祠。漳州经界,竟亦报罢。改知潭州。光宗内禅,以赵忠定汝愚荐,除焕章阁待制侍讲。时韩侂胄居中用事,因上疏斥言左右窃柄之失。侂胄中之,遂罢侍讲,奉祠。盖朱子登第五十年,仕于外者凡五任九考,而经筵才四十日耳。侂胄势既张,佥人迎其意,竞以伪学为毁。而监察御史沈继祖,至列十罪以劾。寻诏落职罢祠。门人蔡元定亦送道州编管。方是时,及门之士或窜伏丘壑,或更名他师。甚者变易衣冠,狎游市肆,以自别其非党。而朱子与从者讲学不辍。有以书谏者,答曰:“放流窜殛,久置度外。若仰人鼻息为舒惨,则方寸之间长戚戚矣。”久之,有旨守朝奉大夫,致仕。年七十一卒。尝谓:“道统之传,散在方册。圣经之旨不明,而道统之传始晦。”故讲说之余,尤殚精于经训。所著书,于《易》则有《本义》,有《启蒙》;《诗》则有《集传》;《大学》、《中庸》有《章句》、《或问》;《论语》、《孟子》有《集注》。《书》传有旨,属门人蔡沈;《礼》属门人黄榦。而《太极图》、《通书》、《西铭》各有解。又有《楚辞集注辨证》、《韩文考异》、《参同契考异》。其所编次则有《近思录》、《小学》、《名臣言行录》、《伊洛渊源录》、《通鉴纲目》，皆行于世。而《学》、《庸》、《论》、《孟》四书，尤一生精力所萃，尝更定至数四。没前一日，犹改《大学·诚意章》，曰："此人鬼关也。"故历元明及清数百年，学者守其说不敢悖。盖有由然，非幸致也。所为诗文，子在类，次之为《大全集》一百卷。又平日所语，门人辑为《语类》一百四十卷。嘉定初，赐谥曰文。居崇安时，尝榜听事曰紫阳书堂。又尝创草堂于建阳之云谷，榜曰晦庵，自号晦翁。而晚年卜筑于建阳考亭。故学者或称紫阳、晦庵、考亭云。

一　理气

理气之说，发于伊川，而完于朱子。朱子曰："天地之间，有理有气。理也者，形而上之道也，生物之本也。气也者，形而下之器也，生物之具也。是以人物之生，必禀此理，然后有性。必禀此气，然后有形。"（《答黄道夫》，道夫名樵仲，朱子之友）其区别理、气甚明。然理与气，未尝相离，故曰："有是理便有是气。"（《语类》）又曰："理未尝离乎气。"（同上）虽不相离，而自是二物，故又曰："所谓理与气，但在物上看，则二物浑沦，不可分开，各在一处。然不害二物之各为一物也。若在理上看，则虽未有物，而已有物之理。"（《答刘叔文》）夫既为二物，即不能无疑于孰先孰后，而朱子则谓理先于气。曰："未有天地之先，毕竟也只是理。有此理，便有此天地。若无此理，便亦无天地。无人无物，都无该载了。"又曰："且如万一山河大地都陷了，毕竟理却只在这里。"（以上皆《语类》）盖虽理、气并言，而仍以理为本。此宋儒相承之命脉。或谓程、朱纯主理气二元论者（谢无量《哲学史》有此说），未为真知程、朱者也。虽然，以理为本，是矣。而以用言，则又在气而不在理。故曰："气能凝结造作。理却无情意，无计度，无造作。且如天地间人物草木禽兽，其生也，莫不有种，定不会无种子白地生出一个物事，这个都是气。若理，则只是个净洁空阔底世界，无形迹，却不会造作。"由是以推天地之始，则曰："天地初间，只是阴阳之气。这一个气运行，磨来磨去，磨得急了，便拶许多渣滓。里面无处出，便结成个地在中央。气之清者便为天，为日月，为星辰，只在外常周环运动。地便只在中央不动，不是在下。"由是以推人物之始，则曰："昼夜运而无止，便是阴阳之两端。其四边散出纷扰者，便是游气。以生人物之万殊，如面磨相似。其四边只管层层散出，如天地之气，运动无已，只管层层生出人物。其中有精有细，如人物有偏有正。"(以上皆《语类》)是皆根气以为言者也。而有气斯有质有形。故又曰："阴阳是气，五行是质。有这质，所以做得物事出来。五行虽是质，他又有五行之气，做这物事方得。然却是阴阳二气，截做这五个，不是阴阳外别有五行。"又曰："生物之时，阴阳之精自凝结成两个，盖是气化而生，如虱子自然爆出来。既有此两个，一牝一牡，后来却从种子渐渐生去，便是以形化。万物皆然。"(以上《语类》)原朱子之意，盖以理当太极，以气当阴阳，以形质当五行。而五行一阴阳也，阴阳一太极也。言气言质，而理即未尝不在其中。故曰："太极非是别为一物。即阴阳而在阴阳，即五行而在五行，即万物而在万物。只是一个理而已。"曰："太极只是天地万物之理。在天地言，则天地中有太极。在万物言，则万物中各有太极。"不独是也，天地中之太极，即万物中各有之太极，又非有二也。故曰："人人有一太极，物物有一太极。合而言之，万物统体一太极也。分而言之.一物各具一太极。"(《朱子学的》，明丘濬编)而又为之譬曰："本只是一太极。而万物各有禀受，又各自全具一太极尔。如月在天，只一而已。及散在江湖，则随处而见，不可谓月分也。"曰："如一海水，或取得一杓，或取得一担，或取得一碗，都是这海水。"(《语类》)盖至是而周子之太极无极，程子之理一分殊，俱阐发无复余蕴。而《华严》理事无碍之旨，亦尽融为儒说，不复能明其所自来矣。《大学补传》曰："众物之表里精粗无不到，吾心之全体大用无不明。”吾反覆朱子理气之说，而叹其庶几于斯言也。

二　天命之性气质之性

朱子言性，一本其理气之说。曰：“天地间只是一个道理，性便是理。人之所以有善有不善，只缘气质之禀，各有清浊。”（《语类》）故以天命之性与气质之性分言。与横渠、伊川，盖无有异。黄道夫问气质之说始于何人？曰：“此起于张、程。某以为极有功于圣门，有补于后学。读之使人深有感于张、程。前此未曾有人说到此。”（《语类》）观此，知其于横渠、伊川，服膺深矣。然吾以为朱子言性之精，亦有张、程之所不到。曰：“论天地之性，则专指理言。论气质之性，则以理与气杂而言之。未有此气，已有此性。气有不存，而性却常在。虽其方在气中，然气自是气，性自是性，亦不相夹杂。至论其遍体于物，无处不在，则又不论气之精粗，莫不有是理。”（《语类》）夫横渠尝有言矣，曰：“形而后有气质之性。善反之，则天地之性存焉。故气质之性，君子有弗性者焉。”而朱子亦尝称之矣。然以气质之性反之而天地之性存，不如以气质之性为理与气杂，即于气质之中，而见理之未尝不在，之尤为分明也。何也？孟子谓“性也有命焉”，命固即在性中也（此命即天命之性，性即气质之性）。又伊川尝有言矣，曰：“孟子言性善，是极本穷原之性。孔子言性相近，是气质之性。”而朱子亦尝称之矣。然以气质之性说性相近，不如以理与气杂说性相近之尤为确当也。何也？孔子言性相近，即不得偏指气质也。且朱子一面言气自是气，性自是性，不相夹杂；而一面即言不论气之精粗，莫不有是理。虽立差别，而不碍圆融，圆融之中，而差别自在。是岂非辨之益精，而言之益晰者耶！然又不独是也。孟子之言性，人无不知其为性善也。曰：“孟子是剔出而言性之本。”曰：“孟子恐人谓性元来不相似，遂于气质内挑出天之所命者，说与人道，性无有不善。即子思所谓天命之谓性也。”荀子之言性，人无不知为性恶。扬子之言性，人无不知其为善恶混。韩子之言性，人无不知其为性有三品也。曰：“荀、扬、韩诸人虽是论性，其实只说得气。”曰：“荀子只见得不好底，扬子又见得半上半下的，韩子所言却是说得稍近。盖荀、扬说既不是，韩子看来，端的见有如此不同，故有三品之说。然惜其言之不尽，少得一个气字耳。”（皆《语类》）于古来论性诸家，悉皆穷其说之所由，于是由不同以求其同，而性之所以为性自见。故曰：“诸儒论性不同，非是于善恶上不明，乃性字安顿不着。”又曰：“圣人只是识得性。百家纷纷，只是不识性字。”（《语类》）盖真知者之言也。且性明矣，由是进论性命之别，曰：“自天所赋与万物言之，谓之命。以人物所禀受于天言之，谓之性。”（《学的》）论性情之别，曰：“性者，心之所具之理。情者，性之感于物而动者也。”（《性理大全》）论心性之别，曰：“心是知觉，性是理。”曰：“可动处是心，动底是性。”（《语类》）论性理之别，曰：“在心唤做性，在事唤做理。”（同上）论性生之别，曰：“性者，人之所得于天之理也。生者，人之所得于天之气也。”（《学的》）又合而论天命性理，曰：“天则就其自然者言之，命则就其流行而赋于物者言之，性则就其全体而万物所得以为生者言之，理则就其事事物物各有其则者言之。”合而论性情心，曰：“虚灵不昧，便是心。此理具足于中，无少欠缺，便是性。感物而动，便是情。”曰：“性以理言，情乃发用处，心则管摄性情者也。”合而论性情心意志气，曰：“性者，即天理也。万物禀而受之，无一理之不具。心者，一身之主宰。意者，心之所发。情者，心之所动。志者，心之所之。气者，即吾之血气，而充乎体者也。”（以上皆《语类》）自汉以来，学者所愈辩愈纷，而茫如堕于云雾之中者，至是乃无不涣然以解，豁然以明。是其所遗于后学者，岂曰小补之哉！而清人之谈汉学者，乃故于朱子寻瘢索垢不止，亦可谓失其是非之心者也。

三　居敬穷理

朱子为学功夫，双提居敬、穷理，犹是伊川之矩矱。然阐明两者相发之处，又较伊川更为详尽。曰："学者工夫，唯在居敬、穷理二事。此二事互相发。能穷理，则居敬工夫日益进；能居敬，则穷理工夫日益密。譬如人之两足，左足行则右足止，右足行则左足止。又如一物悬室中，右抑则左昂，左抑则右昂。其实只是一事。"曰："涵养中自有穷理工夫，穷其所养之理；穷理中自有涵养工夫，养其所穷之理。两项都不相离，才见成两处便不得。"（程子曰：涵养须用敬。故言涵养与言居敬同）此合而言之者也。曰："一心具万理，能存心，而后可以穷理。"（存心即敬）曰："人为学，须是要知个是处千定万定。知得这个彻底是，那个彻底不是，方是见得彻见得是。则这心里方有所主（程子曰：穷理即是格物，格物即是致知。故言知与言穷理同）。此分而言之者也。而又曰："人须做工夫，方有碍。初做工夫时，欲做此一事，又碍彼一事，便没理会处。只如居敬、穷理两事便相碍。居敬是个收敛执持底道理，穷理是个推寻究竟底道理。只此二者便是相妨。若是熟时，则自不相碍矣。"正言之不足，又反言以明之，可不谓详且尽乎！虽然，朱子居敬、穷理双提，固矣。而两者之中，则尤以穷理为重。曰："万事皆在穷理后。经不正，理不明，看如何地持守，也只是空。"又曰："而今人只管说治心修身。若不见这个理，心是如何地治，身是如何地修？若如此说，资质好底，便养得成只是个无能底人；资质不好，便都执缚不住了。"（以上《语类》）此盖朱子所持以别于佛氏之把柄。观其《与项平父（安世）书》称"学未讲，理未明，亦有错认人欲作天理处，圣贤之教无此法"云云，可见也。然穷理又兼两意，曰："大凡义理积得多后，贯通了自然见效。不是今日理会得一件，便要做一件用。譬如富人积财，积得多了，自无不如意。”此以多积为穷者也。曰：“义理尽无穷。前人恁地说，亦未必尽。须是自把来横看竖看，尽入深，尽有在。”此以深入为穷者也。而其归则又反之于自己之身心，曰：“理不是在面前别为一物，即在吾心。人须是体察得此物诚实在我方可。譬如修养家所谓铅汞龙虎，皆是我身内之物，非在外也。”为说如此，岂更有分毫渗漏乎？又伊川言涵养须用敬，进学则在致知。学者尝以不言克己为疑。朱子则曰：“致知、敬、克己，此三事以一家譬之，敬是守门户之人，克己则是拒盗，致知却是去推察自家与外来底事。伊川不言克己，盖敬胜百邪（此亦伊川之言），便自有克。如诚则便不消言闲邪之意。犹善守门户，则与拒盗便是一等事，不消更言别有拒盗底。若以涵养对克己言之，则各作一事亦可。涵养则譬如将息，克己则譬如服药去病。盖将息不到，然后服药。将息则自无病，何消服药？能纯于敬，则自无邪僻，何用克己？若有邪僻，只是敬心不纯，只可责敬。故敬则无己可克，乃敬之效。若初学则须是工夫都到，无所不用其极。”（以上皆《语类》）是言居敬，即凡修养之事无不包。犹言穷理，即凡学问之事无不包。学者苟推朱子之说以求之，而于濂洛关中之学犹有未达者，吾不信也。此吾所以推朱子为能集道学之大成也。

第九章　张南轩 胡五峰附见

朱子讲学之友得力者，有吕东莱、陆象山、张南轩。而于南轩尤所深服。盖其践履议论，尤相近也。南轩名栻，字敬夫，广汉人，迁于衡阳。父浚，故丞相魏国公，谥忠献。孝宗初立，方倚忠献以收兴复之效。先生以少年辟忠献军府机宜文字，内赞密谋，外参庶务，虽幕下诸贤，皆自以为不及也。忠献没，历知抚州、严州。召为吏部郎，兼侍讲。所陈皆修身务学、畏天恤民、抑侥幸、屏谗谀之事，以故不为近习所喜，退而家居。孝宗念之，诏除旧职。知静江府，经略安抚广南西路。改知江陵府，安抚本路。将有公辅之望，而竟以病卒，年才四十八。嘉泰（宁宗）中，赐谥曰宣。著有《文集》、《论语孟子解》等。

南轩学于胡五峰宏。五峰，武夷之季子，而尝从龟山侯师圣（名仲良，亦二程门人）游，以传河洛之学者也。所著《知言》，朱子尝与南轩、东莱商其疑义（朱子有《知言疑义》），以今观之，如曰："天理人欲同体而异用，同行而异情。"曰："凡天命所有，而众人有之者，圣人皆有之。人以情为有累也，圣人不去情。人以才为有害也，圣人不病才。人以欲为不善也，圣人不绝欲。人以术为伤德也，圣人不弃术。人以忧为非达也，圣人不忘忧。人以怨为非宏也，圣人不释怨。然则何必别于众人乎？圣人发而中节，而众人不中节也。中节者为是，不中节者谓非。挟是而行，则为正。挟非而行，则为邪。正者为善，邪者为恶。而世儒乃以善恶言性，邈乎远哉！"其意不认性有善恶，皆极似释氏之说。而南轩初见五峰，五峰辞以疾，南轩见孙正孺（名蒙正，亦五峰门人）告之。孙道五峰之言曰："渠家好佛，宏对他说甚。"（盖因忠献习禅，故云然）阴窃佛说，而又阳斥之。此宋人大率类然，无足异也。然南轩之说，则较之五峰为近于儒。问："吾心纯乎天理，则身在六经中。饥而食，渴而饮，天理也。昼而作，夜而息，天理也。自是而上，秋毫加焉，即为人欲矣。人欲萌，而六经违矣。"曰："此意虽好，然饥食渴饮，异教中亦有拈出此意者。而其与吾儒异者，何哉？此又不可不深察也。孟子即常拈出爱亲敬长之端，最为亲切。于此体认，便不差也。"又问："程子云：'视听思虑动作，皆天也。但其中要识真与妄耳。'伯逢（名大原，五峰之从子，与朱子、南轩皆有辩论，不以《知言疑义》为然）疑云：'既是天，安得妄？'某以为此六者人生皆备，故知均禀于天。但顺其理则是真，违其理则是妄，即人为之私耳。如此言之，知不谬否？"曰："有物必有则，此天也。若非天则，则是人为乱之，妄而已矣。只如释氏扬眉瞬目，自以为运用之妙，而不知其为妄而非真也。此毫厘之间，正要辨别得。如伯逢，病正在此耳。"（以上皆见《南轩答问》）以饥食渴饮、扬眉瞬目为异学，而必取爱亲敬长、有物有则以为言，则与天理人欲同体同行云云，亦有异矣。盖南轩之学，一主居敬穷理，而急于义利之辨，实由五峰而上接伊川。全谢山谓南轩似明道，晦翁似伊川（见《宋元学案》）。吾则谓似伊川者南轩，而似明道者五峰也。虽然，南轩亦有得于五峰者。五峰好言心，曰："尧、舜、禹、汤、文王、仲尼六君子，先后相诏，必曰心而不曰性。何也？曰：心也者，知天地宰万物以成性者也。六君子，尽心者也。故能立天下之大本。"是以言心无不在，言心无生死，言心无穷（皆见《知言》）。而南轩亦曰："心本无出入，言心体本如此。谓有出入者，不识心者也。"（《答问》）盖自范淳夫（祖禹）之女，读出入无时，语人曰："孟子不识心，心岂有出入。"而伊川闻之曰："此女虽不识孟子，却能识心。"(《程氏外书》)遂成程门一段公案。亦如禅门祖祖相传之心印，无有师授，不能得之者矣。相传南轩既见五峰，五峰不与言，仅令思忠清未得为仁之理，往返数四，而后有告。夫此，岂非禅下教人参悟之大机乎？

南轩与朱子皆言居敬穷理，而朱子重穷理，南轩重居敬。此朱子、南轩之不同也。南轩曰："格物有道，其惟敬乎！"曰："诚能起居食息主一而不舍，则其德性之知，必有卓然不可掩于体察之际者。"(《答问》)意盖以居敬贯穷理，所谓有体不患无用者也。故言存养省察，则曰："存养省察，固当并进。然存养是本觉。向来工夫不进，盖存养处不深厚，故省察少力。"(《与吕伯恭书》)言读书，则曰："读书欲自博而趋约，此固前人规模，其序固当尔。但旁观博取之时，须常存趋约之意，庶不至溺心。"(《答问》)又曰："理义固须玩索。然求之过当，反害于心。涵泳栽培，日以深厚，则玩索处自然有力。"(《与吕子约》。子约，东莱之弟，名祖俭)处处主由体起用。东莱《与陈同甫书》谓："张荆州使不死，合整顿点检处尚多。"其不足于南轩者以此。而晦翁称："敬夫见识，卓然不可及。"其叹服之者，亦以此也。向使得永其年，其所造必不在晦翁下。惜哉，惜哉！

第十章　吕东莱 附陈龙川

吕祖谦，字伯恭。其先河东人，后徙寿春。曾祖东莱郡侯好问（希哲子），始徙婺州。吕氏自希哲师事伊川后，而好问之子本中（字居仁）又从游定夫、杨龟山、尹和靖（焞，亦伊川门人）游，故世传程门之学。伯恭于本中为从孙，而学于林拙斋（之奇）、汪玉山（应辰）。拙斋、玉山，皆出本中门下，又师胡籍溪，故与晦庵为同门。当时讲学者，惟晦翁与陆象山多不合。伯恭介朱、陆之间，颇多调停。然吕氏虽传洛学，而原明所师，如定安、泰山、盱江（李觏）、荆公甚众，其作《家传》即有"不主一门不私一说"之语，而居仁亦曰："学问做得主张，则诸子百家长处，皆为吾用。"（见《童蒙训》）故吕氏家教，又在多识前言往行以畜其德（本《易・大畜・象》辞）。今观伯恭《与邢邦用（名世材，伯恭门人）书》，谓："讲贯诵绎，为百代为学通法。学者缘此支离泛滥，自是人病，非是法病。见此而欲尽废之，正是因噎废食。"则其本之家学者，盖可见。晦翁尝讥伯恭："只向杂博处用功，却于要约处不曾子细研究。"不知中原文献之传，乃伯恭之所以异于朱、陆两家者也。且南渡以后，学者剽正心诚意为浮谈，而视治国平天下为末务。虽攘斥二氏，其不切世用，亦与二氏何别矣。伯恭《周礼说》曰："教国子以三德三行（师氏之教)立其根本,固是纲举目张。然又须教以国政,使之通达治体。古之公卿,皆自幼时便教之,以为异日之用。今日之子弟,即他日之公卿。故国政之是者,则教之以为法。或失,则教之以为戒。又教之以如何拯救,如何措画,使之洞晓国家之本末原委。然后他日用之,皆良公卿也。自科举之说兴,学者视国事,如秦越人之视肥瘠,漠然不知,至有不识前辈姓名者。一旦委以天下之事,都是杜撰,岂知古人所以教国子之意!然又须知,上之人所以教子弟,虽将以为他日之用;而子弟之学,则非以希用也。盖生天地间,岂可不知天地间事乎!"此岂独当时救弊之言,亦儒者明体达用之学,道所应尔。不然,孔门问政之言,其多与问仁等,岂骛外之谓乎?伯恭登隆兴(孝宗)元年进士第,又中博学宏辞科。历官至著作郎,主管明道宫。卒年四十五,谥曰成。所著有《春秋左氏传说》、《左氏博议》、《吕氏家塾读书记》等,又尝与朱子同辑《近思录》。少时性极褊,后因病中读《论语》,至"躬自厚而薄责于人",有省,遂终身无暴怒。其《与朱子书》亦规以"争较是非,不如敛藏持养",即其学养可知也。

与婺学相近者,有永嘉、永康之学,然永康非永嘉比也。永康之学,曰陈同甫。同甫,名亮,学者称龙川先生。为人才气超迈,喜谈兵。后以豪侠屡遭大狱,益励志读书。所学甚博,大抵主于致用。故自孟子以下,惟推王通。其《与朱子书》有义利双行、王霸并用之语。又曰:"谓之圣人者,于人中为圣。谓之大人者,于人中为大。才立个儒者名字,固有该不尽之处矣。学者,所以学为人也,而岂必其儒哉!"又曰:"亮尝以为得不传之绝学者,皆耳目不洪、见闻不惯之辞也。人只是这个人,气只是这个气,才只是这个才。譬之金银铜铁,炼有多少,则器有精粗。岂其于本质之外,换出一般,以为绝世之美器哉!"其言亦足以破儒者门户褊隘之见。然伯恭有云:"静多于动,践履多于发用,涵养多于讲说,读经多于读史。工夫如此,然后能可久可大。"(《与叶正则书》。"可久则贤人之德,可大则贤人之业",见《易・系》)若同甫，则只有发用讲说，可谓无体之学矣。全谢山以为“永康专言事功，而无所承。其学更粗莽”（《宋元学案·序录》）。夫其粗莽，岂非无所承之故哉！

第十一章　薛艮斋 附陈止斋

永嘉之士，出于程门者甚众。而称永嘉之学，则自薛季宣始。季宣，字士龙，号艮斋。获事袁道洁溉。道洁，汝阴人，伊川门人也。而自六经百氏，下至博弈小数，方术兵书，无所不通。士龙得其传，故于学极淹博。所著书多佚。今存者，犹有《浪语集》。其《与沈应先（名有开，学于艮斋，又尝从南轩、东莱）书》谓："道揆法守，浑为一途。未明道揆通于法守之务，要终为无用。"大抵主经制以求事功，故当时与永康并目为功利之学。然观其所为《克斋记》与《耳目箴》，皆以颜子"克己复礼"为言。而《答陈同甫书》亦曰："曾子日且三省其身，吾曹安可辄废检察。不识不知，顺帝之则者，古人事业，学不至此，恐至道之不凝。"是其自修之密，非龙川所可同日语也。艮斋起从荆南帅辟书写机宜文字，历官至知湖州，所兴举皆一持之要政。而《宋史》本传谓其于古封建井田乡遂司马法之制，靡不研究讲画，皆可行于时。吾又以惜其不尽用也。卒年四十。

自康节传《图》、《书》之学，而朱子作《易本义》，遂以列于《易》前。艮斋《河图洛书辨》则以为："河出龙马负图，洛出龟书，无所考征。就龙龟之说，成无验之文，圣人之道隐，巫史之说行。"而为之说曰："夫

《易》之有卦，所以县(同悬)法也。画卦之法，原于象数。则象数者，《易》之根株也。《河图》之数，四十有五，乾元用九之教也。《洛书》之数，五十有五，大衍五十之数也。究其始终之数，则九实尸之。故地有九州，天有九野。《传》称河洛皆九曲，岂取数于是乎？《春秋命历序》(《春秋纬》)：'《河图》帝王之阶，图载江河山川州界之分野。'谶纬之说，虽无足深信，其有近正，不可弃也。信斯言也，则《河图》、《洛书》乃《山海经》之类，在夏为《禹贡》，周为职方式所掌。今诸路《闰年图经》、汉司空《舆地图》、《地理志》之比也。其曰河、洛之所自出，川师上之之名也。或曰：是则然矣，《图》与《书》奚辨？曰：《图》、《书》者，详略之云也。河之原远，中国不得而包之，可得而闻者，其形之曲直，原委之趋向也。洛原在九州之内，经从之地，与其所丽名物，人得而详之。史阙其所不知，古道然也。是故以书言洛，河则第写于图，理当然耳。昔者周天子之立也，《河图》与《大训》并列(见《书·顾命》)。时九鼎亦宝于周室，皆务以辨物象而施地政，所谓据九鼎按图籍者也。仲尼作于周末，病礼乐之废坏，职方之职不举，所为发叹凤图者，非有他也。龟龙之说，果何稽乎？第观垂象之文，可以自见。"此其所持，亦出臆测。然艮斋之学，不循虚言而求课实，即此可以见也。艮斋尝问其师道洁义理之辨，道洁曰："学者当自求之。他人之言，善非吾有。"(《浪语集·袁先生传后》语)若此，所谓自求之者，非欤？

艮斋之门有陈君举傅良，瑞安人。以乾道八年登进士第，仕至宝谟阁待制。学者称止斋先生。其始从艮斋者，盖七八年。茅茨一间，聚书千余卷，日考古咨今于其中。而于《周官》、《左史》尤有得。其调停晦翁、同甫之争，《与同甫书》有云："功到成处，便是有德。事到济处，便是有理。此老兄之说也。如此，则三代圣贤枉作工夫。功有适成，何必有德；事有偶济，何必有理。此朱丈之说也。如此，则汉祖唐宗，贤于盗贼不远。窃所未安。"(有节文)可谓两平之论。吾观其所拟策问，历称孟子、荀卿、扬雄、王通。而曰："韩愈曰：孟氏之死，不得其传焉。自是举世同声和之。顾岂无人哉！抑孟氏之名已尊，而人不敢异议也。"此与程、朱诸儒言治言人必三代以上者，固不侔矣。然叶水心为止斋志墓，称其以克己兢畏为主。而止斋《与郑景望（名伯熊，永嘉人，私淑伊洛之学者，止斋亦尝师之）书》，亦有"见性之诲，敢不从事"之语。则亦非同甫才高气粗，而不欲致力于性命之际者。当时永嘉诸子，惟止斋最称醇恪，岂不以此欤？有《止斋集》五十二卷。

第十二章　陆象山

陆九渊，字子静，号存斋，抚州金溪人。父贺，有六子：九思、九叙、九皋、九韶、九龄，其季则子静也。九韶，字子美。九龄，字子寿。当时与子静称为三陆，弟兄自为师友。而黄东发以为陆氏之学出于谢上蔡，至全谢山则又以兼出于王信伯。信伯名苹，在伊川之门为后进，而杨龟山最可许之，以为师门后来成就者，惟信伯也。信伯《震泽记善录》曰："人心本无思虑，多是记忆既往与未来事。乃知事未尝累心，心自累于事耳。"又曰："圣人之道，无本末，无精粗，彻上彻下，只是一理。"子静之说，大抵与之合，则谢山言为可信。然子静最不喜伊川，幼时闻人诵伊川语，即曰："伊川之言，奚为与孔子、孟子不类？"盖宋儒之学，自张、程之后，本有两种。一从师传入，一从自悟入。从自悟入者，未尝不参之已往诸老先生之教，而究其所自主张者多。故在当时，如张横浦（九成，龟山门人）、林艾轩（光朝，学于陆子正。子正，尹和靖门人）皆与子静相近，而不能谓其出于上蔡、信伯。子静尝言："不可随人脚跟，学人言语。"则要以得之自悟为是，不必定有所师承也。乾道八年，登进士第，为吕东莱所识。自敕令所删定官罢归，讲学象山，自号象山翁。学徒之盛，按籍至数千人。光宗即位，除知荆门军。荆门于当时为次边，严保伍，筑城郭，而民以无边忧。荐举其属，不限流品。曰："古者无流品之令，而贤不肖之辨严。后世有流品之分，而贤不肖之辨略。"当时称荆门之政，令行俗变，以为躬行之效，而不知亦其设施有以致之也。年五十四，卒于官，谥文安。尝有劝其著书者，曰："六经注我，我注六经。"又曰："学苟知道，六经皆我注脚。"故今所传，文集、语录而已。

一　立大

《象山语录》云："近有议吾除'先立乎其大者'一句无伎俩。吾闻之曰：诚然。"是知"立大"二字，为子静教人之宗旨。犹濂溪之言主静，明道之言识仁也。窃孟子曰："从其大体为大人，从其小体为小人。"曰："耳目之官，不思而蔽于物。物交物，则引之而已矣。心之官则思。思则得之，不思则不得也。此天之所与我者。先立乎其大者，则其小者不能夺也。此为大人而已矣。"子静之说，盖取诸此，故不必明标立大也。其曰："上是天，下是地，人居其间。须是做得人方不枉。"曰："今人略有些气焰者，多只是附物，原非自立。若某则不识一字，亦须还我堂堂地做个人。"曰："此是大丈夫事。么么小家相者，不足以承当。"即本"从其大体为大人"而言，立大也。曰："女耳自聪，目自明，事父自能孝，事兄自能弟。本无欠阙，不必他求，在自立而已。"曰："收拾精神自作主宰，万物皆备于我，有何欠阙！当恻隐时自然恻隐，当羞恶时自然羞恶，当宽裕温柔时自然宽裕温柔，当发强刚毅时自然发强刚毅。"即本"天之所与我"而言，亦立大也。要之象山为学教人，其把柄只是一心。见得此心本自具足，无待外求。故伊川谓"性即理也"，而象山则从而易之曰"心即理"。见得此心本自充满，无有不至。故横渠谓："天地之塞吾其体，天地之率吾其性。"而象山则从而易之曰:“宇宙便是吾心,吾心便是宇宙。”其言:“《论语》中多有无头柄的说话。如‘知及之,仁不能守之’之类。不知所及、所守者何事?非学有本领,未易读。苟学有本领,则知之所及者,及此也。仁之所守者,守此也。时习者,习此。说者,说此。乐者,乐此。”此,此心也。其言:“格物者,格此者也。伏羲仰象俯法,亦先于此尽力焉耳。不然,所谓格物,末而已矣。”此,亦此心也。盖自佛书混心性为一,宋儒出于佛氏,遂多心性不分。而至象山则直单提心字,抛却性字不说(《象山集》中言性之处极少,如曰:见到孟子性善处,方是见得尽。实亦禅宗明心见性一类说话,非孟子之所谓性也)。故后人目宋儒之学为心学。实则宋儒门庭各具,未可一概而论。而若象山者,则真可谓心学也已。且孟子言“心之官则思,思则得之,不思则不得”,详其语义,重在思而非重在心。故其言“诚者天之道”,亦曰“思诚者人之道”;言“爱身不若桐梓”,亦曰“弗思甚也”。今象山言心而不言思,则虽取之孟子,而非孟子之本旨矣。然则朱子之斥象山为禅,亦有由也。然而象山固自与禅异。此不必他看,但看“心即理也”一语可见。盖言心则禅,言理则儒。吾尝谓宋人取禅之伎俩,而为儒用。谓其非禅不可,而谓其即禅亦不可。象山固亦如是耳。且象山虽以直指本心为教,而亦未尝不告人博稽之载籍。故尝言:“束书不观,游谈无根。”不过以为心地不明,读书不得。故曰:“学者须是打叠田地净洁。田地不净洁,若读书,则是假寇兵资盗粮。”(有节文,以上皆《语录》)是明心之后,自有儒者一番致用功夫。观其荆门之政,以及为删定官时,访知勇士与议恢复大略,岂如禅家一以出世为了事者哉!

二　辨志

象山于及门之士,最称傅子渊(梦泉,建昌人)。子渊归家,陈正己

(刚,后亦师象山,又师同甫、东莱)问之曰:“陆先生教人何先?”对曰:“辨志。”正己复问曰:“何辨?”对曰:“义利之辨。”而晦翁知南康(淳熙八年),象山来访,晦翁与俱至白鹿书院,请得一言以警学者。象山为讲“君子喻于义,小人喻于利”一章。亦曰:“学者于此当辨其志。人之所喻,由其所习。所习由其所志。志乎义,则所习者必在于义。所习在义,斯喻于义矣。志乎利,则所习者必在于利。所习在利,斯喻于利矣。”(《白鹿洞讲义》)然则辨志之教,固与立大并重。然象山又云:“才自警策,便与天地相似。”是志立,即大立。曰:“人不辨个小大轻重,无鉴识。些小事便引得动心。”(以上《语录》)是大不立,即志不立。立大辨志,其事仍是一贯。故象山尝云:“吾只有此一路。”此所以为简易之学也。且当时如晦翁、东莱、止斋,皆与象山相往复,而皆不甚合。而吾观南轩曰:“学者潜心孔孟,必求其门而入,以为莫先于明义利之辨。盖圣贤无所为而然也。有所为而然者,皆人欲之私,而非天理之所存。此义利之分也。”其致辨于义利之间,独与象山如出一口。又南轩言:“持养是本,省察所以成其持养之功。”而象山亦有“存养是主人,检敛是奴仆”之语。则南轩、象山,皆有得于禅,故宜其相似也。然南轩区别天理人欲甚严,而象山则谓:“天理人欲之言,亦自不是至论。若天是理,人是欲,则是天人不同矣。《书》云:‘人心惟危,道心惟微。’解者多指人心为人欲,道心为天理。此说非是。心一也,人安有二心?自人而言,则曰惟危;自道而言,则曰惟微。罔念作狂,克念作圣,非危乎?无声无臭,无形无体,非微乎?”(《语录》)此又同于五峰“天理人欲,同体异用,同行异情”之论。由此可见其持论之高远平实,即视其得于禅者或多或少而定。南轩得于禅者少,故其言独平实。五峰、象山得于禅者多,故其言亦高远。若执是以量宋儒之说,盖无有或失之者矣。

附论朱陆异同

朱陆异同,盖宋以来学术一大争端也。象山先晦翁而卒(象山少朱子九岁,卒时朱子年六十三)。两家门人,各尊其师,遂相攻讦。陆门以朱为支离,朱门以陆为狂肆。逮于有明,程篁墩(敏政)作《道一编》,以为朱、陆早异而晚同。阳明因之,而有"朱子晚年定论"之说,取晦翁所与人书三十余篇,序而行之(见《阳明全集》),曰:"朱子晚岁,固已大悟旧学之非,痛悔极艾。至以为自诳诳人之罪,不可胜赎。"(朱子《答何叔京书》中语。叔京名镐,晦翁友也)于是群以朱、陆为异者,亦渐以朱、陆为同矣。然嘉靖中陈清澜(建)著《学蔀通辨》一书,斥篁墩、阳明为蔀障。据其所考,阳明指为晚年定论者,正晦翁早年出入禅学,与象山未会而同之作。其指证朱、陆早同而晚异,乃与阳明适成一反。清道光中,夏弢甫(炘)作《述朱质疑》,考证较陈氏尤密。虽有象山践履笃实之论,不如陈氏之一味排陆,然以朱子为正学,而以陆子为禅,则亦与陈氏同。盖至是而朱、陆之不能相合,已如定案,不可易矣。

穷朱、陆意见之歧,始于鹅湖(信州鹅湖寺)之会。先是,朱、陆未尝相见,由吕伯恭邀之而来。象山与兄复斋俱(复斋,子寿也)。论及教人,晦翁意欲令人泛观博览,而后归之约。二陆则欲先发明人之本心,而后使之博览。当时赋诗,象山有"易简工夫终久大,支离事业竟浮沉"之句。《象山语录》云:"举诗至此,晦翁为之失色。"语似太过。然此诗迟至三年,晦翁始从而和之,则其时之不无芥蒂,殆实情也。此一事也。其后梭山(梭山,子美也)《与晦翁书》论《太极图说》,谓不当加"无极"二字于"太极"之前。而晦翁覆谓:"不言无极,则太极同于一物,而不足为万化根本。不言太极,则无极沦于空寂,而不能为万化根本。"往还两书之后,梭山以为求胜不求益,置不复辨。象山乃代为辨之。然象山既讥晦翁为文辞缴绕,气象褊迫;而晦翁亦责象山于忽遽急迫之中,肆支蔓躁率之词,以逞其忿怼不平之气。反覆辨难,相持益苦矣。此又一事也。他若象山《荆公祠堂记》,晦翁《曹立之墓表》(立之名建先,师象山兄弟,后从晦翁于南康),亦皆两家冰炭之由。盖子静所说,是尊德性事;晦翁之谈,则道问学为多。此则晦翁自言之(《答项平父书》。平父名安世，晦翁之友)，象山自认之(《语录》)。其持论之异，即其所从入之途异也。而晦翁既以为："义理天下之公。人之所见，有未能尽同者，当相与熟讲以归于是。"(《答诸葛诚之书》。诚之名千能，象山门人。原书即为《曹立之墓表》事，欲以解两家之争者)象山亦谓："道一而已，不可不明于天下后世。"(对梭山之言，即为《太极图说》事也)于是朱必强陆从朱，陆必强朱从陆。陈君举劝晦翁，以为："相与诘难，竟无深益。"(《与晦翁书》，见《止斋集》)而晦翁不从。包显道(名扬，象山门人)劝象山，以为："势既如此，莫若各自著书，以待天下后世之自择。"(见《象山语录》)而象山亦不从也。夫万物并育而不相害，道并行而不相悖，圣人之教也。只此一事实，余二即非真(见《楞严经》)，佛氏之指也。两家皆自命为圣人之徒，而其强人从己，必欲道之出于一，乃深中佛氏之蔽。不亦可怪乎？且即以佛论，亦有"归源性无二，方便有多门"之言矣(亦见《楞严》)。《中庸》言"诚则明，明则诚"。诚则明，先尊德性而后道问学也；明则诚，先道问学而后尊德性也。然则两先生之异，何伤于两先生之同乎？两先生惟必不欲人之异于我，而必以我之同以律人，于是门户不得不分，而是非不得不起，是则两先生皆不能无过者也。而后之人尊朱者必言其异，至抑陆不得列于孔孟之门；袒陆者又强使之同，且牵朱以上释迦之筏。异端之见不除，相胜之心不化，吾并未见其有当也。

第十三章　叶水心 附唐说斋

叶适，字正则，号水心，永嘉人。其学视艮斋、止斋为晚出，而稍益恣肆。当乾淳诸老既没，学术之会，总为朱、陆二派，而水心龂龂其间，遂称鼎足。盖亦一时之巨子矣。擢淳熙五年进士。历官至知建康府，兼沿江制置使。适当开禧（宁宗）败盟，江淮震动。规画防守，金人不得逞而去。而为言者所中，谓其附韩侂胄以起兵端，遂夺职奉祠。凡十三年而卒。年七十四。谥忠定。所著有《水心文集》、《水心别集》、《习学记言》等。

艮斋不信《图》、《书》虚诞之说，而作《俨若思斋记》，犹称太极（见《浪语集》）。至水心，则并太极而斥之。曰："孔子《彖辞》，无所谓太极者。不知《传》何以称之？（《易》有太极，见《系辞》。而水心不认《系辞》为孔子作，谓十翼惟《彖》、《象》可信，故云然）自老聃为虚无之祖，然犹不敢放言，曰'无名天地之始，有名万物之母'而已。庄、列始妄名字，不胜其多。故有太始、太素，茫昧广远之说。传《易》者将以本原圣人，扶立世教，而亦为太极以骇异后学。后学鼓而从之，失其会归，而道日以离矣。"又不独是也。曰："《周官》言道则兼艺，贵自国子弟，贱及民庶，皆教之。其言儒以道得民（见《冢宰》），至德以为道本（见《大司徒》)，最为要切。而未尝言其所以为道者。虽《书》尧舜时亦已言道，及孔子言道尤著明，然终不的言明道是何物。岂古人所谓道者，上下皆通知之，但患所行不至邪？老聃本周史官，而其书尽遗万事而特言道。凡其形貌朕兆，眇忽微妙，无不悉具。予疑非聃所著，或隐者之辞也。而《易传》及子思、孟子，亦争言道，皆定为某物。故后世之于道，始有异说。而又益以庄、列、西方之学，愈乖离矣。"于是举周、张、二程所谓无极太极，动静男女，太和参两，䌷缊感通之说，皆以为窃之老、佛。而谓："以此与浮屠、老子辩，犹以病为药，而与寇盗设郛郭，助之扞御。"(以上皆《习学记言》)并由是上罪及于子思、孟子，目为新说奇论。称："《中庸》高者极高，深者极深，非上世所传。"(《总述讲学大旨》)盖濂溪以来所号为得不传之绝学者，几一举而颠覆之。亦宋人所未有也。然其谓："天地阴阳之密理，最患于以空言窥测。"(《习学记言》)亦自有其所见。故解《洪范》九畴，以为即《禹谟》六府三事之九功。曰："六府即五行，三事则庶政群事也。戒之董之，福极之分也(参看《古文尚书・大禹谟》)。九功九畴，名异而实同也。禹言略，箕言详。天之所锡，非有甚异不可知。盖劝武王修禹旧法。乃学者以为秘传，迷妄臆测，相与串(同贯)习。以吾一身视听言貌之正否，而验之于外物，则雨炀寒燠皆为之应。任人之责，而当天之心。出治之效，无大于此。今必一一配合，牵引已事往证，分别附著，而使《洪范》经世之成法，降为灾异阴阳之书。可为痛哭!"(《习学记言》)此与艮斋《河图洛书辨》同一立言必求有据，正永嘉之学之长，不如永康专哓哓以事功为言也。虽然，水心亦有言矣。曰："力学莫如求师，无师莫如师心。人必知其所当行。不知，而师告之。师不吾告，则反求于心。心不能告，非其心也。得其所当行，决而不疑，故谓之果行。人必知其所自有。不知，而师告之。师不吾告，则反求于心。心其能告，非其心也。信其所自有，养而不丧，故谓之育德。"(《送戴许蔡仍王汶序》，有节文，三人皆叶氏门人)以师心为教，则犹是周、程心学之矩矱。虽有"师误可改，心误不可为”之言(《习学记言》),吾未见其所谓心,果异于周、程之云云也。然则其诋周、程何哉!(水心又言古之圣贤无独指心者,孟子始有尽心知性,心官贱耳目之说,盖辩士索隐之流多论心,而孟、荀为甚。水心之论,多自抵触,盖如此)

水心敢言人之所不言,而其论即亦有不可刊者。如曰:“儒者争言古税法必出于十一。夫以司徒教养其民,起居饮食,待官而具,吉凶生死,无不与偕。则取之虽或不止于十一,固非为过也。后世刍狗百姓,不教不养,贫富忧乐,茫然不知。直因其自有而遂取之,则就能止于十一,而已不胜其过矣。况合天下以奉一君。地大税广,上无前代封建之烦,下无近世养兵之众,则虽二十而一,可也。三十而一,可也。岂得以孟子貉道之言为断耶!”(有节文)又曰:“许行言贤者与民并耕而食,饔飧而治。虽非中道,比于刻薄之政,不有间乎?孟子力陈尧、舜、禹、稷所以经营天下,至谓其南蛮鴃舌之人,非先王之道。使见老子至治之俗,民各甘其食,美其服,邻国相望,鸡狗之音相闻,民至老死而不相往来之语,又当何如?”(有节文)又曰:“四民未有不以世。至于烝进髦士,则古人盖曰无类。虽工商,不敢绝也。”又曰:“《书》懋迁有无化居,周讥而不征,春秋通商惠工,皆以国家之力,扶持商贾,流通货币。汉高帝始行困辱商人之策。至武帝始有算船告缗之令。极于平准,取天下百货自居之。夫四民交致其用,而后治化兴。抑末厚本,非正论也。果出于厚本而抑末,虽偏,尚有义。若夺之以自利,何名为抑?”(以上皆《习学记言》)夫后世儒者,多知有君而不知有民,知有士而不知有工商。故昌黎《原道》曰:“民者,出粟米麻丝,作器皿,通货财,以事其上者也。民不出粟米麻丝,作器皿,通货财以事其上,则诛。”而《师说》至谓:“百工之人,君子不齿。”今水心言然,岂非有过人之识者哉!抑水心又曰:“孔子所述,皆四代之旧。至孟子时,欲行于当世,与孔子已稍异。不惟孟子,虽孔子复出,亦不得同。然则治后世之天下,而求无失于古人之意,盖必有说,非区区陈迹所能干也。”(《习学记言》)向使水心得竟其施,意必有制作可为继世法者。而惜乎其竟以谗废也。

当永嘉诸君子讲学时,最与同调者,有唐仲友。而与诸君子不相往来,则可异也。仲友,字与政,号说斋。金华人。知台州时,晦翁为浙东提刑,以事劾之。遂奉祠。说斋素伉直,既遭摧挫,遂不出。益肆力于学。其言曰:"三代治法,悉载于经,灼可见诸行事。后世以空言视之,所以治不如古。"又曰:"阴阳之说胜,则礼经废。形相之说胜,则心术丧。禄命之说胜,则人事怠。失之己,求之天,君子不由也。"(《愚书》)吾尝谓永嘉之学,有似于荀子。说斋作《性论》,虽以荀子之言性恶为非,然《荀卿论》则称:"孟子书七篇,荀卿书二十二篇。观其立言指事,根极理要。专以明王道、黜霸功、辟异端、息邪说,二书盖相表里。"意必有取于荀子者(后虽言荀卿不过霸者之佐,然仍是从性恶善伪上指摘,当分别观之)。盖言礼制,言人事,自不得不与荀子为近。说斋如是,即永嘉诸子可知也。说斋著有《愚书》、《九经发题》、《文集》等,而尤著者,曰《帝王经世图谱》。取诸经旁通午贯之,以见先王制作之意。冀可推之后世,见之施行。周益公(必大)尝称之曰:"此备六经之指趣,为百世之轨范者也。"而《宋史》以其忤于朱子,至不为立传。则甚矣其陋也。

第十四章　蔡西山　蔡九峰 附蔡节斋

《宋史·道学传》于朱子门人，收黄直卿榦、李敬子燔、张元德洽、陈安卿淳、李公晦方子、黄商伯灏六人。而蔡元定不与，列于《儒林》。然蔡氏实传康节之学，故罗大经《鹤林玉露》谓："濂溪、明道、伊川、横渠讲道盛矣。因数明理，复有一邵康节传焉。晦翁、南轩、东莱、象山讲道盛矣。因数明理，复有一蔡西山出焉。"则蔡氏之学，不可不著也。元定，字季通。建之建阳人。父发，博览群书，号牧堂老人。幼时以程氏《语录》、邵氏《经世》、张氏《正蒙》授之，曰："此孔孟正脉也。"既长，闻朱子名，往师之。朱子叩其学，曰："此吾老友也，不当在弟子列。"与对榻讲论，每至夜分。尝曰："造化微妙，惟深于理者能识之。吾与季通言而不厌也。"太常少卿尤袤、秘书少监杨万里联疏荐于朝。以疾辞。筑室西山，将为终焉之计。会伪学禁起，编管道州。不辞家而就道，杖履同其子沈，行三千里。脚为流血，而无几微见于言面。竟卒于贬所。嘉定中，赐谥文节。学者称西山先生。元定于书无所不读，而尤长于天文、地理、乐律、历数、兵阵之说。所著有《大衍详说》、《律吕新书》、《皇极经世太玄潜虚指要》、《洪范解》、《八阵图说》等。《洪范》之数，学者不传，元定独心得之，以传其季子沈。沈，字仲默。因作《洪范皇极》而序之曰："天地之所以肇者，数也。人物之所以生者，数也。万事之所以失得者，数也。数之体，著于形。数之用，妙乎理。非穷神知化，独立物表者，曷足以与此哉！先君子曰：《洛书》者，数之原也。余读《洪范》而有感焉。上稽天文，下察地理，中参人物古今之变。穷义理之精微，究兴亡之征兆。微显阐幽，彝伦攸叙。真有天地万物各得其所之妙。岁月侵寻，粗述所见。辞虽未备，而义则著矣。"盖自康节传《图》、《书》之蕴，以为《易》出于《河图》，《洪范》出于《洛书》，至沈遂专依《洛书》而言《洪范》。虽当时如薛艮斋、叶水心等皆不信《图》、《书》。水心解《洪范》九畴，谓即《禹谟》之九功，非有甚异。而蔡氏固以为孤传之绝学也。然观其《皇极内篇》曰："有理斯有气，气著而理隐。有气斯有形，形著而气隐。人知形之数，而不知气之数。人知气之数，而不知理之数。知理之数，则几矣。动静可求其端，阴阳可求其始。天地可求其初，万物可求其纪。鬼神知其所幽，礼乐知其所著。生知所来，死知所往。《易》曰：穷神知化，德之盛也。"又曰："数始冥冥，妙于无形。非体非用，非静非动。动实其机，用因以随。动极而静，清浊体正。天施地生，品汇咸亨。各正性命，以大以定。斯数之令，既明且圣。是曰圣人。"又曰："物有其则，数者，尽天下之物则也。事有其理，数者，尽天下之事理也。得乎数，则物之则、事之理，无不在焉。不明乎数，不明乎善也。不诚乎数，不诚乎身也。故静则察乎数之常，而天下之故无不通；动则达乎数之变，而天下之几无不获。"其盛言数之用无不周如此。此亦必有其所见，非仅凭汗漫之词，以腾口说而已也。且子云《太玄》、温公《潜虚》皆自以为不世之作，亦岂大言欺人者？盖以数言理，古来自有此一家之学。其谓得之《河图》、《洛书》，犹农家言神农，医家言黄帝，皆托古以起义，是则未可信耳。沈之《皇极内篇》数以九相重，合八十一数。与温公《潜虚》合生数成数为五十五体，略相似。然序谓："《洞极》用《书》(《洞极真经》，北魏关朗著，朗字子明，又有《易传》，文中子亟称之)，《潜虚》用《图》，牵合傅会。自然之数，益晦蚀焉。"元定为《潜虚》作《指要》，而沈乃贬之，不可解矣。又晦翁与元定屡谈《参同契》，有疑辄叩之。其《致元定书》且有"连日读《参同契》颇有趣，知千周万遍非虚言"之语。而沈《皇极内篇》亦曰："老彭得之以养身，君子得之以养民。"曰："善养生者，以气而理形，以理而理气。理顺则气和，气和则形和，形和则天地万物无不和矣。不善养生者反是。理昏于气，气梏于形。耳目口鼻徇，而私欲胜；好恶哀乐淫，而天理亡。"于养生之旨言之不已。是知蔡氏皆深有得于道家，宜其能传康节之学也。沈三十即屏去举业。元定没，徒步护柩以归。隐居九峰，故学者称九峰先生。

沈弟兄三人，皆随其父游于晦翁之门。而长兄渊，字伯静，号节斋（次兄沆，字复之，号复斋），尤长于《易》，著有《易训解》、《卦爻辞旨论》、《六十四卦大义》、《易象意言》等。其《易象意言》谓："伏羲八卦，是造化生物之理。文王八卦，是造化运行之理。"又谓："伏羲八卦，对待者也。体静而生，则吉凶悔吝由乎我，故曰先天。文王八卦，流行者也。体动而成，则吉凶悔吝奉乎天，故曰后天。"皆足以发明康节之说。又曰："《易》有太极，是生两仪，两仪生四象，四象生八卦。观夫子立此数语，则知所以生者，不皆在未生两仪之太极。故先师谓一每生二。一者，太极也。太极生两仪，则太极便在两仪中。故曰两仪生四象。及生四象，则太极便在四象中。故曰四象生八卦。及生八卦，则太极便在八卦中。以是推之，则太极随生而立。若无与于未生两仪之太极也。但人之为学，苟惟守夫物中之太极，则或囿于形而不得其正。必须识得未生两仪太极之本，则虽在两仪、在四象、在八卦以至在人心，皆不失其本然之妙矣。此夫子明卦象之所由，所以必原《易》有太极之本。而子思之所谓大本者，亦正在乎此。学者不可不识也。"其述朱子之言，以为"《易》之太极，即《中庸》之大本"。于以知朱子所得于延平观喜怒哀乐未发气象者，实濂溪《太极图说》一脉之传。而康节《先天图》与濂溪《太极图》名虽有二，其理则一，亦可由是推而知之。然则渊之有功于师门，亦不在沈下。

第十五章　杨慈湖

陆门之有杨慈湖，犹朱门之有蔡西山也。西山幼传家学，而后问业于朱。慈湖亦夙承庭训，而后印证于陆。故或谓慈湖出于象山，而坏象山之教者，亦自慈湖始。则慈湖之于象山，亦稍有异矣。慈湖名简，字敬仲，浙之慈溪人。父通奉公庭显，尝令默自反观。慈湖服膺不懈。二十八岁，居太学循理斋。秋夜晏座于床，忽觉天地万物，通为一体。乾道五年，举进士。授富阳簿。适象山新第归，过之。象山长慈湖才二岁，素相呼以字，为交友。留半月，将别去。夜集双明阁上，慈湖问："如何是本心？"象山曰："恻隐，仁之端也；羞恶，义之端也，云云。此即是本心。"慈湖不会。凡数问，而象山终不易。适平旦，有鬻扇者讼于庭，慈湖断其曲直讫，退问如初。象山扬声答曰："适来断扇讼，是者知其为是，非者知其为非。非敬仲本心而何？"慈湖闻之大省。即归，拱坐达旦。质明，北面纳弟子礼，师事焉。每谓："感陆先生，尤是不再答一语。若更云云，便支离去矣。"仕至军器监，将作监，兼国史院编修官，实录院检讨官。时金境大饥，来归者以数千万计。边吏列弓弩临淮水射之使退。简蹙然曰："得土地易，得人心难。"即日上奏痛言之。会有疾，乃请去。家食者十四载。筑室德润湖上，更名慈湖。遐方僻峤，妇人孺子，亦知有所谓慈湖先生也。理宗即位，诏入见。屡辞。以宝谟阁学士致仕，卒。年八十有六。谥文元。

慈湖之学，具见所著《己易》一篇。曰："易者，己也，非有他也。以易为书，不以易为己，不可也。以易为天地之变化，不以易为己之变化，不可也。自生民以来，未有能识吾之全者。惟睹夫苍苍而清明而在上，始能言者名之曰天。又睹夫隤然而博厚而在下，又名之曰地。清明者吾之清明，博厚者吾之博厚，而人不自知也。人不自知，而相与指名曰：彼天也，彼地也。如不自知其为我之手足，而曰彼手彼足也；如不自知其为己之耳目鼻口，而曰彼耳目也、彼鼻口也。不以天地万物万化万理为己，而惟执耳目鼻口四肢为己，是剖吾之全体，而裂取分寸之肤也。是梏于血气，而自私也，自小也。非吾之躯止于六尺七尺而已也。姑即七尺而细究之，目能视，所以能视者何物？耳能听，所以能听者何物？口能噬，所以能噬者何物？鼻能嗅，所以能嗅者何物？手能运用屈信，所以能运用屈信者何物？足能步趋，所以能步趋者何物？血气能周流，所以能周流者何物？心能思虑，所以能思虑者何物？目可见也，其视不可见。耳可见也，其听不可见。口可见，噬者不可见。鼻可见，嗅者不可见。手足可见，其运动步趋者不可见。血气可见，其使之周流者不可见。心之脏可见，其能思虑者不可见。其可见者，有大有小，有彼有此，有纵有横，有高有下，不可得而一。其不可见者，不大不小，不彼不此，不纵不横，不高不下，不可得而二。视与听若不一，其不可见则一。视听与噬嗅若不一，其不可见则一。运用步趋周流思虑若不一，其不可见则一。是不可见者，在视非视，在听非听，在噬非噬，在嗅非嗅，在运用屈信非运用屈信，在步趋非步趋，在周流非周流，在思虑非思虑。视如此，听如此，噬如此，嗅如此，运用如此，步趋如此，周流如此，思虑如此，不思虑亦如此。昼如此，夜如此，寤如此，寐如此，生如此，死如此，天如此，地如此，日月如此，四时如此，鬼神如此，行如此，止如此，古如此，今如此，前如此，后如此，彼如此，此如此，万如此，一如此，圣人如此，众人如此。自有，而不自察也。终身由之，而不知其道也。为圣者不加，为愚者不损也。自明也，自昏也，此未尝明，此未尝昏也。或者蔽之二之，自以为昏而明也。昏则二，明则一。因昏而立明。不有昏者，无自而明也。昏明皆人也，皆名也。知之者自知也，不可以语人也。所可得而语人者，曰'吾无行而不与二三子'而已，终不可得而言也。曰'吾有知乎哉？无知也'而已，实无得以告人也。何为其然也？尚不可得而思也，矧可得而言也？尚不可得而有也，矧可得而知也？然则昏者亦不思而遂已可乎？曰：正恐不能遂已。诚遂已，则不学之良能，不虑之良知，我所自有也。仁义礼智，我所自有也。万善自备也，百非自绝也。意必固我，无自而生也。虽尧、舜、禹、汤、文、武、周公、孔子，何以异于是？虽然，思亦何害于事？箕子曰：'思曰睿。'孔子曰：'学而不思则罔。'周公'仰而思之，夜以继日'。思亦何害于吾事也？"此盖即象山"宇宙便是吾心，吾心便是宇宙"之说。特象山言之较浑，慈湖则全盘托出。故后之攻慈湖为禅，尤甚于象山者，此也。然黄勉斋（黄榦，号勉斋）出晦翁之门，而曰："杨敬仲集，皆德人之言也。"则慈湖之所造，亦自有其践履，非专恃禅家悟入一路者。至陈清澜，以象山每教学者闭目正坐，慈湖亦教人合眼端坐，谓是即禅学之佐证（《学蔀通辨后编》）。则伊川见人静坐，便谓善学；晦翁欲令半日读书，半日静坐。又何尝非禅？以是而为禅，抑何其视禅之浅也。

第十六章　真西山　魏鹤山

嘉定之后，私淑朱子之学者，有真德秀与魏了翁并称。德秀，字景元，后更希元，建之浦城人。庆元五年进士。官至参知政事。谥文忠。学者称西山先生。了翁，字华父。邛之蒲江人。与西山同年进士。累官至知绍兴府，安抚使。谥文靖。学者称鹤山先生。西山先死，而鹤山为之志墓。今并有文集行于世。而西山著《大学衍义》，学者尤称道之。按《宋史》鹤山本传言“其筑室白鹤山下。以所闻于辅广、李燔者，开门授徒。士争负笈从之。由是蜀人尽知义理之学”。又《詹体仁传》言：“郡人真德秀，早从其游。问居官莅民之法。体仁曰：‘尽心平心而已。尽心则无愧，平心则无偏。’世服其确论云。”广，字汉卿；体仁，字元善。皆朱子门人。而《鹤山集》有《跋朱文公与辅汉卿帖》云：“亡友汉卿，端方而沈硕，文公深所许与。”则广与燔，其于鹤山盖友而非师。与西山从游于体仁者，不同。然要之皆尝闻文公之绪论者。《西山集》有《答问》，言居敬穷理，甚可观。曰：“程子曰：涵养须用敬，进学在致知。盖穷理以此心为主，必须以敬自持，使心有主宰，无私意邪念之纷扰，然后有以为穷理之基。本心既有所主宰矣，又须事事物物，各穷其理，然后能致尽心之功。欲穷理而不知持敬以养心，则思虑纷纭，精神昏乱，于义理必无所得。知以养心矣，而不知穷理，则此心虽清明虚静，又只是个空荡荡底物事，而无许多义理以为之主，其于应事接物，必不能皆当。故必以敬涵养，而又博学审问，谨思明辨，以致其知。则于清明虚静之中，而众理悉备。其静，则湛然寂然，而有未发之中；其动，则泛应曲当，而为中节之和。天下义理，学者工夫，无以加于此者。"而鹤山作《敬安堂记》亦曰："敬也者，所以存此心而根万善者也。"曰："程子曰：主一之谓敬，无适之谓一。"而《师友雅言》亦曰："讲学须一字一义不放过，则面前何限合理会处。"曰："不到地头亲自涉历一番，终是见得不真。"大抵言居敬，言穷理，与西山略相似。此所以真、魏常并称也。然鹤山宗晦翁，而实兼有永嘉经制之粹；西山尝及杨慈湖、袁絜斋之门（《西山集》有《慈湖先生训语》、《絜斋先生训语》）。《宋史·陆九渊传》言门人杨简、袁燮、舒璘、沈焕能传其学。絜斋，燮之号也。则西山又由朱而涉于陆。故西山《志道字说》（志道，西山子）谓："仁者心之生理。"又谓："方其人欲未萌，天理完具。方寸之间，盎然如春。即本心之全体。推是心以往，其事亲必敬，其事长必顺，以处闺门则睦，以交朋友则信。当是时也，岂有不仁者哉！"即慈湖本心甚简甚易，感而遂通，不假外求之说。而鹤山则云："吾儒只说正心养心，不说明心。"（《答蒋重珍书》。重珍，鹤山门人）以是论之，其亦有不能尽合者矣。

鹤山自言："向来多作《易》与《三礼》工夫。"（《师友雅言》）故其为论，必本之《礼经》，不为虚说。《通泉县重修学记》曰："古者自二十五家之间为塾，有道有德者为之左右师，而闾中之子弟学焉。民之朝益莫（同暮）习，在于闾塾。而庠序云者，以时属民之所也。或饮射之礼，或社酺之祭，或岁月之吉，必示以教法，序齿位，书其德行。人之良心善性，日用而不知。先王因民之聚，因时之变，振饬而开牖之。大抵教之于塾，既使之事亲从兄，亲师取友，以行乎孝弟之实。而属之于序，则又使之习容闲礼，考德问业，以发其德性之知。而其间节目之详，则去民愈近者，施教愈密。州长属民读法，岁不过四。等而下之，则党正七，族师十有四，而闾胥则无时矣。以此知民常在塾，而时会于序。非若后世违亲越乡，群居旅食，比闾无以考其行，州党无以施其教，操数寸之管，以决一日之长，而他不复问焉也。"此其言学校之失也。《洪氏天目山房记》曰："若夫先王之制，又在所当讲。而风气既降，名称亦讹。一事而数说，一物而数名。去籍于周末、大坏于秦，觖望于汉，尽覆于典午之乱。帝号官仪，承秦舛矣。郊祧庙室，踵汉误矣。衣冠乐律，杂胡制矣。学校养不宾之士，科举取投牒之人，资格用自陈之吏。刺平人以为军，而听其坐食；髡农夫以规利（此指鬻度牒言），而纵其自奉。授田无限，而豪夺武断以相尚；出泉（钱古字）输租，而重科覆折以相蒙。呜呼！生斯世也，为斯民也。而读圣贤之书，以求帝王之法。使其心晓然见之，且无所于用也。"（有节文）此其言法制之坏也。于是慨想于三代，思有以大振作之，以复见明王之治之盛。详其变迁，举其章制。使穷经不为无用，法古不为虚文。虽永嘉诸先生，如止斋、水心，又何以加焉！若西山之《大学衍义》，徒以正心诚意为言，而无施张之具，盖不足比矣。梨洲之论西山、鹤山也，曰："两家学术，虽同出考亭。而鹤山识力横绝，真所谓卓荦观群书者。西山则依门傍户，不敢自出一头地，盖墨守之而已。"吾观鹤山有云："《中庸》说君子之道，本诸身，征诸庶民，方说见诸天地，质鬼神，百世以俟圣人。盖道不信于当世，无缘可以信后世。"又云："谓只须祖述朱文公。朱文公诸书读之久矣。正缘不欲于卖花担上看桃李，须树头枝底，方见活精神也。"（《师友雅言》）则其识力横绝，不同西山之依门傍户者，岂无道而然哉！

第十七章　元明诸儒之继起

汉以来，学者无不言孔、孟。宋以后，学者无不言程、朱。盖自元仁宗，诏以周子、张子、邵子、大程、二程、司马温公、朱子、南轩、东莱从祀孔子庙庭。而科举以经义取士，《大学》、《论语》、《孟子》、《中庸》设问用朱子《章句》、《集注》。《诗》、《书》、《礼》三经虽兼用古注疏，而《诗》以朱子《集传》为主，《书》以蔡氏《传》为主，《易》以程子《传》、朱子《本义》为主，《春秋》用三《传》及胡《传》。明代因之。永乐中颁《四书五经大全》，遂废注疏不用，而专取宋儒之说。故清朱彝尊作《道传录序》(《道传录》，华亭张恒北山著，彝尊中表弟也)谓："宋元以来，言道学者必宗朱子。"又谓："世之治举业者，以四书为先务，视六经可缓。以言《诗》，非朱子之传义弗敢道也。以言《礼》，非朱子之《家礼》弗敢行也。推是而言，《尚书》、《春秋》，非朱子所授，则朱子所与也。言不合朱子，率鸣鼓百面攻之。"云云。彝尊虽为不满于朱子之辞，然其所道，固实情矣。夫汉武表章孔子，而儒术盛。元明尊崇朱子，而理学行。其事一也。然吾以为其原因，不必尽在于此。当元之初，北方学者曰许鲁斋衡、刘静修因。许、刘皆因赵江汉复，得伊洛、新安之书而传之。江汉之北也，以姚枢从中书杨维中南伐，而江汉在虏中，与语奇之，因与俱归。自辽金来，南北分立，声教不通。故程、朱诸儒叠起，而其学不及于河朔。江汉既至燕，枢与杨维中为建太极书院居之。北方之知有程、朱之学，盖自此始。及后许鲁斋受知于元世祖，以集贤大学士兼国子祭酒，征其弟子十二人，分处各斋为斋长，而学者益欣然向风矣。静修虽屡征不起，与鲁斋出处不同。然鲁斋之初应诏也，过真定，静修谓之曰："公一聘而起，无乃速乎？"鲁斋曰："不如此则道不行。"及至元二十八年，静修以集贤学士见诏，不赴。或问之，静修曰："不如此则道不尊。"（事见陶宗仪《辍耕录》）由是论之，其以身任道，固无有异也。故黄百家谓："鲁斋、静修，盖元之所借以立国者。"又谓："二子之中，鲁斋之功甚大。数十年彬彬号称名卿材大夫者，皆其门人。于是国人始知有圣贤之学。"此赵江汉至许鲁斋、刘静修，兴起北方后学之功，不可没焉者也。而在南方，则有金仁山履祥。仁山由王鲁斋柏，登何北山基之门。北山学于黄勉斋，盖朱门之嫡传也。宋社既屋，仁山屏居金华山中。当时推为明体达用之学。虽其作《论孟考证》与朱子时有牴牾，然其言曰："吾儒之学，理一而分殊。理不患其不一，所难者分殊耳。"则所以牴牾朱子者，非必欲立异，特不肯为笼统依违之说，正紫阳穷理之教也。一传而得许白云谦、柳道传贯；再传而得胡长山翰、宋潜溪濂（长山，白云门人；潜溪，道传门人）。虽白云以下，不免流为文章，而如长山、潜溪，明初学术，实深赖之。梨洲《明儒学案》于诸儒首列方正学孝孺。正学，则潜溪之高弟也。夫子贡不云乎："文武之道，未坠于地，在人。"向使自宋以后，无是数先生者为之续薪火之传，程、朱之学，能不废坠乎？且元时学校科举之议，亦自鲁斋而发之。而阳明当明时科举正盛之际，为万松书院作记，乃曰："自科举之业盛，士皆驰骛于记诵辞章，而功利得丧，分惑其心。于是师之所教，弟子之所学者，遂不复知有明伦之意。怀世道之忧者，思挽而复之，卒亦未知所措其力。譬之兵事，当玩弛偷惰之余，则必选将阅伍，更其号令旌旗，悬非格之赏以倡敢勇，然后士气可得而振也。"其指摘举业之弊如此。

然则科举不能为益于程、朱之学，明矣。鲁斋有言曰："纲常不可亡于天下。苟在上者无以任之，则在下之任也。"夫程、朱之学，所以能续续而传者，岂非元明诸儒在下在上，皆能身自负荷而然哉！故吾以为学之兴废，终在师儒气类之应求，而不关朝廷功令之奖诱。

第十八章　吴草庐　郑师山

元代朱学盛而陆学衰，其传陆学者惟江右之陈静明苑、浙东之赵宝峰偕二人而已。然其和会朱、陆，使两家既分而复合者，于元初则有吴草庐，于元末则有郑师山。草庐，名澄，字幼清，抚州崇仁人。生于宋理宗淳祐九年。年二十，应乡试，中选。越五年而元革命。程巨夫以侍御史求贤江南，起至京师。以母老辞归。至大（武宗）元年，为国子司业，一日谢去。英宗即位，迁翰林学士。泰定（泰定帝）中，为经筵讲官。请老。元统（顺帝）元年卒。年八十五。谥文正。著有《五经纂言》、《草庐精语》、《道德经注》及《文集》等。师山，名玉，字子美。徽州歙县人。覃思六经，尤邃于《春秋》。绝意仕进，以教学为事。门人至者，所居至不能容，因相与即其地构师山书院处焉。至正（顺）十四年，天下已乱，朝廷以翰林待制奉议大夫遣使者浮海征之，辞疾不起。及明兵入徽州，守将将要致之，不许。因被拘囚，遂自缢死。著有《周易纂注》、《春秋经传阙疑》、《师山集》等。草庐尝为学者言："朱子于道问学之功居多，而陆子以尊德性为主。问学不本于德性，则其蔽必偏于语言训释之末。故学必以德性为本，庶几得之。"是以当时议者，以草庐为陆氏之学。然《草庐精语》曰："知者，心之灵而智之用也，未有出于德性之外者。曰德性之知，曰闻见之知，然则知有二乎哉？夫闻见者，所以致其知也。夫子曰：‘多闻阙疑，多见阙殆。’又曰：‘多闻择其善者而从之，多见而识之。’盖闻见虽得于外，而所闻所见之理，则具于心。故外之物格，则内之知致。此儒者内外合一之学。固非如记诵之徒，博览于外而无得于内。亦非如释氏之徒，专求于内而无事于外也。今立真知多知之目，而外闻见之知于德性之知，是欲矫记诵者务外之失，而不自知其流入于异端也。圣门一则曰多学，二则曰多识，鄙孤陋寡闻（见《礼·学记》），而贤以多问寡（见《论语》），曷尝不欲多知哉？记诵之徒，则虽有闻有见，而实未尝有知也。昔朱子于《大学或问》尝言之矣。曰：‘此以反身穷理为主，而必究其本末是非之极致。是以知愈博而心愈明。彼以徇外夸多为务，而不核其表里真妄之实然。是以识愈多而心愈窒。’”其以外之物格，即内之知致，与朱子盖无丝毫之不合。《师山集》谓：“朱子尽取群贤之书，析其异同，归之至当，集其大成。使吾道如青天白日，康衢砥道，千门万户，无不可见。而天地之秘，圣贤之妙，发挥无余蕴。”（《与汪真卿书》）似专尊朱子者。而又有言曰：“陆子之质高明，故好简易。朱子之质笃实，故好邃密。各因其质之所近，故所入之途不同。及其至也，仁义道德，岂有不同者？同尊周孔，同排佛老。大本达道，岂有不同者？后之学者，不求其所以同，惟求其所以异。江东之指江西，则曰此怪说之行也。江西之指江东，则曰此支离之说也。此岂善学者哉！朱子之说，教人为学之常也。陆子之说，才高独得之妙也。二家之说，又各不能无弊。陆氏之学，其流弊也，如释子之谈空说妙，至于卤莽灭裂，而不能尽夫致知之功。朱子之学，其流弊也，如俗儒之寻行数墨，至于颓惰委靡，而无以收其力行之效。然岂二先生垂教之罪哉！盖学者之流弊耳。”（《送葛子熙序》）即于两家得失，皆见之至明。又尝谓学者：“斯道之懿，不在言语文字之间，而具于性分之内。不在高虚广远之际，而行乎日用常行之中。”（《行状》）则依然象山面目。夫师山与草庐，生不同时，其学又绝无渊源，而其欲取朱、陆而合之，乃不谋而同若此。且草庐为程徽庵若庸门人（若庸，休宁人），徽庵学于饶双峰鲁，双峰学于黄勉斋，则朱子之四传也，而终由朱以入陆。师山为夏自然希贤之再传（希贤，淳安人。其子溥，字大之。大之友吴暾，字朝阳。师山皆尝师之），自然学于钱融堂时，融堂学于杨慈湖，则陆门之流裔也，而终由陆以入朱。此亦师山所谓“高明笃实，各因其质”者欤？然草庐、师山皆主持敬。草庐谓：“欲下功夫，惟敬之一字为要法。”（《草庐精语》）师山亦云：“程子曰：‘敬者圣学之所以成始成终。’秦汉以来，非无学者。而曰孟轲死，千载无真儒，何也？不知用力于此。虽专门名家，而不足以为学；皓首穷经，而不足以知道。”（《王居敬字序》）而草庐则更由敬而上言静。曰：“无一事而不主一，则应接之处，心专无二。能如此，则事物未接之时，把捉得住，心能无适矣。若先于动处不能养其性，则于静时岂能存其心哉！”又曰：“古今人言静字，所指不同，有深浅难易。程子言‘性静者可以为学’，与诸葛公言‘非静无以成学’，此静字稍易。夫人皆可勉而为。周子言‘圣人定之以中正仁义而主静’，与庄子言‘万物无足以挠心故静’，此静字则难。非用功圣贤学者，未之能也。《大学》‘静而后能安’之静，正与周子、庄子所指无异，朱子以心不妄动释之，即孟子所谓不动心也。孟子之学，先穷理知言，先集义养气，所以能不动心。《大学》之教，穷理知言则知止，集义养气则有定，所以能静也。能静者，虽应接万变，而此心常如止水。周子所谓‘动而无动’是也。”（以上皆《草庐精语》）以此论之，似草庐能见及向上一着，而师山非草庐匹也。惜吾不得师山《周易纂注》与草庐《易纂言》读而一校之。

第十九章　刘伯温

明初经济之才，曰刘基、宋濂。然濂非基之匹也。基字伯温，青田人。元末以进士官高安丞，弃官归里。明祖定括苍，闻其名，以币征焉。其后削平群雄，得成帝业，多出基谋议。以功封诚意伯，位弘文馆学士。《明史·宋濂传》称："基雄迈有奇气，而濂自命儒者。"然今观《诚意伯集》，有曰："君子之所以守其身者，礼与乐也。礼不及则失其威，其敝也侮；乐不及则失其惠，其敝也残。侮则人陵之，残则人疾之。"（《杂解》）曰："先正有言曰：经礼三百，曲礼三千，一言以蔽之曰：毋不敬。敬也者，其万事之根本与？故圣人之语君子，惟曰修己以敬。故禹、汤以克敬而王，桀、纣以不敬而亡。自天子至于庶人，岂有异哉！故曰：'穆穆文王，于缉熙敬止。'又曰：'昊天曰明，及尔出王。昊天曰旦，及尔游衍。'敬也者，不可须臾离也。"（《敬斋箴序》）即谓其非儒者之言不得。且基未遇时，著《郁离子》曰："天地之呼吸，吾于潮汐见之。祸福之素定，吾于梦寐之先兆见之。同声之相应，吾于琴之弦见之。同气之相求，吾于铁与磁石见之。鬼神之变化，吾于雷电见之。阴阳五行之消息，人命系其吉凶，吾于介鳞之于月见之。祭祀之非虚，吾于豺獭见之。天枢之中，吾于子午之针见之。巫祝之理不无，吾于吹蛊见之。三晨六气之变有占而必验，吾于人之脉色见之。观其著以知微，察其显而见隐，此格物致知之要道也。不研其情，不索其故，梏于耳目而止，非知天人者矣。”则基之学，亦几于综贯天人者。而或者以其经济而掩之，或者且侪之风角方技之流，竞相传其神异，岂知基者哉！基以厄于胡惟庸，忧愤而卒。年六十五。所著《郁离子》、《诚意伯集》共二十卷。

基之说可传者，莫过于《天说》、《雷说》。《雷说》曰：“雷者，天气之郁而激而发也。阳气团于阴，必迫。迫极而迸。迸而声为雷，光为电，犹火之出炮也。而物之当之者，柔必穿，刚必碎。非天之主以此物击人，而人之死者适逢之也。不然，雷所震者，大率多于木石，岂木石亦有罪，而震以威之耶？”（《雷说上》）此盖与其《天说》相一贯。《天说》以为：“天不能降祸福于人。祸福者，气为之。比之朝菌得湿而生，晞阳而死；靡草得寒而生，见暑而死。非气有心于生死之也。生于其所相得，而死于其所不相得也。”（《天说上》，有节文）且自宋儒以来，不欲汩没于世俗之说，而事事必穷其理之至。然而程、朱言天地运行，风雨雷霆之故，即往往不中于实。而伊川乃至信风雹出于蜥蜴所为（见《语录》），亦可怪矣。今基之言如此，非所谓格物之君子哉？然又不独天道也。其言人事，亦精透莫与比伦。或问：“井田可复乎？”曰：“可。”曰：“何如其可也？”曰：“以大德戡大乱，则可也。夫民情久佚则思乱，乱极而后愿定。欲谋治者，必因民之愿定而为之焉。然后强无梗，滑无间，故令不疾而行。”请问之。曰：“天下之宴安也，人不尝苦辛，不知乱之无所容其身，而易于怨上。故一拂其欲，则愤激而思变。有从而倡之，乱斯作矣。是故老成之人，慎纷更焉。非为苟也，畏未得其利，而先睹其害也。故民犹马也。厩牧以安之，豆粟以饫之，且而放之，莫不振鬣而奔风，牝鸣而牡应，嘶驰踶突，惟意所欲，不可逐而畢也。及其负盐车，历羊肠，流汗蹶足，饥不得秣，倦不得息，逾数百千里而归。望皂枥如弗及，见圉人而歔沫，则虽鞭之使逸，否矣。及此而调之，其有不服者乎？是故圣人与时偕行。时未至而为之，谓之躁；时至而不为，谓之陋。今民风不淳，而古道之废兴，欲不欲者各半。故以大德戡大乱，则井田亦可复也。”(《郁离子》)井田且勿论，夫古今治乱之乘除，有出乎此言之外者哉！基于古人亟称伊尹，曰：“伊尹者，古之圣人也。思天下有一夫不被其泽，则其心愧耻若挞于市。彼人，我亦人也。彼能，而我不能。宁无悲乎？”(《郁离子》)吾意基所抱至大，使能尽其才，设施必不止于有明之陋。止于有明之陋者，则明祖非其人也。惜哉！又《郁离子》谓：“人之受气以为形，犹酌酒于杯。及其死而复于气也，犹倾其杯水而归诸海。恶得专之以为鬼！”其主无鬼，盖与王充《订鬼》、范缜《神灭》相似。然而又谓：“鬼可以有，可以无者也。子孝而致其诚，则其鬼由感而生。否则虚矣。故庙则人鬼享，孝诚之所致也。”即又宋儒感应之说。要之基之持论，终为不失儒者之矩矱。史称基师郑复初，复初之学不可详，倘亦有道而隐者欤？

第二十章　方正学 附宋潜溪

方孝孺，字希直，一字希古，台之宁海人。年二十，游京师，从太史宋濂学。濂以为游其门者，未有若方生者也。及濂返金华，孝孺复从之卒业。两以荐召见，授汉中教授。蜀献王闻其贤，聘为世子师，尊以殊礼，名其读书之堂曰正学。建文帝立，召为翰林侍讲。明年，迁侍讲学士。国家大政事，辄咨之。靖难兵入京，建文逊走。成祖欲借孝孺名草诏，以塞天下之心。召至，孝孺投笔于地，哭且骂，曰："死即死耳，诏不可草！"遂磔之聚宝门外。先是，成祖发北平，姚广孝以孝孺为托。曰："孝孺必不降。幸勿杀之。杀之，天下读书种子绝矣。"然孝孺竟死。年才四十有六。有《逊志斋集》二十四卷。

孝孺之学，略见于其所为《杂诫》，曰："儒者之学，其至圣人也，其用王道也。"而言王道，则曰："古之治具五：政也、教也、礼也、乐也、刑罚也。今亡其四，而存其末。欲治功之逮古，其能乎哉！不复古之道，而望古之治，犹陶瓦而望其成鼎也。"故其文亟称《周礼》，以为："周之成法具在。今欲为此，不难也。"（《成化》）然作《周礼辨疑》，于其制之戾于道者，即又一一指斥之。盖孝孺言治，虽曰法古，亦欲宜今。故论："为政有三，曰知体、稽古、审时。缺一非政。"又谓："先王之治法详矣。不稽其得失，而肆行之，则为野。时相远也，事相悬也，不审其当，而惟古之拘，则为固。”（《杂诫》）然则以孝孺为执古而不知变，殆非也。抑不独言治然也，即其言学亦然。曰：“不善学之人，不能有疑。谓古皆是，曲为之辞。过乎智者，疑端百出。诋诃前古，摭其遗失。学非疑不明，而疑恶乎凿。疑而能辨，斯为善学。勿以古皆然，或有非是。勿负汝能言，人或胜汝。忘彼忘我，忘古与今。道充天地，将在汝心。”（《学箴・辨疑》）夫程子教人，每令人疑。张子亦曰，学则须疑。天下岂有盲从古人，而可以为学者乎？然当疑而不疑，非也。不当疑而疑，亦非也。今之疑古人者多矣，疑而能辨者，谁乎？呜呼！此耳剽口衒，不顾理之是非，所以为学术之蠹也（语本《杂诫》）。

孝孺虽学于潜溪，而潜溪杂二氏，孝孺黜异端。曰：“古君子所以汲汲若不及者，未尝以生死入其心。惟修其可以无愧之道焉耳。天之全以赋我者，吾能全之而弗亏，推之俾明，养之俾成，扩而施之，泽于天下后世，于人之道无所愧。虽不幸而乖于天，迕于人，死于疾病患难，何害其为君子哉！不能尽人之道，而欲善其死者，此异端之惑也。异端之徒，其立心行己，固已大畔于君子。视伦理之失，夷然以为宜尔而不怪。其身虽生，其心之亡已久矣。而犹务乎不死，或尸居以求其所谓性命，或饵金石服草木而庶几乎坐化而立亡，以预知其死为神，以不困于疾病为高。彼既以此套眩于世，世之惑者，又从而慕效之。不知其所云性命者果何道，而预知不困者果何益耶？”（《斥妄》）又曰：“夫运行天地之间，而生万物者，非二气五行乎？二气五行，精粗粹杂不同，而受之者亦异。自草木言之，草木之形，不能无别也。自鸟兽言之，鸟兽之形，不能无别也。自人言之，人之形，不能无不相似也。非二气五行有心于异而为之，虽二气五行，亦莫知其何为而各异也。故人而具人之形者，常也。其或具人之形，而不能以全。或杂物之形，而异常可怪。此气之变而然，所谓非常者也，非有他故而然也。今佛氏之言，以为轮回之事。见无目者，曰：‘此其宿世尝得某罪而然耳。’见罅唇掀鼻，俯膂直躬者，曰：‘此其宿世有过而然耳。’见其形或类于禽兽，则曰：‘此其宿世为鸟兽而然耳。’不特言之，又为之书；不特书之，又谓地下设为官府以主之。诡证曲陈，若有可信，而终不可诘。此怪妄之甚者也。天地亦大矣，其气运行无穷，道行其中亦无穷，物之生亦绵绵不息。今其言云然，是天地之资有限，而其气有尽。故必假既死之物，以为再生之根，尚乌足以为天地哉！”(《启惑》)此其辨老、佛长生久视，出离生死，以及地狱轮回之说，可谓明且力矣。而吾观其论丙吉问牛喘事，有曰：“君子之于天下，尽人事而后征天道。天道至微而难知也，人事至著而易为也。舍易为而求难知，则为不智。先其微而后其著，则为失序。”先人而后天，即其学之所主，可知也。然孝孺言命，以为：“徒言丰啬祸福制于天者有必至，而不察修治警戒由于人者有未至。天人之道离，而命之说穷。”而潜溪亦有《禄命辨》，曰：“命则付之于天，道则责成于己。吾之所知者，如斯而已矣。委命而废人。白昼攫人之金，而陷于桎梏，则曰我之命当尔也；怠窳偷生而不嗜学，至老死而无闻，则曰我之命当尔也；刚愎自任，操刃而杀人，柔暗无识，投缳而绝命，则又曰我之命当尔也。其可乎哉！其可乎哉！”与孝孺更无少异。然则孝孺所得于潜溪者，其在是乎？

第二十一章　曹月川　薛敬轩

曹端，字正夫，号月川，河南渑池人。永乐中，以乡举授霍州学正。丁忧服阕，改蒲州。考绩吏部，蒲、霍二学争留之。上竟与霍。霍人服其矩矱，不忍为屈强偭偾。监临大吏过者，敬谒请益，不敢属僚畜之。宣德（宣宗）九年，竟卒于霍。年五十九。初，月川得元人谢应芳《辨惑编》，心悦而好之，故于轮回、祸福、巫觋、风水、时日世俗通行之说，毅然不为所动。父敬祖，旧好佛。月川作《夜行烛》一书呈父。以为："佛氏以空为性，非天命之性、人受之中也。老氏以虚为道，非率性之道、人由之路也。"父为之改学。其门人彭泽，尝称："有明一代经济之学，莫盛于刘诚意、宋学士。至道学之传，则断自渑池曹先生始。"而黄梨洲《明儒学案》述刘蕺山之言，亦谓："方正学而后，斯道之绝而复续者，实赖有先生一人。薛文清亦闻先生之风而起者。"薛瑄，字德温，号敬轩。山西河津人。生后于月川十三年。中永乐十九年进士。宣德中，授监察御史。差监湖广银场。正统（英宗）改元，各省设提学，宪臣以荐，除山东提学佥事。时中官王振用事。振，晋人也，问三杨（士奇、荣、溥）吾乡谁可大用者？三杨以敬轩对。遂得召为大理少卿。三杨讽就振谢，敬轩不往。振以饷来，又却之。因改大理卿，敬轩不谢如前。以是忤振。坐事下锦衣卫狱。寻放归为民。景泰(景帝)初,起南京大理寺卿。英庙复辟,迁礼部右侍郎,兼翰林学士。入内阁,转左侍郎,引疾归。天顺八年卒。年七十六。谥文清。曹、薛之学,大抵恪守紫阳家法,从敬入门。而其言理气之辨,乃与紫阳稍异。月川有《太极图说辨戾》一文,曰:“周子谓太极动而生阳,静而生阴。则阴阳之生,由乎太极之动静。《朱子语录》却谓太极不自会动静,乘阴阳之动静而动静耳。遂谓理之乘气,由人之乘马。马之一出一入,而人与之一出一入。以喻气之一动一静,而理亦与之一动一静。若然,则人为死人,而不足以为万物之灵。理为死理,而不足以为万物之原。理何足尚,而人何足贵哉!今使活人骑马,则其出入行止疾徐,一由乎人驭之如何尔。活理亦然。”云云。而敬轩《读书录》亦谓:“气有聚散,理无聚散。以日光飞鸟喻之,理如日光,气如飞鸟。理乘气机而动,如日光载鸟背而飞。鸟飞,而日光虽不离其背,实未尝与之俱往,而有间断之处。亦犹气动,而理虽未尝与之暂离,实未尝与之俱尽,而有灭息之时。”盖两先生之意,皆不免认定理善而气恶,故必别理于气之外,以为理不能为气所役使。不知理之与气,以根本言之,则理为气主;以作用言之,则又气为理主。故朱子一面说理先于气,而一面说气能凝结造作,理却无情、无计度、无造作。或重理,或重气,言固各有所当也。今必言气待理,而理不待气,其分析虽益明,然于理气为一之旨,则偏而不全矣。抑月川曰:“事事都于心上做工夫,是入孔门底大路。”而敬轩亦有“静坐观心,闲中一乐”之语,则两先生虽不言陆氏,而未尝不杂有陆氏之教。不必待白沙,始开阳明之学也。月川所著书,《夜行烛》外,有《四书详说》、《太极图通书西铭释义》等。而敬轩以程明道、许鲁斋皆未尝著作,不欲著书。惟《读书录》二十卷,则诵读有得,札记以备遗忘者。其诗文遗稿,门人都为之《河汾集》。

第二十二章　吴康斋　胡敬斋

吴与弼，字子傅，号康斋，抚州崇仁人。十九岁至京师，从洗马杨文定溥学。读朱子《伊洛渊源录》，慨然有志于道。遂弃举子业，谢人事，独处小楼，玩四书五经、诸儒语录，体贴于身心，不下楼者二年。既居乡，躬耕食力。尝雨中被蓑笠，负耒耜，与门人并耕。归则解犁饭粝，蔬豆共食。陈白沙自广来学。晨光才辨，康斋手自簸谷。白沙未起，大声曰："秀才若为懒惰，即他日何从到伊川门下？又何从到孟子门下？"上饶娄一斋谅素豪迈，既从康斋，康斋一日治地，召谅往视。曰："学者须亲细务。"谅遂由此改节。且自宋儒讲学以来，学者多视生产为鄙事，往往未能为人，先以丧己。故许鲁斋亦有"为学治生最为先务"之语。今观康斋所为，固足矫末俗而励后学矣。康斋叹笺注之繁，无益有害，故不轻著述。惟《日录》一书，皆自记其平生为学之功。有曰："日夜痛自点检且不暇，岂有工夫点检他人耶？"又曰："倦卧梦寐中，时时警恐，为过时不能学也。"又曰："近日多四五更梦醒，痛省身心，精察物理。"即其省察克治勤苦可见。然又有曰："食后坐东窗，四体舒泰，神气清朗。读书愈有进益。数日趣同。此必又透一关矣。"曰："南轩读《孟子》甚乐。湛然虚明平旦之气，略无所挠。绿阴清昼，薰风徐来。而山林阒寂，天地自阔，日月自长。邵子所谓‘心静方能知白日，眼明始会识青天’，于斯可验。”又未尝不洒然自得。是故刘蕺山谓：“康斋之学，刻苦奋励，多从五更枕上汗流泪下得来。及夫得之而有以自乐，则又不知足之蹈之，手之舞之。七十年如一日，愤乐相生。可谓独得圣人之心精者。”（《明儒学案·师说》）盖真知康斋者也。天顺中，石亨用事，思征康斋以收人望，嘱李文达贤荐之。征至，授谕德，坚辞而归。成化（宪宗）五年卒，年七十九。门下能守其学者曰胡居仁。

胡居仁，字叔心。余干人。弱冠游康斋之门。绝意科举，筑室梅溪山中。事亲讲学之外，不干人事。既出游闽浙，入金陵，从彭蠡而归。所至访求问学之士，学亦益进。相继主白鹿书院、贵溪桐源书院。成化二十年卒，年五十一。平生为学，一主于敬。因以敬名其斋。尝曰：“端庄整肃，严威俨恪，是敬之入头处。提撕唤醒，是敬之接续处。主一无适，湛然纯一，是敬之无间断处。惺惺不昧，精明不乱，是敬之效验处。”又以康斋有言：“见静中意思，此涵养工夫也。”因谓：“敬则自虚静，不必去求虚静。”又谓：“静中有物，只是常有个操持主宰，而无空寂昏塞之患。”又谓：“心常有主，乃静中之动；事得其所，乃动中之静。”盖敬斋之于康斋，犹伊川之于濂溪。濂溪主静，而伊川易之以居敬。康斋言静中涵养，而敬斋易之以有主。凡以为学者易于持循而已。清熊文端赐履，反谓康斋涉于粗，师不如弟（见其所作《学统》）。真瞽说也。然康斋亟称李延平，且有自分终身不能学之语，而敬斋曰：“罗仲素、李延平，教学者静坐中看喜怒哀乐未发以前气象。此便差却。既是未发，如何看得？”陈白沙言静中养出端倪，亦本之康斋静中涵养之教。而敬斋非之，曰：“陈公甫云：静中养出端倪。又云：藏而后发。是将此道理来安排作弄，都不是顺其自然。”曰：“气之发用处即是神。陈公甫说无动非神，他只窥测至此，不识里面本体，故认气为理。”是则敬斋异端正学之见太深。凡以为近于老、佛者，必不得不排之。故朱子有《调息箴》,而敬斋以为:“恭敬安详,便是存心法。岂假调息以存心?以此存心,害道甚矣。”伊川言释氏有敬以直内,无义以方外,而敬斋以为:“敬则中有主。释氏中无主,谓之敬可乎?”是非疑程、朱也,其致严于佛、老也。不知宋儒之学,本自佛、老悟入。无佛、老,则无宋儒矣。敬斋所以排佛、老者,皆未尝窥见佛、老之真际。故于宋儒之学,亦只能升堂而不能入室。不独不及康斋,即薛敬轩以复性教人,曰:“为学而不知性,非学也。”敬斋亦未有此彻上彻下之见。言工夫而不言本体,后之墨守程、朱者,其规模大半若是矣。敬斋有《居业录》八卷,又文集曰《敬斋集》。

第二十三章　陈白沙

陈献章，字公甫，号石斋，新会白沙里人。正统十二年，举广东乡试。明年，会试中乙榜，入国子监读书。已，至崇仁受学于康斋，遂绝意科举。筑阳春台，静坐其中，足不逾阈者数年。寻以与门人习射野外，流言四起，以为聚兵众。不得已，成化二年，复游太学。祭酒邢让，试和杨龟山“此日不再得”诗，得其作，惊曰：“即龟山不如也。”为之飏言于朝，由是名动京师。归而门人益进。十八年，以布政使彭韶、都御史朱英荐，召至京阁。大臣尼之，令就试吏部。辞疾不赴，疏乞终养。授翰林院检讨而归。有言其出处与康斋异者，曰：“先师为石亨所荐，所以不受职。某以听选监生，始终愿仕，故不敢伪辞以钓虚誉。或受或不受，各有攸宜尔。”自后屡荐不起。弘治（孝宗）十三年卒，年七十有三。有《白沙子集》，而诗尤妙。门人湛若水取其古诗而为之注，曰《白沙子古诗教解》。

白沙虽游康斋之门，而其自序为学，则云：“年二十七，从吴聘君学。其于古圣贤垂训之书，盖无所不讲。然未知入处。比归白沙，杜门不出，专求所以用力之方。既无师友指引，日靠书册寻之，忘寐忘食，如是者累年。而卒未有得。所谓未得，谓吾此心与此理，未有凑泊吻合处也。于是舍彼之繁，求吾之约，惟在静坐。久之，然后见吾此心之体，隐然呈露，常若有物。日用间种种应酬，随吾所欲，如马之御衔勒也。体认物理，稽诸圣训，各有头绪来历，如水之有源委也。于是涣然自信曰：作圣之功，其在兹乎！"（《覆赵提学书》）是自得于静坐之功，而不必由康斋也。然以此谓其于康斋无所师承，即又不可。何则？白沙固言：所谓未得谓心与理未有凑泊吻合，夫此乃庄子所云"父不可以与子，兄不可以与弟"者。白沙何以得之于康斋乎？若其言静中养出端倪，与康斋言静中涵养，言涵养本源，更无有二，即未尝不本于康斋之教。盖学有可得之于人者，白沙诗云："孔子万世师，天地共高厚。颜渊称庶几，好学古未有。我才虽卤莽，服膺亦云久。"（《冬夜》）是也。有不可得之于人者，白沙诗云："往古来今几圣贤，都从心上契心传。孟子聪明还孟子，如今且莫信人言。"（《示张东所》，东所名诩，白沙门人）是也。而或者因胡敬斋传康斋之学，于白沙多所非议，遂以白沙为自创门户，全非康斋之面目，乃引白沙自言以为之证，毋亦有所未察乎？吾以为康斋之于白沙，犹白沙之于阳明。阳明虽过于白沙，而无白沙即无自有阳明。白沙虽过于康斋，而无康斋亦无自有白沙也。至若刘蕺山谓白沙犹激于声名，而称康斋为醇乎醇（《明儒学案·师说》），则专就气象上拟议，以为优劣，自未足为信论。

明儒之学，至白沙已与象山为近。其曰："终日乾乾，只是收拾此心而已。此理干涉至大。无内外，无终始，无一处不到，无一息不运。会此，则天地我立，万化我出，而宇宙在我矣。得此把柄入手，更有何事？往古来今，四方上下，都一齐穿纽，一齐收拾。随时随处，无不是这个充塞。色色信他本来，何用尔脚劳手攘。"（《与林缉熙书》，缉熙名光，白沙门人）即象山"宇宙便是吾心，吾心便是宇宙"之见也。其曰："人争一个觉。才觉，便我大而物小，物尽而我无尽。夫无尽者，微尘六合，瞬息千古，生不知爱，死不知恶。尚奚暇铢轩冕而尘金玉耶？"（《与何时矩书》，时矩亦白沙门人）即象山立大之旨也。其曰："学者以自然为宗。”（《与湛甘泉书》）曰：“戒慎恐惧，所以闲之，而非以为害也。然而世之学者，不得其说，而以用心失之者，多矣。”（《复张东白书》，东白名元祯，白沙之友）即象山“不用安排”之论也。然虽近象山，而仍极推重晦翁。其和龟山《此日不再得》诗，即曰：“吾道有宗主，千秋朱紫阳。说敬不离口，示我入德方。”不过续曰：“圣学信匪难，要在用心臧。”曰：“枢纽在方寸，操舍决存亡。”终归于心上做工夫耳。而其《与罗一峰书》（一峰名伦，白沙之友）谓：“伊川先生每见人静坐，便叹其善学。此一静字，自濂溪先生主静发源。后来程门诸公，递相传授。至于豫章、延平，尤专提此教人，学者亦以此得力。晦翁恐人差入禅去，故少说静，只说敬，如伊川晚年之训。此是防微虑远之道。然自学者须自量度如何。若不至为禅所诱，仍多著静，方有入处。若平生忙者，此尤为对症之药。”其于敬、静立教不同，而用意则一，可谓见之至明，故学能鞭辟近里。同时诸儒未有能及白沙者。而敬斋乃曰：“陈公甫亦窥见些道理本原。因下面无循序工夫，故遂成空见。”（《居业录》）盖犹不免歧敬与静而二之。敬斋之不满白沙，即敬斋之所以不及白沙欤？

第二十四章　王阳明

梨洲谓："有明儒者，虽多不失矩矱。而作圣之功，则至陈白沙而始明，至王阳明而始大。"（《明儒学案·白沙学案》）阳明之学，是否渊源白沙，无从指证。然阳明尝问学娄一斋，一斋盖与白沙同见訾于胡敬斋，以为陷入异教者。而其所数与往来论学者，又为白沙门下之湛甘泉。其后白沙从祀之议，即发自阳明门人薛中离（侃）。则阳明之于白沙，其必有因以启发者，可无疑也。阳明，名守仁，字伯安，浙之余姚人也。登弘治（孝宗）十二年进士第。授刑部主事，改兵部。正德（武宗）初，以奄人刘瑾矫旨逮南京科道官，抗疏论救，谪贵州龙场驿丞。居夷处困，备尝艰苦。一夕，忽悟格物致知之旨。盖其始致力于紫阳，继出入于佛、老，至是而乃得其门焉。自元以来，朱学盛而陆学微。阳明以为："晦翁与象山为学，若有不同，要皆不失为圣人之徒。今晦庵之学，既已章明于天下，而象山犹蒙无实之诬，莫有为之一洗。"（《与王舆庵书》）故极力表章陆学。其后序《象山文集》，推其简易直截，有以接孟子之传。而作《朱子晚年定论》，并指朱子《答象山书》有"迩来工夫颇觉有力，无复向来支离之病"一语，谓是朱、陆合并之证。虽按之《朱子年谱》，《晚年定论》未免违舛失实，然陆、王与程、朱，遂由是而抗衡对垒。或谓前此诸儒，学朱而才不逮朱，故终不出其范围；阳明嗣陆，而才高于陆，故得以发扬光大。盖确论也。刘瑾既诛，移知庐陵县。历官至左佥都御史，巡抚南赣。以平宸濠功，擢南京兵部尚书。封新建伯。嘉靖中，征思田归，卒于南安。年五十七。谥文成。所著有诗文集，《五经臆说》、《大学古本旁释》。而足以见其学之大概者，则有门人钱绪山（德洪）所编之《传习录》。

一　知行合一

阳明知行合一之说，始于居贵阳时，以语提学席元山（名书）。而今见于《文集》、《传习录》者，有曰："凡谓之行者，只是着实去做这件事。若着实做学问思辨工夫，则学问思辨亦便是行矣。学是学做这件事，问是问做这件事，思辨是思辨做这件事，则行亦便是学问思辨矣。若谓学问思辨之，然后去行，却如何悬空先去学问思辨得？行时又如何去得个学问思辨的事？行之明觉精察处，便是知；知之真切笃实处，便是行。若行而不能明觉精察，便是冥行，便是'学而不思则罔'，所以必须说个知。知而不能真切笃实，便是妄想，便是'思而不学则殆'，所以必须说个行。元来只是一个工夫。"（《文集·答友人问》）曰："知之真切笃实处，便是行；行之明觉精察处，便是知。若知时，其心不能真切笃实，则其知便不能明觉精察。不是知之时，只要明觉精察，更不要真切笃实也。行之时，其心不能明觉精察，则其行便不能真切笃实。不是行之时，只要真切笃实，更不要明觉精察也。"（同上）曰："知是行的主意，行是知的工夫。知是行之始，行是知之成。若会得时，只说一个知，已自有行在；只说一个行，已自有知在。今人却将知、行分作两件去做，以为必先知之，然后能行。我如今且去讲习讨论，做知的工夫。待知得真了，方去做行的工夫。故遂终身不行，亦遂终身不知。

此不是小病痛，其来已非一日矣。某今说个知行合一，正是对病的药。”(《传习录上》)其发明可谓深切矣。顾吾观《朱子语类》谓：“知行常相须。如目无足不行，足无目不见。”“致知力行，用功不可偏。偏过一边，则一边受病。”而伊川亦尝曰：“未有知之而不能行者。谓知之而未能行，是知之未至也。”(《程氏粹言》)则知行之不可分，程、朱未尝不见及之。然阳明所以异于程、朱者，则以其主张知行合一，根据全在“心即理也”四字。故曰：“外心以求理，此知行之所以二也。求理于吾心，此圣门知行合一之教。”而孙夏峰《理学宗传》乃以阳明之说为由伊川得来，恐犹有所未深察也。

二　致良知

阳明自五十后，专以“致良知”三字教人。而曰：“知其为善，致其知为善之知，而必为之，则知至矣。知其为不善，致其知为不善之知，而必不为之，则知至矣。知犹水也，决而行之，无有不就下者。决而行之者，致知之谓也。此吾所谓知行合一者也。”(《书朱元谐卷》)则致良知与知行合一，正一贯也。然致知见于《大学》而不言良知，良知见于《孟子》而不言致知，阳明乃兼而取之。而其说良知，亦至不一。曰：“孟子云：是非之心，智也。是非之心，人皆有之。即所谓良知也。”(《与陆元静书》)此以是非之心为良知也。曰：“未发之中，即良知也。无前后内外，而浑然一体者也。”(《答周道通书》)此以未发之中为良知也。曰：“夫心之本体，即天理也。天理之昭明灵觉，所谓良知也。”(同上)此以天理为良知也。曰：“先天而天弗违，天即良知也。后天而奉天时，良知即天也。”(《传习录》)此以天为良知也。曰：“谨独即是致良知。”(《与黄勉之书》)此以独为良知也。然说虽万变，要之不离佛氏之所谓觉性者近是。故当时目之为禅，而阳明即亦未尝自讳。曰：“不思善，不思恶，认本来面目（本六祖语，见《坛经》）。此佛氏为未识本来面目者，设此方便。本来面目，即吾圣门所谓良知。今既认得良知明白，已不消如此说矣。”（《与舒国用书》）然又曰：“夫良知之于节目事变，犹规矩之于方圆长短也。节目事变之不可预定，犹方圆长短之不可胜穷也。故规矩诚立，则不可欺以方圆，而天下之方圆不可胜用矣。尺度诚陈，则不可欺以长短，而天下之长短不可胜用矣。良知诚致，则不可欺以节目事变，而天下之节目事变不可胜应矣。”（《与黄勉之书》）言良知而不离节目事变，则与禅下之谈空说寂，正自有别。盖阳明之同于佛者，在“心即理也”之心，而异于佛者，又在“心即理也”之理也。抑吾尝谓，佛氏虽言世间，而言世间，即以为出世之资；孔、老亦言出世，而言出世，还以为济世之用。陆、王之援儒入释，援释入儒，盖亦若是矣。然则以陆、王之为禅而排之，与必辩陆、王之非禅，其为不知陆、王，一耳。

阳明最与朱子不合者，在其致知格物之说。盖朱子以格物而致知，而阳明则以致知而格物也。惟以格物而致知，故曰：“致吾之知，在即物而穷其理。”曰：“理有未穷，故其知有不尽。”曰：“《大学》始教，必使学者即凡天下之物，莫不因其已知之理而益穷之，以求至乎其极。”（朱子《大学补传》）惟以致知而格物，故曰：“《大学》之要，诚意而已矣。诚意之功，格物而已矣。诚意之极，止至善而已矣。止至善之则，致知而已矣。”曰：“不务于诚意，而徒以格物者，谓之支。不事于格物，而徒以诚意者，谓之虚。不本于致知，而徒以格物诚意者，谓之妄。”曰：“致知焉尽矣。”（阳明《大学古本序》）夫昔人以为朱、陆之分，一从尊德性入，一从道问学入。若阳明与朱子，谓之一从致知入，一从格物入，可也。然阳明既去《大学》分章而从旧本，又力言朱子即物穷理之非。曰：“朱子所谓格物云者，在即物而穷其理也。即物穷理，是就事事物物上求其所谓定理者也。是以吾心而求理于事事物物之中，析心与理而为二矣。夫析心与理而为二，此告子义外之说，孟子之所深辟也。”

(有节文)曰:“先儒解格物为格天下之物。天下之物,如何格得?且谓一草一木,亦皆有理。今如何去格?纵格得草木来,如何反来诚得自家意?”曰:“文公格物之说,只是少头脑。如所谓‘察之于念虑之微’,此一句不该与‘求之文字之中’‘验之事物之著’‘索之讲论之际’,作一例看。是无轻重也。”(《传习录》。“察之念虑之微”四句,见《大学或问》)夫讯即物穷理,是矣。而必以求之事物为外,则与《大学》本意,毋亦有所未当乎?且伊川谓:“涵养须用敬,进学则在致知。”此正学者内外交尽之道也。故朱子以居敬穷理为互相发,亦只言能穷理则居敬工夫日益进,能居敬则穷理工夫日益密,未始合穷理于居敬也。而阳明则曰:“就穷理专一处说,便谓之居敬。就居敬精密处说,便谓之穷理。却不是居敬了别有个心穷理,穷理时别有个心居敬。名虽不同,功夫只是一事。”(《传习录》)以穷理归纳居敬之中,使后之学者遗弃事物,而唯以尸居静坐为务,相率入于无用。则阳明立论过求简易直截,亦不能无过也。抑阳明言格物亦有数说。曰:“格去物欲之私。”此一说也。曰:“我解格作正字义,物作事字义。如意在于为善,便就这件事上去为。意在于去恶,便就这件事上去不为。去恶固是格不正以归于正,为善则不善正了,亦是格不正以归于正也。”(《传习录》)此一说也。曰:“格物者,其所以用力日可见之地。故格物者,格其心之物也,格其意之物也,格其知之物也。”(《答罗整庵书》)此又一说也。然要之其所谓物,决不在此心之外。故曰:“心外无物。”曰:“意之所在,便是物。”(《传习录》)盖唯如是,而后致知格物并为一谈,而后不言格物,言致知而格物即在。不独是也,阳明举《论语》之所谓“博文约礼”,《中庸》之所谓“明善诚身”,《孟子》之所谓“知言集义”,一皆以致知释之。其意以为致知可以尽冒天下之道。夫理一而分殊,徇分殊而忘理一,不可也;守理一而弃分殊,亦不可也。若阳明者,其于理一分殊之间,意者犹不能无失者乎?

三　存天理去人欲

阳明言致知格物，与朱子异。而言存天理去人欲，则与朱子更无不同。盖自明道拈出天理二字，直发人心之蒙，后之讲学者，未有能外此以为教者也。朱子之注《大学》“止于至善”，曰：“必其有以尽夫天理之极，而无一毫人欲之私。”而阳明亦曰：“必欲此心纯乎天理，而无一毫人欲之私。此作圣之功也。”曰：“学者学圣人，不过是去人欲而存天理。”曰：“只要去人欲存天理，方是工夫。静时念念去欲存理，动时念念去欲存理。”（《传习录》）故言良知，则曰：“天理之昭明灵觉，则良知也。”言致知格物，则曰：“致吾心良知之天理于事事物物，则事事物物皆得其理矣。致吾心之良知者，致知也。事事物物皆得其理者，格物也。”（《传习录》）不特是也，问主一，曰：“主一是专主一个天理。”有于中字之义未明者，曰：“中只是天理。”（《传习录》）然则阳明之学，其真切处，固在存天理去人欲上。若言致良知，言知行合一，特就存天理去人欲之把柄头脑处，为学者指点耳。自后之学阳明者，抛却存天理去人欲一段工夫，而专以良知、知行合一之说腾为口论。于是王学之弊，遂为世所诟病。然岂阳明之意乎？故吾以为咎王学者，当咎其空疏，不当咎其放恣。何者？空疏，阳明之教之所不免；放恣，则阳明之教亦不之许也。

第二十五章　罗 整 庵

当阳明之世，有守其学以与阳明相难，而始终不相合者，则罗整庵钦顺是。钦顺字允升，吉之泰和人，整庵其号也。弘治六年，进士及第。授编修。擢南京国子司业。嘉靖中，官至南京吏部尚书，改礼部。丁父忧，致仕。年八十三，卒。谥文庄。整庵尝自叙为学云："昔官京师，逢一老僧，漫问何由成佛。渠亦漫举禅语为答：佛在庭前柏树子（本赵州和尚语，见《传灯录》。赵州名从谂，唐末时人）。意其必有所谓，为之精思达旦。揽衣将起，则恍然而悟，不觉流汗通体。既而得《证道歌》（永嘉禅师所作）读之，若合符节。自以为至奇至妙，天下之理，莫或加焉。后官南雍，圣览之书未尝一日去手。潜玩久之，渐觉就实。始知前所见者，乃此心虚灵之妙，而非性之理也。自此研磨体认，积数十年，用心甚苦。年垂六十，始了然有见乎心性之真，而确乎有以自信。"（《困知记》）盖整庵先耽于禅，而后舍而去之者。故断断于儒、佛之辨，而指象山、慈湖、白沙、阳明胥为禅学。曰："圣人本天，释氏本心。"（《答欧阳南野书》。南野名德，泰和人，阳明门人。二语本之程伊川，见《二程语录》）曰："吾儒以寂感言心，而释氏以寂感为性。"曰："释氏之明心见性，与吾儒之尽心知性，相似而实不同。盖虚灵知觉，心之妙也。精微纯一,性之真也。释氏之学,大抵有见于心,无见于性。故其为教,始则欲人尽离诸相,而求其所谓空。空即虚也。既则欲其即相即空,而契其所谓觉。觉即知也。觉性既得,则空相洞彻,神用无方。神即灵也。凡释氏之言性,穷其本末,要不出此三者。然此三者,皆心之妙,而岂性之谓哉!"曰:"程子言'性即理也'。象山言'心即理也'。至当归一,精义无二。此是则彼非,彼是则此非。安可不明辨之?吾夫子赞《易》,言性屡矣。曰:'乾道变化,各正性命。'曰:'成之者性。'曰:'圣人作《易》,以顺性命之理。'曰:'穷理尽性,以至于命。'但详味此数言,'性即理也'明矣。于心亦屡言之。曰:'圣人以此洗心。'曰:'易其心而后语。'曰:'能说诸心。'夫心而曰洗、曰易、曰说,洗心而曰以此。试详味此数语,谓'心即理也',其可通乎?"(以上并《困知记》)其区别心、性,以为儒、佛不可相混,可谓凿然有见之言。而又谓:"胡敬斋力攻禅学,但于禅学本末未尝深究,动以想像二字断之,安能得其心服?盖吾儒之有得者,固是实见。禅学之有得者,亦是实见。但所见有不同。是非得失,遂于是乎判。"今《困知记》所论《楞伽》、《华严》诸经义,以及禅宗古德之语句,皆能穷其源流,析其同异。则知整庵之主儒黜释,而必与象山、阳明立异,固非颟顸而为之也。且自唐以来,如韩昌黎之徒,号为儒者,无不辟佛。然唐人辟佛,不若宋儒。何者?唐人辟佛者,无得于佛;而宋儒辟佛者,则皆有得于佛也。而宋儒又不若明儒。何者?宋儒得于佛者尚浅,而明儒得于佛者益深也。高景逸称:"自唐以来,排斥佛氏,未有若整庵之明且悉者。"夫整庵则诚卓然矣。然亦岂非时为之哉!

整庵之学,与朱子为近。然立论亦有不同于朱子者。朱子分理气为二,而整庵则曰:"通天地,亘古今,无非一气而已。气本一也。而一动一静,一往一来,一阖一辟,一升一降,循环无已。积微而著,由著复微,为四时之温凉寒暑,为万物之生长收藏,为斯民之日用彝伦,为人事之成败得失。千条万绪,纷纭轇轕,而卒不克乱,莫知其所以然而然，是即所谓理也。初非别有一物，依于气而立，附于理以行也。或者因《易》有太极一言，乃疑阴阳之变易，类有一物主宰乎其间者。是不然矣。”（《困知记》）夫朱子之论理气，盖与其言心性一贯。理与气为二，斯心与性为二。有理则有性，有气则有心。故曰：“所觉者，心之理也。能觉者，气之灵也。”曰：“为知觉为运动者，此气也。为仁义为礼智者，此理也。”曰：“性只是理。”曰：“心者气之精爽。”（并见《语类》）今整庵于心性之别甚严，而于理气则混而为一，亦可异矣。是故梨洲讥其矛盾。而蕺山则谓：“心性之名，其不可混者，犹之理与气。而其终不可得而分者，亦犹之乎理与气。整庵既不与宋儒天命气质之说，而蔽以理一分殊之一言。谓理即是气之理，是矣。独不曰性即是心之性乎？心即气之聚于人者，而性即理之聚于人者。理气是一，则心性不得是二。”（《明儒学案·师说》）以子矛，攻子盾，虽整庵复生，固无以自解也已。虽然，有晦庵，即不能无象山。有阳明，亦即不能无整庵。道固有以相济为用者。若阳明、整庵，正亦未可轩轾耳。整庵所著，有《困知记》、《整庵存稿》。

第二十六章　湛甘泉

白沙之后，有湛甘泉。其门下之盛，殆与阳明相埒。故当时多以王、湛并称。又非整庵闭门著书，不交徒众比也。甘泉，名若水，字元明，广东增城人。以从白沙学，不赴计偕。后登弘治十八年进士。历官南京礼、吏、兵三部尚书。致仕。嘉靖三十九年，卒。年九十五。有《甘泉集》。阳明在吏部讲学，甘泉首和之。其宗旨在体认天理，煎销习心，与阳明之存天理，去人欲，盖极相近。尝曰："天理是一大头脑。千圣千贤，共此头脑。只是此一大事，更无别事。体认，是工夫以求得乎此者。煎销习心，以去其害此者。心只是一个好心。本来天理完完全全，不待外求。顾人立志与否耳。"(《语录》)然《与阳明书》力言其以正念头训格物之非，而谓："格物者，至其理也。至其理云者，体认天理也。"又谓："格物之意，以物为心意之所著。意只恐人舍心求之于外，故有是说。不肖则以为人心以天地万物为体，心体物而不遗。认得心体广大，则物不能外矣。故格物非在外也。"(并《与阳明书》)盖天理即良知，原无同异。但所争者，阳明以心外无物，故工夫必在心上用。甘泉以心体万物，故功夫当在物上用。观甘泉自云："阳明与吾看心不同。吾之所谓心者，体万物而不遗者也，故无内外。阳明之所谓心者，指腔子里而为言者也，故以吾之说为外。”（《答杨少默书》）斯其不合之故，可以见矣。且体认天理之说，出于李延平，而甘泉与延平亦异。延平体认天理，盖在默坐澄心时。而甘泉则主随处体认，不分动静。故于《论语》言“居处恭，执事敬”，尤爱举“执事敬”一语。曰：“吾人切要，只于执事敬用功。”（《答徐曰仁》，曰仁名爱，阳明门人）曰：“大抵至紧要处，在‘执事敬’一句。若能于此得力，如树根著土，则风雨雷霆，莫非发生。”（《答陈维浚》）曰：“执事敬，最是切要。彻上彻下，一了百了。致知涵养，此其地也。”（《答邓瞻兄弟》）夫阳明未尝不曰：“须在事上磨炼做工夫，乃有益。”未尝不曰：“离了事物为学，却是着空。”（《传习录》）然以随事致力，为彻上彻下一了百了，则阳明所不然也。夫白沙有云：“随时随处，无不是这个充塞。”则甘泉之随处体认，犹是其师之教欤？甘泉与阳明争，在格物。整庵与阳明争，亦在格物。然有同而不同者。甘泉曰：“心体物而不遗。”整庵曰：“格物之格，是通彻无间之意。盖工夫至到，则通彻无间。物即我，我即物，浑然一致。”（《困知记》）其以即心即物，则所同也。然整庵曰：“人心之体，即天之体。本来一物，但其主于我者，谓之心。若谓其心通者，洞见天地人物，皆在吾性量之中，而此心可以范围天地。则是心大而天地小矣，是以天地为有限量矣。本欲其一，反成二物。谓之知道可乎？‘《易》有太极，是生两仪’，乃统体之太极。‘乾道变化，各正性命’，则物物各具一太极矣。其所为太极则一，而分则殊。惟其分殊，故其用亦别。若谓天地人物之变化，皆吾心之变化，而以发育万物归之吾心，是不知有分之殊矣。既不知有分之殊，又恶可语天理之一哉！盖发育万物，自是造化之功用。人何与焉？虽非人所得与，其理即吾心之理。故《中庸》赞大哉圣人之道，而首以是为言。明天人之无二也。此岂蔽于异说者之所能识哉！”（《困知记》）而甘泉曰：“心也者，包乎天地万物之外，而贯夫天地万物之中者也。”（《心性图说》）曰：“圣人以天地万物为体，即以身当天地万物看。”（《语录》）其以即心即物，或推本于天，或即推本于心，则所异也。是故甘泉之说，虽非阳明之比，而自整庵视之，则皆所谓心学耳。昔者朱、陆对立，而南轩厕其间，与朱时有异同，然自近朱而非陆。今者王、罗对立，甘泉在其间，与王虽有异同，亦自近王而非罗。夫甘泉之学，出于白沙。而整庵于白沙“斯理无一处不到，无一处不运，才觉便我大而物小”云云，皆极讥之。则与甘泉，复何怪其径庭乎！

第二十七章　王龙溪　王心斋 附钱绪山

梨洲作《明儒学案》谓："阳明之学，有心斋、龙溪而风行天下，亦因心斋、龙溪而渐失其传。"(《泰州学案》)则阳明之门，如心斋、龙溪，殆不可不述也。龙溪，名畿，字汝中，浙之山阴人。自弱冠受业阳明。阳明门人益进，不能遍授，则使之先见龙溪与钱绪山。绪山，名德洪，阳明里人也。然绪山笃实，而龙溪资悟超绝，盛有才辨。故龙溪兴起尤多。阳明教人，每提四句为教法，曰："无善无恶心之体，有善有恶意之动，知善知恶是良知，为学去恶是格物。"绪山以为此师门定本，不可更易。而龙溪则谓："立教随时，谓之权法，未可执定体用。显微只是一机，心意知物只是一事。若悟得心是无善无恶之心，意即是无善无恶之意，知即是无善无恶之知，物即是无善无恶之物。盖无心之心，则藏密。无意之意，则应圆。无知之知，则体寂。无物之物，则用神。天命之性，粹然至善。神感神应，其机自不容已。无善可名。恶固本无，善亦不可得而有也。"时阳明有两广之命，将发越中，晚坐天泉桥上，二人以所见请质。阳明曰："正要二子有此一问。吾教法原有此两种。四无之说，为上根人立教。四有之说，为中根以下人立教。上根者，即本体便是工夫，顿悟之学也。中根以下之人，未尝悟得本体，须用为善去恶工夫，以渐复本体。及其成功，一也。汝中所见，是接上根人教法。德洪所见，是接中根以下人教法。汝中所见，我久欲发。恐人信不及，徒增躐等之病，故含蓄到今。此是传心秘藏。今既已说破，亦是天机该发泄时。汝中此意正好保存。不宜轻以示人，反成漏泄。”自是海内传为天泉证悟之论。而阳明没后，龙溪历主东南讲会，大抵本此以为言。谓：“正心，先天之学也。诚意，后天之学也。吾人一切世情嗜欲，皆从意生。心本至善，动于意始有不善。若能在先天心体上立根，则意所动自无不善。一切世情嗜欲，自无所容。致知功夫，自然易简省力。若在后天动意上立根，未免有世情嗜欲之杂。才落牵缠，便费斩截。致知功夫，转觉繁难。欲复先天心体，便有许多费力处。颜子有不善未尝不知，知之未尝复行，便是先天易简之学。原宪克伐怨欲不行，便是后天繁难之学。不可不辨也。”（《全集·三山丽泽录》）夫阳明曰：“《大学》之要，诚意而已矣。”今龙溪以正心为简易，而诚意为繁难。与阳明盖稍异矣。

心斋，名艮，字汝止。扬之泰州安丰场人。三十八岁，始谒阳明于豫章。以古衣冠进见，据上坐相辨难。及闻致良知之说，乃叹曰：“简易直截，所不及也。”因下拜称弟子。辞出就馆舍，绎思所闻，间有不合，悔之。明日入见，曰：“某昨轻易拜矣。”复上坐，反覆久之。心大服，竟下拜执弟子礼。阳明谓门人曰：“向者吾擒宸濠，一无所动。今却为斯人动矣。”阳明没后，心斋尝与同门会于金陵。欧阳南野（德，江西泰和人）讲致良知，心斋戏之曰：“某近讲良知致。”（见《年谱》）又尝曰：“止至善者，安身也。安身者，立天下之大本也。本治而末治，正己而物正，大人之学也。是故身也者，天地万物之本也。天地万物，末也。身未安，本不立也。本乱而末治者，否矣。本乱治末，末愈乱也。《易》曰：君子安其身而后动。又曰：利用安身。又曰：身安而天下国家可保。（皆《系辞》）孟子曰：守孰为大，守身为大。同一旨也。”（《遗集·答问补遗》）《易》、《大学》修身为安身，亦阳明所未言。故当时即有谓心斋自立门户者，非无由也。

要之龙溪、心斋，皆主超悟，其说有极相似者。龙溪曰："天机无安排。"(《水西会语》)心斋亦曰："自然天则，不著人力安排。"(《语录》)龙溪曰："工夫只求日减，不求日增。减得尽，便是圣人。后世学术，正是添的勾当。所以终日勤劳，更益其病。"(《答徐存斋》)心斋亦曰："人性上不可添一物。"(《语录》)心斋之训格物也，曰："格如格式之格，即絜矩之谓。吾身是个矩，天下国家是个方。絜矩，则知方之不正，由矩之不正也。是以只去正矩，却不在方上求。矩正则方正矣，方正则成格矣。"(《语录》)而龙溪亦有言曰："格物是致知下手实地。格是天则，良知所本有。犹所谓天然格式也。"(《答聂双江》。双江名豹，江西永丰人，亦阳明门人)心斋之作《乐学歌》也，曰："人心本自乐，自将私欲缚。私欲一萌时，良知还自觉。一觉便消除，人心依旧乐。乐是乐此学，学是学此乐。不乐不是学，不学不是乐。乐便然后学，学便然后乐。乐是学，学是乐。於乎！天下之乐，何如此学。天下之学，何如此乐。"而龙溪亦有言曰："乐是心之本体。"(《答汪南明》)故心斋《答龙溪书》云："谚云：相识满天下，知心有几人。非先生而何?"即其学之契合可见也。然龙溪性和易，而心斋言动奇矫，虽阳明戒抑之，终与狂者为近。故再传而得颜山农(名钧，吉安人，学于徐波石樾。樾，心斋及门也)，三传而得何心隐(心隐本梁姓，名汝元，永丰人，从山农学)，自任太过，不复为名教之所羁束。其后一戍，一死于狱(见《明儒学案·泰州学案》)。而阳明之学遂遭世之诟病。然后知《易》言知崇礼卑。崇效天，卑效地(《易·系》)。礼之亡，效天而不法地，未有不至于决裂者也。龙溪官至武选郎中，年八十六卒。而心斋终于布衣，年五十八。《龙溪全集》二十卷。《心斋遗集》二卷。

第二十八章　胡庐山 附罗念庵

阳明之没，言其学者遍天下。而梨洲《明儒学案》独称一私淑之罗念庵。谓天下学者因念庵之言，而后得阳明之真；其哓哓以师说鼓动天下者，反不与焉。然念庵以主静无欲为教，不尽与阳明合。其为《阳明年谱》，始称后学。后因绪山、龙溪之言，方改称门人，则与欧阳南野等自不同也。念庵，名洪先，字达夫，吉水人。嘉靖八年，以第一人及第。官至左春坊左赞善。以帝不临朝，疏请皇太子元旦御殿受朝贺。忤旨，黜为民。年六十一卒。有集十八卷。出其门者有胡庐山，实能张皇阳明之学。当时疑阳明者，首在“求理于吾心”一言，以为理在物不在心。而庐山作《衡齐》力辨之。曰：“今夫理之说何始乎？《诗》曰：我疆我理（《小雅·信南山》）。释之者曰：理，定其沟涂也。谓人定之也，非谓沟涂自定也。然则谓理在沟涂可乎？《书》曰：燮理阴阳（《古文尚书》、《周官》）。释之者曰：燮理，和调之也。谓人调之也，非谓阴阳之自调也。然则谓理在阴阳可乎？夫子赞《易》曰：黄中通理。言至正至中而理通焉，未闻中正之在物也。曰：易简而天下之理得。言易知简能而理得焉，未闻知能之在物也。最后曰：和顺于道德而理于义。其下文即曰：穷理尽性以至于命。盖言圣人作《易》，咸理于吾性之义，故穷理者穷斯，尽性者尽斯，以逮夫至命者，咸繇之矣。吾未闻理不在义而在物也，亦未闻穷理之理，非理于义之理也。故夫子又明言之曰：圣人之作《易》，将以顺性命之理。嗟乎！吾夫子固明言性命之理，而世必以为在物，何哉！”（《衡齐·理问上》）又曰：“不闻孟子之辟告子曰：且谓长者义乎？长之者义乎？知义，则知理矣。又不闻子思上下察之旨乎？今夫鸢飞戾天，自人视之，鸢在上也，而不知斯人与知与能者之上察也。鱼跃于渊，自人视之，鱼在下也，而不知斯人与知与能者之下察也。大哉察乎！其诸人心神理之昭诚之不可揜夫，是故察之外无理也。吾请譬之。方其未有曒日也，黝墨荒忽，未始有天地万物也。已而曒日照之，则天地万物列矣。然是曒日也，其体在天，而其光与气散于天地万物之间。人之执其光挹其气者，一盘盂，一曒日也；一甕盎，一曒日也；一渊谷，一曒日也；一江汉，一河海，有万曒日也。今如有夸父焉，逐日于谷，彼亦恶知曒日之体不在是也？知曒日之体之所在，则知理之所繇矣。是故天者，吾心为之高而覆也。地者，吾心为之厚而载也。日月，吾心为之明而照也。星辰，吾心为之列而灿也。雨露者，吾心之润。雷风者，吾心之薄。四时者，吾心之行。鬼神者，吾心之幽者也。江河山岳、鸟兽草木之流峙繁植也，火炎水润、木文石脉，畴非吾心也。蝼蚁虎狼、鸿雁雎鸠，畴非吾心也。一身而异窍，百物而殊用，畴非吾心也。是故曒日者，所以造天地万物者也。吾心者，所以造日月与天地万物者也。其惟察乎！匪是，则亦黝墨荒忽，而日月天地万物熄矣。日月天物万物熄，又恶睹夫所谓理哉！予故曰：察之外无理也。”（《理问下》，有节文）又疑阳明者，以为心者知觉，而理则性，心与性宜析。而庐山辨之曰：“心犹之火，性犹之明。有一星之火，即有一星之明，明不在火之表。性犹火之明，情犹明之光。有一星之明，即有一星之光，光不在明之后。故谓火与明与光异号，则可。谓为异物，则不可也。谓心与性与情异文，则可。谓为异体，则不可也。性之文从心从生。夫人心惟觉则生，弗觉则弗生；惟生则理，弗生则弗理。假令捧土揭木，俨若其形，立傅而告之曰：是为父子之亲，君臣之义。盖块如也。何哉？以土木无觉故也。是以舍人心之觉，则无性矣，又焉有理哉！是故蕴而仁义礼智藏焉，始非有物焉以分贮于中也，则觉为之宰也。感而恻隐羞恶辞让是非形焉，亦非有物焉以分布于外也，则觉为之运也。方其宰也，而无不运，虽天下之至虚，而无不实也。方其运也，而无不宰，虽天下之至实，而无不虚也。故觉即性，非觉之外有性也。性即理，非性之外有理也。又乌有夫觉虚理实心虚性实之谓哉！"（《六锢》）夫庐山之辨晰矣。然以心造日月天地万物，而觉即性，则全然释氏"三界惟心，作用是性"之窠臼。而庐山即亦不自讳，曰："或者曰：今之儒者之语学，独喜援二家言者，何也？曰：是亦所谓不执一废百也。程伯子训《孟子》之勿正心，曰动意则乖，拟心则差。非释家语乎？紫阳夫子作《调息箴》，曰守一处和，千二百岁。非老家语乎？君子之学，莫病泥文，尤莫病执迹。彼执一废百者，则执迹之为害也。"（《申言下》，有节文）虽然，庐山亦有持以别于释氏者。曰："释氏虽知天地万物之不外乎心，而卒至于逃伦弃物。若是异者，非心之不实也，则不尽心之过也。盖释氏主在出世，故其学止于明心。明心，则虽照乎天地万物，而终归于无有。吾儒主在经世，故其学贵尽心。尽心，则能察乎天地万物，而常处之有。则是吾儒与释氏异者，则尽心与不尽心之分也。所谓毫厘千里者此也。"（《六锢》）又曰："心性非异也。存心养性，明心见性，亦非相远也。然一则以是尽己与天地万物之性，一则以是而出离一己之生死。则亦公与私之分也。"（《申言下》）夫辨同异者，辨异于异易，辨异于同难。若庐山之辨儒、释，既认其同，而仍指其异，可谓辨异于同者。其在当时，固足与整庵相抗衡者也。（庐山之言，大抵为整庵而发，观《衡齐》可见）

抑庐山虽主阳明，而于其末流之失，即亦未尝不痛之。曰："昔之觌良知者，致之。今之觌良知者，玩之。"曰："世儒惩二氏过焉者也，其流执物理而疑心性。今儒惩世儒过焉者也，其流执心性而藐物则。"

(并《明中下》)曰:“今学者怀多欲之私,而欲明明德于天下,未有不理欲交杂,而终归于霸也。淮之南之学则左矣。”(《续问下》。淮之南之学,盖指王心斋而言)是故其说,易良知而为灵则。曰:“弟子曰:学有至乎?曰:有之。灵则是也。”(《明中上》)曰:“莫非文也。则莫不有吾心不可损益之灵则以行乎其间者,礼是已。”(《博辨下》)曰:“世儒之为当也,弗究于性,弗由于道。心弗灵弗则故也。”(《明中上》)夫阳明言致良知,而其失也,但言良知而遗致。龙溪、心斋言良知,而其失也,又但言知而遗良。言知而遗良,则于“心即理也”之言全失矣。庐山易之以灵则者,灵则心,则则理,盖犹是即心即理之旨。然而足以塞空疏放恣者之口,而使之不复能有所假借。是则庐山有功于王学者也。庐山名直,字正甫,庐山其号也。泰和人。嘉靖三十五年进士。官至按察使。卒于万历十三年。年六十九。所著《衡齐》外,有《衡庐精舍藏稿》。其平生进学,略见于所为《困学记》。(见《藏稿》。《明儒学案》载之)初事欧阳南野,三十后,始从罗念庵游。而于阳明门下如钱绪山、唐荆川(顺之),皆尝见之。

第二十九章　吕心吾

当王学之盛，有一不由师传，而从艰难困苦中自得之者，曰吕心吾。心吾名坤，字叔简，亦号新吾。河南宁陵人。隆庆（穆宗）五年，登进士第。万历中，官至刑部左侍郎。立朝持正，以是为小人所中，致仕去。家居四十年，年八十三卒。其自撰墓志称："质困钝，读两叶书，旦夜不成诵。看书亦不甚解。博涉坊刻训诂家言，益乱益不解。乃一切弃置之。默坐澄心，体认经旨。不了悟不休。久之，我入于书。又久之，书归于我。过目即得，一得久不忘。非诵读之力也。"而《呻吟语》有云："少年只要想我见在干些甚么事，到头成个甚么人。这便有多少恨心，多少愧汗。如何放得自家过！"又云："士君子作人不长进，只是不用心不著力。其所以不用心不著力者，只是不愧不奋。能愧能奋，圣人可至。"（并《修身》）观此，即其为学致力之勤苦，可见也。所著书有《四礼翼》、《四礼疑》、《闺范》、《实政录》、《呻吟语》、《去伪斋文集》。而《呻吟语》尤为世所称道。

心吾之学，从默坐澄心入，依然阳明家法。故其论格物曰："格物二字，圣学入门第一要诀。圣经不言力行者何？善当为，恶当去，其谁不知？而竟不为善不去恶者，意不真诚故也。意不真诚者何？知不痛切故也。知不痛切者何？性不透悟故也。性透则知自痛切，痛切则意念自真。意念既真，则好善自然无以尚之，恶恶自然不使加乎其身。”又曰：“物外无道，格物之外无学。是物也，为上帝所降之衷，是先天纯粹之理。物格是实见得，知至是实信得。”（并《文集·答孙冢宰论格物书》，有节文）虽其谓阳明说良知乃在情上立跟脚，认端绪作根本；又谓阳明见子而不见亥（并同上。道家以亥子之中为口诀）。然以物为帝降之衷，为先天纯粹之理，吾未见其有异于阳明之所谓良知者也。虽然，心吾与阳明门下实有大不同者。曰：“才贵通不贵一，事贵习不贵料。故问不厌迂缓，考不厌庞杂，学不厌居积。夏索狐貉，冬索絺绤，而应之曰无。此良贾之耻也。由斯以观，博学审问慎思明辨，不专在方寸间笔楮上矣。儒者之急务，不专在谈性天讲理气矣。夫理可心悟，而事难心悟。理可一贯，而事难一贯。宋儒有言：‘孔子生而知之者。言亦由学而至，所以勉进后人也。’弟窃笑之。夫气质清明，则义理昭著。道与身一，则由仁义行。所谓性焉安焉。圣人诚若是矣。乃若生不见泰山，而能图泰山景象；生不见坟典，而能诵坟典故实，圣人能之乎？夫古今事变，名物宇宙，人情物理，童而习之，白首不能尽。故识商羊，辨萍实，必先闻童子之谣。防风骨，肃慎矢，必先读夏、周之典（四事并见《家语》）。假令问孔子以四海民情土俗，万古因革损益，必不能臆对。若欲周知，岂得不学？以是知发愤忘食，好古敏求，未必不涉历世务，未必不理会前言。期月而可，三年有成，必有经济弘术，必有区画长策。而一点灵光，特一触即透，默运不劳，斡旋无斧凿之痕，转移有俄顷之妙耳。”（《别邹尔瞻书》。尔瞻名元标，号南皋，吉水人。京师首善书院之设，即由尔瞻与冯从吾少墟倡之）又曰：“吾人讲学须知所学何事。自十五时便入大学，所讲者圣经一章耳。盖儒者教门，以天下国家为一身。其格致诚正也，欲端一身以为国家天下。非莘野磻石专言耕钓，阿衡尚父方讲治平，作两截学问也。诸子问为政，颜渊问为邦，何尝以用世为讳哉！目前是何光景？殷浩以苍生自负

(《晋书》),房琯以经武知名(《唐书》),一出犹作败局。有如缓急之际,艰难如足食足兵,重大如安边治河,种种不可悉数。当事者问我,委曰不知。柄人者用人,委曰不能。可乎?夫任聪明不可以当盘错,旋安排不可以应仓皇。此周、孔所以必寝食俱忘,夜以继日,且思且学也。"(《答姜养冲》)又曰:"不当事,不知自家不济。才随遇长,识以穷精。坐谈先生只好说理耳。"(《呻吟语・品藻》)夫清儒之攻明儒者,谓其事空谈而无实学,耽心性而遗国家。而如先生所言,则明儒何尝不自争之。又不独先生也,胡庐山亦有言矣。曰:"国莫病于畏言兵,士莫忌于疲虚文。"(《衡齐・谈言下》)曰:"区区弊精故纸,奔走一世,以趋窾言。虽言满天下,何资实用?"(同上)呜呼!其如言而天下不听,何哉?

第三十章　顾泾阳　高景逸

自王学之盛，而立会讲学，遂成风尚。然但及身心，不与政事也。讲学而兼议国政，主持清议，以左右一世，卒之以党祸与国相终始，则东林实倡之。东林者，顾泾阳、高景逸为之魁。泾阳名宪成，字叔明。景逸名攀龙，字存之。皆常之无锡人。邑旧有东林书院，宋杨龟山先生讲学处也，已废为僧舍。顾、高请于当道，葺而复之，会吴越士友，讲习其中。东林之名，盖由于此。泾阳中万历（神宗）八年进士，授户部主事，调吏部。以忤阁臣王锡爵，谪判桂阳。已，司理处、泉二州。课第一，擢吏部考功主事。时赵南星主计典，尽黜诸宵小，不胜政府之忌，降调去。泾阳请与并罢，不报。迁文选司郎中。而进退人才，益与政府相牴牾。遂以会推冢宰阁臣事，削籍归。三十六年，以南京光禄寺少卿召，不起。四十年卒。年六十三。卒后十五年，魏忠贤大戮东林党人。泾阳亦以御史石三畏言夺官。崇祯初，赠吏部右侍郎。谥端文。所著有《泾皋藏稿》、《小心斋札记》、《大学通考》、《还经录》、《证性编》等。景逸较幼于泾阳。万历十七年进士，出赵南星之门。授行人。以铨阁龃龉，上疏论之。谪揭阳尉。越二年，假差归。自是林居，垂三十年。天启（熹宗）初，语光禄寺丞，晋少卿，转太常，又转大理。叠疏指摘贵戚郑氏，及旧辅方从哲。方、郑之党惧，因群以东林为言，思以中之。既讲学之禁起，讲学诸臣邹元标、冯从吾皆去位。景逸请移疾，不允。明年，乞差还里。四年，起刑部右侍郎，迁左都御史。会副都杨涟疏论魏阉二十四大罪，而景逸又发御史崔呈秀贪秽状。呈秀遂合群小，附魏阉，以倾正类。既矫诏杀杨涟等，又尽毁天下书院。东林亦熠焉。六年，缇骑逮缪昌期、周顺昌等。时景逸已先罢归，知不免，缮遗表投池水死。年六十五。崇祯初，赠太子少保，兵部尚书。谥忠宪。所著有《遗书》、《周易易简》、《春秋孔义》等。且两先生之在当时，摘发奸宄，一无假借，未尝无疑其犹落于意气者。然观遭窜逐以至于死，皆泰然处之，而曾不丝毫动于其中，则岂意气所能为哉！景逸有云："气节而不学问者有之，未有学问而不气节者。若学问而不气节，为世教之害不浅。"(《遗书·会语》)呜呼！意气气节之乱久矣。自非知学之士，其孰能辨之！

两先生皆深斥阳明无善无恶之论。泾阳曰："管东溟(东溟名志道，字登之，太仓人，与泾阳同时)曰：'凡说之不正而久流于世者，必其投小人之私心，而又可以附于君子之大道者也。'愚窃谓无善无恶四字当之。何者？见以为心之本体原是无善无恶也。合下便成一个空。见以为无善无恶只是心之不著于有也，究竟且成一个混。空则一切解脱，无复挂碍。高明者入而悦之，于是将有如所云，以仁义为桎梏，以礼法为土苴，以日用为缘尘，以操持为把捉，以随事省察为逐境，以讼悔迁改为轮回，以下学上达为落阶级，以砥节砺行独立不惧为意气用事者矣。混则一切含糊，无复拣择。圆融者便而趋之，于是将有如所云，以任情为率性，以随俗袭非为中庸，以阉然媚世为万物一体，以枉寻直尺为舍其身济天下，以委曲迁就为无可无不可，以猖狂无忌为不好名，以临难苟安为圣人无死地，以顽钝无耻为不动心者矣。由前之说，何善非恶？由后之说，何恶非善？是故欲就而诘之，彼其所占之地步甚高，上之可以附君子之大道。欲置而不问，彼其所握之机缄甚活，下之可以投小人之私心。即孔孟复作,竟奈之何哉!"(《小心斋札记》)景逸曰:"阳明先生所谓善,非性善之善也。何也?彼所谓有善有恶者意之动,则是以善属之意也。其所谓善,第曰善念云尔。所谓无善,第曰无念云尔。吾以善为性,彼以善为念也。吾以善自人生而静以上,彼以善自吾性感动而后也。故曰非吾所谓性善之善也。吾所谓善,元也。万物之所资始而资生也,乌得而无之?故无善之说,不足以乱性,而足以乱教。善,一而已矣。一之而一元,万之而万行,万物不二者也。天下无无念之心,患其不一于善耳。一于善,即性也。今不念于善,而念于无。无,亦念也。若曰患其著焉,著于善,著于无,一著也。著善则拘,著无则荡。拘与荡之患,倍蓰无算。故圣人之教,必使人格物。物格而善明,则有善而无著。今惧其著,至夷善于恶而无之。人遂将视善如恶而去之,大乱之道也。故曰:足以乱教。古之圣贤曰止善、曰明善、曰择善、曰积善,盖恳恳焉。今以无之一字扫而空之,非不教为善也。既无之矣,又使为之,是无食而使食也。"(《方本庵性善绎序》,有节文。本庵名学渐,桐城人)夫自四无之说出,一时江右诸贤,出于阳明门下者,如罗念庵、邹东廓(守益)、聂双江,皆尝辨之。而若东廓记青原赠处,且谓至善无恶者心,有善有恶者意,与龙溪《天泉证道记》不合。抑且其言出于绪山,非阳明之教矣(见《东廓集》)。然而穷无善无恶之流弊,言之切而辨之明,殆未有过于两先生者。两先生之学,皆以格物为重。而景逸指阳明于朱子格物,未尝涉其藩。(《答方本庵书》)又谓:"谈良知者,致知不在格物。故虚灵之用,多为情识,而非天则之自然。吾辈格物,格至善也。以善为宗,不以知为宗。"(《语录》)凡此皆针对致知之学而发。然泾阳有言:"吃紧只在识性。识得时,不思不勉是率性,思勉是修道。识不得时,不思不勉是忘,思勉是助。总与自性无干。"(《小心斋札记》)景逸亦言:"凡人之所谓心者,念耳。人心日夜系缚在念上,故本体不现。一切放下,令心与念离,便可见性。"(《示学者》)曰识性、曰见性,则终不能脱王学面目。况景逸《三时记》自叙为学次第，至“一念缠绵，斩然遂绝，忽如百斤担子顿然落地，又如电光一闪，透体通明”。更分明是禅家悟彻光景。以此而攻阳明攻禅，毋亦所谓阴用之而阳距之者耶！

第三十一章　刘蕺山　黄石斋

刘宗周，字起东，号念台，浙之山阴人。万历二十九年进士。天启初，为礼部主事。历右通政。以疏劾魏忠贤客氏，削籍为民。崇祯二年，起顺天府尹。时帝方以刻深绳下，宗周以仁义之说进，又请除诏狱、免新饷。帝不省。谢病归。十五年，再起，授吏部左侍郎，擢左都御史。会给事中姜埰，行人司副熊开元，以言得罪，下诏狱。宗周因召对论救，触帝怒，复削职。弘光立于南都，起原官，陈兴复之策，请都凤阳。又劾马士英，争阮大铖必不可用。皆不纳。再疏请告归。杭州失守，绝食二十三日而卒。年六十八。所著有《古易钞义》、《圣学宗要》、《学言》、《人谱》、《文集》等。尝筑证人书院，讲学蕺山，学者因称蕺山先生。黄道周，字幼玄（《明史》作幼平，此从《明儒学案》），一字螭若，号石斋。天启二年进士，补编修。崇祯初，以疏救钱龙锡，又上书语侵首辅温体仁，斥为民。九年，起右中允。进少詹事，兼翰林院侍讲学士。既，杨嗣昌夺情入阁，陈新甲夺情起宣大总督，方一藻以辽抚与清议和。道周具三疏并劾之。召对平台，又力争。谪江西布政司知事。十三年，江西巡抚解学龙疏荐地方人才，称道周堪任辅导。帝疑其朋比，更逮道周、学龙按治之。卒谪戍辰州卫。越年，以周延儒言，原官起用。未上，而京师陷矣。南都建，官礼部尚书。寻奉唐王入闽，遂首政府。视郑氏无经略志，自请率师出关。至婺源，为清兵所执。绝粒十四日，不死，引磬，又不殊。遂遇害。年六十二。所著有《易象正义》、《三易洞玑》、《洪范明义》、《春秋揆》、《石斋集》等。

念台、石斋两先生，其以身殉国既同，而言学亦极相近。《明儒学案》称念台之学，以慎独为宗。今观《蕺山文集》曰："大学之道，诚意而已矣。诚意之功，慎独而已矣。意也者，至善归宿之地。其为物不贰，故曰独。其为物不贰，而生物不测，所谓物有本末也。格物致知，总为诚意而设，亦总为慎独而设也。"（《大学杂辨·诚意》）又曰："君子之学，慎独而已矣。无事此慎独，即是存养之要。有事此慎独，即是省察之功。独外无理。穷此之谓穷理，而读书以体验之。独外无身。修此之谓修身，而言行以践履之。其实一事而已。知乎此者，谓复性之学。"（《来学问答·答门人》）其于慎独之要，盖不啻三致意焉。而石斋亦曰："圣门吃紧入手处，只在慎独。"（《石斋集·榕坛问业》）又曰："诚意只是慎独。慎独者，自一物看到百万物，现来承受。只如好色恶臭，触目感鼻，自然晓会，不假推求。所谓知至。知至便是明诚。"（同上）则何其言之若合符节也。然两先生之所谓慎独，与《大学》本旨，盖有违矣。朱子注《大学》、《中庸》也，曰："独者，人所不知而己所独知之地。"夫就文解义，朱子之注，固当如是也。而念台则以为朱子之慎独，专属省察边事，未免歧动静而二之。而其所以言独者，则曰："无极而太极，独之体也。"（《语录》）曰："所谓未发以前气象，即是独中真消息。"（同上）曰："独字是虚位。从性体看来，则曰莫见莫显，是思虑未起，鬼神莫知也。从心体看来，则曰十目十手，是思虑既起，吾心独知时也。"（同上）此其曰独，与禅家曰本来面目，盖无有异。石斋亦然。曰："性涵动静，只是中和。中和藏处，只是一独。"（《榕坛问业》）曰："知独者该万，知万者还独。"（同上）盖自阳明单提良知为教以来，一时讲学者，莫不拈取一二语句，以自标其宗旨。而即以此为万殊一本之本，体用一源之源。故阳明言致知，举凡格物、诚意、正心以及修齐治平，皆致知也。泾阳言格物，即凡致知、诚意、正心以及修齐治平，皆格物也。念台、石斋言慎独，即凡格物、致知、正心以及修齐治平，皆慎独也。故念台曰："心意知物是一路。"（《语录》）又曰："知善知恶之知，即是好善恶恶之意。好善恶恶之意，即是无善无恶之体。"（同上）石斋曰："试问诸贤，家国天下，与吾一身，可是一物，可是两物？又问吾身，有心有意有知，梦觉形神，可是一物两物？自然谻然，摸索未明。只此是万物同原，推格不透处。格得透时，麟凤虫鱼，一齐拜舞。格不透时，四面墙壁，无处藏身。"（《榕坛问业》）提一发而即全身，明儒之所谓简易直截者，如是而已。又念台谓："心只有人心，而道心者，人之所以为心也。性只有气质之性，而义理之性者，气质之所以为性也。"（《会语》）而石斋则谓："气有清浊，质有敏钝，自是气质，何关性上事。性则通天彻地，只此一物。于动极处见不动，于不睹不闻处见睹闻。着不得纤毫气质。"（《榕坛问业》）意似不合，然其不认性有义理气质之别，正归一致。盖主简易者，未有不以分别为夹杂支离者也。观此，而宋、明儒者为学之不同，亦可以略睹矣。

第四编　近世哲学史

第一章　清儒之标榜汉学

自王学之衰，专事浮谈，人鲜实学。虽得东林诸君子振之，而亦气节之士多，经济之士少。故及流寇之起，满清乘之，入主中夏。士大夫前仆后继，断脰捐踵，而曾无救于灭亡。于是当时有识之士，至以亡国之罪，归之讲学者。顾亭林云："刘、石乱华，本于清谈之流祸，人人知之。孰知今日之清谈，有甚于前代者。昔之清谈谈老、庄，今之清谈谈孔、孟。未得其精，而已遗其粗；未究其本，而先辞其末。不习六艺之文，不考百王之典，不综当代之务，举夫子论学论政之大端，一切不问，而曰一贯，曰无言。以明心见性之空言，代修己治人之实学。股肱惰而万事荒，爪牙亡而四国乱。神州荡覆，宗社丘墟。昔王衍妙善玄言，自比子贡。及为石勒所杀，将死，顾而言曰：'吾曹虽不如古人，向若不祖尚浮虚，戮力以匡天下，犹可不至今日！'今之君子，得不有愧乎其言。"(《日知录》卷七"夫子之言性与天道"条)又云："以一人而易天下，其流风至于百有余年之久者，古有之矣。王夷甫之清谈，王介甫之新说，其在于今，则王伯安之良知是也。孟子曰：天下之生久矣。一治一乱。拨乱世，反诸正，岂不在后贤乎！"(《日知录》卷十八"朱子晚年定论"条)此其指斥阳明，可谓至矣。然犹未至罪及宋之程、朱也。故其为《下学指南序》(《亭林文集》)曰:“别其源流,而衷诸朱子之学。”曰:“繇朱子之言,以达夫圣人下学之旨。”盖亭林立身行己,极服膺紫阳。是故江藩(甘泉人,号郑堂。少尝及惠栋之门)作《汉学师承记》推木本水源之意,以亭林附于卷末。以为有清诸儒,深究经旨,与两汉同风,实由亭林启之。而犹不能无病其多骑墙之见、依违之言者,此也。专攻程、朱,始于毛大可奇龄(萧山人,生于明,死于清康熙间,所著有《大学知本图说》、《中庸说》、《论语稽求篇》,皆攻击宋儒,而《四书改错》诋朱子尤甚)。而李恕谷学于颜习斋,兼出大可之门,其《与方望溪(苞)书》乃谓:“宋后二氏学兴。儒者浸淫其说,静坐内视,论性谈天。与夫子之言,一一乖反。”(见《恕谷集》)又言:“宋儒内外精粗,皆与圣道相反。养心必养为无用之心,致虚守寂。修身必修为无用之身,徐言缓步。为学必为无用之学,闭门诵读。”(《恕谷年谱》卷上)与习斋谓:“朱子之道,千年大行。使天下无一儒,无一才,无一苟定时。”(《朱子语类评》)同于程、朱诸儒,诋毁不遗余力。然颜、李之学,当时传者不广。及惠氏(士奇,字天牧。子栋,字定宇)、戴氏(震)出,一意训诂之学。以为:“由文字以通乎语言,由语言以通乎古圣贤之心志。譬之适堂坛之必循其阶,而不可以躐等。”(《东原集·古经解钩沈序》)于是谓:“故训明则古经明,古经明则贤人圣人之理义明。歧故训、理义二之,是故训非以明理义,而故训胡为?理义不存乎典章制度,势必流入异学曲说而不自知。”(《东原集·题惠定宇先生授经图》)盖至是而所谓汉学者,始夺宋学之席。而后生小子,稍习章句,即莫不以诟病理学为能事矣。然吾观有清诸儒,于训诂、考据、名物、象数之谊,固多发明。至其能成一家之言,冒天下之理,而不失矩矱,若顾若黄(宗羲)、若孙(奇逢)李(颙)、若张(履祥)陆(世仪),皆承宋学之流风。而所谓汉学家者,自东原戴氏一二人外,鲜能以议论自见。至如颜、李之徒,又非汉学所可范围。故或谓汉学盛而宋学衰,宋学衰而中国无复有自有之哲学,未为过也。抑汉学大师,首推惠、戴。而惠天牧手书楹帖,犹云："六经尊服、郑，百行法程、朱。"病程、朱之空疏则有之，于程、朱之践履，未始有间言也。即江藩作《汉学师承记》，极力标榜汉学，亦取孙、李诸儒，纂为《宋学渊源》一记。谓："惧斯道之将坠，耻躬行之不逮。愿学者求其放心，反躬律己，庶几可与为善。"（《宋学渊源记序》）其欲调停两家之意，委曲可见。降及道、咸以后，政既不纲，士习亦坏。乐汉学之不及身心，可以纵恣而无忌，遂窟穴其中，专以挦摭宋儒之小疵，为效忠汉学之长技。而高明入于辟邪，中庸流为阘茸。至是宋学既不复存，而汉学亦即全非矣。是故方东树（桐城人，字植之，生于乾隆三十七年，卒于咸丰元年，尝从学于姚姬传鼐，以诸生终）著《汉学商兑》，力辨训诂考证之破碎，而程、朱之学之不可诬。然虽断断其间，而学力不逮，卒亦无所树立。至若畸人异士，埋迹蒿莱，闭门讲习，虽有其人，亦潜龙之业，其道未光于天下。先时汉学之徒，斥宋明诸儒舍一死报国更无表见。而自清末以迄今日，士夫之寡廉丧耻，苟免一时，其视宋明气节之盛，相去乃更不知道里几许。然则学术之消息，不亦大可知哉！而无识之士，犹欲扬汉学已死之灰，以为是与欧西科学精神相吻合。舍本逐末，泛滥无归。吾不知所谓科学者，其果如是否也。然而欲恃此以为立国之本，则吾有所不忍言者矣。

宋明诸儒，虽有异同，而其源要出于佛氏，盖风之所被，未有不与俱化者也。独怪基督教自明万历间入中国，一时士夫颇多与其徒交游者。而由明逮清，儒者之书，鲜道及之。以吾所见，陆桴亭《思辨录》有曰："天地间只有阴阳，阴阳只有五行。释氏之地水火风，邵子之水火土石，西教之天地气火（本地水气火，桴亭误作天地气火，想系得之传闻，故有此舛。不然，则刊其书者失之），总欠自然。"（《思辨录辑要》后集卷二天道类）次则应潜斋作《性理大中》（潜斋名撝谦，浙江仁和人，生于明，卒于清康熙二十六年），于论天地气候之变，颇称西士熊氏之说（即熊三拔），推为精当（《性理大中》卷二十一、二十二）。又为《天教论》谓:"尝念佛生于中国之坤方,则西北乾方,必有偏阳之教与其道相反者。闻欧罗巴人在中国西北,尊天而贱地,殆即此乎。及询之西人,果得所谓天主者。盖生于汉哀帝时如德亚国。起匹夫,其国徒众,翕然从之,化被远近。殁后千几百年,而西北诸国尽从其教。吾观《几何》一书,用点画曲直,尽万形之变。天下之易知,诚无如此者。然而其为道不简,从事于此,必至于杀精。吾观《金刚》一书(此指《金刚经》),以无住生心,化被区域。天下之简能,诚无如此者。然而其为道不易,从事于此,必至于灭神。天主罹患于西北,则阳亢故也。释迦剥肤于西南,则阴亢故也。西北之人,以无不知为贵,故乐于用心。从事于此,则自生神。西南之人,以无知为贵,故乐于息心。从事于此,则自生精。极其教,则阳过者杀,阴过者灭矣。西北者,其天道之失中者乎? 西南者,其地道之失中者乎?"本《易》理以论释迦、基督之教,以为各有所取,亦儒者之所罕见。然亦即自谓未多见其书,其道不能详,故所言全出之揣度。至以《几何》之书与基督之教,并为一谈,是可哂也。窃尝推究其故。盖明时西来之士,如利玛窦、熊三拔之辈,其所持以炫吾国人者,在其技巧,而不在其宗教。即言事天爱物,与中土旧谈,初无所异。故李之藻序利氏《天主释义》(之藻,浙江仁和人,万历进士,官至太仆寺少卿,其所译《名理探》,为名学最初之译本)谓其:"小心昭事大旨,与经传所记,如券斯合。"而庞迪我《七克》一书,以贪傲饕淫怠妒忿,谓之七贼,欲以施舍谦让克之,其文绝美。熊明遇为之序(明遇,江西进贤人,万历进士,官至兵部尚书,东林党人也),亦曰"遏欲存理,归本事天。不意西方之士,亦我素王功臣"云云。是故当时学士大夫之于彼教,乐道其历数星象之学者多,而向往其洁身修禳之术者少;入其笠以招之者多,弃其学而学焉者少。彼之不能益于我,由我之无所取于彼,非必深闭而固拒之也。至若天堂地狱之说,窃之佛氏,我所餍闻。糟粕之谈,不当一盼。况自千七百四年,罗马教廷有不认奉祀祖先之令,与中土之俗更生扞格。于是康熙四十六年,遂幽禁教皇使臣于澳门，而各地教士，亦遭驱逐。举历数星象几何制造之学，向所震惊以为穷神致化者，视如毒螫，而况其教乎哉！故明、清之基督教，不能与齐、梁以来之佛教比者，教有不同，亦势有不同也。

第二章　孙夏峰 附汤潜庵

清初诸儒，以孙夏峰最为老师。夏峰名奇逢，字启泰，一字钟元，直隶容城人，生于明万历十二年。年十七，举乡试。居京师，与左忠毅公光斗、魏忠节公大中、周忠介公顺昌，以气节相尚。当魏阉乱政，东林党狱起，忠毅、忠节、忠介先后被逮，夏峰百计营救，不得。卒经纪其丧，以各归于其乡。以故义声震一时。当时与营救之役者，夏峰外，为定兴鹿正、新城张果中，称为范阳三烈士。正，忠节公善继之父也。夏峰与善继友善。而夏峰家贫，尝与论学，自辰至日昃，始得豆面作羹。夏峰怡然，无不足之色。及明之亡，夏峰已六十。清顺治康熙中，屡征不起。晚岁渡河，慕苏门百泉之胜，且康节、鲁斋讲学之地也，乃移家辉县夏峰村。筑堂曰兼山，读《易》其中。而率子弟躬耕以自给。四方来问学者，随其浅深高下，必开以性之所近，使自力于庸行。有愿留者，亦授田使耕。所居遂成聚焉。康熙十四年卒，年九十二。梨洲纂《明儒学案》时，夏峰已先死，故收而传之。而谓："北方学者，大概出于其门。使丧乱之余，犹知有讲学一脉，要不可没。"又谓："岁癸丑作诗寄羲，勉以蕺山薪传。读而愧之。"即其倾倒可知矣。

夏峰之学，得力阳明为多，而更和通朱子之学（《夏峰集·寄张蓬轩书》称"幼而读书，谨守程、朱之训，然于陆、王亦甚喜之。"其自言如此。谢无量《哲学史》乃谓夏峰以阳明为宗，晚始和通朱子之学，盖未读《夏峰集》，以意为之者）。其著《理学宗传》，自称坐卧其中出入与偕者逾二十年。盖一生精力，全在此书。以周子、两程子、张子、邵子、朱子、陆象山、薛敬轩、王阳明、罗整庵、顾泾阳十一人者，为正宗。而自董仲舒以至金忠节铉、陈几亭龙正凡若干人，则撰为《汉隋唐宋元明诸儒考》。若宋之杨慈湖、明之王龙溪等，其学稍异于正者，又别为附录焉。自元以来，朱、陆异同，时有诤言。及阳明出，而所谓程、朱之学，陆、王之学，壁垒益严，畛域益深。主陆、王者，诋程、朱为支离；祖程、朱者，斥陆、王为横决。夏峰则以为支分派别之中，自有统宗会元之地（《四书近指》序中语）。故曰："朱则成其为朱，陆则成其为陆。学人不必有心立异，亦不必著意求同。若先儒无同异，后儒何处着眼。试看从古帝王贤圣，放伐不同于揖让，清不同于任，任不同于和。亦各存其所见而已矣。"（《寄张蓬轩书》，中有节文）又曰："朱、王入门原有不同。及其归也，总不外知之明、处之当而已。"（《答常二河书》）其《理学宗传》以陆次朱，以罗、顾次王，合二派而一之者，由此意也。抑夏峰之学，一以自得为主。尝曰："明道曰：'天理二字，是自己体贴出来。'是无时无处，莫非天理之流行也。精一执中，是尧、舜自己体贴出来。无可无不可，是孔子自己体贴出来。主静无欲，是周子自己体贴出来。良知，是阳明自己体贴出来。能有此体贴，便是其创获，便是其闻道。恍惚疑似据不定，如何得闻？从来大贤大儒，各人有各人之体贴。是在深造自得之耳。"（《语录》）又曰："学无自得，剽窃他人，一知半解，强谓了然。如此之病，最难医治。"（同上）故其《与魏莲陆（名一鳌，保定人）书》申述纂辑《宗传》之旨，即曰："言阳明之言者，岂遂为阳明？须行阳明之行，心阳明之心，始成其为阳明。言紫阳之言者，岂遂为紫阳？须行紫阳之行，心紫阳之心，始成其为紫阳。我辈今日，要真实为紫阳、为阳明，非求之紫阳、阳明也。各从自心自性上，打起全副精神，随各人之时势，做得满足无遗憾。方无愧紫阳与阳明。”由此观之，则夏峰所得，得之紫阳、阳明，而实非得之紫阳、阳明，仍得之于己耳。(《夏峰集》有《识吾说》可见)唯然，斯其所以能和通紫阳、阳明也欤！夏峰所著书，《理学宗传》外，有《四书近指》、《读易大指》、《理学传心纂要》等，而诗文杂著语录，则合并为《夏峰集》，共十六卷。

夏峰以隐遁终。而其弟子汤斌，则以理学仕清为名臣，官至兵部尚书。斌，河南睢州人。字孔伯，一字荆岘，晚号潜庵。其学一依夏峰，于朱、陆不执同异。所著《洛学编》虽限于洛中一隅，而首列杜子春、钟兴(皆汉儒)，与夏峰《理学宗传》立《汉儒考》同一意。盖不独欲调和朱、陆，兼欲调和汉、宋。其《苏州府儒学碑记》曰：“国家兴治化，在正人心。而正人心，在崇经术。汉儒专门名家，师说相承。当《诗》、《书》煨烬之余，仪文器数之目，删定传授之旨，犹存什一于千百。其时士大夫勇于自立，无苟简之心，孝弟廉让之行，更衰乱而不变。重经之效也。”又曰：“《宋史》道学、儒林，厘为二传。而道学、经学自此分。夫所谓道学者，六经四书之旨，体验于心，躬行而有得之谓也。非经书之外，更有不传之遗学也。故离经书而言道，此异端之所谓道也；外身心而言经，此俗儒之所谓经也。”(《潜庵遗稿》，有节文)凡此皆异日汉学之士，所喋喋以为攻击宋儒之议者，而不知潜庵已先发之。盖风气之变，至此已见其端(夏峰《题费此度中传论》亦云宋儒寻求坠绪，皆赖汉儒之力)。然而潜庵宅心之平，其过汉学家远矣。潜庵巡抚江苏时，兴学校，废淫祀，所请蠲免赋额甚巨。临去敝簏数肩，一物不增于来时。尝言：“宋以前儒者，患不知道。今诸儒之学备矣。苟好学深思，人人可得。第患不力行耳。”(《潜庵语录》)及居尚书，为忌者所中，祸不测。或劝委曲权要以自解，曰：“六十老翁尚何求？吾安之矣。”或又劝盍发忌者阴私以纾祸，曰：“吾不屑为也。”观此，潜庵之学力可以见矣。潜庵生明天启七年，卒于清康熙二十六年。年六十一。所著书，曰《洛学编》、《潜庵遗稿》、《潜庵语录》、《苏州奏疏》。乾隆元年，赐谥文正。

第三章　陆桴亭 附陆稼书

当孙夏峰以阳明和通程、朱讲学于北，而陆桴亭亦以紫阳和通陆、王讲学于南。桴亭名世仪，字道威。苏之太仓人。生于明万历三十九年。少有经世之志。南都之建，尝上书言事，又尝参人军幕。既解，乃凿地宽可十亩，筑亭其中，高卧闭关谢客。其自号桴亭者以此。初讲学东林，已讲于毗陵，复归讲于里中。当事屡欲荐之，力辞而免。清康熙十一年卒，年六十二。所著有《思辨录》、《思辨录后集》、《性善图说》、《诗文集》、《儒宗理要》、《治通》、《治乡三约》、《礼衡》、《易窥》、《诗鉴》、《书鉴》、《春秋讨论》、《读史笔记》、《城守要略》、《八阵法门》等。而《思辨录》为先生自纪所得之书，尤足觇其学力。有云："只提一敬字，便觉此身举止动作，如在明镜中。""敬如日月在胸，万物无不毕照。""能观物理，便见得虚空劈塞，都无空隙处。"其自得如此。故其论学教人，一本朱子居敬穷理之旨。曰："居敬穷理四字，是学者学圣人第一工夫。彻上彻下，彻首彻尾，总只此四字。"曰："君子尊德性而道问学，即大居敬而贵穷理。"陆稼书为《思辨录》作序，称其"辨同异，晰疑似，一准于程、朱"者，此也。然先生即亦曰："陆象山人物甚伟，其语录议论甚高，气象甚阔。初学者读之，可以开拓心胸。"曰："陆象山曰：

此是大丈夫事。么么小家相者，不足以承当。又曰：大世界不享，却要占个小蹊径；大人不作，却要为小儿态。直是可惜。又曰：上是天，下是地，人居其中。须是做得人，方不枉。读以上数语，皆可令人感发兴起，志于圣人之道。”曰：“王新建于致知之中，增一良字，极有功于后学。”曰：“阳明先生社学法最好。欲教童子歌诗习礼，以发其志意，肃其威仪。”（以上皆《思辨录》）则于象山、阳明，皆极倾倒。其稍稍有不足之辞者，以欲防末学横流之失，不得不言之益慎耳。且吾尝读《桴亭诗文集》矣，其《与张受先论学书》谓：“尝读先儒语录，至鹅湖一会，未尝不踊跃思慕，咤为绝盛。又未尝不叹息追悼，痛其开千古辩争之门也。盖自世远言湮，天下万世之望孔氏门墙而趋者，盖无几矣。其不幸而同趋之中，又有异趋者焉。自孔子秉铎于上，颜、曾、游、夏皆出其门，已不能必其一志而同科矣。而况数千百年之远，学问师传，入门得力，各有所见。其稍稍不同，又何怪焉！故愚谓友朋相遇，当各言其所得。苟其所志同、所学同，所师传得力又同，则坦然倾竭而不敢少秘其私。如或不然，则亦欿然不自满，退然不自胜，各尊所闻，各行所知，以俟诸天下万世之公评而已矣。彼此互辨，两贤相厄，岂所望于有道者邪！”知入门得力，各有所见，而不同为不足怪。故虽主程、朱，而亦兼用陆、王，此正先生之所以成其为广大。而唐镜海（名鉴，湖南善化人，嘉庆进士，官至太常卿）作《学案小识》，乃必欲推尊先生，谓其谨守程、朱家法。一孔之见，真不足与语大儒之事也。

桴亭鉴于明儒空疏之失，故其学凡象纬、律历、兵农、礼乐，以及当代刑政、河漕、盐屯诸务，无不穷究。尝曰：“圣人生末世，真是任大责重。使达而在上，则凡井田学校，前人已坏之法，皆其事也。穷而在下，则凡理学经济，前贤未备之书，皆其职也。”又曰：“六艺古法虽不传，然今日所当学者，正不止六艺。如天文、地理、河渠、兵法之类，皆切于用世，不可不讲。俗儒不知内圣外王之学，徒高谈性命，无补于世。此当世所以来迂拙之诮也。”今《思辨录》有《读书目录》，分十年诵读、十年讲贯、十年涉猎。自经史、诗文、诸儒语录，以至天文、地理、农田、水利、兵法之书皆备。而尤致意于《本朝事实》、《本朝典礼》、《本朝律令》。注曰：此三书最为知今之要。若先王之学，真无愧于经世致用者矣。然博学之功，仍须一反之笃行。故又曰："学问从致知得者较浅，从力行得者较深。所谓躬行心得也。"(以上皆《思辨录》)曰："儒者宁可行过乎言，质过乎文。"(《思辨后录》)盖以体用言，即两不可废。故曰："君子进德修业。德者.体之立也，内圣之所由积也。业者，用之著也，外王之所由成也。"(《文集·讲学纪事序》)以本末言，即本尤重于末。故曰："道之外无学，道学之外无人。"(《思辨录》)是故桴亭之学，既殊腐儒之空疏，而亦不同俗学之泛滥。荀子以"以浅持博，以一持万"谓之大儒，若先生者，盖可以当之矣。

桴亭言性，有与前儒不同者，其详在《性善图说》。而大略则具于论高、顾两公(即景逸、泾阳)语录大旨。盖其东林讲学之文也。曰："人性之善，不必在天命上看，正要在气质上看。何以言之？性字是公共的。人有性，物亦有性。禽兽有性，草木有性。若在天命上看，未著于人，未著于物。人之性即物之性，物之性即人之性，无所分别也。无所分别，而谓之至善，则人至善，物亦至善。何以见得至善必当归之于人？惟就气质之性上看，则人之性不同于物之性，禽兽之性不同于草木之性。人得其全，物得其偏。人得其灵，物得其蠢。人得其通，物得其塞。其为至善，必断断属之于人无疑。人苟实见得此理，则天命之性，固是至善，气质之性，亦是至善。学问之功，愈不可少。何以言之？天命之性，浑然至善，固不须学问，而亦着不得学问。气质之性，幸不同于草木鸟兽矣，然不学，则善者亦归于不善。且看禽兽草木，同是气质，惟不知学，不能学，则终不能善。故曰：人为万物之灵。人之气质之性，亦至善也。"(《文集》)桴亭自言从《易·系》"继之者善，成之者性"悟入。吾则以为有感于明儒自龙溪、心斋以后，言性者坠入渺茫，故转从气质有形处，寻一着落，以救其一时之弊耳。其言曰："近来论性，只是二种。一种是遵程、朱之言，跬步不失。说义理，说气质，只在文义上依样葫芦，未见真的。其为弊似乎有二性。一则离却气质，全说本然，极是高明。而其下稍全是打合释、老，离经叛道。二者之失惟均。然高明之为害更大，学者不可不知。"(《思辨录后集》)观此，意固可见。然而曰："气质二字，因张子与天地之性分别后，诸儒皆作不好的说，以后递相传习。人但一说着气质，便道是不好的物，只要离去他。不知气只是天气，质只是地质。除了天，更无气。除了地，更无质。是气质即天地所命。惟天赋以如是之气质，故有如是之理。但圣人则能践形，而众人则不能践形耳。岂可以形色为非天性乎！"此则足以箝自来言理气者歧而二之之口，大有功于理学者也。与桴亭同讲学者，有盛圣传敬、陈言夏瑚、江虞九士韶。当时称曰四先生。圣传、虞九，尝取桴亭《思辨录》分类汇纂，以为《辑要》。言夏有《确庵文》，或并《桴亭文》录而刻之，曰《陆陈两先生文钞》。

清初儒者，二陆并称。一桴亭，一则陆稼书也。然稼书实非桴亭比。稼书，名陇其。浙之平湖人。生明崇祯三年，以清康熙九年，成进士。授江南嘉定令，转直隶灵寿令，皆有治迹。征入都，授四川道监察御史。以争捐纳事，为政府所龁龁，移疾归。屏居华亭泖上。茅屋数椽，布衣蔬食，足迹不入城市。康熙三十一年，感末疾卒。年六十有三。乾隆元年，赐谥清献。所著有《三鱼堂文集》。而官灵寿时，与诸生朔望讲论，辑之以为《松阳讲义》。稼书之学，一主程、朱，而力攻阳明。尝为《学术辨》曰："阳明以禅之实，而托于儒。其流害固不可胜言矣。然其所以为禅者如之何？曰：明乎心性之辨，则知禅。知禅，则知阳明矣。程子曰：性即理也。邵子曰：心者性之郛郭。朱子曰：灵处是心不是性。是心也者，性之所寓，而非即性也。性也者，寓于心，而非即心也。若夫禅者，则以知觉为性，而以知觉之发动者为心。故彼之所谓性，则吾之所谓心也；彼之所谓心，则吾之所谓意也。阳明言性无善无恶，盖亦指知觉为性。其所谓良知、所谓天理、所谓至善，莫非指此而已。故其言曰：佛氏本来面目，即我门所谓良知。又曰：良知即天理。又曰：无善无恶，乃所谓至善。虽其纵横变幻，不可究诘，而其大旨，亦可睹矣。充其说，则人伦庶物，固于我何有？而特以束缚于圣人之教，不敢肆然决裂也。则又为之说曰：良知苟存，自能酬酢万变。非若禅家之遗弃事物也。其为说则然，然学者苟无格物穷理之功，而欲持此心之知觉以自试于万变，其所见为是者果是，而所见为非者果非乎？又况其心本以为人伦庶物初无与于我，不得已而应之。以不得已而应之心，而处夫未尝穷究之事。其不至于颠倒错谬者，几希！其倡之者，虽不敢自居于禅，阴合而阳离。其继起者，则直以禅自任，不复有所忌惮。此阳明之学，所以为祸于天下也。"（《三鱼堂文集》）其于心性儒释之分，可谓辨之明矣。然谓阳明视人伦庶物为无有，而特以束缚于圣人之教，未敢肆然决裂，则无乃过甚矣乎！当时汤潜庵有《答清献书》谓："不敢诋斥姚江，非笃信姚江之学也，非博长厚之誉也。以为欲明程、朱之道者，当心程、朱之心，学程、朱之学。或天稍假以年，果有所见，然后徐出数言，以就正海内君子未晚。此时正未敢漫然附和。"（《潜庵遗稿》，有节文）若潜庵者，其意气之平，殆犹胜于清献也。清献叙桴亭《思辨录》，称家居时闻先生之学，而未获亲炙；及承乏嘉定，去先生之乡咫尺，而先生已成古人。潜庵得师夏峰，而清献不得师桴亭，其果清献之不幸也！

第四章　黄梨洲

黄宗羲，字太冲，号梨洲，又号南雷，浙江余姚人。生明万历三十七年。父忠端公尊素，以御史劾魏珰，死诏狱。庄烈帝即位，先生年十九，袖长锥入都讼冤。至则魏珰已磔死，乃偕诸忠子弟设祭狱门，而锥杀狱卒之致忠端于死者。及归，以忠端遗命，受学于蕺山先生之门。蕺山专言心性，而黄石斋则兼及象数，当时比之程、邵两家，因更就石斋相质证。并旁及于经史诸子之学。凡江浙藏书之家，无所不造。明亡，鲁王立于绍兴，纠合里中子弟数百人从之，号世忠营。既又副冯侍郎京第，诣日本乞援。事不成，而鲁王亦覆。然先生兴复之志未已，东西奔走，与故将遗臣相要结，冀有所就。当道名捕先生，屡濒于险，而卒得脱免，亦天幸也。事定返里，一意著述。举证人书院，申蕺山之绪。尝谓："明人讲学，袭语录之糟粕，不以六经为根柢。"教学者必先穷经，而求事实于诸史。又谓："读书不多，无以证斯理之变化。多而不求诸心，则为俗学。"说者推梨洲之学，以濂洛之统，综会诸家。若横渠之礼教，康节之象数，东莱之文献，艮斋、止斋之经术，水心之文章，莫不旁推交通，为自来儒林所未有。亦实录也。清世屡征不起。以康熙三十四年卒。年八十六。平生著述甚富。其大者，有《明儒学案》、

《易象数论》、《明史案》、《明夷待访录》、《律吕新义》、《南雷文定》等。又与子百家辑《宋元儒学案》，未完编。后鄞县全谢山祖望为卒成之。宗羲弟宗炎、宗会，皆有学行，世称三黄。宗炎，字晦木，著有《图书辨惑》，力斥《先天太极图说》之出于道家，清儒多有称之者。

一　原君

梨洲守其师蕺山之学，以慎独为入德之要，而要之不出阳明良知一脉。其平生得力，仍偏于经世为多。所作《明夷待访录》，自比于王冕（明初人）之著书，谓待遇明主，不难致伊、吕之业。而顾亭林亦称为百王之敝可以复起，三代之盛可以徐还（亭林《与梨洲书》）。即其书可知也。然吾以为其能言人之所不敢言，而足令当时硁硁之儒，为之舌挢而不下者，尤莫如《原君》、《原法》之篇。《原君》曰："有生之初，人各自私也，人各自利也。天下有公理，而莫或兴之；有公害，而莫或除之。有人者出，不以一己之利为利，而使天下受其利；不以一己之害为害，而使天下释其害。此其人之勤劳，必千万倍于天下之人。夫以千万倍之勤劳，而己又不享其利，必非天下之人情所欲居也。故古之人，量而不欲入者，许由、务光是也。入而又去之者，尧、舜是也。初不欲入，而不得去者，禹是也。岂古之人有所异哉！好逸恶劳亦犹夫人之情也。后之为人君者，不然。以为天下利害之权，皆出于我，我以天下之利尽归于己，以天下之害尽归于人，亦无不可。使天下之人，不敢自私，不敢自利，以我之大私为天下之公。始而惭焉，久而安焉。视天下为莫大之产业，传之子孙，受享无穷。汉高帝所谓某业孰与众多者，其逐利之情，不觉溢之于辞矣。此无他，古者以天下为主，君为客，凡君之所毕世而经营者，为天下也。今也以君为主，天下为客，凡天下之无地而得安宁者，为君也。是以其未得之也，屠毒天下之肝脑，离散天下之子女，以博我一人之产业，曾不惨然。曰：我固为子孙创业也。其既得之也，敲剥天下之骨髓，离散天下之子女，以奉我一人之淫乐，视为当然。曰：此我产业之花息也。然则为天下之大害者，君而已矣。向使无君，人各得自私也，人各得自利也。呜呼！岂设君之道，固如是乎？”（下略）抑不独《原君》而已，其《原臣》、《置相》即皆推本此意以为之说。曰：“我之出而仕也，为天下，非为君也；为万民，非为一姓也。”（《原臣》）曰：“古者不传子而传贤。其视天子之位，去留犹夫宰相也。其后天子传子，宰相不传子。天子之子不皆贤，尚赖宰相传贤，足相补救。则天子亦不失传贤之意。宰相既罢，天子之子一不贤，更无与为贤者矣。”（《置相》。明太祖以胡惟庸之变，定制不置宰相，故梨洲云然）且孟子曰：“民为贵，君为轻。”又曰：“有事君人者，事是君则为容悦者也。有安社稷臣者，以安社稷为悦者也。有天民者，达可行于天下，而后行之者也。有大人者，正己而物正者也。”自民贵君轻之义不显，天民大人之迹，遂绝于后世。得梨洲而复申明之。则梨洲者，亦为天民大人而已矣。

二 原法

吾尝读吕伯恭《论语说》谓：“总统一代谓之政，随事设施谓之事。前汉之政，尚有三代遗意。光武所设施，则皆是事耳。故前汉有政，后汉无政。”颇以其见为不犹人，然未若梨洲《原法》之论之快也。梨洲《原法》曰：“三代以上有法，三代以下无法。何以言之？二帝三王，知天下之不可无养也，为之授田以耕之。知天下之不可无衣也，为之授地以桑麻之。知天下之不可无教也，为之学校以兴之。为之婚姻之礼以防其淫。为之卒乘之赋以防其乱。此三代以上之法也，固未尝为一己而立也。后之人主，既得天下，唯恐其祚命之不长也，子孙之不能保有也，思患于未然，以为之法。然则其所谓法者，一家之法，而非天下之法也。是故秦变封建而为郡县，以郡县得私于我也。汉建庶孽，以其可以藩屏于我也。宋解方镇之兵，以方镇之不利于我也。此其法何曾有一毫为天下之心哉！而亦可谓之法乎？三代之法，藏天下于天下者也。山泽之利不必其尽取，刑赏之权不疑其旁落，贵不在朝廷也，贱不在草莽也。在后世方议其法之疏，而天下之人，不见上之可欲，不见下之可恶，法愈疏而乱愈不作，所谓无法之法也。后世之法，藏天下于筐箧者也。利不欲其遗于下，福必欲其敛于上。用一人焉，则疑其自私，而又用一人以制其私。行一事焉，则虑其可欺，而又设一事以防其欺。天下之人，共知其筐箧之所在，吾亦鳃鳃然日惟筐箧之是虞。故其法不得不密，法愈密而天下之乱即生于法之中，所谓非法之法也。"又曰："论者谓有治人无治法，吾以为有治法而后有治人。自非法之法，桎梏天下人之手足，即有能治之人，终不胜其牵挽嫌疑之顾盼。有所设施，亦就其分之所得，安于苟简，而不能有度外之功名。使先王之法而在，莫不有法外之意存乎其间。其人是也，则可以无不行之意；其人非也，亦不至深刻罗网，文害天下。故曰：有治法而后有治人。"夫古今之论法者，多矣，其见即罔不囿于法之中。若梨洲者，上明立法之本，下究用法之意，言法而独不为法所囿。使得有所借手，其设施必有可观者。而惜乎其仅以空言而终也！

第五章　顾亭林 张蒿庵附见

顾炎武，字宁人，江苏昆山人。本名绛，乙酉后，改名炎武。幼出后世父。母王氏，闻国变不食而卒，戒后人不得事二姓。先生既与同志举义兵不成，屡为怨家所构。乃漫游南北，关塞险阻之处无不至。尝垦田雁门之北，五台之东，欲效马伏波田畴从塞上立业。曰："使吾泽中有牛羊千，江南不足怀也。"已，苦其地寒，去之。晚年，卜居华阴，置田五十亩以供晨夕。徐立斋（元文）相国弟兄，先生甥也。买田宅，迎之南归。卒不返。词科史馆之荐，并以死拒。以康熙二十年，卒于华阴。距生于明万历四十一年.年六十九。学者称亭林先生。所著有《左传杜解补正》、《音学五书》、《日知录》、《天下郡国利病书》、《文集》、《诗集》等。而《日知录》尤为一生经意之作。其与人书曰："《日知录》上篇经术，中篇治道，下篇博闻，共三十余卷。有王者起，将以见诸行事，以跻斯世于治古之隆，而未敢为今人道也。"（《亭林文集》）盖自许如此。然于当世贤达，如桴亭、梨洲，皆邮致其书，求为订正。其虚怀纳善之心，亦自未可及也。

一　论学书

亭林为学宗旨，具见《与人论学》一书。曰："命与仁，夫子之所罕言也。性与天道，子贡之所未得闻也。性命之理，著之《易传》，未尝数以语人。其答问士也，则曰'行己有耻'。其为学，则曰'好古敏求'。其与门弟子言，举尧舜相传所谓'危微精一'之说，一切不道，而但曰'允执其中，四海困穷，天禄永终'。呜呼！圣人之所以为学者，何其平易而可循也！故曰'下学而上达'。颜子之几乎圣也，犹曰博我以文。其告哀公也，明善之功，先之以博学。自曾子而下，笃实无若子夏。而其言仁也，则曰'博学而笃志，切问而近思'。今之君子则不然。聚宾客门人之学者数十百人，譬诸草木，区以别矣。而一皆与之言心言性。舍多学而识，以求一贯之方。置四海之困穷不言，而终日讲危微精一之说。是必其道之过于夫子，而其门弟子之贤于子贡，祧东鲁而直接二帝之心传者也。我弗敢知也。《孟子》一书，言心言性，亦谆谆矣。乃至万章、公孙丑、陈代、陈臻、周霄、彭更之所问，与孟子之所答者，常在乎出处去就辞受取与之间。以伊尹之元圣，尧舜其君其民之盛德大功，而其本乃在乎千驷一介之不视不取。伯夷、伊尹之不同于孔子也，而其同者，则以行一不义杀一不辜而得天下不为。是故性也，命也，天也，夫子之所罕言，而今之君子之所恒言也。出处去就辞受取与之辨，孔子、孟子之所恒言，而今之君子所罕言也。谓忠与清之未至于仁，而不知不忠与清，而可以言仁者，未之有也。谓不忮不求之不足以尽道，而不知终身于忮且求，而可以言道者，未之有也。我弗敢知也。愚所谓于圣人之道者如之何？曰博学于文，行己有耻。自一身以至于天下国家，皆学之事也。自子臣弟友以至出入往来辞受取与之间，皆有耻之事也。耻之于人大矣！不耻恶衣恶食而耻匹夫匹妇之不被其泽。

故曰：万物皆备于我矣，反身而诚。呜呼！士而不先言耻，则为无本之人；非好古而多闻，则为空虚之学。以无本之人，而讲空虚之学，吾见其日从事于圣人，而去之弥远也。”（《文集》）盖先生力矫当时好高无实之病，故言之切近如此。然张蒿庵与先生书，即谓：“性命之理，夫子固未尝轻以示人。其所与门弟子详言而谆复者，何一非性命之显设散见者？苟于博学有耻，真实践履，自当因标见本，合散知总。心性天命，将有不待言而庶几一遇者。故性命之理，腾说不可也，未始不可默喻；侈于人不可也，未始不可验诸己；强探力索于一日不可也，未始不可优裕渐渍以俟自悟。如谓于学人分上，了无交涉，是将格尽天下之理，而反遗身以内之理也。恐其知有所未至，则行亦有所未尽。将令异学之直指本体，反得夸耀所长，诱吾党以去。此又留心世教者之所当虑也。”（《蒿庵文集》）蒿庵名尔岐，字稷若。山东济阳人。亭林作《广师》（见《文集》）所谓“独精三礼，卓然经师，吾不如张稷若”者也。若蒿庵之言，亭林固无以难之也。后之汉学家，每好举亭林此文，以为攻击宋儒言心言性之利器。不知是特一时对症之药，而乃认为万世不易之方。则非独不知宋儒，抑亦未为能知亭林也。

二　郡县论

自来儒者好言封建。而亭林《郡县论》（见《文集》）则曰：“封建之废，非一日之故也。虽圣人起，亦将变而为郡县。”又曰：“封建之失，其专在下。郡县之失，其专在上。”故以为有圣人起，寓封建之意于郡县之中，而天下治。当时陆桴亭亦谓：“封建之制，虽足以维持永久。然其主仅存，而中原之民，无日不争地争城，肝脑涂地。郡县之制，虽足以苟安太平。然寇贼一讧，而天下瓦解。故莫若有封建之实，无封建之名，存郡县之利，去郡县之弊。”（《桴亭文集·答王登善封建郡县问》)所见正自相同。然是特言其制而已。而吾有取于亭林之说者，尚不在此。亭林曰："天下之人，各怀其家，各私其子。其常情也。为天子为百姓之心，必不如其自为。此在三代之上，已然矣。圣人因而用之，用天下之私，以成一人之公，而天下治。夫使县令得私其百里之地，则县之人民，皆其子姓；县之土地，皆其田畴；县之城郭，皆其藩垣；县之仓廪，皆其囷窌。为子姓，则必爱之而勿伤；为田畴，则必治之而勿弃；为藩垣囷窌，则必缮之而勿损。自令言之，私也；自天子言之，所求乎治天下者，如是焉止矣。一旦有不虞之变，必不如刘渊、石勒、王仙芝、黄巢之辈横行千里，如入无人之境也。于是有效死勿去之守，于是有合从缔交之拒。非为天子也，为其私也。为其私，所以为天子也。故天下之私，天下之公也。"(《郡县论》五，参看《郡县论》二)夫公私之说，难言之矣。任天下之自私乎？其势则至于相争。绝天下之自私乎？其势必至于相弃。相争则乱，相弃则穷。穷也，乱也，皆公之贼也。是故有私则无公，人之所知也；无私则亦无公，人之所不知也。有私无公，专制之所以倾覆也；无私无公，共产之所以不可行也。夫孔子之言大同也，亦曰"不独亲其亲，不独子其子"而已。若欲不亲其亲而亲人之亲，不子其子而子人之子，则不可得也。夫亲其亲，子其子，私也；亲人之亲，子人之子，公也。然而亲人之亲子人之子，则必自亲其亲子其子始。今亭林曰："用天下之私，以成一人之公。"又曰："天下之私，天下之公也。"世有虚张高论，以为至治有公而无私，而日日责人之公，适乃以成其一人一党之私者。得此言，固足以箝其口矣。吾是以特表而出之。

第六章　张杨园

张履祥，字考夫，号念芝，浙江桐乡人。所居曰杨园里，故学者称杨园先生。生明万历三十九年。九岁丧父。母沈氏，授以《论语》、《孟子》，谕之曰："孔子、孟子亦是无父儿。只为肯学好，便做到圣贤也。"及长，从黄石斋问学。继谒刘蕺山，受业为弟子。然虽出蕺山之门，而所学不必与师合。尝辑《刘子粹言》一书，专录蕺山矫正阳明之语。而作书与沈上襄，直言："喜怒哀乐未发以前一段疑义，初于先师语录闻其说而悦之。已而证之朱夫子与湖南诸公一书（书见《朱子大全集》），深悔前时所见之失。"（《杨园文稿》）则杨园之学，实得力于紫阳。其时亦称道蕺山者，特不肯显背其师说耳。其后梨洲以绍述蕺山，鼓动天下，杨园即曰："此名士，非儒者也。"陈乾初确（海宁人），蕺山之高弟也，作《大学辨》以申阳明之意。杨园既驰书争之，而与他人书，尤咨嗟太息于乾初之溺于姚江而不复反（并见《杨园文稿》）。夫即其不满于梨洲、乾初，知有不能尽同于蕺山者也。然吾读其《初学备忘录》、《备忘录》，谓："为学最喜是实，最忌是浮。"（《初学备忘录》）又谓："心要实用，力要实用。"又谓："道理须是举目可见，举足可行，方是实理。功夫须是当下便做得，方是实功。"（以上《备忘录》）盖见时流讲学之风，始于浮滥，终于溃败，思欲以笃实矫之。故闭门潜修，屏绝交往。即士之来学者，一以友道处之，而不敢一受其拜。曰："人一入声气，便长一傲字，便熟一伪字，百恶都从此起矣。"(《备忘录》)曰："窃怪近之学者，轻于自大。动以昌黎抗颜、伊川尊严为比。不知昌黎已自失之，伊川之德，何可及也。"(《文稿·与凌渝安书》。渝安名克贞，乌程人，杨园讲学之友也)观此，杨园持躬之谨，存心之虚，固足为一世之模楷矣。抑其学又非仅以躬行而止也。其《与王寅旭书》曰："今日言学者，往往有人。约而言之，两种而已。重致知者，薄躬行为无足取，此则所谓穷深极微，而不可以入尧舜之道者也。尊践履者，忽穷理为不足事，此则所谓浅陋固滞，而不能进于高明之域者也。"(《文稿》。寅旭名锡阐，吴江人，亭林《广师》谓"学究天人，确乎不拔，吾不如王寅旭")而《备忘录》亦言："吾人平日为学大指，专守孔门博文约礼之训，以终身而已。读书穷理，博文之事也。切实践履，约礼之事也。"是则躬行穷理，兼提并顾，言体而必及于用。杨园之在当时，与桴亭、亭林诸先生，亦不能有异焉耳。特其指斥阳明太过，谓："观其言，无非自欺欺人之语。"又谓："一部《传习录》，吝骄二字足以蔽之。"杨园尝称康节之言："凡人为学，失于自主张太过。"以为平恕可破纷纷同异之论。今于阳明如此，无亦有惭于平恕乎？虽然，其曰："学者始初一步，路头错不得。于此一错，终身受病。贤者悔而知返，不肖者执而弥坚。悔而知返，枉却前功。执而弥坚，害己及物。"(以上皆《备忘录》)后之学者，正又不得不深念此言也。

杨园亟称许鲁斋"学者以治生为急"之语。曰："能治生，则能无求于人。无求于人，则廉耻可立，礼义可行。"(《备忘录》)故本诸身试，著为《农书》。曰："农事不理，则不知稼穑之艰难。休其蚕织，则不知衣服之所自。《豳风》陈王业之本，《七月》八章，只曲详衣食二字。《孟子》七篇，言王政之要，莫先于田里树畜。今日言及，辄笑为鄙陋。是以廉耻不立，俗不长厚。祸乱相寻，未知何已。"(《农书》)吾观《文稿·

与吴仲木书》、《与许大辛书》、《与吴汝典书》、《与颜孝嘉书》，皆以坐食为戒。而深惧以不能自立之故，累其志气。盖先生尝言："人知作家计，须苦吃苦挣。不知读书学问，与夫立身行己，俱不可不苦吃苦挣。"（《备忘录》）此苦吃苦挣四字，真先生吃紧为人处也。且自士与农分，学者视仰食于人为当然，而诿劳力为贱人之事。于是庄生有《诗》、《礼》发家之讥（《庄子·外物》），荀卿有呼先王求衣食之刺（《荀子·儒效》）。古昔且然，而况于后世乎。是故陆梭山之居家制用（见《象山全集》），吴康斋之躬耕力食，皆欲反浮惰之风，归之本务。正不独鲁斋以治生为急语学者也。杨园之教，盖犹此用心而已。杨园所著，有《经正录》、《愿学记》、《问目》、《初学备忘录》、《备忘录》、《训子语》、《言行见闻录》、《近鉴》、《农书》、《文稿》等，门人辑之以为《杨园全书》。甲申之变，杨园尝缟素不食。入清竟以布衣终，年六十四。

第七章　李二曲

李颙，字中孚，陕西盩厔人。家在二曲之间，人称二曲先生。父可从，崇祯十四年，以应募从军，死于襄城之役。时中孚年十五。家贫无力就师，母彭氏教之识字。中孚心自开悟，从人借书观之。悉通经史百家二氏之学。既弃去，从事静坐观心，大有所得。故顾亭林谓"坚苦力学，无师而成，吾不如李中孚"(《广师》)。盖的评也。盩厔令骆钟麟闻中孚之贤，踵门请学。既，骆迁常州守，迎中孚南下，讲于东林。继讲于江阴、靖江、宜兴。及归关中，陕督部臣迭荐于朝。清圣祖必欲致之，中孚称疾不起。大吏强舁至省，中孚绝粒以死自誓，乃得放归。由是闭居土室，不与人接。唯顾亭林至，一款之而已。晚年，移居富平。年七十五卒。门人王心敬，辑其著述并讲学之语，为《二曲全集》二十六卷。又《四书反身录》十四卷，则清圣祖西巡时，中孚命其子进呈者。而早年所著《易说》、《象数蠡测》、《十三经纠缪》、《二十一史纠缪》、《帝学宏纲》、《经世蠡测》等，皆不传。

中孚之学，得自心悟，故纯然陆、王家法。其平生所持以教人者，曰悔过自新说。而曰："同志者苟留心此学，必须于起心动念处，潜体密验。苟有一念未纯于理，即是过，即当悔而去之。苟有一息稍涉于懈，即非新，即当振而起之。”夫于起心动念处潜体密察，正致良知之教也。故在常州，府学博问阳明良知之说。曰：“此千载绝学也。”（《汇语》）在富平，或问良知之说何如。曰：“良知即良心也。一点良心便是性，不失良心便是圣。若以良知为非，则是以良心为非矣。”（《富平答问》）不独是也。中孚亟称王龙溪、罗近溪（近溪名汝芳，江西南城人，其学出于颜山农）。此皆当时所指为王学之末流，以禅冒儒之罪人。而独有心契。即其门户可见也。然中孚亦自有其弥缝王学之失之处。曰：“以致良知明本体，以主敬穷理存养省察为工夫。”（《富平答问》）曰：“最上道理，只在最下修能。”（《传心录》）言本体而必及工夫，此其弥缝王学者一。曰：“明体而不适于用，便是腐儒。适用而不本明体，便是霸儒。”（《盩厔答问》）曰：“明道存心以为体，经世宰物以为用。”（《答顾宁人书》）曰：“理学经济，原相表里。”（《答许学宪书》）言体而必及用，此其弥缝王学者二。而吾以为其言之最平亦最实者，莫如平停程、朱与陆、王之争。曰：“先觉倡道，皆随时补救。正如人之患病，受症不同，故投药亦异。孟氏而后，学术堕于训诂词章。故宋儒出，而救之以主敬穷理。晦庵而后，又堕于支离葛藤。故阳明出，而救之以致良知。”（《南行述》）又曰：“陆之教人，一洗支离锢蔽之陋。在儒中最为警切。令人于言下爽畅醒豁，有以自得。朱之教人，循循有序，恪守洙泗家法。中正平实，极便初学。要之二先生，均大有功于世教人心，不可以轻低昂者也。若中先入之言，抑彼取此，亦未可谓善学也。”（《靖江语》）观此，则中孚之会合朱、陆，过考夫之入主出奴远矣。抑中孚讲学，以识头脑为先。尝曰：“学问贵知头脑，自身要识主人。诚知头脑，则其余皆所统驭；识主人，则仆隶供其役使。”（《授受纪要》）又问学问之道，全在涵养省察当如何。曰：“也须先识头脑。否则涵养是涵养个甚么？省察是省察个甚么？”（《汇语》）而考夫《与何商隐书》则曰：“《论语》一书，谨言慎行为多，不亟亟于头脑也。”（《杨园全书·文稿》）是又张、李二先生入手之异，而亦即朱、陆两家之分歧。学者所宜着眼者也。

中孚颇近夏峰，而较夏峰尤为俊快直截。曰："我这里论学，却不欲人闲讲泛论。只要各人回光返照，自觅各人受病之所在。知有某病，即思自医某病。即此便是入门，便是下手。"（《汇语》）曰："学须剥皮见骨，剥骨见髓，洞本彻源，直透性灵，脱脱洒洒，作世间快活大自在人，方一了百了。若不窥性灵，自成自证，徒摹仿成迹，依样画葫芦，饰圣贤皮肤，为名教优孟，后世有述焉，吾弗为之矣。"（《答王心敬书》）呜呼！自象山、阳明而外，盖鲜有能为是语者矣。而《学案小识》乃必为中孚涂饰，称其笃守程、朱，护之而适以诬之，是亦不可以已乎！

第八章　王船山

王夫之，字而农，号姜斋，湖南衡阳人。生明万历四十七年。中崇祯十五年乡试。明亡，从大学士瞿公式耜于桂林。时桂王监国，授而农行人。寻以母病归。而瞿公殉节桂林，桂王亦覆没。而农知事不可为，遂晦迹不出。展转郴、永、涟、邵间，与苗瑶杂处，终不剃发易服。晚乃归衡阳之石船山。筑土室曰观生居，晨夕杜门。学者因称船山先生。所著有《周易内传》、《周易大象解》、《周易稗疏》、《周易考异》、《周易外传》、《书经稗疏》、《尚书引义》、《诗广传》、《诗经稗疏》、《诗经考异》、《礼记章句》、《春秋稗疏》、《春秋家说》、《春秋世论》、《续春秋左氏博议》、《四书训义》、《四书稗疏》、《四书考异》、《读四书大全说》、《张子正蒙注》、《近思录释》、《思问录内外篇》、《俟解》、《噩梦》、《黄书》、《识小录》、《姜斋文集》、《姜斋诗集》等。又尝注释《老》、《庄》、《吕览》、《淮南》。并及于瞿昙之相宗，而为《相宗络索》一书。康熙三十一年卒，年七十四。自题其墓碣曰："明遗臣王某之墓。"卒后四十年，子敔抱其遗书上之督学。于是《易》、《书》、《诗》、《春秋》稗疏四种，《易》、《诗》考异两种，得因缘著录四库。然当世知而农者甚鲜，故其学竟不彰。道光间，族孙世佺刻其遗书，乃渐有道之者。

而农著书虽多，而其学略具于《噩梦》、《黄书》、《俟解》、《思问录内外篇》。《噩梦》、《黄书》，多言经制，盖《日知录》、《明夷待访录》之流。《思问录》、《俟解》，则理气之谈，儒释之辩，以及为学之序，修齐治平之方，天地日月升降消息之故，靡不阐述。窃尝考之，其说与宋张子为近。而农既取张子《正蒙》而为之注，而谓："张子之学，上承孔、孟，如皎日丽天，无幽不烛。惜其门人未有殆庶者。其道之行，曾不逮邵康节之数学。是以不百年而异说兴。"(《张子正蒙注・序》)斯其有意于上继张子之绝学，盖情见乎辞矣。是故其所常言，曰清虚一大，曰二气之良能，曰言幽明而不言有无，曰心能检性，性不知自检其心(并见《思问录内篇》)，皆述张子之说。而作《大学补传衍》曰："今使绝物而始静焉，舍天下之恶，而不取天下之善，堕其志，息其意，外其身。于是而洞洞焉，晃晃焉，若有一澄澈之境置吾心，而偷以安。又使解析万物，求物之始而不可得，穷测意念，求吾心之所据而不可得。于是弃其本有，疑其本无。则有如去重而轻，去拘而旷。将与无形之虚同体，而可以自矜其大。斯二者乍若有所睹，而可谓之觉，则庄周、瞿昙氏之所谓知，尽此矣。然而求之于身，身无当也。求之于天下，天下无当也。行焉而不得，处焉而不宜，则固然矣。"其于释、老之教之蔽，可谓直穷本源。然即张子《正蒙》所谓"以六根之微，因缘天地，明不能尽，则诬天地日月为幻妄，蔽其用于一身之小，溺其志于虚空之大"者。当时李二曲讲学盩厔，谓之关学复兴。实则二曲之学非关学。而得关学之精髓者，乃在船山也。

船山之说可述者，言动静，则主有动而无静。曰："太极动而生阳，动之动也。静而生阴，动之静也。废然无动而静，阴恶从生哉！一动一静，阖辟之谓也。由阖而辟，由辟而阖，皆动也。废然之动，则是息矣。至诚无息，况天地乎？维天之命，於穆不已。何静之有？"言有无，则主有有而无无。曰："目所不见，非无色也。耳所不闻，非无声也。言所不通，非无义也。故曰：知之为知之，不知为不知。知有其不知者存，则既知有之矣，是知也。因此而求之者，尽其所见，则不见之色章；尽其所闻，则不闻之声著；尽其所言，则不言之义立。”又曰：“言无者，激于言有者而破除之也。就言有者之所谓有而谓无其有也。天下果何者而可谓之无哉！言龟无毛，言犬也，非言龟也。言兔无角，言麋也，非言兔也。言者必有所立，而后其说成。今使言者立一无于前，博求之上下四维，古今存亡，而不可得穷矣。”言性，则推之命而别于习。曰：“尽性以至于命。至于命，而后知性之善也。天下之疑，皆允乎人心者也。天下之变，皆顺乎物则者也。何善如之哉？测性于一区，拟性于一时，所言者皆非性也。恶知善！”（以上皆《思问录内篇》）又曰：“末俗有习气，无性气。其见为必然而必为，见为不可而不为，以婞婞然自任者，何一而果其自好自恶者哉！皆习闻习见而据之，气遂为之使者也。习之中于气，如瘴之中人，中于所不及知。而其发也，血气皆为之懑涌。故气质之偏，可致曲也，嗜欲之动，可推以及人也。惟习气移人，为不可复施斤削。”（《俟解》）言心，则合之思而别于意。曰：“天下何思何虑，言天下不可得而逆亿也。故曰：无思本也。物本然也。义者心之制，思则得之。故曰：思通用也。通吾心之用也。死生者，亦外也，无所庸其思虑者也。顺事没宁，内也，思则得之者也。不于外而用其逆亿，则患其思之不至耳。岂禁思哉！”又曰：“欲修其身者，先正其心，圣学提纲之要也。勿求于心，告子迷惑之本也。不求之心，但求之意，后世学者之通病。盖释氏之说暗中之。呜呼！舍心不讲，以诚意而为玉钥匙，危矣哉！”（以上《思问录内篇》）凡此盖皆为良知之学，沦于虚寂，陷于流荡而发。故其论下学工夫，一在知耻，一在先难。曰：“学易而好难，行易而力难，耻易而知难。学之不好，行之不力，皆不知耻而耻其所不足耻者乱之也。”（《俟解》）又曰：“用知不如用好学。用仁不如用力行。用勇不如用知耻。”（《思问录内篇》）夫知耻，则不至陷于流荡矣。曰：“过去，吾识也。未来，吾虑也。现在，吾思也。天地古今，以此而成。天下亹亹，以此而生。其际不可紊，其备不可遗。呜呼！难矣。故曰为之难，曰先难。泯三际者（三际即过去、现在、未来。《金刚经》说过去不可得，现在不可得，未来不可得。故曰泯三际），难之须臾，而易以终身，小人之侥幸也。"又曰："先难则愤，后获则乐。地道无成，顺之至也。"（《思问录内篇》）夫先难，则不至沦于虚寂矣。于是上原本之于日新之化，曰："张子曰：'日月之形，万古不变。'形者，言其规模仪象也，非谓质也。质日代而形如一，无恒器而有恒道也。江河之水，今犹古也，而非今水之即古水。灯烛之光，昨犹今也，而非昨火之即今火。水火近而易知，日月远而不察耳。爪发之日生而旧者消也，人所知也；肌肉之日生而旧者消也，人所未知也。人见形之不变，而不知其质之已迁。则疑今兹之日月为邃古之日月，今兹之肌肉为邃古之肌肉。恶足以语日新之化哉！"（《思问录外篇》）曰："知见之所自生非固有。非固有而自生者，日新之命也。原知见之自生，资于见闻之所得。见闻之所得，因于天地之所昭著，与人心之所先得。人心之所先得，自圣人以至于夫妇，皆气化之良能也。能合古今人物为一体者，知见之所得，皆天理之来复，而非外至矣。故知见不可不立也，立其诚也。"（《思问录内篇》）夫"行已有耻"，亭林言之矣；以难自处，杨园言之矣（见《备忘录》）。若夫日新之化，言之若是其楚楚也，则非同时诸贤所能及也。然而船山固得之于《正蒙》者，试取船山《正蒙注》而读之，可以覆按也。

又船山颇不然于象数之学。曰："在天而为象，在物而有数，在人心而为理。古之圣人，于象数而得理也，未闻于理而为之象数也。于理而立之象数，则有天道而无人道。"（《思问录内篇》）又曰："唯《易》兼十数，而参差用之。太极，一也。奇偶，二也。三画而小成，三也。揲以四，四也。大衍之数五十，五也。六位，六也。其用四十有九，七也。八卦，八也。乾坤之策三百六十，九也。十虽不用，而一即十也。不倚于一数，而无不用斯以范围天地而不过。《太玄》用三，《皇极经世》用四，《潜虚》用五，《洪范皇极》用九。固不可谓三四五九非天地之数。

然用其一，废其余，致之也固而太过，废之也旷而不及。宜其乍合而多爽也。”又曰：“乾坤之策三百六十，当期之数。夫气盈朔虚、不入数中，亦言其大概耳。当者，仿佛之辞也。犹云万一千五百二十当万物之数，非必物之数恰如此而无余欠也。既然，则数非一定，固不可奉为一定之母，以相乘相积矣。经世数十二之，又三十之。但据一年之月，一月之日，以为之母。月之有闰、日之有气盈朔虚，俱割弃之。其母不真，则其积之所差必甚。自四千三百二十以放于坤数之至赜，其所差者以十万计。是市侩家收七去三之术也。而以限天地积微成章之化，其足凭乎？”（以上《外篇》）观此，则自来言数者纷纷，皆可以关其口矣。故吾之为此书，自《太玄》以下，亦皆撮其理而略其数者，此也。

第九章　唐铸万 附胡石庄

唐甄，字铸万，原名大陶，夔州人。生于明崇祯三年。随父宦吴，以寇乱不得归，遂家于吴焉。入清，以举人仕山西长子县知县，十月而去职，因不复仕。僦居吴市，炊烟尝绝，而著书不辍。成书九十七篇。上篇五十，言学；下篇四十七，言治。始名《衡书》，复更名《潜书》。宁都魏叔子禧见之曰："是周秦之书也。今犹有此人乎！"吴江潘次耕耒，顾亭林之门人也，为之序其书，称其远追古人，曰："不名《潜书》，直名《唐子》可矣。"然魏、潘要取其文，若其著书之意，未能及之。今观《潜书》，盛道阳明，曰："仲尼以忠恕立教，如辟茅成路。阳明子以良知辅教，如引迷就路。若仲尼复起，必不易阳明子之言矣。"（上篇《法王》）而其自方于古之人，则曰："甄不敏，愿学孟子焉。"（下篇《潜存》）盖铸万之学，自阳明而入。而阳明之言良知，出于孟子。故欲由阳明而上达之孟子。即其书《尊孟》、《宗孟》之后，继以《法王》，可见也（《尊孟》、《宗孟》、《法王》皆篇名）。抑其所以尊宗孟子者，尤在孟子言王政，言以齐王犹反手。盖深痛于世儒之学，精内而遗外，可以治一身，而不足以利天下。故作为《性才》、《性功》之篇（皆上篇），曰："世知性德，不知性才。"曰："道惟一性，岂有二名。人人言性，不见性功。故即性之无不能者别谓为才。别谓为才，似有歧见，正以穷天下之理，尽天下之事，莫尚之才，惟此一性。别谓为才，似有外见，正以穷天下之理，尽天下之事，皆在一性之内，更别无才。”（以上《性才》）曰：“一形一性，万形万性。如一器一水，万器万水。器虽有万，水则为一。于己必尽，于彼必通。是故道无二治，又非一治。以性通性，岂有二治？通所难通，岂为一治？父子相残，兄弟相仇，夫妇相反，性何以通？天灾伤稼，人祸伤财，冻馁离散，不相保守，性何以通？盗贼忽至，破城灭国，屠市毁聚，不得其生，不得其死，性何以通？但明己性，无救于世，可为学人，不可为大人；可为一职官，不可为天下官。”（《性功》）而更从而为之喻曰：“方今之制度，朝宾之服，必束丝带。丝带之长五尺，缀以锦包，缀以佩刀，缀以左右叠巾，绕后结前而垂其繸，斯为有用之带。若有愚者，割五尺为二尺五寸者二，持以鬻于市。围之不周，结之不得，缀之不称，市人必笑而不取。然则虽为美带，割之遂不成带。修身、治天下为一带。取修身、割治天下，不成治天下，亦不成修身。致中和、育万物，为一带。取致中和、割育万物，不成育万物，亦不成致中和。克己、天下归仁，为一带。取克己、割天下归仁，不成天下归仁，亦不成克己。孝悌忠信、制梃挞秦楚，为一带。取孝悌忠信、割制梃挞秦楚，不成制梃挞秦楚，亦不成孝悌忠信。若续所割二尺五寸之带，还为五尺之带。可围可结可缀，两端之繸蕤然，然而中有续脊，终不成带。大道既裂，身自为身，世自为世，此不贯于彼，彼不根于此，强合为一，虽或小康，终不成治。”（同上）言心性，言学问，而必极之于事功。此铸万之意也。且其论儒、释、老三教之别曰：“老养生，释明死，儒治世。三者各异，不可相通。合之者诬，校是非者愚。”（《性功》）以治世者谓之儒，其意不亦彰明较著矣乎。

铸万言治，归于上下均平。曰：“天地之道故平，平则各得其所。及其不平也，此厚则彼薄，此乐则彼忧。为高台者，必有洿池；为安乘者，必有茧足。王公之家，一宴之味，费上农一岁之获，犹食之而不甘。

吴西之民，非凶岁，为䴵粥，杂以荍秆之灰，无食者见之，以为是天下之美味也。人之生也，无不同也。今若此，不平甚矣。提衡者，权重于物则坠。负担者，前重于后则倾。不平故也。是以舜、禹之有天下也，恶衣菲食，不敢自恣。岂所嗜之异于人哉？惧其不平以倾天下也。”（上篇《大命》）是以《室语篇》（下篇）直斥自秦以来，凡为帝王皆贼，而《省官篇》（下篇）亦云多官害民。然于贫富相维之理，即亦未尝不言之。曰：“潞之西山之中，有苗氏者，富于铁冶，业之数世矣。多致四方之贾，椎凿鼓泻担挽，所借而食之者，常百余人。或诬其主盗，上猎其一，下攘其十，其冶遂废。向之借而食之者，无所得食，皆流亡于河漳之上。此取之一室，丧其百室者也。里有千金之家，嫁女娶妇，死丧生庆，疾病医祷，燕饮赍馈，鱼肉果蔬椒桂之物，与之为市者众矣。缗钱锱银，市贩贷之；石麦斛米，佃农贷之；匹布尺帛，邻里党戚贷之，所赖之者众矣。此借一室之富，可为百室养者也。海内之财，无土不产，无人不生，岁月不计而自足，贫富不谋而相资。是故圣人无生财之术，因其自然之利而无以扰之，而财不可胜用矣。”（下篇《富民》，有节文）夫孔子曰：“不患寡而患不均，不患贫而患不安。”不均，乱也，以不安而求均，尤乱之乱也。故言治者，陈义可高，而不可不本于人情，准于事理。若铸万者，其能知此者乎！

铸万得力于阳明，而亦即因之兼通佛氏之学。尝曰：“甄也生为东方圣人之徒，死从西方圣人之后矣。”（下篇《有归》）故其言生死之故，纯然袭自佛说。曰：“唐子见果蠃，曰果蠃与天地长久也。见桃李，曰桃李与天地长久也。见鸜鹆，曰鸜鹆与天地长久也。天地不知终始，而此二三类者，见敝不越岁月之间，而谓之同长而并久，其有说乎？百物皆有精，无精不生。既生既壮，练而聚之，复传为形。形非异，即精之成也。精非异，即形之初也。收于实，结于弹，禅代不穷。自有天地，即有是果蠃、鸜鹆，以至于今。人之所知，限于其目。今年一果蠃生，来年一果蠃死，今日为鸜鹆之子者生，来日为鸜鹆之母者死，何其速化之可哀乎。察其形为精，精为形，万亿年之间，虽易其形而为万亿果蠃，实万亿果蠃而一蔓也。虽易其形而为万亿鹳鸲，实万亿鹳鸲而一身也。果、鸟其短忽乎？天地其长久乎？果、鸟其易形为短忽乎？天地其一形而长久乎？”又曰：“天地之混辟大矣，必有为混为辟者在其中，而后不穷于混辟也。物之绝续众矣，必有为绝为续者在其中，而后不穷于绝续也。人之死生多矣，必有非生非死者在其中，而后不穷于死生也。”又曰：“时之逝也，日月迭行，昼夜相继，如驰马然。世之逝也，自皇以至于帝王，自帝王以至于今兹，如披籍然。人之逝焉，少焉而老至，老矣而死至，如过风然。此圣人与众人同者也。圣人之所以异于众人者，有形则逝，无形则不逝。顺于形者逝，立乎无形者不逝。无古今，无往来，无死生。其斯为至矣乎！”（以上上篇《博观》）且当铸万之时，为儒者之学者，几于必斥阳明。而为阳明之学者，更无不辨其非佛。铸万持佛之说，而又不自讳，如此。是亦可谓卓尔者矣。铸万以康熙四十三年卒。年七十五。又其《破祟》（上篇）《除党》（下篇）指摘血气朋党之害，亦多有可取者，以文冗不录。

与铸万同时，能著书成一家言者，尚有一胡石庄。石庄名承诺，字君信。湖北天门人，崇祯举人。入清，一谒选部，便以老疾辞归，闭户不出。著《绎志》六十篇，又《自叙》一篇，共三十余万言。道光中，武进李申耆兆洛刊其书，而序谓旧藏石庄《读书录》四册，为友人借观亡之，深以为恨。则石庄著述，固尚有在《绎志》以外者。石庄之学，大略见其《自叙》。盖一以宋儒为依归。而曰：“为文之指三。一曰务实。务实者，欲事事可行也。二曰务平。务平者，欲人人能行也。三曰从道。道则从，非道弗从也。依五经法言，同先贤是非。奇僻之书，异端之学，黜而不入。诸子百家之文，非至精粹者，不称引也。若夫离事而别言理，故处事不以理，所行无当乎道之事。又所言之理皆不足处事，亦无当乎道之理。空疏之极，必生迷惑。迷惑之极，至于反悖。犹复杂糅其学，卑隘其志，盈满其气，坚僻其心，胶固其识，俶诡其辩。不得乎体之一，而欲其用之通。如铢铢而校，寸寸而度，终必有差也。”吾观其《古制篇》言古封建井田之兴废，有云：“虽有三代之良法，不可行于今者，千百年之后，制度不相近也。虽有汉唐之良法，不可行于今者，千百年之后，利病不相因也。居今而欲善治，亦取制度相近利病相因者，损益用焉已尔。”(有节文)则信乎其所谓务实务平，不离事而言理者也。至若《杂说篇》谓：“圣人薄事功而尊道德，非以道德阻塞事功之途，而专美三代以上之数人也。以为天下拨乱之时少，酿乱之时多。酿乱者，人心不正为之。人心不正，不可教诲而返于正也，往往大杀戮而后转。圣贤不忍其至此也，故严于王伯之辨，略其事功，独言道德。尽洗一世之利，欲以从事于高明，不为邪慝所涂涴而至于陷溺。使各安其君臣之义、父子之恩，可以淑慎其身、训迪其子孙，至于数百年不见兵革之惨。是为车为航以济穷途也。此圣贤之至仁也。”石庄之书，如《成务》、《功载》皆未常非事功，而《兵略》、《军政》亦且兼及于武事(《成务》、《功载》、《兵略》、《军政》皆篇名)。然而乃持论如是者，是非有上下千古之识，而其真能通乎圣人之用心者，不能道也。故以石庄与铸万较，以才则铸万过于石庄，以识则石庄过于铸万。

第十章　颜习斋　李恕谷

颜元，字易直，又字浑然。直隶博野人。生明崇祯八年。幼随父寄养于蠡朱翁。而父被兵掠至辽东，朱翁妾又生子。翁卒，遂归颜氏。走塞外寻父。父已亡，得其墓于沈阳。乃招魂题主奉之而归。元少好陆、王之学，继又从事程、朱，终乃以为程、朱之学空谈心性而不切于实用，欲复古三物之教（三物，一六德，曰知仁圣义忠和；二六行，曰孝友睦姻任恤；三六艺，曰礼乐射御书数。见《周官·大司徒》）。名其斋曰习斋。教弟子以习礼、习乐、习射御、习书数。凡兵农水火诸学，靡所不讲。堂上琴竽、弓矢、筹管，森列焉。尝书与夏峰、桴亭，并力斥宋学之失（见《习斋余记》）。晚年被聘，教于肥乡漳南书院，为立规制甚宏。中曰习讲堂；东一斋曰文事，课礼乐书数、天文地理等科；西一斋曰武备，课黄帝、太公、孙吴诸子兵机，攻守营阵水陆诸战法，射御技击等科；东二斋曰经史，课十三经、历代史、诗文等科；西二斋曰艺能，课水火、工学、象数等科。门内直东曰理学斋，西曰帖括斋，皆北向。则凡习程、朱、陆、王及制举业者居之。意在罗致而以渐引进之也。会大雨经月，漳水盛至，堂舍悉没于水。因辞归。归后八年而卒。年七十。时清康熙四十三年也。元在朱翁家时，尝入学为诸生。及归宗，遂弃去。故以布衣终。门人传其学者，曰李塨。塨字刚主，别字恕谷，蠡人。奉父命师事习斋。以康熙三十九年，举于乡。已，入京。时三藩平后，清圣祖方留意文学。四方名士，麕集辇下，见恕谷莫不纳交者，鄞处士万季野斯同，梨洲之门人也，尤笃服恕谷。恕谷尝著《大学辨业》，季野为作序以张之。恕谷有故人曰杨勤，作令陕西富平，请恕谷往。曰："学施于民物，在人犹在己也。"恕谷应之往。勤用恕谷言，百废具举，富平称大治。而关西学者闻恕谷之教，竞来问学。居逾年，恕谷乃去。既谒选得知县，以母年高，改选通州学正。旋告归，迁居博野。修葺习斋学舍，以教学者。朝贵聘荐，皆力辞。雍正十一年，卒于家。年七十五。习斋不著书，今传者，惟《四书正误》、《习斋余记》并《存学》、《存性》、《存治》、《存人》四编。而门人李塨、王源为辑《年谱》二卷，钟錂追记所闻为《言行录》二卷，《辟异录》二卷。恕谷所著《大学辨业》外，有《小学稽业》、《大学中庸传注》、《论语传注》、《孟子传注》、《周易传注》、《春秋传注》、《诗传注》、《学礼录》、《学射录》、《瘳忘编》、《拟太平策》、《圣经学规纂》、《论学》、《恕谷文集》等。同治中，德清戴子高望，撮取颜、李之说，为《颜氏学记》一书。近东海徐氏，汇刻《颜李遗书》，又命其门客为《颜李语要》各一卷，《颜李师承记》九卷。

习斋论学大旨，具见其为恕谷所作《大学辨业序》。曰："昔者孔子没而诸子分传。杨、墨、庄、列乘间而起，鼓其诐说。祖龙遂毁井田封建，焚书坑儒。使吾儒经世之大法，大学之制，沦胥以亡。两汉起而治尚杂霸，儒者徒拾遗经为训传，而圣学之体用，残缺莫振。浸淫于魏晋隋唐，训诂日繁，佛老互扇，清谈词章，哗然四起。祸积而至五季，百氏学术，一归兵燹。尧、舜、周、孔之道，更孰从而问之乎？宋代当举世愦愦罔知所向之时，而周子突出，以其传于禅僧寿涯、道士陈抟者，杂入儒道，绘图著书，创开一宗。程、朱、陆、王皆奉之，相率静坐顿悟，验喜怒哀乐未发时气象，曰以不观观之。暗中二氏之奸诡，而明明德之实功溷矣。相率读讲注释，合清谈训诂为一堂。而习行礼乐兵农之功废，所谓亲民者无其具矣。又何止至善之可言乎？以故于尧、舜三事之事（三事者，正德、利用、厚生。见《古文尚书·大禹谟》），周、孔三物之物，偭矩而趋。而古大学教人之法，秦人强使之亡而不能尽者，潜奸暗易，而消亡遂不知所底矣。生民之祸，倍甚晋唐。道法遂湮，人才寥落。莫谓虞夏商周之文物，尽灭其迹，虽两汉英雄之干济，贤守令之政务，亦莫及焉。而语录恣其张皇，传赞肆其粉饰，竟若左右虞周，颉颃孔孟者。试观后世之国学乡学，尚有古大学学习之物否？试观两宋及今五百年，学人尚行禹、益、孔、颜之实事否？徒空言相续，纸上加纸。而静坐语录中有学，小学大学中无学矣。书卷两庑中有儒，小学大学中无儒矣。”（《习斋记余》）盖习斋之学，微独不取宋儒之空谈心性，亦不取汉唐之训诂注疏。其所为学者，在实习实得。故曰：“孔门之博学，学礼、学乐、学射、学御、学书数，以至《易》、《书》莫不曰学也，《周南》、《召南》曰为也。言学言为，既非后世讲读所可混。礼、乐、射、御、书、数，亦非后世章句所可托。”（《存学编·性理评》）曰：“仆妄谓性命之理不可讲也。虽讲，人亦不能听也。虽听，人亦不能醒也。虽醒，人亦不能行也。所可得而共讲之、共醒之、共行之者，性命之作用，如《诗》、《书》六艺而已。即《诗》、《书》六艺，亦非徒列坐讲听，要惟一讲即教习。习至难处来问，方再与讲。讲之功有限，习之功无已。孔子惟与弟子今日习礼，明日习射。间有可与言性命者，亦因其自悟已深，方与言。”（《存学编·总论诸儒讲学》）不特此也。习斋以为学之不必知之，知之不必能之。谢上蔡谓：“横渠以礼教人。其门人下稍头底，只溺于形名度数之间，行得来因无所见处。”习斋则曰：“民可使由之，不可使知之。道之以德，齐之以礼。此圣贤百世不易之成法也。虽周公、孔子，亦只能使人行，不能使人有所见。功候未到，即强使有所见，亦无用也。孟子曰：行之而不著焉，习矣而不察焉，终身由之而不知其道者，众也。此固叹知道之少，而吾正于此服周公、孔子流泽之远也。布三重以教人（三重见《中庸》，谓夏、商、周也），使天下世世守之。

后世有贤如孟子者，得由行习而著察。即愚不肖者，亦相与行习于吾道之中。正《中庸》所谓行而世为天下法。亦何必人人语以性道，而始为至乎！”（《性理评》）朱子尝称胡文定（安国）之言曰：“岂有见理已明而不能成事者。”习斋则曰：“见理已明而不能处事者多矣。有宋诸先生便谓还是见理不明，只教人明理。孔子则只教人习事。迨见理于事，则已彻上彻下矣。”（同上）恕谷因之，故陈兆兴（恕谷门人）问曰：“游于艺，今注谓博六艺义理之趣。或不在粗迹也。”曰：“姑论射乎。人必学能射，而由浅入深，始得其趣。未有全不能射，而即得射之趣者。后儒高阁六艺，而言博其趣，是不能射而得射之趣也。”徐果亭（名秉义）曰：“读书以明理。不读书，理何由明？”曰：“明理非尽由读书也。即如人日读书传，亦知射曰志正体直。而与之决拾，颠倒错互。遂可谓晓知射之理乎？亦知乐曰以和为主。而宫商音律，入耳茫然。遂可谓晓知乐之理乎？故古人明理之功，以实事不以空言。曰致知在格物。”（以上并恕谷《论学》）于是其所以为格物之解者，则曰：“格，《尔雅》曰：‘至也。’《虞书》‘格于上下’是也。程子、朱子于格物格字，皆训至。又《周书·君奭篇》‘格于皇天，天寿平格’，蔡注训通。又《孔丛子》‘谏格虎赋’，格义同搏。习斋谓格物之格如之，谓亲手习其事也。又《尔雅》：‘格格，举也。’郭璞注曰：‘举，持物也。’又《尔雅》到字极字皆同格。盖到其域而通之，搏之，举之，以至于极，皆格义也。物，物有本末之物也，即明德亲民也，即意心身家国天下也。然而谓之物者，则以诚正修齐治平，皆有其事。而学其事，皆有其物。《周礼》礼乐等皆谓之物，是也。格物者，谓大学中之物，如学礼学乐类，必举其事，造其极也。”（恕谷《大学辨业》）通采各书之说，而荟成其义。凡以见格物之不离身习而已。当时习斋于兵法、技击、驰射无不娴熟。恕谷学礼于习斋，学琴于张而素，学射御于赵锡之、郭金城（金城字子坚，亦习斋门人），问兵法于王余佑（余佑字介祺，孙夏峰门人），学书于彭通，学数于刘见田。后闻萧山毛奇龄善乐，乃从学于浙江。盖真所谓能其事者。

有清一代,求其学能上掩宋明,而卓然自成一宗,惟习斋、恕谷足以当之。独惜乎训诂考据之盛,而颜、李之传,乃不免于衰绝也。

习斋虽不主玩言性道,而论性则有不同于宋明诸儒者。亟称孟子为不善非才之罪之言,而重复为图以说明之。曰:“中浑然一性善也。见当爱之物,而情之恻隐能直及之,是性之仁。其能恻隐以及物者,才也。见当断之物,而情之羞恶能直及之,是性之义。其能羞恶以及物者,才也。见当敬之物,而情之辞让能直及之,是性之礼。其能辞让以及物者,才也。见当辨之物,而情之是非能直及之,是性之智。其能是非以及物者,才也。不惟圣贤与道为一,虽常人率性,亦皆如此,更无恶之可言。故孟子曰:乃若其情,可以为善;若为不善,非才之罪。及世味纷乘,贞邪不一。惟圣人禀有全德,大中至正,顺应而不失其则。下此者,才色诱于外,引而之左,则蔽其当爱而不见,爱其所不当爱,而贪营之刚恶出焉;私小据于己,引而之右,则蔽其当爱而不见,爱其所不当爱,而鄙吝之柔恶出焉。以至羞恶被引而为侮辱残忍,辞让被引而为伪饰谄媚,是非被引而为奸雄小巧,种种之恶所从来也。然种种之恶,非其不学之能,不虑之知。必且进退龃龉,本体时见。不纯为贪营鄙吝诸恶也,犹未与财色等相习而染也。斯时也,惟贤士豪杰,禀有大力。或自性觉悟,或师友提撕,知过而善反其天。又下此者,赋禀偏驳。引之既易,而反之甚难。引愈频而蔽愈远,习渐久而染渐深。以至染成贪营鄙吝之性之情,而本来之仁,不可知矣。染成侮辱残忍之性之情,而本来之义,不可知矣。染成伪饰谄媚之性之情,与奸雄小巧之性之情,而本来之礼智,俱不可知矣。呜呼!祸始引蔽,成于习染。以耳目鼻口四肢百骸可为圣人之身,竟呼之曰禽兽。犹币帛素色,而既污之后,遂呼之曰赤帛黑帛也。而岂其材之本然哉!”(《存性编·性说》)习斋之意,盖不认气质之恶,以恶皆由外之引蔽习染而然。此与陆桴亭论性相合,故其《与桴亭书》有喜先得我心之语(见《习斋记余》)。然习斋更有视桴亭为进者。习斋不独谓气质之偏无害于善,且以为气质之偏正可为善。故曰:“偏至者,可以为偏至之圣贤。宋儒乃以偏为恶。不知偏不引蔽,偏亦善也。”(《存性编·性理评》,有节文)又曰:“气禀偏而即命之曰恶,是指刀而坐以杀人也。庸知刀之能利用杀贼乎?”(同上)习斋于宋儒之中,独许胡安定、张横渠。曰:“仆学之宋儒中,止许胡安定、张横渠,为有孔门之百一。”(《习斋记余·寄李复元处士书》)又曰:“宋儒胡子外,惟横渠为近孔门学教。”(《存学编·性理评》)然至横渠变化气质之说,则力非之。曰:“人之质性各异,当就其质性之所近、心志之所愿、才力之所能,以为学,则无龃龉扞格终身不就之患。故孟子于夷、惠曰不同道,惟愿学孔子。非止以孔子独上也。非谓夷、惠不可学也。人之质性近夷者,自宜学夷;近惠者,自宜学惠。今变化气质之说,是必平丘陵以为川泽,填川泽以为丘陵也。不亦愚乎?且使包孝肃必变化而为庞德公,庞德公必变化而为包孝肃,必不可得之数。亦徒失其为包为庞而已矣。”(《四书正误》)夫孟子主性善,则曰扩充。荀子主性恶,则曰矫饰。变化气质,荀子矫饰之说也。宋儒分理义之性、气质之性,固调停孟、荀而兼用之者,特未肯明言之耳。今习斋一以孟子性善为归,则其不然于变化气质者,盖不足异。且习斋讥濂溪,而所作《人论》有云:“太极肇阴阳。阴阳生五行。阴阳五行之清焉者,气也;浊焉者,形也。气皆天也,形皆地也。天地交通变化,而生万物。飞潜动植之族,不可胜辨;形象运用之功,不可胜穷。莫非天地之自然也。凡主生者皆曰男,主成者皆曰女。妙合而凝,则又生生不已焉。天地者,万物之大父母也;父母者,传天地之化者也。而人则独得天地之全,为万物之秀也。”(《习斋记余》)即本之濂溪《太极图说》。然此犹可曰早年所作也。若夫《存性编》固恕谷所谓先生悟圣学后著者(见恕谷《存治篇书后》),而如刚恶柔恶云云,亦濂溪《通书》中语。从知习斋于宋儒之书,亦有取有舍。如近人专取习斋攻击宋儒之言论,为之标榜。一若颜、李之学,与程、朱之学,不能并存天壤间者。殆未之深考也。

习斋、恕谷，论治不讳功利。习斋著《宋史评》，辨王安石之被诬（见《习斋记余》），而恕谷则力称江陵之功（江陵，明张文忠公居正也，见《恕谷文集》）。《瘳忘编》者，恕谷自称因习斋《存治编》而作，以广其条件者也（见《存治篇书后》）。而其论治道曰："'治有道乎？'曰有。'其道一乎？'曰不一。'敢问其不一何也？'曰：有全道，有偏道。'何全何偏？'曰：全者王道，偏者清净也，刑名也。'其道如何？'曰：六府三事（六府，水、火、金、木、土、谷，亦见《大禹谟》），教养兼举，可以光四表、格上下者，王道也；清净则休养元气，护惜民物，不妄生一事，是谓黄老之学；刑名则强公室，杜私门，因名核实，令行禁止，是谓申、韩之学。曰：'三者固各分乎？'曰：分之中亦有合焉。王道，兼清净、刑名者也。至于清净，未始不附王道以行也。不附之不治。而清净中亦有刑名。刑名，未始不附王道以行也。不附之不治。而刑名中亦有清净。但其握要者，各有所在耳。曰：'亦有弊乎？'曰：王道无弊，行王道者弊也。清净之弊为虚谈，虚谈而废弛。刑名之弊为苛酷，苛酷而乖离。然亦有似弊而实非者。牵制文义如汉元，纷更制度如王莽，贼王道者也。怠弃万机如明神宗，贼清净者也。杀人若刈草菅如高洋、苻生，贼刑名者也。非流弊也。"（并《瘳忘编·续论》）以黄、老、申、韩之用为不背于王道，此后儒硁硁，所万不敢言者也。习斋于当时学者，唯敬服一陆桴亭。而恕谷《瘳忘编》既成，撮录桴亭《思辨录》附于其后。又《大学辨业·题辞》首称引《思辨录》"大学之法，所以教人为大学之道，后世但有大学之道，而无所谓大学之法"之言。即恕谷之于桴亭，亦可知矣。抑习斋门下，有大兴王昆绳源，著《平书》十卷，与恕谷商订之。而亦尝与唐铸万游，铸万称其敏达（见《潜书·劝学篇》）。则其时志学之士，多有交往，故能成其广大。不独方望溪（苞）与恕谷易子而教，为世称道已也（《望溪集》有《恕谷墓志》，叙其与恕谷、昆绳论学同异甚详。惟谓恕谷因己言改其师法，则恕谷门人刘调赞尝辨之，见《恕谷年谱》）。

第十一章　戴东原

清代汉学大师，首推东原。东原师婺源江慎修永。永有《朱子近思录注》，盖犹兼为宋儒性理之学者。而东原则举宋儒之学尽推翻之。东原名震，安徽休宁人。始就塾，塾师授《大学章句》，问曰："此何以知为孔子之言，而曾子述之？又何以知为曾子之意，而门人记之？"师曰："此朱子云尔。"问："朱子何时人？"曰："南宋。"又问："曾子何时人？"曰："东周。""周、宋相去几何时？"曰："几二千年。"曰："然则朱子何以知其然？"师不能答。其读书必穷究实在，盖自幼即如此。长通训诂考证之学。中乾隆二十七年乡试。四库全书馆开，因于文襄公(敏中)荐，特召以举人充纂修官。四十年，会试，不第。被命一体与殿试。赐同进士出身，授庶吉士。越二年，竟卒于官。年五十有五。平生著述甚富。而以宋儒言性、言理、言道、言才、言仁义礼智、言诚、言权，皆与孔、孟之旨不合，类糅杂二氏之言。于是作《孟子字义疏证》及《原善》、《论性》诸篇。既又取《原善》而援据经义，为之疏通证明焉。今《孟子字义疏证》、《原善》并收入《戴氏遗书》，而《论性》及《原善》本文，又见《东原集》。其后阮文达公元作《性命古训》、《论语论仁篇》(见《研经室文集》)，焦里堂循(甘泉人)著《论语通释》、《孟子正义》，要皆根据东原以为说。

东原所最指斥宋儒者，为程子“性即理也”之言，而朱子《中庸注》引之。东原以为：“理者分理。故《中庸》言文理密察，孟子言条理。未有虚悬一物以为之理者。今虽至愚之人，处断一事，责诘一人，莫不曰理。盖自宋以来始相习成俗。夫以理为如有物焉，得于天而具于心，未有不以意见当之者也。”(见《孟子字义疏证》。本文甚长，撮其意如此)且颜习斋作《四书正误》亦尝有是说矣。曰：“理者，木中纹理也。指条理言。”又曰：“前圣鲜有说理者。孟子忽发出。宋人遂一切废弃，而倡为明理之学。不知孟子所谓理义悦心，有自己注脚，曰仁义忠信，乐善不倦。仁义等又有许多注脚。”故戴子高即谓东原作《孟子绪言》本于习斋之说(见《颜氏学记》)。夫东原是否本之习斋不可知。若其说则固相合矣。顾吾观《后汉书·朱穆传》，其《崇厚论》曰：“行违于道，则愧生于心，非畏义也。事违于理，则负结于意，非惮礼也。”以理与道对言，汉人即已有之，夫曰理曰道，皆虚为之象者也。今谓宋人始言理，而以理为如有物失之凿，殆为不深考矣。虽然，习斋、东原，亦有为而发之者也。东原之言曰：“理也者，情之不爽失也。未有情不得而理得者也。”又曰：“就事物言，非事物之外别有理义也。有物必有则，以其则正其物，如是而已矣。就人心言，非别有理以予之而具于心也。心之神明于事物，咸足以知其不易之则。譬有光皆能照。而中理者，乃其光盛，其照不谬也。”(并《孟子字义疏证》)夫自理之说盛，而天下有外情以言理者矣，有外事以言理者矣。外情以言理，外事以言理，则所谓意见是也。程、朱未尝教人以意见为理也。而后之人以意见为理者，则未尝不借口于程、朱之言。是以东原从而辨之。观其反覆于意见之害，而曰：“彼目之曰小人之害天下后世也，显而共见。目之曰贤智君子之害天下后世也，相率趋之以为美言。其入人心深，祸斯民也大。而终莫之或寤。”(《孟子字义疏证·序》)为意不可见乎？

程、朱言性有义理之性，有气质之性。义理之性，所谓理也；气质之性，所谓气也。在天曰理气，在人则曰义理之性、气质之性耳。而东原曰：“性者，血气心知本乎阴阳五行，人物莫不区以别焉，是也。而理义者，人之心知有思辄通，能不惑乎所行也。”又曰：“人物分于阴阳五行以成性。舍气类更无性之名。”又曰：“人之血气心知，原于天地之化者也。有血气，则所资以养其血气者，声色臭味是也。有心知，则知有父子有昆弟有夫妇。而不止于一家之亲也，于是又知有君臣有朋友五者之伦。相亲相为治，则随感而应，为喜怒哀乐。合声色臭味之欲，喜怒哀乐之情，而人道备。”（并《孟子字义疏证》）盖其意以为舍气质之外，更无所谓性。故曰：“孟子曰：如使口之于味其性与人殊，若犬马之不同类也，则天下何嗜皆从易牙之于味也？孟子矢口言之，无非血气心知之性。”（同上）又曰：“古人言性，不离乎材质，而不遗理义。孟子曰：‘非天之降才尔殊。’曰：‘乃若其情，则可以为善矣。乃所谓善也。若夫为不善，非才之罪也。’惟不离材质以为言，始确然可以断人之性善。”（《东原集·读孟子论性》，有节文）东原不认有义理之性、气质之性之分，则亦不认有理与欲之分。曰：“人之生也，莫病于无以遂其生。欲遂其生，亦遂人之生，仁也。欲遂其生，至于戕人之生而不顾者，不仁也。不仁实始于欲遂其生之心。使其无此欲，必无不仁矣。然使其无此欲，则于天下之人生道穷促，亦将漠然视之。己不必遂其生，而遂人之生，无是情也。欲其物，理其则也。”（《孟子字义疏证》，有节文）又曰：“《诗》曰：‘民之质矣，日用饮食。’《记》曰：‘饮食男女，人之大欲存焉。’圣人治天下，体民之情，遂民之欲，而王道备。人知老、庄、释氏异于圣人，闻其无欲之说，犹未之信也。于宋儒则信以为同于圣人，理欲之分，人人能言之。故今之治人者，视古贤圣体民之情，遂民之欲，多出于鄙细隐曲，不措诸意，不足为怪。而及其责以理也，不难举旷世之高节，著于义而罪之。尊者以理责卑，长者以理责幼，贵者以理责贱，虽失谓之顺。卑者、幼者、贱者以理争之，虽得谓之逆。于是下之人不能以天下之同情，天下所同欲，达之于上。上以理责其下，而在下之罪，人人不胜指数。人死于法，犹有怜之者，死于理，其谁怜之？呜呼！杂乎老、释以为言，其祸甚于申、韩如是也。”（同上）夫理欲之说，即宋儒有疑之者矣。陆象山曰：“天理人欲之言，亦自不是至论。若天是理，人是欲，则是天人不同矣。”又曰：“《书》云：‘人心惟危，道心惟微。’解者多指人心为人欲，道心为天理。此说非是。心一也，人安有二心？自人而言则曰惟危，自道而言则曰惟微。”（并《象山语录》）特是象山未如东原申欲而罪理，言之之益痛耳。东原曰：“古人言性，但以气禀言，未尝明言理义为性。盖不待言而可知也。至孟子时，异说纷起，以理义为圣人治天下具，设此一法以强之从。害道之言，皆由外理义而生。人徒知耳之于声，目之于色，鼻之于臭，口之于味之为性。而不知心之于理义，亦犹耳目鼻口之于声色臭味也。故曰：‘至于心，独无所同然乎？’盖就其所知，以证明其所不知。举声色臭味之欲，归之耳目鼻口，举理义之好，归之心，皆内也，非外也。比而合之，以解天下之惑，俾晓然无疑于理义之为性。害道之言，庶几可以息矣。”（《孟子字义疏证》）夫程、朱之分义理之性、气质之性，其意亦何尝不同于孟子。然而末流之失，高者空言性而忽于气质，卑者溺于气质而茫不知性为何物。其弊盖可睹矣。是故桴亭论之，习斋论之，今东原又论之。而程鱼门（名晋芳，江都人，乾隆进士，东原之友，亦治汉学者）作《正学论》乃谓：“近代一二儒家，以为人之为人，情而已矣。圣人之教人也，顺乎情而已。宋儒尊性而卑情，即二氏之术。其理愈高，其论愈严，而其不近人情愈甚。虽日攻二氏，而实则身陷其中而不觉。嗟乎！为斯说者，徒以便己之私，而不知其大祸仁义，又在释、老、杨、墨上矣。”（见鱼门《勉行斋集》）意盖以讽东原者。此倘所谓言辩而不及，而知出乎争者耶（“言辩而不及”，《庄子·齐物论》语；“知出乎争”，《人间世》语）？

东原既以气质即性，而欲与理为非二，则人何以有私有蔽，而私蔽又何由生？东原曰：“私生于欲之失，蔽生于知之失。”（《孟子字义疏证》）是故强恕以去私，问学以去蔽，东原之所可也。因私而咎欲，因欲而咎血气，因蔽而咎知，因知而咎心，东原之所非也。其言曰："人之患有私有蔽。私出于情欲，蔽出于心知。无私，仁也。不蔽，智也。非绝情欲以为仁，去心知以为智也。是故圣贤之道，无私而非无欲；老、庄、释氏，无欲而非无私。彼以无欲而成其自私者也，此以无私通天下之情，遂天下之欲者也。"（同上）又曰："君子之治天下也，使人各得其情，各遂其欲，勿悖于道义。君子之自治也，情与欲使一于道义。夫遏欲之害，甚于防川。绝情去智，仁义充塞。人之饮食也，养其血气。而其问学也，养其心知。是以自得为贵。血气得其养，虽弱必强。心知得其养，虽愚必明。是以扩充为贵。君子独居思仁，公言言义，动止应礼。竭其所能谓之忠，明其所履谓之信，施其所平谓之恕，驯而致之谓之仁且智。仁且智者，不私不蔽者也。君子未应事也，敬而不肆以虞其疏。至而动，正而不邪以虞其伪。必敬必正，以致中和，以虞其偏，以虞其谬。戒疏在乎戒惧，去伪在乎慎独，致中和在乎达礼。精义至仁.尽天下之人伦，同然归之于善，可谓至善矣。"（《原善》）极不私不蔽之量，至于仁智。而约不私不蔽之功，始于忠恕。东原之说，于是乎为切近矣。此则其于讥诋宋儒之外，能自树立者也。

第十二章　彭允初　汪大绅　罗台山

当天下驰骛汉学之日，而有和会儒、释，明揭宗旨，自树一帜者，则彭允初、汪大绅、罗台山也。允初名绍升，号尺木居士，又号知归子。江南吴县人。祖定求，世所称南畇先生者也。允初以乾隆三十四年成进士。选知县，不就而归。大绅名缙，号爱庐。休宁人，居吴。终于诸生。台山名有高，号尊闻居士。江西瑞金人。乾隆三十年举人，出允初父芝庭（名启丰）之门。允初《叙汪子文录》谓："予年二十余，始有志于学。其端实自汪子大绅发之。"又谓："予之于汪子之言也，一以为创获，一以为固然。其不合者则希矣。持以示人，人莫测其所谓。独罗子台山见而识之。曰：是无师智之所流也。汪子既乐与予言，及见台山而大乐，遂乐与台山言，又乐与予言台山。其言台山也，不独赞叹而已，诋诃笑谑，无弗有也。其于予也亦然。时或与台山言予，诋诃笑谑，无弗有也。"（《二林居集》）观此，三先生论学之相契，可以见矣。然大绅、台山，皆先允初卒，而大绅年六十八，台山年才四十六（大绅卒于乾隆五十七年，台山卒于乾隆四十四年）。允初撰次台山生平，以为《罗台山述》，称其所论说"华梵交融，奏刀砉然，关节开解"（《二林居集》)。今观台山《观生》之文,有曰:“物之争也以我,其忘争也以无我。我也者,器之景,昧性而妄有执者也。”实窃取释氏身器之说。而言命、言性、言才、言性,终归于《易》之观盥(《尊闻居士集》)。则信乎能华梵交融者矣。然不独台山也。允初曰:“吾于观艮二卦,见圣人之心法焉。《诗》曰:‘穆穆文王,於缉熙敬止。’缉熙者,观也。敬止者,艮也。乾知大始,其观之所从出乎?坤作成物,其艮之所自成乎?是故观艮者,乾坤之门户也。《论语》体之为学识(默而识之之识),《中庸》标之为明诚。千圣复生,无以易此矣。”(《二林居集·读易》)非即天台之言止观乎?曰:“知至云者,外观其物,物无其物。物无其物,是谓物格。内观其意,意无其意,是谓意诚。进观其心,心无其心,是谓正心。由是以身还身,以家还家,以国还国,以天下还天下。不役其心,不动于意,不淆于物,是谓身修家齐国治天下平。”(《二林居集·读古本大学》)非即华严之言理事无碍乎?然则所谓华梵交融者,允初又不啻自道之者也。抑三先生之于佛也,不独究心宗(禅)教(天台、华严),而更归依净土。允初名其居曰二林。一梁溪之东林,高忠宪讲学之所;一庐山之东林,刘遗民与远公结白莲社者也(《二林居集》有《二林居说》)。莲社实净土开宗之祖,此允初所以托意于此也。大绅有《读净土三书私记叙》(见《汪子文录》),台山有《无量寿经起信论叙》(见《尊闻居士集》),皆张皇净土功德。而大绅且以《易》理融通之,谓:“众生本来成佛。必以净土为归者何也?则以阿弥陀佛为万佛之师,《易》所谓大哉乾元。净土为阿弥陀所摄。《易》所谓至哉坤元也。乾坤合撰,万物之所以资始资生也。身土交融,众生之所以去凡入圣也。”夫自唐宋以来,儒者讲学,殆无不糅杂佛说者。然半皆曹溪法乳。用其明心见性之谈,以为明善诚身之助。至若发愿往生,庄严极乐,未尝有道之者。岂非以其诞而不切于人事耶?然而禅宗之弊,空言参悟,而不事行持,恃其狂慧,往往堕堑陷坑,丧失身命。于是彼教古德,思以净土拯之。有明万历中,莲池大师(袾宏)住持云栖,力弘净土之教。缁素从化，盛极一时。故袁中郎（名宏道，公安人，万历进士，官终稽勋郎中，有《袁中郎集》）撰《西方合论》（见《净土十要》）即谓：“禅宗密修，不离净土。”由是彼教，禅净并行，亦如吾儒之有朱、陆，顿、渐两门，不能偏废。三先生由儒归禅，由禅归净，固亦机缘使然。然而其去儒益远矣。此戴东原《答允初书》所以谓其诬孔、孟亦兼诬程、朱也（《东原集》有《答彭进士允初书》）。

三先生始皆有用世之意。而大绅尤为该博。允初之述大绅曰：“慕大洲《二通》之作（大洲，赵贞吉也，其学出于王心斋，作《二通》未就，内篇曰《经世通》，外篇曰《出世通》。见《明儒学案》），著《二录》、《三录》以明经世之道。著《读四十偈私记》，以通出世之脉。”（《二林居集·汪大绅述》）今《二录》、《三录》具存。自孟子、荀子，以及兵、刑家言，皆取而论之。而于宋之诸儒，则朱、陆外，尤好陈龙川皇帝王霸之学，谓其得文中子之粗，而以见之卓论之，已为汉唐诸儒所不到（《汪子遗书·二录·内王附陈》）。夫龙川，后儒所斥之为功利之士者也。而大绅取之，即其意可知矣。然作《准孟》则曰：“利害者，私说之所明也。其说曰：‘民命衣食者也。古者取之草木而有余食，取之毛羽而有余衣。衣食之涂宽，故争心伏。今者耕而食，耕者且未必得食；织而衣，织者且未必得衣。衣食之涂隘，故争心起。利事愈多，争心愈少；利事愈少，争心愈多。凡今之争，以愈少故愈多。不争，是无以为命也。然则上之人所由制民命者，在利之涂矣。’屈之曰：‘说之以利事愈少则愈争，固也。吾不谓不然。抑知少之原之缘于争乎？抑知愈争则利事且愈少乎？今置田万亩，十人均之，人千亩。仰事俯畜养老送终嫁娶之事，宽然足给。而且里党敦睦，通有无以羡资歉，不见谓少。贪黠者出，视所有欿然不厌，负强挟诈，侵冒兼并以自益。智力等者，利其然而效之。朴懦积愤不平，激发相助，胜负反覆，互倾夺不可遽已。奇零断割，而千亩之业，或半失，或十失八九，而少数睹矣。故曰：少之原缘于争，而愈争则愈见少也。且说之以愈少愈争者，彼微特不明于少原于争、愈争愈少之分，而实未明于不争不患其少之分也。今置田百亩，十人食之，不可谓不少。然人受十亩，终其身和其乡邻，食时而用节。即遇凶岁，何至为沟中瘠矣。故曰：不争不患其少也，争则将并无以有其少也，且将并无以有其命也。'"(《汪子遗书·三录》)反覆于争利之害，而以仁义为公说。以为公说之行，则利泽溥，害端绝。是则大绅之功利，又非夫人之功利之见也。大绅说格物，引《易·系》"近取诸身，远取诸物，通神明之德，类万物之情"，以为格物之证。而允初为文非之，谓是乃圣人开物成务之功用，非下学所有事(大绅《格物说》见《汪子遗书》。允初有《书格物说后》见《二林居集》)。夫以格物为开物成务，大绅之说格物，则戾矣。然其主开物成务之意，则大绅所以过于允初者也。允初所著，有《二林居集》、《一行居集》。大绅所著，有《汪子文录》、《汪子遗书》。台山所著，有《尊闻居士集》。允初卒于嘉庆元年，年五十七。

第十三章　洪北江

经学家中，尚有一能为深湛之思者，曰洪稚存。稚存名亮吉，号北江。苏之阳湖人。乾隆五十五年，以第二人及第，授编修。逾年，拜视学贵州之命。黔中故僻远，无书籍。稚存为购《经史》、《通典》、《文选》诸书置各府书院。黔人争知好古，盖君之力也。嘉庆初，教习庶吉士。坐上书指斥乘舆，谪戍伊犁。既赦还，自号更生居士。十四年，病卒于家。年六十四。所著书甚多，《诗文集》六十四卷，有《意言》二十篇。而《真伪篇》意谓真未必可为，伪未必不可为，与世之言真伪者大异。盖颇近荀子性恶善伪之说，其辞曰："今世之取人也，莫不喜人之真，厌人之伪。是则伪不可为矣。而亦不然。襁褓之时，知有母而不知有父，然不可谓非襁褓时之真性也。孩提之时，知饮食而不知礼让，然不可谓非孩提时之真性也。至有知识而后，知家人有严君之义焉。其奉父也，有当重于母者矣。饮食之道，有三揖百拜之仪焉。酒清而不饮，肉干而不食，有非可径情直行者矣。将为孩提襁褓之时真乎？抑有知识之时真乎？必将曰：孩提襁褓之时虽真，然苦其无知识矣。是则无知识之时真，而有知识之时伪也。吾以为圣人设礼，虽不导人之伪，实亦禁人之率真。何则？上古之时，卧倨倨，兴盱盱，一自以为马，一自以为牛，其行蹎蹎，其视瞑瞑，可谓真矣。而圣人必制为尊卑上下、寝兴坐作、委曲烦重之礼以苦之。则是真亦有所不可行，必参之以伪而后可也。且士相见之礼，当见矣，而必一请再请，至固以请，乃克见。士昏之礼，当醴从者矣，亦必一请再请，至固以请，乃克就席。乡射礼，知不能射矣，而必托辞以疾。以至聘礼，不辱命，而自以为辱。朝会之礼，无死罪，而必自称死罪。非皆禁人之率真乎？总之上古之时真，圣人不欲过于率真，而必制为委曲烦重之礼以苦之。孩提襁褓之时真，圣人又以为真不可以径行，而必多方诱掖奖劝以挽之。则是礼教既兴之后，知识渐启之时，固已真伪参半矣。而必鳃鳃焉以真伪律人，是又有所不可行也。"(《北江文集》，有节文)然《形质篇》又谓："嗜欲益开，形质益脆。知巧益出，性情益漓。"(同上)则又似以伪道不可久，而欲人之复归于真者。其有调停之意乎？抑前后不自觉其矛盾也？未可知矣。

《意言》论生死祸福，不信有鬼神之赏罚，颇似《论衡》。而论治平生计，则又似《潜夫论》。《潜夫·爱日篇》陈辞讼累民，计其废业者日若干人，因之受饥者岁又若干人。窃尝服其精审。而《意言·治平篇》谓户口之增，与田屋之增不相比，亦累率以数之。曰："人未有不乐为治平之民者也，人未有不乐为治平既久之民者也。治平至百余年，可谓久矣。然言其户口，则视三十年以前，增五倍焉。视六十年以前，增十倍焉。视百年百数十年以前，不啻增二十倍焉。试以一家计之。高曾之时，有屋十间，有田一顷。身一人，娶妇后不过二人。以二人居屋十间，食田一顷，宽然有余矣。以一人生三子计之，至子之世，而父子四人。各娶妇，即有八人。八人，即不能无佣作之助。是不下十人矣。以十人而居屋十间，食田一顷，吾知其居仅仅足，食亦仅仅足也。子又生孙，孙又娶妇。其间衰老者或有代谢，然已不下二十余人。以二十余人，而居屋十间，食田一顷，即量腹而食，度足而居，吾以知其必不敷矣。又自此而曾焉，自此而玄焉，视高曾时，口已不下五六十倍。是高、曾时为一户者，至曾、玄时不分至十户不止。其间有户口消落之家，即有丁男繁衍之族，势亦足以相敌。或者曰：高、曾之时，隙地未尽辟，闲廛未尽居也。然亦不过增一倍而止矣，或增三倍五倍而止矣。而户口则增至十倍二十倍。是田与屋之数，常处其不足。而户与口之数，常处其有余也。又况有兼并之家，一人据百人之屋，一户占百户之田。何怪乎遭风雨霜露饥寒颠踣而死者之比比乎？曰：天地有法乎？曰：水旱疾疫，即天地调剂之法也。然民之遭水旱疾疫而不幸者，不过十之一二矣。曰：君相有法乎？曰：使野无闲田，民无剩力。疆土之新辟者，移种民以居之。赋税之繁重者，酌今昔而减之。禁其浮靡，抑其兼并。遇有水旱疾疫，则开仓廪、悉府库以赈之。如是而已。是亦君相调剂之法也。要之治平之久，天地不能不生人，而天地之所以养人者，原不过此数也。治平之久，君相亦不能使人不生，而君相之所以为民计者，亦不过前此数法也。然一家之中，有子弟十人，其不率教者，常有一二。又况天下之广，其游惰不事者，何能一一遵上之约束乎？一人之居，以供十人已不足，何况供百人乎？一人之食，以供十人已不足，何况供百人乎？此吾所以为治平之民虑也。”昔荀子以昭昭然为天下忧不足，为墨子之私忧过计（见《荀子・富国篇》）。若稚存之论，亦所谓私忧过计者矣。然稚存生清乾嘉极盛之时，而安能虑危，治能虑乱，非有过人之见不及此。且其所虑，固今世哲人学者苦思焦心，而无有善法以处之者。稚存于百数十年之前，不知有所谓经济学、统计学，乃思虑缜密如此，尤不得不为之叹异也。

第十四章　龚定庵

汉学之盛也，与宋学争；而其后也，汉学中今文派又与古文派争。今文派之魁，曰刘申受逢禄（武进人，嘉庆进士，官礼部主事。道光中卒），传其外祖庄存与之学（存与，字方耕，乾隆进士，官至礼部左侍郎），表章何休《公羊春秋》，著有《公羊何氏释例》、《公羊何氏解诂笺》等书。继之者，有龚定庵。定庵名自珍，原名巩祚，字璱人。浙之仁和人。幼从外祖金坛段懋堂玉裁受经。懋堂，东原戴氏之门人也，故定庵于经学远有师承。而又出入于周秦诸子之书，晚尤好佛乘。所著《定庵集》沉博奥衍，固足当一家之言。其取公羊家三世之说，通之群经，略见所谓《五经大义终始答问》。问："三世之法谁法也？"答："三世，非徒《春秋》法也。《洪范》八政配三世。八政又各有三世。""愿问八政配三世？"曰："食货者，据乱而作。祀也，司徒、司寇、司空也，治升平之事。宾师，乃文致太平之事。孔子之法，箕子之法也。"问："太平大一统何谓也？"答："宋、明山林偏僻士，多言夷夏之防。比附《春秋》，不知《春秋》者也。《春秋》至所见世，吴、楚进矣。伐我不言鄙，我无外矣。《诗》曰：'无此疆尔界，陈常于时夏。'（《周颂·思文后稷》）圣无外，天亦无外者也。"问："孰为纯太平之书？"答："礼。古经之于节目也详，尤详于宾。夫宾师，八政之最后者也。《士礼》十七篇，纯太平之言也。”且汉学家之于经，致力可谓勤矣。然大抵疏通训诂者多，而发明大义者鲜。发明大义，惟今文家谈《公羊》者有之。此吾所以有取于定庵也。抑定庵之言，尤有枨触于余心者，曰：“吾闻深于《春秋》者，其论史也，曰：书契以降，世有三等。三等之世，皆观其才。才之差，治世为一等，乱世为一等，衰世别为一等。衰世者，文类治世，名类治世，声音笑貌类治世。黑白杂而五色可废也，似治世之太素；宫羽淆而五声可铄也，似治世之希声；道路荒而畔岸隳也，似治世之荡荡便便；人心混混而无口过也，似治世之不议。左无才相，右无才史，阃无才将，庠序无才士，陇无才民，廛无才工，衢无才商，抑巷无才偷，市无才驵，薮泽无才盗。则非但鲜君子也，抑小人甚鲜。当彼其世也，而才士与才民出，则百不才督之缚之，以至于僇之。僇之非刀非锯，非水火，文亦僇之，名亦僇之，声音笑貌亦僇之。僇之权不告于君，不告于大夫，不宣于司市。君大夫亦不任受。其法亦不及要领，徒僇其心：僇其能忧心，能愤心，能思虑心，能作为心，能有廉耻心，能无渣滓心。又非一日而僇之，乃以渐：或三岁而僇之，十年而僇之，百年而僇之。才者自度将见僇，则蚤夜号以求治；求治而不得，悖悍者则蚤夜号以求乱。夫悖且悍，且睊然眮然以思世之一便己，才不可问矣。是故智者受三千年史氏之书，则能以良史之忧忧天下。忧不才而庸，如其忧才而悖；忧不才而众怜，如其忧才而众畏。履霜之屩，寒于坚冰；未雨之鸟，戚于漂摇；痹痨之疾，殆于痈疽；将萎之华，惨于槁木。三代神圣，不忍薄谲士勇夫，而厚豢驽羸，探世变也。圣之至也。”（《乙丙之际著议第九》）呜呼！可不谓忧深虑远之言乎。

定庵之学，又不仅在《公羊春秋》也。其言公私，与北江之真伪相类。曰：“狸交禽媾，不避人于白昼，无私也。若人则必有闺闼之蔽，房帷之设，枕席之匿，赪頩之拒矣。禽之相交，径直何私。孰疏孰亲，一视无差。尚不知父子，何有朋友。若人则必有孰薄孰厚之气谊。因有过从宴游，相援相引，款曲燕私之事矣。今曰大公无私，则人耶？则禽耶？《七月》之诗人曰：‘言私其豵，献豜于公。’先私而后公也。《大田》之诗人曰：‘雨我公田，遂及我私。’《楚茨》之诗人曰：‘备言燕私。’先公而后私也。《采苹》之诗人曰：‘被之僮僮，夙夜在公。被之祁祁，薄言还归。’公私并举之也。《羔羊》之诗人曰：‘羔羊之皮，素丝五纶。退食自公，委蛇委蛇。’公私互举之也。”（《论私》）而以《诗》征之，则其深于《诗》也。其言均平，与铸万之《大命》相类。曰：“有如贫相轧，富相耀。贫者阽，富者安。贫者日愈倾，富者日愈壅。或以羡慕，或以愤怨，或以骄汰，或以啬吝，浇漓诡异之俗百出不可止。至极，不祥之气郁于天地之间。郁之久，必发为兵燹，为疫疠。生民噍类，靡有孑遗。人畜悲痛，鬼神思变置。其始不过贫富不相齐之为之尔。小不相齐，渐至大不相齐；大不相齐，而至丧天下。呜呼！此贵乎操其本原与随其时而剂调之。上有五气，下有五行，民有五丑，物有五才，消焉息焉，渟焉决焉，王心而已矣。是故古者天子之礼：岁终，太师执律而告声；月终，太史候望而告气。东无陼水，西无陼财，南无陼粟，北无陼土，南无陼民，北无陼风。王心则平，听平乐。百僚受福。太史告曰：东有陼水，西有陼财，南有陼粟，北有陼土，南有陼民，北有陼风。王心则不平，听倾乐，乘欹车，握偏衡。百僚受戒。相天下之积重轻者而变易之。”（《平均篇》）而以《礼》征之，则其深于《礼》也。而言性取告子，曰：“龚氏之言性也，则宗无善无不善而已矣，善恶皆后起者。夫无善也，则可以为桀矣；无不善也，则可以为尧矣。知尧之本不异桀，郇（同荀）卿氏之言起矣；知桀之本不异尧，孟氏之辩兴矣。为尧矣，性不加菀；为桀矣，性不加枯。为尧矣，性之桀不亡走；为桀矣。性之尧不亡走。不加菀不加枯，亦不亡以走，是故尧与桀互为主客，互相伏也，而莫相偏绝。古圣帝明王，立五礼，制五刑，敝敝然欲民之背不善而向善。攻劘彼为不善者耳，曾不能攻劘性；崇为善者耳，曾不能崇性；治人耳，曾不能治人之性；有功于教耳，无功于性；进退卑亢百姓万邦之丑类，曾不能进退卑亢性。告子曰:‘性无善无不善也。’又曰:‘性,杞柳也;仁义,桮棬也。以性为仁义,犹以杞柳为桮棬。’阐之曰:浸假而以杞柳为门户、藩杝,浸假而以杞柳为桎拲梏,浸假而以杞柳为虎子、威俞,杞柳何知焉?又阐之曰:以杞柳为桮棬,无救于其为虎子、威俞;以杞柳为虎子、威俞,无伤乎其为桮棬。杞柳又何知焉?是故性不可以为名,可以勉强名;不可似,可以形容似也。扬雄不能引而申之,乃勉强名之曰‘善恶混’。雄也窃言,未湮其原。盗言者雄,未离其宗。告子知性,发端未竟。”(《阐告子》)斯则又其得之于佛乘者。至若穷诸子之渊源,判百家之流别(见《古史钩沉论》),有清一代,前则章实斋(名学诚,会稽人,乾隆进士,所著有《文史通义》、《校雠通义》等),后则龚定庵,他尤未见其匹也。今时学士大夫道定庵之书不去口,然特以其文而已,能表章其学者谁哉?定庵生乾隆五十七年。道光中进士,官礼部主事。卒于道光二十一年。年五十。定庵后,习《公羊》之学者,有蜀人廖平,然支离怪诞,有识之儒所不道矣。

第十五章　曾文正公

自汉学之盛，力攻程、朱。以辨物析名为能，而视躬行实践迂缪无当于世用，于是浮薄之士，乐其无所拘碍，哗然和之。然而士习日偷，上者徒勤破碎之功，下者转便空疏之遁。一时贤达，遂欲和会汉、宋，矫其敝风。其尤著者，则湘乡曾文正公国藩是也。文正公当咸丰洪、杨之乱，以礼部侍郎在籍督办团练，创立湘军。十余年间，崎岖戎马，卒成清室中兴之业。官至大学士，爵为毅勇侯。言清史者，或矜其功烈，或称其文章。而不知其论学之余风，盖支持清末数十年之气运。虽无崭然特出之诣，然皇皇学问，终身以之。近百年来，其知名于世者，亦一人而已。文正学问宗旨，大略见其所为《圣哲画像》一记。曰："自朱子表章周子、二程子、张子，以为上接孔、孟之传。后有君相师儒，笃守其说，莫之或易。乾隆中，闳儒辈起，训诂博辨，度越昔贤。别立徽志，号曰汉学。摈有宋五子之术，以为不得独尊。而笃信五子者，亦屏弃汉学，以为破碎害道。断断焉而未有已。吾观五子立言，其大者多合于洙泗，何可议也！其训释诸经，小有不当，固当取近世经说以辅翼之，又何可屏弃群言以自隘乎？"（《文集》）而《致刘孟容书》（孟容名蓉，亦湘乡人，官至陕西巡抚）《覆夏弢甫书》（弢甫名炘，安徽当涂人，著有《述朱质疑》等书）亦皆反覆此意（并见《书札》），盖欲兼综汉、宋之长，以成文实并茂之学，故不欲左袒以附一哄也。然不独于汉、宋之争然，于程朱、陆王之争亦然。文正尝从唐镜海问学，镜海著《学案小识》尊程、朱而排陆、王，而文正则曰："朱子主道问学，何尝不洞达本源；陆子主尊德性，何尝不实征践履。姚江宗陆，当湖宗朱（当湖谓陆清献），而当湖排击姚江，不遗余力。当湖学派极正，象山、姚江，亦江河不废之流。"（《覆颍州夏教授书》，见《书札》，有节文。夏教授，即弢甫也）此其视镜海拘墟之见，相去何如矣。又吾观《文正日记》有曰："以庄子之道自怡，以荀子之道自克，其庶为闻道之君子乎！"又曰："以禹、墨之勤俭，兼老、庄之静虚，庶于修己治人之术，两得之矣。"又曰："周末诸子，各有极至之诣。其所以不及孔子者，此有所偏至，即彼有所独缺。亦犹夷、惠之不及孔氏耳。若游心能如老、庄之虚静，治身能如墨翟之勤俭，齐民能如管、商之严整，而又持之以不自是之心，偏者裁之，缺者补之，则诸子皆可师，不可弃也。"合众冶于一炉，纳百川于一海，文正之得成其为广大者，岂不在是欤！当时称文正门下，才学之士，靡所不揽。呜呼！平时治学，临事用人，固有其途径相合者矣。

文正于文极服膺桐城姚姬传鼐，故《圣哲画像记赞》称顾、秦、姚、王。顾则顾亭林，秦则无锡秦文恭公蕙田，王则高邮王念孙父子也。姬传谓学问之途有三：曰义理，曰词章，曰考据。义理，宋学当之；考据，汉学当之。而文正则谓："有义理之学，有词章之学，有经济之学，有考据之学。义理之学，即《宋史》所谓道学也，在孔门为德行之科。词章之学，在孔门为言语之科。经济之学，在孔门为政事之科。考据之学，即今世所谓汉学也，在孔门为文学之科。此四者，阙一不可。"（见《日记》）文正尝论颜习斋、李恕谷之学，颇讥其忍嗜欲，苦筋骨，力勤见迹，至比之于许行之并耕（见《文集·书〈学案小识〉后》）。然论学不以义理、考据为足，而别列经济一目，此则有似于颜、李者矣。文正言治不尚高论，故其《覆贺耦庚书》（耦庚名长龄，湖南善化人，仕至云贵总督,《文正日记》言“经济之学吾从事者二书：曰《会典》,曰《皇朝经世文编》”,《经世文编》即耦庚所辑也)惟云:“今日而言治术,则莫若综名核实;今日而言学术,则莫若取笃实践履之士。物穷则变,救浮华者莫如质。积玩之后,振之以猛,意在斯乎!”(《书札》)然《原才》有曰:“民之生,庸弱者戢戢皆是也。有一二贤且智者,则众人君之而受命焉。尤智者,所君尤众焉。此一二人者之心向义,则众人与之赴义;一二人者之心向利,则众人与之赴利。众人所趋,势之所归。虽有大力,莫之敢逆。故曰：挠万物者莫疾乎风。风俗之于人心,始乎微,而终乎不可御者也。”(《文集》)而《箴言书院记》亦曰:“由一二人以达于通都,渐流渐广而成风俗。风之为物,控之若无有,鳍(同蹴)之若易靡。及其既成,发大木,拔大屋,一动而万里应,穷天人之力而莫之能御。”(同上)推天下治乱之原由于风俗,而风俗之成由于一二人。言若迂阔,然而振古至今,殆未有能脱此者也。夫识者察于几先,众人虑于事后。弊之未极,识者论之,而众人不为意也;患之既见,众人知之,而识者无可为也。殆其弥缝补苴,精竭力穷,机运幸以渐转,局势幸以初定。而旷日持久,蒙其祸者,已不知几何人矣。此吾所以念文正之言,未尝不为之发愤太息者也。文正生于清嘉庆十六年,卒于同治十一年。年六十二。所为诗文、奏议、书札、日记及《经史百家杂钞》等,门下士辑而刻之,名曰《曾文正公全集》。